看張‧張看

參差對照

嚴紀華　著

緣起

張愛玲曾說：我像是一個島。1995 年的秋天，我接下了「張愛玲小說研究」這個課程，於是，從張愛玲的悅賞者而成為張愛玲的研究者，從此，掉入這個島嶼的霧裡。

張愛玲所處的是在一個低氣壓的時代，水土特別不相宜的地方，人生是悲哀的。在「曾因酒醉鞭名馬、只恐情多累美人」的浪漫追尋與「橫眉冷對千夫指，俯首甘為孺子牛」的如火如荼的求索中，時代的重量、騷動的世界或許正是文學拔生的腴壤，就在這擁擠中、縫隙中，張愛玲別以華美描寫悲哀，繪出了青春的自由的圖案，把人生與文章打成一片。沈啟無說：張愛玲是天生的一樹繁花異果，而這些花果，又都是從人間的溫厚情感裡洗鍊出來的。她走進一切生命裡，復讓生命來到你這裡。她對人間有著廣大的愛悅，而她亦時時刻刻感到時代文明中惘惘的威脅。夏志清認為這即是張愛玲本身對於人生熱情的荒謬與無聊的一種非個人的深刻悲哀，是對人生、生命的非顧影自憐的、非自我投射的全盤觀照。多少年來，張愛玲的魅力無窮，有人收藏張愛玲，有人記憶張愛玲，有人想像張愛玲，有人書寫張愛玲，有人研究張愛玲，有人仿效張愛玲，有人拆解張愛玲，而這本書是想著：從「淪陷（時）上海（空）張愛玲（人）的書寫（物）」為基點，從過去未能探觸的面向，尋找這位以寫作活在那個挫折和希望交迸、

矛盾與放肆共存的四○年代的作家芳香的秘密。於是,《看張‧張看──參差對照張愛玲》就這樣成形了。

全書分成幾個方向來探討:包括張愛玲「看」、「看」張愛玲以及「看」張愛玲的「看」。並依照這個脈絡分成四個範疇:壹、緒論。貳、張愛玲的小說世界。參、張愛玲的影劇王國。肆、影響與比較。由於時代是這麼沉重,張愛玲冷眼看塵世中的聲色犬馬;其多遇見患難,又想留住一點生之爛漫;於是張愛玲是採用著「參差對照」的手法來表現這個城市,刻劃人生的:她的文字裡沒有斬釘截鐵的衝突那種古典的寫法。有的是蔥綠配桃紅,華麗中見蒼涼,風暴中有著清醒,霧數裡埋藏著天真。尼采說:「藝術家選擇題材即是他們祈禱的方式」,而女作家們更似乎屢屢通過虛構的小說來尋找自身╱自身家族的秘密。在她的筆下,貴族的血液留過小市民的肉身,傳統神秘與物質熱鬧各自虛張聲勢,古典東方與現代西方互相嚮往學習,而一切都頂禮於「接近事實」。

第一部分「緒論」,是「看張」,是城市與作家的對照──總論張愛玲與其生長、寫作的原鄉上海。首從時空背景(時間與空間的縱橫)與文學環境(包括文學流派、潮流論爭、刊物傳播)的發展作一鋪敘,復對單一作家在此一文學脈流中的表現作一定位與評估。計分:「抗戰時期中國新文學大勢」、「從摩登上海說起」、「戰火中的上海文壇」、「張愛玲與上海」四個階段探討。其中特別將張愛玲所謂的「上海人的觀點」從三個面向進行解析:「市民性格」(自主性、移民性、功利性)、「城市視角」(多元性、公共性、矛盾性)以及「閱讀趣味」(現代性、世俗性、消閑性),由此前導其「參差對照」美學。同時一併針對張愛玲在上海時期的文學創作、文藝活動及其文學載體做全面的搜集與繫聯,以勾勒張愛玲與上海城市的命運

相依相連。[1]進而得以掌握這位被譽為最了解近代文明,同時又能把握住中國傳統文化精髓的作者如何投身寫作、又如何逕自以獨特的世紀末的華美荒涼的風格以及「人生虛無」的否定論的持有,帶動一種新異的都市情調,徹底地為著市民階層服務,再創了「海派文學」的高峰。

　　接著是「張看」:分別從張愛玲的「小說寫作」與「影劇創作」這兩個領域排比梳理她的見聞感知。觀諸 1943 年張愛玲崛起,小說散文膾炙人口,是她成名的利器;而她的劇本創作亦備受矚目,甚至一度成為她謀生的工具。她的弟弟張子靜曾說:在任何社會變化中,張愛玲始終是和文學以及電影最為情深。寫作對張愛玲來說,應是一種滿足,但她也不停地在觀看、在閱讀──在看/讀一本小書,也在看/讀世界這一本大書。就在文字與影像是這樣無孔不入的複製著生活世界的當下,張愛玲是自由地出入著小說文本與演影劇本這兩個地帶的。在第二個部分「張愛玲的小說世界」裡,本書選擇張愛玲小說中迥然不同的三類題材,分別以敘事結構理論進行闡析:即「愛慾小說」──以〈傾城之戀〉為例;「生命的切片小說」──選論了〈留情〉、〈鴻鸞禧〉、〈封鎖〉與〈桂花蒸阿小悲秋〉四篇;以及「間諜小說」──取〈色,戒〉進行討論。而在第三個部分「張愛玲的影劇王國」中,則從三個單元:先綜論張愛玲的影劇情緣;次探討《紅玫瑰與白玫瑰》的小說與電影;最後則從電影《不了情》到小說《多少恨》,釐析張愛玲的文字吞吐,如何從劇本週轉敷衍成小說。

---

[1]　張愛玲與報刊雜誌的關係密切。從讀報到投稿邀稿、賣文為生,她的寫稿既出現在中文雜誌、也出現在西文的雜誌裡;既出現在新文學刊物、也出現舊文學的刊物裡;既出現在愛國文藝、也出現在所謂漢奸文藝上;而無論是當時駕蝴趣味濃厚的大本營《紫羅蘭》;承襲林語堂出版路線、採閒適格調的《古今》;堅持新文學人道主義、現實主義傳統的《萬象》;走綜合文藝路線、一度發行量最大的《雜誌》等無不被她的作品攻上版面。連左翼陣營裡也不乏張愛玲的讀者,舉如「左聯」元老派的夏衍就是其中之一。

其間，幾組參差對照的情境如小說與影劇的對照：由文述到演述的不同敘事書寫；上海都市的小市民借此來消閑娛樂，也到這裡來找尋一些神話。就寫作材料而言，虛構與實描的對照：她的書寫與她的生活的疊出分合；其中，無論是描述浪漫誇張的愛情出走──小如俗世男女的爾虞我詐、大至遙指國族父權的鬥爭犧牲，或是尋常人世、日常生活的縮影；張愛玲小說中呈現的是一組組人物與情境的對照：華與洋、古與今、尊與卑、淚與笑；比如〈傾城之戀〉寫著現代人的虛偽之中有真實，浮華之中有素樸；比如〈留情〉寫著回憶與現實交織的不和諧；比如〈封鎖〉寫著動態與靜態空間虛實映照的迷惘空洞；比如〈鴻鸞禧〉、〈第一爐香〉寫著傳統與現代的衝突、西方與中國奇異色彩的混雜與對照；比如〈紅玫瑰與白玫瑰〉寫著道德倫理的屈從與原欲飛揚的鬥爭。而作品的情調裡：封閉性與警醒性的對照，前者不理會政治與人情，後者則屢屢與慾望和現實交手。「反高潮」的寫法則讓她的文字更揉雜出強烈的色澤：富麗中帶著寒酸，豔異中滲著荒涼。而在人生觀照及生活體驗上：這悠悠的生之負荷，是瑣碎的，是一片一片的，大家分攤著。但一色是註定了要被遺忘的。只因為有了生命總是要活下去。所以張愛玲的小說、劇本裡有一種聲音，力透紙背：將人性加以肯定──一種簡單的人性，只求安靜地完成它的生命與戀愛與死亡的循環。

第四部份「影響與比較」，是對張愛玲作品的多層次的凝視與分析。探討了影響張愛玲的、張愛玲影響的以及與張愛玲互相影響的作家作品，分別為毛姆、胡蘭成、蘇青、白先勇與王禎和五位作家。選材上的考量是迴避先行研究者討論已多的題材：舉如她自幼所熟悉的文學空氣中來自《紅樓夢》、《金瓶梅》、《海上花》……以及鴛鴦蝴蝶派小說如張恨水等的影響薰陶，而別取英國小說家毛姆對張氏傳奇風格養成的討論，作為對張氏與其前行導師的致敬之卷。其次論

及同輩作家胡蘭成、蘇青與張愛玲的相互影響，其間對照關係參差複雜，包括：胡／張──男／女──夫妻──編輯／作家（《苦竹》雜誌）、蘇／張──女／女──好友──編輯／作家（《天地》雜誌）的觀點對照，而他們三人又共處「今生此時今世此地」，彼此互有賞譽批評，如：胡論張愛玲、張看蘇青、胡說蘇青、蘇談張愛玲，他們是淪陷時期茫茫人塵／文海中的極端，也是典型，他們的作品裡所表現的學習與解脫，就像唐人詩中的「得人意、重人情」，是無禁忌的。最後，探究的是白先勇、王禎和與張愛玲的相識相惜與相賞，而以台灣因緣將之綰束。前者早被列為同受教於《紅樓夢》的後張作家，後者則是張愛玲頗為賞識的青年新秀。觀察張愛玲自揮離「地獄裡的天堂」，轉戰「亞美利堅」失利，竟是在台灣重整旗鼓：一以《張愛玲全集》系列在台灣出版發行，自然成為保存張愛玲小說藝術的重鎮。另對台灣文學作家的影響深遠，王德威曾作系譜整理：從白先勇、施叔青、到「三三」青年作家群乃至林裕翼等，族繁不及備載。雖然張愛玲本身未必喜歡別人拿她和旁人比，也不一定想有這麼多徒弟。但人在江湖，無法相忘。作家成名，作品暢銷，自然難免被閱讀、被對照……這樣的工作或許是完不了的罷！

　　關於毛姆與張愛玲這組對照：毛姆是張愛玲最愛讀的小說家之一。倘若從作家生平、作品閱讀、創作路線以及文字主張，並以作品舉例連結作家的影響這幾方面觀察，可以發現二者之間一些趣味的雷同：兩位作家都經歷過一個匱乏愛的童年，都似乎擁有天生的創作慾；第一部小說問世使他們正式進入文壇的時間都是二十三歲；做為一個作家，毛姆與張愛玲不僅都熟悉本國文學，同時也勤勉學習他國的當代文學，他們縱橫於文本與劇本之間，分別得到很好的成績。二者對金錢敏感度高，寫作時掌握人情，隨機取材，他們作品的題材多聚焦在「平凡人生與普通生活」，因為平凡允許作者以較大的忠實性

去描寫環境,而普通則得到更真實的生活圖像。書寫的手法則俱以「剔透的觀察人性、語含機鋒、意涵雋永」自成特色,在社會通俗小說中崛起。但在揭示人性的廣度上,毛姆表現順手;而對人性深度的探索,張愛玲則情有獨鍾。毛姆的故事不合善惡有報,筆鋒精悍淋漓,文字批判力量像一把冷冽利刃,令人震驚。但可以感受到他的作品正是在掙脫枷鎖,航向心靈的自由。這當然影響著張愛玲的書寫,使她掌握著「傳統」這個利器,逕行以庸俗反當代,從事「創作」這項冒險。二者,同樣是讓人著迷的主題。

關於胡蘭成與張愛玲這組對照:由於四〇年代是張愛玲創作生涯(小說、散文、影劇)的巔峰時期,而她的起點正是她的高點(1943-1945);同時這個期間也是她的感情世界極執著與極纏綿的階段──她與胡蘭成清堅決絕的愛戀、驚天動地的婚姻始終(1944-1947),這兩段人生重要經歷有著大部分的重合。除二者的文緣、情緣,本文用力於胡蘭成評述說論張愛玲的文字作一觀察研究,並對他者對胡蘭成此篇論張文字的看法亦作整理分析:早期研究者一般認為胡蘭成的主觀愛悅成分太重,多直覺性的讚嘆而非理性的分析,傳記資料方面的貢獻較大。然考察四〇年代以來關於張愛玲的論說,要約以傅雷、譚正璧、胡蘭成的評論各具特色,為人所注意。其中胡蘭成的評論是以其特殊的身分──既是作家作品的闡釋者,又是作家作品的接受者,是綜合著理解而尊重,發揚而又競爭的複雜態度進行書寫;他們的情緣與文緣互相生發,他們的創作與評論互相授受,其欣賞與限制竟是同步存在的。

關於蘇青與張愛玲這組對照:在淪陷時期的上海,在寫作這個行業裡,蘇青張與愛玲一時瑜亮。人們提到張愛玲,接著就會帶出蘇青,蘇青是明朗熱烈的,張愛玲則清冷艷異。兩人相交相知,聲氣相求,而且對於婦女問題的看法多有相同。她們一起走出一條「非主流」的

寫作路線,以個性化、女性化的特殊調子一起紅遍上海灘。在時代的
銜接與斷裂之處,在家國的絕望與希望之中,在個人的熱情與頹廢之
間,在閱讀與寫作的領地裡,她們大起大落,歷經歲月洪流的洗鍊,
都曾受到忠奸的檢驗與批判。她們的作品裡,沒有冠冕堂皇、文以載
道的偉大情操,有的是市井小民周圍都接觸到的小事的書寫。她們是
以個人感性體驗的特點,無視於戰亂與道德、無涉於媚俗與影響,展
現了城市邊緣女性多元身分的複數聲音。她們從不刻意求同趨異,但
亦是溝通無礙的。她們以不同於五四以進的書寫,都站上一個現代的
立場找尋靈感,就在她們的「傳奇」「天地」裡,我們依稀可見上海
的風華。如今,人們回頭看上海這個城市的演進,追憶的風景中有一
大部分是要留給上海的女作家的。如果忽略了蘇青、張愛玲,便沒有
看全上海;她們的寫作無疑是代表著來自「自己房間」中最珍貴的
聲音!

　　關於白先勇與張愛玲這組對照:是分別以張愛玲〈第一爐香〉(上
海──香港)與白先勇〈永遠的尹雪艷〉(上海──台北)這兩篇俱
與上海關係深厚的作家城市圖繪為底子,探討城鄉「流離」癥候。其
間「真實的城市」與「文字的城市」互為文本,「生活經驗」與「創
作經驗」乃成對照。尤其對於處於因為變動所造成的流離情境中的都
會小市民而言,慾望的舒張實現在其短暫渺小的生命中實具有舉足輕
重的意義,是以文本中的女主人翁葛薇龍、梁姑媽與尹雪艷等城市尤
物,在「空間流離」的結構佈置中是如何舒張其「個人慾望」遂成為
一對照觀察的焦點。前者包括經由所特寫的城市風景、所描繪的城市
生活、所紀錄的城市活動,以掌握都會變異的特質;後者則透過其「出
走」的城市經驗,了解環境的制衡與人性慾望的消長,及其各自依賴
操作的生存法則。並從作家們的輕重落款,廓約二者的衍異傳同:張
愛玲的作品裡一方面享受人生的樂趣,一方面看透了人生的荒謬,所

以出現蒼涼的況味。白先勇則將難忘過去的台北城市遊魂在新舊變遷中所積澱的時代記憶、所面臨於現實環境的困窘，化成文字。張白二位作家雖都採取雙重視野的方式解決人生難題——即接受人生的限制，但未放棄。其脫困的方式卻是各借現世自我安穩與重溫記憶取暖；在俱顯悲劇情調的小說風格上，張愛玲的手勢蒼涼而美麗，而白先勇則留下悲憫沉鬱的身影。

關於王禎和與張愛玲這組對照：值得一提的〈鬼、北風、人〉這篇小說中所描繪的台灣人文風俗，吸引了張愛玲，因而有了花蓮之旅，而她的導遊正是王禎和，這也是張愛玲惟一一次親訪台灣。當時就讀台大外文的王禎和廣泛接觸西方現代主義文學，而他的小說卻戀戀於故鄉花蓮的風土。而花蓮之於王禎和，亦如同上海之於張愛玲，「作家們都寫自己最熟悉的東西，只有這樣，他的作品才會有生命，有感情，才會使讀者有親切感，產生共鳴感。」相對於張愛玲的「新舊交錯」締造了其作品特殊的魅力，王禎和的「鄉土與現代」的相輔相成，也成就了他個人的特色。在二人的寫作道路上，他們是分別見證著系統論述——主流與非主流、五四與非五四、新舊華洋、現代與鄉土的重疊糾纏與沖刷磨洗。因此，當評論者逕行將作家作品作單一歸類，張愛玲的「反共」與王禎和的「鄉土」都將形成一種曖昧吊詭。如是回過頭來，我們重新審視六〇年代張愛玲與王禎和的相識相賞，理解到這應是一種識才的惺惺相惜。

文學的冒險有三層舞台，代表不同的精神世界。頂層：廟宇。那是一個脫俗而又世俗的地方，有一個看不見的聲音在說話。上層：王宮。個人的房子，私有住宅，只有一個人專斷自語。底層是民眾走動的大街、集會的廣場，眾聲喧嘩。而張愛玲的作品是一條流暢的曲線，流過底層，滋潤了他們的心田，供之解渴。其間，她寫了世俗的機心與計較，是搖擺不定的；也寫著愛嗔情癡的糾纏，有不完整的偏斜；

她是以庸俗對抗偉大、又以軟溺的精美征服了讀者，形成了她獨特的長短與深淺。何況張愛玲本身就是一則瑰麗的傳奇。王德威曾說她的作品貫串了三種時代的意義：由文字到影像時代、由男性聲音到女性喧嘩時代、由大歷史到瑣碎歷史時代。在張愛玲這裡，她的《傳奇》、她的《流言》，一次一次地在報攤開了一扇瑰麗的窗，她的私密瑣碎書寫不單單是輕鬆寫意的，其實骨子裡是對人生的嘲諷，是嚴肅而深刻的；她不但是親身見證著、她的文字更書寫了那個華美而悲哀的時代、城市與生活。

目次

壹、緒論

一、抗戰時期中國新文學大勢

　　1937年，七七事變點燃中日戰火，從國民黨政府準備應戰、國共合作共禦外侮，到上海八一三戰役，同年八月十四日發表「自衛抗戰聲明書」，戰線隨即擴大，國土相繼失守，偽政權陸續成立[1]，一直到1945年中日戰爭結束，取得勝利。這段期間，戰爭使得中國處於一個動盪不安的局面，而民族的災難將同存於歷史時間維度的群體分割出幾個不同空間[2]：國統區（大後方）、共黨統治區（解放區）、淪陷區（日佔區）以及上海「孤島」（1937-1941年間，日軍佔據上海後被包圍的租界區）。由於特殊的環境使得從五四以來求新自強的啟蒙文學的步調改弦易轍，形成了特有的戰時文學的景觀。其間不同地區的文藝活動各自開展，文化版塊也由戰前的文化雙城──北京、上海，移轉到重慶、延安、上海、香港等，形成各具特色的文化中心。由於「思想領域沒有真空，感情領域沒有真空，……盛世有文學，衰世也有文

---

[1]　日本在幕後操縱的偽政權包括1937年11月22日在張家口成立偽蒙疆聯合委員會，12月14日在北平成立偽中華民國臨時政府，後改稱華北政務委員會。1938年3月28日在南京成立偽維新政府，1940年3月30日偽國民政府成立，偽維新政府與之合流，即汪精衛偽政權。

[2]　參見茅盾：〈抗戰時期中國文藝運動的發展〉，載1941年4月《中蘇文化》第8卷第3、4期合刊。

學，甚至在外國欺凌和統治下也有文學。」[3]在區域文化乃至民族文化之間的流動與影響下，抗戰時期的中國新文學眾象森羅，主要強調的是民族存亡的問題，重視的則是文藝的宣傳功能。

抗戰的爆發使得文藝工作者離開書房工作間走向動盪的十字街頭，從城市到鄉野，投身進了抗日的洪流，觀察「非淪陷區」（廣義的）的文學態勢，其時出現了：感時憂國傳統的調門續抱續彈、自暴黑暗式的反思自覺、有以社會革命挑戰權力中心者、也有以懷念家鄉揚發反戰溫情的，面貌各不相同，但大抵尊奉愛國抗侮、民族救亡、自由解放等集體意識的話語表達，是結合著國家現實、民族歷史、個人自我題材的開拓與擴展，舉如結合時代戰役或取材歷史題材的多幕劇、記錄著大時代的變動與血淚的長篇敘事詩、抒情詩等，「救亡文學」的氣勢銳不可擋。其中由於國統區當時分布的面積最大，擁有作家最多（亦包括 1937 年上海淪陷後，一部份留在上海租界配合著抗日救亡，仍然堅持創作的作家），文學活動相對活躍。其中文壇上最受矚目的大事是 1938 年「中華全國文藝界抗敵協會」在武漢成立，創辦了《抗戰文藝》，將全國的文學藝術工作者不分新舊雅俗，跨越流派社團，一齊團結在抗日的旗幟下，確立了文藝的大眾化運動的方針。陸續地抗戰報刊競相創辦，包括戲劇方面的《戲劇新聞》、《抗戰戲劇》，綜合性刊物如詩歌叢刊《五月》、文藝型刊物《文藝陣地》以及《抗到底》、《彈花》、《自由中國》、另有上海地區的《中流》、《吶喊》、《文學》、《文藝新潮》……，延安地區的《文藝突擊》、《文藝戰線》、《戰地》……等等。其中 1937 年 8 月 25 日在上海創刊的抗日救亡的《吶喊》（後改名為《烽火》）是最早創辦的週刊，

3　參見柯靈：〈《上海孤島文學回憶錄》小引〉，載上海社會科學院文學研究所編《上海孤島文學回憶錄》上）（北京：中國社會科學出版社，1985 年），頁 1-2。

而以《抗戰文藝》與《文藝陣地》這兩個雜誌刊物的影響最大、堅持
最久。[4]前者屬於中華全國文藝界抗敵協會的機關刊物，從漢口到重
慶，身負著動員抗戰、鼓舞士氣的重任，成為愛國作家大團結的藝術
結晶，從 1938 年到 1946 年，出刊 71 期，是貫穿整個抗戰時期的文
藝刊物。後者則輾轉於香港、廣州、孤島上海和重慶發行出版，為戰
時流徙各地的作家互通聲氣的創作園地。其創作主題多反映現實、貼
近民眾，並以報告文學為其發表的重要的文學形式，思索著中華民族
的前途命運，出現許多小說佳作[5]。

　　1941 年是中日戰爭爆發後的一個關鍵年度，中國內部發生皖南事
變，國共衝突升高，抗日統一戰線鬥爭加劇。同年底太平洋戰爭爆發，
英美對日宣戰，上海、香港失陷，港滬作家文人被迫或流徙、或沉潛。
抗戰初期的民族熱情逐漸沉澱，而為理性沉鬱取代，出現了新的思考
與對待。作家的創作方向、所抱持的文學觀念舉如：文藝的民族形式
（民間形式與新文藝形式的對立）、文藝與政治（文藝與抗戰無
關？）、作家與群眾、主觀與客觀、傳統與西化、接收與批判等多項
議題，乃至文學流派都受到時代變動、多元思潮的激盪影響，出現了
反省與質疑、論辯與評估、揚棄與利用，進而開始重新建構、各自進
行深化，而作家們在熱情、幻想、光明以及廉價的樂觀破滅之後，代
之而起的是苦悶和抑鬱。[6]在這樣的轉折時期，烽火烙印中的文藝活動

---

[4]　參見楊義、張中良、中井政喜合著：《二十世紀中國文學圖志》（台北：業
　　強出版社，1995 年），頁 192-202

[5]　比如張天翼的《華威先生》、姚雪垠的《差半車麥稭》、蕭乾的《劉粹剛之
　　死》、茅盾的《霜葉紅於二月花》、沙汀的《燒箕背》、蕭紅的《黃河》、
　　艾蕪的《春天的原野》、羅洪的《這時代》、巴人的《一個老地主的故事》
　　等等幾乎集結了抗戰時期的優質小說。

[6]　臧克家在《我的詩生活》中語。參見錢理群、溫儒敏、吳福輝合著：《中國
　　現代文學三十年》（台北：五南圖書出版股份有限公司，2002 年），頁 486。

一方面結合自身的生活經驗，向民族現實與歷史土壤這兩塊領域深入拓展，一方面鑑借著世界文學的創作經驗，朝著民眾化與現代化齊頭並進；在題材上則聚焦於暴露黑暗、批判腐敗的主軸，或出現著揭弊的憤激調子、或使用諷嘲的喜劇性色彩，不論小說、劇本或詩歌，除了記錄著侵略者的暴行，受難者的血淚，還指斥官僚腐朽、揭露社會醜惡、人性虛偽，是「在神聖戰火後面，文藝家用堅實的愛憎真切地反映出蠢動著的生活形象」[7]，其中紀實文學刊物《七月》被認為是最有力度特色的。

　　相對地，解放區的文學就顯得比較明白通俗。解放區大致以共產黨所統治的陝甘寧邊區為中心的抗日根據地為範圍。主要存在著兩股創作脈落，一為來自異地的左翼作家如丁玲、周立波等，向鄉土紮根，從事新的探索；一為本土作家如趙樹理、孫犁的濃厚鄉土味的作品。而 1940 年，延安解放區的《中國文化》創刊號首先登載了毛澤東的《新民主主義論》，接著在 1942 年，毛主席又發表了「延安文藝座談講話」，是擴大蘇維埃文藝的革命熱情，將延安文藝的創作與工農兵政治方向結合，導引了一條「政治性與真實性統一」的文藝創作路線，被稱為「解放區文學」。這個路線的創作走向離開了傳統以來與市民階級與知識份子的對話，轉而靠攏勞動人口以及基層群眾；寫作的材料向全體人民實在的生活展開，於是口語化、生活化、農村畫廊式的小說，改革的人民新話劇以及民歌體勞動敘事詩各逞勝場。這些作品歌頌著勞動的美好、充滿著對鄉土的熱愛，而且貼緊著政治與戰爭，強調現實主義，以主觀精神、戰鬥要求為作品主調，帶有神聖的社會使命感，正是以一種戰爭環境中的內陸性文學的姿態出現，標示

---

[7]　胡風〈七月〉半月刊的代致辭。參見楊義：《中國現代小說史》下（北京：人民出版社，1998 年），頁 145-146。

著懷鄉尋根與土味通俗的新的審美趣味，[8]而與國統區的文藝政策相庭抗禮。此一時期，包括有《文藝突擊》、《文藝戰線》、《戰地》、《詩建設》、《草葉》、《谷雨》、《文藝月報》、《野草》、《中國文化》、《文化雜誌》等刊物湧現，都相當引人注目。

「淪陷區文學」狹義的範圍一般指中日戰爭時期日軍侵佔的東北、華北及東南沿海等地區的文學。[9]在這一廣大的淪陷地區，日本並無法有效的實施語言和文化的全面殖民化，因此當時所採取的文化政策是禁制與脅誘雙管齊下，前者禁絕一切「激發民族意識對立」以及「對時局有逆反傾向」的作品，後者則是鼓動「建設大東亞新秩序」的書寫風潮。由於日據的時間與社會形態不同，這些淪陷地區的文藝創作及活動往往因其對戰爭所採取的立場和觀點所呈現的「曖昧性」（ambiguity）成為研究者考察的焦點[10]。一般概括分為抗日愛國文學與附逆文學（或稱和平文學）。前者固然是整個抗戰文學中的一個分支，然而由於地處淪陷區域，作家的發言與不發言都處於不自由的狀態，奮戰尤其艱苦。[11]後者指得是投降敵人、依附偽政權的作家，籠統地約指：北以北平周作人，南以南京張資平為主要標的，被稱為「附逆文學」。至於「和平文學」這個名目，主要是指配合著 1938 年 12 月 29 日汪精衛發表「豔電」，聲稱以投身飼虎的精神，與日周旋和

8　解放區文藝活動強調了配合及服務於政治，強調了對農民傳統的藝術形式的繼承，相對地對藝術手法現代化以及高雅優美是較忽視的。參見楊義：《二十世紀中國小說與文化》（台北：業強出版社，1993 年），頁 253-266。

9　同註 6，頁 494。廣義的範圍還包括自清朝簽訂馬關條約割讓給日本的台灣，統稱為「日佔區」。而在台灣的文藝活動及創作一般稱為「殖民地文學」。

10　「曖昧性」主要針對意識形態問題，作者認為展示佔領區的文藝活動不應只把焦點放在「曖昧性」上。參見古蒼梧：《今生此時今世此地——張愛玲、蘇青、胡蘭成的上海》（香港：牛津大學出版社，2002 年），頁 4。

11　譬如黎烈文 1936 年在上海創刊的《中流》，由於執著於現實主義與戰鬥傾向，1937 年推出「抗敵專號」後即遭停刊。

議，所推動的「和平運動」而發展的文學。[12]支持的刊物中聲勢較大的華北淪陷區以張深切主編、周作人供稿的《中國文藝》，南方淪陷區除了《中華日報》，另由朱樸主編，汪精衛、周佛海、陳公博等都曾親自為其寫稿的《古今》亦為其辯護的發聲筒。一直到 1941 年 12 月日本對美宣戰，整個文化宣傳活動於是納入了為「大東亞戰爭」服務的軌道，炮製了「大東亞文學」[13]。這一時期，相較於國民政府內地的作家少能擺脫愛國宣傳的老套，以及延安地區作家往往淪於充當販賣官方神話的販子[14]，淪陷區的作家在脅迫與妥協的夾縫中走出了「通俗文藝現代化」的路子，以新言情、武俠小說以及商業化的劇場戲劇躍出。這是一種反英雄、反浪漫的現實生活態度主導創作，是從國族戰爭的大敘述轉到個體平庸生活的描錄；同時也是一種聲稱著文學市場也同時注意著商業需求的新的文學現象，敘事角度從雅文學與俗文學的絕對對立轉為相對接近。而作家們是在雅與俗、傳統與現代化之間自由出入，其中張愛玲的蒼涼華麗正是這樣的美學追求代表。

　　如果就文藝界在發行的數量與出版的質量上做一整體性觀察，以小說為例，與戰前對照，中日戰爭時期的出版數量並不落後。而考察淪陷區南北雙城北平和上海的出版狀況，以 1941 年太平洋戰爭前後

---

[12] 29 日在當時電報的韻目為「豔」，所以通稱為「豔電」。和平運動於 1939 年末到 1940 年初先後發動於上海與香港兩地，其三大政治綱領為「和平、反共、建國」，其宣傳刊物為香港的「南華日報」與上海的「中華日報」、「國民新聞」，其作品多注重描寫戰爭的苦難、人民和平的願望、以及抗戰無益、鼓吹新中國新秩序。然此一和平運動被抗戰人士譏為投降的和平，並斥為「漢奸文學」。舉如劉心皇即認為和平文藝的文字多為色情文藝，或玩弄掌故軼事以逃避現實，或以個人回憶文字來掩蓋醜惡現實，加上報銷文化，根本是奴隸者的文藝。參見劉氏著：《抗戰時期淪陷區文學史》（台北：成文出版社，1980 年），頁 19-38。

[13] 「大東亞文學」是日本法西斯文學勢力下的產物，是在題材主題上不再宣揚和平而在號召戰爭，在內容中美化日本的侵略以及讚揚日軍的神勇。

[14] 參見夏志清：《中國現代小說史》（台北：傳記文學出版社，1979 年），頁 333。

為界點，觀察兩地的刊物仍各存有數十餘種，其中文藝類雜誌都佔有著一定的比例，而且不乏一些優秀作家及作品，其閱讀市場與出版市場是成推波互補之勢。[15]另在藝術方面，上海話劇活動的表現更是亮眼，足見淪陷時期日佔地區的文學藝術活動的成績不容忽視。然而，此一時期所呈現的文藝現象以及文學發展，乃至對其功能評價，由於各家觀點不同，眾說紛紜，早期被列為研究禁區，至後被視為一個「有待打撈的新文學斷層」[16]，已經陸續開發論述，並得到一定的成績。

---

[15] 從數量進行統計，1927 年到 1937 年，中篇小說 200 餘部，長篇小說約 80 部。而 1937 到 1949 年，小說出版總量達到 400 餘部，長篇小說超過 200 部，中篇 150 部以上，戰時的出版數量顯然超前。參見張泉：《淪陷時期北京文學八年》（北京：中國和平出版社，1994 年），頁 15 以及陳青生：《抗戰時期的上海文學》（上海：人民出版社，1995 年），頁 196、198。

[16] 日佔區的文學活動及創作史料的研究早期被視為禁區，其文藝創作的成績評估由於角度偏差，並未受到重視，其後學者陸續進行研究如雨後春筍，但撰寫態度不同，論述各異。包括劉心皇：《抗戰時期淪陷區文學史》（台北：成文出版社，1980 年），美、耿德華（Edward M. Gunn Jr.）：《被冷落的繆斯——1937-1945 上海北京的中國文學》"Unwelcome Muse——Chinese Literature in Shanghai and Peking, 1937-1945"（New York：Columbia University Press,1980），楊幼生、陳青生合著：《上海「孤島」文學》（上海：上海書店，1994 年），陳青生：《抗戰時期的上海文學》（上海：人民出版社，1995 年），楊義：《中國現代小說史》下（北京：人民出版社，1998 年），錢理群編：《中國淪陷區文學大系》（南寧：廣西教育出版社，1998 年），王文英主編：《上海現代文學史》（上海：上海人民出版社，1999 年），張泉：《淪陷時期北京文學八年》（北京：中國和平出版社，1994 年）以及古蒼梧：《今生此時今世此地——張愛玲、蘇青、胡蘭成的上海》（香港：牛津大學出版社，2002 年）等。

二、從摩登上海說起

上海，這個城市被稱為「江海通津」的「東南都會」，自鴉片戰爭以後做為五口通商的重要港口（清道光二十三年，1843 年）以來，就以其得天獨厚的地理位置以及特殊的歷史背景，成為了資本主義的試驗區，站上中國邁向現代化的浪頭，在二十世紀成為了全國政治經濟、工業交通、貿易金融以及文化時尚的重心。而就外來的刺激與接收層面來看，首先是列強帝國主義進駐，租界雲集，西方資本快速集結，發展出了一個以競爭導向，強調交換價值的商業都會，這樣的經濟繁榮給上海作為一個現代城市提供了良好的物質環境，使得上海從一個割讓的商埠，迅速成為五光十色的殖民城市。而在精神文明上，外國的技術、制度、思想與文化的滲透、衝撞與熔煉，殖民化與現代化更締造了上海城市的新貌，一躍而為全國的社會中心點，成為了新生活與新觀念的發源地[17]，而與政治中心點北京分庭抗禮，至於其城市所銳發的反叛性與創新性，更逐漸地與中國的傳統秩序分離。就文學態勢的發展而言，在中日戰爭前，其新文學的發展大致可以納入西方文學的大概念中，但是在接收過程中，原本民族文化的根柢亦並不可能完全脫離。

當上海成為一個現代都會，無論在工商金融、政治經濟、建築藝術、戲劇娛樂、生活時尚上都呈現躍進式的發展，被視為「異數」；而其文學藝術活動也隨著學校教育、報刊傳播、文化出版事業的發展而趨向變動多元。倘若以每個十年為一單位進行觀察：上海的新舊文

---

[17] 舉例而言，在政治社會思潮上發源過「自強運動」、「維新變法」、「反清自治」、「國貨運動」等；在文藝思潮上，「試務文章」、「譴責小說」、「南社詩盟」、「鴛鴦蝴蝶派」、「創造社」、「左翼文學」等的文藝活動都曾以上海為出發點或根據地。

學由對峙競爭到滲透容納，都不可避免的邁向城市的現代性。民國成立前後，從上海報章文學——「花報」[18]時期到「新小說」[19]時期，小說雜誌如《小說林》、《月月小說》、《繡像小說》是上海灘頭搶手的市民刊物，而活躍於上海的小說名家包括有李伯元、吳趼人、劉鶚、曾樸、包天笑等。接續五年間（1912-1917），標榜才子佳人言情小說的鴛鴦蝴蝶派盛行，著名的消閑雜誌《禮拜六》即以上海為大本營，同時間另有社會小說《廣陵潮》等融匯譴責小說加上言情哀感，蔚為風「潮」[20]。另外武俠、偵探小說也有固定的讀者，此時文人士子從科舉退場，選取著市民文化路線從事創作，加上編輯連載體例，儼然形成現代城市閱讀消費文化的一個過渡。一直到五四新文學運動發生，北京學界出版界知識份子揭櫫「新文學運動」大纛：抨擊僵化的古文、主張以活文字取代死文學。同時引進不少西方文學的思潮：浪漫主義、現實主義、象徵主義、唯美主義、自然主義等，其中為人生而藝術、為藝術而藝術的議題引發討論，作家文人們紛紛拋棄遊戲文學的態度，有以啟蒙者的立場，改造國民性乃至現實社會；有以個人主義浪漫精神發展自我，思索人生。其中王國維、蔡元培、陳獨秀、胡適、魯迅、茅盾等都是在上海文化環境中綜合出新的學術和創作方法，進而到北京驅趕著舊文化。這一時期的上海一度還曾充當革命份子的庇護所，《新青年》的前身《青年雜誌》即是在上海創刊。當時

---

[18] 「花報」是指晚清年間，上海出現一些不追求政治性與時效性，而以娛樂與消閑為主要職能的低成本小報，報上材料大致是妓女起居、遊戲生活、報館京角動態，如《遊戲》、《笑林》、《繁華》等。參見姚玳玫：《想像女性》（北京：中國社會科學出版社，2004 年），頁 25-27。

[19] 「新小說」指梁啟超所倡導的以覺世新民為內容的一種小說，這第一家現代小說期刊帶來了民初上海小說期刊熱的興起。

[20] 李涵秋的《廣陵潮》開創社會言情小說的體例，帶動以「潮」為名的小說創作風潮，如朱瘦菊的《歇浦潮》、平襟亞的《人海潮》……等等有數十種。

「中國的知識份子和革命領袖，躲在上海公共租借和法租地，可以享受言論自由和出版自由。政治犯和激烈份子在租借地裡討論，發表他們的見解，思想自由而且蓬勃一時，情形足與古希臘的城邦媲美。」[21]接著，「那是浩浩蕩蕩的五四運動一般地衝了來，把每一個人的聲音都變成了它的聲音。」[22]而由編印出版的統計數字看來，進入二十世紀以後，上海已是中國常年出版文學刊物最多的城市[23]。

　　二〇年代，隨著軍閥割據、北伐清黨，政局動盪不安，作家紛紛避禍南下，文化中心於是移轉到了上海。一些重要的文學社團組織、文藝集會以及文藝論戰都在上海集結開展，[24]舉如「文學研究會」的機關刊物《小說月報》，「創造社」的《創造》季刊、周報等都以上海為營運中心，此外「新月社」、「彌灑社」、「淺草社」等數十個新文學社團或在上海開張，或以上海為活動舞台，與原先即活躍於此的通俗小說以及舊派文學分據文壇。就在破舊立新的語境中，上海的藝術與文化模式都作著新的調整。[25]

---

[21] 參見蔣夢麟：《西潮》（台北：世界書局，1978 年）第八章「西化運動」，頁 65。

[22] 參見張愛玲：〈談音樂〉《流言》（臺北：皇冠文化出版有限公司，1968 年），頁 213。

[23] 參見陳青生：《抗戰時期的上海文學》（上海：人民出版社，1995 年），頁 330。

[24] 舉如：1921 年創造社在上海成立（一說成立於日本），二大新文學社團的主要刊物在上海編輯出版，如文學研究會的《小說月報》、《時事新報·文學旬刊》，創造社的《創造季刊》、《創造周報》等都在上海發行，1930 年左聯在上海成立。1932 年施蟄存的主編的《現代》雜誌在上海出刊，而幾場重要的文學論戰也在上海陸續展開，例如《文學研究會》與《創造社》的論爭、《創造社》與《語絲》的對壘、《語絲》與《新月》的對抗、左聯與魯迅的分合批判、左聯與「第三種人」的獨立作家乃至與右派民族主義作家的論爭等等。

[25] 同註 23，頁 1-5。上海的文學發展始於清末民初，在此之前中國文學在江南大抵以金陵（南京）、揚州為中心。進入 20 世紀，隨著上海城市經濟的繁榮，上海的文化事業蓬勃興起。包括晚清中國最早的文學期刊《瀛寰瑣記》、著名的小說雜誌《小說林》以及文學色彩極濃的報紙《消閒報》、《寓言報》都在上海發刊印行，中國近代四大小說家李伯元、吳沃堯、曾樸和劉鶚，前

　　三〇年代，現代中國作家第一個全國性的組織「中國左翼作家聯盟」成立。馬列主義的「普羅文學」的創作觀引發階級論與人性論的爭論，無產階級社會文藝取代文學革命成為新的口號，被認為是另一種「遵命文學」[26]。五四作家及知識份子在意識形態上分裂為左派與自由派，加上海派作家群的游離存在，文學（創作自由）與政治（宣傳工具）之間出現拉扯、依存與對峙，「言志派」與「載道派」興衰更迭，[27]關係波譎雲詭。在上海的左翼文學運動成為這個時期中國現代文學的主流。當時正是上海都市發展的「黃金時期」，就在新舊華洋各方勢力的交集點上，身居上海的文藝界一方面接受著西歐現代派、日本新感覺派的洗禮沖刷，一方面洋場繁華刺激著新異的想像和創作；另一方面他們更注意到藝術價值與市場價值的糾葛，開始在創作及編輯出版上追求讀者的認同。除了高漲的社會改革潮流所牽引的現實主義小說模式，現代主義思潮使得新一代海派作家以全新的實驗文體描繪出摩登喧囂的城市風情，一直到抗戰前五、六年，泰半作家、出版商都集中在繁華上海，書籍、雜誌暢銷各地，[28]諸多不同的文學流派如革命現實主義、革命浪漫主義、現代派、象徵派、唯美派、頹廢派等等，都在此積極宣傳或實踐各自的文學主張，開展文學活動，其文學發展榮盛，蔚為大觀。

　　三位的主要文學創作活動都在上海，此外，話劇演出、劇院興建、電影事業都在上海開展。

[26]　古蒼梧引用魯迅在《北斗》雜誌上的話：「由革命文學到遵命文學」。說明三十年代初，左翼文壇所倡的革命文學如火如荼，而遵命文學——載道文學已又一次成為中國文學的主流。參見古氏著：《今生此時今世此地——張愛玲、蘇青、胡蘭成的上海》（香港：牛津大學出版社，2002 年），頁 54-56。

[27]　參見周作人：〈文學革命運動〉《中國新文學的源流》（上海：華東師範大學出版社，1995 年），頁 57。

[28]　參見夏志清：《新文學的傳統》（台北：時報文化出版事業有限公司，1979 年），頁 25。

三、戰火中的上海文壇

　　大抵而言,「戰火中的上海文學」,就空間性而言:是一個文學的區塊。廣義的包括凡與上海有關的種種文學活動與文學現象。狹義的則指居住在上海的中國作家所從事的文學活動,在上海生產與消費,其內容以上海的人事物為主,或對上海發生作用、產生影響者,都構成著上海文學的主體。而就時間性而言:是一個文學史的斷代。自中日戰起,上海城陷入戰火八年(1937 年 7 月-1945 年 8 月),近身而看,上海文壇在抗日戰爭時期從戰爭初期成為中華民族前線戰場,到半淪陷的「孤島」,然後完全淪陷。其每一階段文學的發展都與該城市的命運與環境密切相關,面貌並不相同。而放大放遠觀之,「戰火中的上海文學是抗戰時期中國文學的縮影,更是中國現代文學史上不可忽略的一環。」[29]。

(一)抗戰初期的上海文壇(1937 年 7 月 7 日─同年 11 月 12 日)

　　1937 年 7 月 7 日日本發動侵華戰爭,淪陷區與自由區的分隔撕裂了中國。而 8 月 13 日,上海中國軍隊攻擊侵滬日軍,這是抗戰爆發後中國軍隊對日的第一次重大戰役。這場戰役使得繁華上海陷入戰火,成為中華民族抗戰前線戰場。雖然上海在煙硝彈雨中,蒙受巨大損失,但群眾愛國主義、英雄主義高漲,根據 1937 年 8 月《申報》的調查統計:從七七事變到八月,北平淪陷之後,文壇一片蕭條。而上海各界先後成立的抗日救亡團體就有一百四十多個。基於民族瀕臨危亡的現實情境以及身為中華民族一份子的責任感,中國現代文學是從去舊佈新、各自追求信仰價值理念,轉而為「文藝為抗戰服務」。

---

[29]　同註 23,頁 2、325。

在這短短四個月的時間裡，上海文壇大勢所趨，是以愛國主義為基礎，掀起抗日救亡的浪潮，呈現空前一致的團結，成為了抗戰初期現代中國唯一的文學中心。[30]在戰爭爆發前後的在滬的作家團體包括有1937年4、5月間「中國詩人協會」成立，7月15日「中國劇作者協會」成立，28日「上海文化界救亡協會」成立，8月16日「上海文化界戰時服務團」以及「報告文學者協會」成立，全面展開抗日救亡社會宣傳。當時的文藝主張是強調著以生活實感為主的現實主義的追求，而形式風格則多趨向小型化、通俗化、大眾化理念的實踐。作家作品大抵集中在「抗戰文藝」的主軸上或以熱烈的詩歌、獨幕劇，或以新聞報導式的散文為抗戰發聲，所謂「詩人也就是戰士」、「筆桿也就是槍桿」，展現著不同的藝術情趣。[31]此一期間出現在上海最後一個作家團體是「上海戰時文藝協會」，也是支撐上海文學持續不斷的重要力量之一。在這個時期，上海登載文學作品主要的園地有《救亡日報·文藝副刊》、《吶喊》（後改名為《烽火》）、《光明戰時號》、《非常時期聯合月刊》、《七月》、《高射炮》、《民族呼聲》、《文學》、《文季》等，這些刊物（除「救亡日報」少數刊物外）大多沒有固定的資金來源，編者作者編刊供稿亦無酬金，所以刊物粗糙簡陋，且壽命不長。基本上，抗戰初期的上海文壇作為「抗戰文學的前鋒」[32]，瀰漫著「宣傳第一、藝術第二」的氣氛，是在「炮火的洗禮」中，吹起「戰號」進行著「控訴」的一首首壯烈的「上海戰歌」。[33]

---

[30] 最有有代表性的是1937年9月13日茅盾在《救亡日報》上發表的《展開我們的文藝戰線》主張應把筆尖對準敵人，編輯集中到前線。

[31] 同註23，頁13-16。所謂「報導式的寫法」是將現實中新聞或種種事件的再現，其中特重事件過程和突出現象的描寫敘述。

[32] 參見楊義：《中國現代小說史》下（北京：人民出版社，1998年），頁401-402。

[33] 這個時期的作品，詩集包括有鄭振鐸詩文集《戰號》、王統照《上海戰歌》、郭沫若詩集《戰聲集》、胡風《為祖國而歌》，散文、報告文學如茅盾的《炮

（二）孤島時期的上海文壇（1937 年 11 月 13 日─1941 年 12 月 7 日）

「八一三戰役」以後，由於上海市一半的區域，即蘇州河以南的租界區，是由英、美、法等國管制，當時這些國家對中日戰爭採行中立政策，所以日軍並未侵入，故而上海以及遷滬難民紛紛湧入此區躲避戰火，成為上海城市生命的主體構成。這樣的「國中之國」[34]處於四面是日本侵略軍包圍，又與內地往來隔絕，宛若「孤島」。因此所謂「孤島時期」，即是指 1937 年 11 月 12 日中國軍隊撤離上海之後，到 1941 年 12 月 8 日太平洋戰爭爆發，這四年又一個月的時間。

在孤島上海，戰火肆虐與文化的存續發展幾成對立，然而，「文化這個獨立的主體的生命實強過戰爭的生命」[35]。儘管當時時局動盪，作家離滬，中國現代文學主力西移，新的文學中心出現（如重慶、延安等）；加上新聞檢查、言論管制、甚有審訊、暗殺文化人士的舉動（如通緝柯靈、朱曼華）等，這些都造成滬上文人作家態度轉趨保守觀望；同時經濟衰退、物價上漲，作品數量銳減，孤島時期之初，上海文化圈處境的確嚴峻。但不可否認的，中立的「租界」對於上海也起著一個保護的作用，它給上海文化藝術界留下了一個「相對自由」的空間，保持著創作、演出和出版的活力，形成一個特殊的景觀。1937 年底，最早的文藝刊物《離騷》以及報紙文藝副刊《大晚報》的〈街頭〉出刊。1938 年 1 月《申報》復刊，王任叔出任副刊〈自由談〉主編，2 月柯靈主持的《文匯報》文藝副刊〈世紀風〉發行，其後他又

火的洗禮》、巴金的散文集《控訴》、謝冰瑩《戰地隨筆》，集體創作的長篇小說《華北的烽火》和多幕劇《保衛盧溝橋》以及阿英編《抗戰獨幕劇選》等。
[34] 同註 32。
[35] 參見哲非（吳誠之）：〈文化人往何處去〉，《雜誌》復刊號 9 卷 5 期（1942 年 8 月），頁 4。

接編了《大美報・淺草》、《正言報・草原》等，上海文壇活動漸漸復甦，書局復業，電影廠十餘家、劇團五、六十個先後復出，受到關注[36]，文藝刊物以及通訊也紛紛出刊成「風」[37]，而且當某類刊物遭到停辦，立刻改頭換面出版叢刊。另外，孤島時期文化界的一個特點是許多報刊如《大美晚報》、《文匯報》、《譯報》、《申報》、《大英夜報》都掛著洋商的招牌發行，藉以迴避日方的檢查。這些都是告訴著讀者們：「這個刊物要在萬馬齊暗的上海發出聲音來。」[38]

在體裁上，孤島前期的文藝活動以雜文和戲劇為主，後期則是小說出線，詩歌活動較為遜色[39]。在孤島時期甚有影響力，也曾引發關於創作風格論辯的雜文陣營是以「魯迅風」為主導的雜文作家（其刊物即名為《魯迅風》），此外林語堂、陶亢德所編輯的《宇宙風》以文學理論、小品雜感和隨筆為主，其中定期有作家文人的書信發表，風格別樹；而戲劇活動仍以通俗劇及歷史劇為主，主要的考量是因為當時刻板生活中需要逃避現實的娛樂調劑，借古喻今的題材容易通過檢查，加上愛國情緒的宣洩以及作家的經濟動機、宣傳效果的需求等使然。而戲劇理論的推廣則有賴《劇場藝術》、《戲劇雜誌》等刊載傳播。至於孤島後期（1939年後），小說領域的經營有表現出深沉的民族憂患和進步的社會意識的，也有著重象徵曲筆的市民神秘浪漫傳奇；不但有通俗文學作家作品的復出，還有現代派作家作品再現。其

---

[36] 同註23，頁344-349。

[37] 同註23，頁339。在此期的文學刊物有個有趣的現象是不少刊物受到林語堂、黃嘉德、黃嘉音辦的《西風》雜誌的影響，名字都帶著一個「風」字如：《魯迅風》、《宇宙風》、《東南風》、《語風》、《藝風》、《旋風》、《幽默風》、《作風》、《長風》等。

[38] 同註23，頁335。此為《文藝》第三期〈給讀者〉中語。

[39] 孤島時期在戰火中勉力維持的新詩創作群體有三，為：「新詩刊」、「行列社」、「每月詩叢社」等，其中以「行列社」的貢獻最大。

中以王統照、徐訏、師陀、包天笑、周瘦鵑以及女作家關露等各領風
騷。而除了結合民族苦難的主題,進行格式題材的變革,強調其娛樂
性、趣味性,又要與大眾密切相關。還有別具一格的兒童文學創作以
及強調心理分析的現代派作家的作品。此外,1939 到 1940 年間的《文
學研究》以及 1940 到 1941 年間的《西洋文學》則分別進行著外國文
藝作品、理論的介紹與翻譯。

　　若就作家作品的政治立場及傾向而言,此期上海文壇壁壘可見,
分為民族文學、和平文學與中間派等。其中民族文學的主張是積極宣
傳抗戰、抨擊日偽政權,而以積極鼓吹宣傳抗戰的「抗戰派」與宣揚
愛國主義的「愛國派」的文學活動互為表裡,已如上述。至於為汪政
權張目的和平文學,包括被視為敵偽報紙的文藝副刊比如《中華日
報 · 文藝周刊》、《平報 · 平明》、《新中國報 · 學藝》等,銷路並
不理想。中間派則以經營為目的,表態不定,發言委婉隱晦,著重消
遣娛樂為主要內容,迎合小市民的趣味,還有一些帶有鴛蝴風的刊物
如《紅茶》、《幽默風》、《雋味集》等。綜觀此期文學創作表現除
了直接表現全面動員抗戰的題材以及遵奉或呼應日偽侵略主張的作
品之外,也顯露了與大後方文學不完全相同的層面。舉如:對當時佔
領區人民的徬徨苦悶的描述以及對時勢、人性的披露與諷刺;而在創
作手法上,上海的新文學作家們更結合現實商業經營的條件,改造了
舊形式的公式化、口號化的創作。當時包括有《雜文叢刊》、《小說
月刊》、《文藝界》、《大時代文藝叢書》和《萬人小說》相繼出刊
出版,總計先後出版的文藝刊物數量達 156 種,作家作品集、單行本
的印行也有 150 多種。而國內各地的文藝刊物如《文藝陣地》、《七
月》、《文藝戰線》、《大公報 · 文藝》、《星島日報 · 星座》等在
上海也都可以看到。即便是身居孤島的上海作家與國內外各地的文學
界亦有著聯繫。因此,「孤島」一詞著重於上海租借地在特定歷史階

段的特殊客觀情勢，由這一層面看來：「孤島文學」的發展與上海城市的「孤島」命運一同，但「孤島時期的上海文學其實不孤」[40]。

（三）淪陷時期的上海文壇（1941 年 12 月 8 日──1945 年 8 月 15 日）

1941 年，日軍偷襲珍珠港，侵滬日軍全面進駐，除控制了租界，對上海文化、出版、新聞事業更進行了嚴格的管控，包括清繳抗日書刊、查抄書店報社、拘捕抗日文化份子。當時中華、商務等五大書店均被查抄，《大美晚報》等十餘種報刊文藝期刊被迫停刊。從摩登上海步入孤島上海，四〇年代上海進入淪陷時期，上海文壇一時風聲鶴唳、岌岌可危。一直到 1945 年戰爭結束，歷時三年八月。在這樣一個「低氣壓的時代」[41]，上海彷彿一個「較大的監獄」[42]，社會秩序變動劇烈，無法置身事外的上海市民們在其中生存，所展現的是一個政治意識形態模糊、小心翼翼的應對態度，文人作家們對於政治除了屈從者，不是相對的警醒，便是冷漠。反映到創作層面，大都使用著曲筆。

根據陳青生的區分，淪陷時期上海文壇大勢如下：1941 年從太平洋戰爭爆發到 1942 年底，日軍及汪偽政府勢力的文化手段是軟硬兼施，一方面以落水作家拉攏利誘舊交熟識，一方面對不合作作家作品

---

[40] 同註 23，頁 75。另關於上海「孤島」與「上海孤島」二詞的界定：前者所指係明確的時空範圍，如本文所述；後者定義則較籠統，似乎只出現於張愛玲文學研究中。參見高全之：《張愛玲學：批評‧考證‧鉤沉》（台北：一方出版有限公司，2003 年），頁 38-43。

[41] 參見迅雨（傅雷）：〈論張愛玲小說〉，原發表於《萬象》第 11 期，1944 年 5 月。收入陳子善編：《張愛玲的風氣》（濟南：山東畫報出版社，2004 年），頁 3。

[42] 同註 23，頁 195。原係朱維基語，參見朱維基：〈作於錫金誕辰後一日〉「附後」《世紀的孩子》（上海：永樣印書館，1946 年）。

進行監管審查，一時風聲鶴唳，出版的刊物僅有《小說月報》、《萬象》、《樂觀》等三、四種，是為「蕭條期」。1942 年 3 月，偽組織支持的刊物《古今》半月刊出版，這是上海淪陷後問世的第一種文學雜誌。隨後文藝綜合性大型月刊《雜誌》復刊，帶動文壇的「復甦期」。1943 到 1944 年秋天，上海形勢相對穩定，作家對環境漸漸適應，許多文學期刊相繼出版如《春風》、《紫羅蘭》、《風雨談》、《人間》、《文友》、《春秋》、《天地》、《文藝生活》、《文潮》、《詩領土》、《文藝世紀》等，上海文學的「繁榮期」出現。1944 年 10 月以後到 1945 年 8 月，統治者瀕臨敗亡，加緊鎮壓，不安定的氣氛彌漫，作家輟筆，於是上海文學陷入「衰落期」。[43]而綜論這個時期幾個階段的作品表現，仍可見「愛國文學」與「漢奸文學」[44]的對峙，但「抗戰文藝」是明顯的受到壓抑，由於無法公開生存，或以娛樂消遣性文字偽裝、或以純藝術文字改頭換面，逐漸走入「中間派」路線。於是，當時有所謂「附逆文字」，為大東亞文學張目；亦有「自覺文字」，集雅俗古今合流。由於當時的雜誌月刊多屬於非專載文學內容的綜合性雜誌，作家們以群落的姿態出現，分別依著不同的刊物聚集了一些政治傾向、審美情趣相近的作家群。比如小說創作方面，通俗文學作家群大多稿投《小說月報》、《大眾》、《紫羅蘭》等刊物，新文學作家群則以柯靈主編的《萬象》為中心、另外有《雜誌》和《新中國報·學藝》的作家群、《古今》和《文史》作家群、《風雨談》

---

[43]　本段文字整理參見註 23，頁 194-202。

[44]　根據陳青生以及古蒼梧的意見：「漢奸」是指喪失民族立場、投靠日偽政權，供其驅使者。由其身份因而有所謂漢奸作品。而「漢奸文學」作品是依據作品內容係呼應漢奸文學理論指導與要求，具有直接服務日本帝國侵略主張，或積極參加漢奸文學運動、為奸偽政權附和宣傳的作品。但「漢奸作家」的作品不一定盡為「漢奸文學」作品，例如一般稱為「漢奸作家」的胡蘭成所作〈評張愛玲〉一文應與「漢奸文學」無涉。

和《天地》作家群。其中大批小說新秀展露頭角，夏志清在《中國現代小說史》中即曾提到戰時最有才氣的新作家不產生在重慶或延安，而是產生在上海。[45]而這些刊物雜誌的立場傾向與作者陣容大體分明，又分「與日偽有染」和「與日偽無染」兩類。[46]前者如《古今》、《雜誌》[47]、《風雨談》、《萬歲》、《文友》、《文協》、《天地》、《文藝世紀》、《詩領土》、《文帖》等，數量約佔當時期刊產量的三分之一；後者如《小說月報》、《萬象》、《碧流》、《紫羅蘭》、《大眾》、《春秋》、《文潮》、《新地》、《文藝春秋》等約佔將近三分之二的產量。

淪陷時期的散文創作領域是以「清談風」和「懷舊熱」為基調，和孤島時期的「控訴」及「吶喊」的主旋律已然有別。至於原本沉寂的詩壇由於路易士遷居上海，鼓吹現代詩，並創辦了「詩領土社」而趨於活躍。上海的話劇活動則是比較豐富繁榮的，當時的劇本創作被稱為「二少四多」：創作劇本少、現實生活的反映少、改編劇本多、喜劇多、歷史劇多、多幕劇多。[48]另外關於「通俗文學」和「新文藝筆法」的文藝討論則成為當時文壇創作的重要議題。

整體觀之，淪陷時期的上海文壇由於特殊的時空背景，歷史風土與社會人情，展現了特殊的風貌：是從「國家」到「個人」、自「政治」到「民生」、由「制式」到「個性化」的平民商業文化的建構過

---

[45] 參見夏志清：《中國現代小說史》（台北：傳記文學出版社，1979年），頁333。

[46] 同註23，頁360。

[47] 關於《雜誌》，其政經背景與主持人身分說法不一。比如陳青生認為其是奉命打入日偽集團、從事地下工作者所主編的刊物。劉心皇則視之為漢奸刊物。古蒼梧則以為儘管《雜誌》主要工作為中共旗下文化人所掌握，但畢竟有日方汪系人馬在旁監視，其編集形象是模糊隱蔽的，是企圖營造一個開放包容的園地。

[48] 同註23，頁280-282。柯靈語參見柯氏著：〈衣帶漸寬終不悔〉《文苑漫遊錄》（香港：三聯書店，1998年）。陳青生意見係自柯靈說法引申補充。

程。這同時也說明著上海隨著城市的求存發展，逐步運作出了自己的文化環境，包括現代化的出版、傳播業。[49]如果不從抗日的角度，而從文化創造的角度來看，日據時期的上海文壇正因為政治上的箝制，意外地造成美學上的寬鬆。夏志清即認為「在上海不通敵的作家所受的壓力反而輕微，能夠比較自由地去探討自己與自己周圍的世界。」古蒼梧也說：「當時的上海文壇，雖然失去了寫作抗日作品及宣傳左翼意識形態的自由，卻獲得了比戰爭爆發前較寬鬆的創造空間。」[50]而柯靈在八〇年代回憶上海的文學概況時，對政治與文學關係的反思，是做了這樣的註腳：「五四時代的文學革命——反帝反封建；三十年代的革命文學——階級鬥爭；抗戰時期——同仇敵愾、抗日救亡，理所當然是主流，除此以外都看作是離譜，旁門左道，……這是一個不無缺陷的好傳統，好處是與國家命運息息相關，隨著時代亦步亦趨，如影隨形；短處是無形中大大減削了文學領地……日本侵略者和汪精衛政權把新文學傳統一刀切斷了，只要不反對他們，有點文學粉飾太平，求之不得，給他們什麼，當然是毫不計較的。」[51]所以在中日戰爭期間，日本政府及其偽組織的宣傳機關其實並無法向淪陷區中國作

---

[49] 參見姚玳玫：《想像女性》（北京：中國社會科學出版社，2004 年），頁 1-16。其中提及：自從鴉片戰爭後，1843 年上海開埠以來，拉開十里洋場的序幕。半個世紀間，上海擁有全國對外貿易的半數，和全中國機械化工廠的半數，四百萬人口使它名列全球六大都市之一。在文化事業上，從 1872 年的《申報》創刊，報刊雜誌的開辦每年呈倍數的成長。另關於「海派」的界定與論述，參見姚書，頁 18-26。

[50] 古蒼梧引用汪偽政要胡蘭成的看法說明在日據時期的上海，除了對抗日與蘇聯的文藝觀受到檢查外，並無以政治統攝文化的意向。參見古氏著：《今生此時今世此地——張愛玲、蘇青、胡蘭成的上海》（香港：牛津大學出版社，2002 年），頁 54-56。

[51] 參見柯靈：〈遙寄張愛玲〉《文苑漫遊錄》（香港：三聯書店，1988 年），頁 48。

家推行一套創作綱領，即便是「大東亞思想戰」的策劃亦收效不彰。[52]
故而，對上海淪陷區的文學及作家而言：敵人的佔領，可說是產生了
另一種更為基本的反抗——即是作家對事物的時間與腐蝕的反抗；同
時敵人的佔領適正足以啟示作家，因為作家是反抗性人物：就在反抗
中，存在著作家的自由。[53]

---

[52] 1942 到 1944 年間日本軍國主義的文化機構「日本文學報國會」策劃召開了三
次「大東亞文學者大會」分別是 1942 年 11 月 3 日至 10 日，1943 年 8 月 25
日至 27 日這兩次都在日本東京舉行，第三次是 1944 年 11 月 12 日於南京召
開，其用意是想對中國淪陷區文學實施干預和滲透。

[53] 參見張泉：《淪陷時期北京文學八年》（北京：中國和平出版社，1994 年），
頁 7。引用 1980 年《讀書》第 10 期法國法蘭西學院院士阿蘭・佩雷菲特在
1980 年法國巴黎召開的「中國抗戰文學國際座談會」的致詞。

四、張愛玲與上海

（一）上海才女

提到「上海才女」[54]，總會想起張愛玲。

張愛玲原名張煐。西元 1920 年出生於上海。這是距離鴉片戰爭後，道光二十三年（1843 年）上海開埠七十七年之後。

1922 年，張家遷居天津，1928 年搬回上海。

1931 年，張愛玲母親堅持送她入學，認為張煐二字嗡嗡地不夠響亮，暫且把英文名 Eileen 直譯為「愛玲」，進入了上海聖瑪利亞女校就讀。名字的更動，象徵著由壓抑到解放，是張愛玲「世俗」[55]生活開始。

1938 年，參加倫敦大學遠東區入學考試，得第一名。原本有機會實現她海闊天空的計畫到英國去讀大學[56]，可惜因為歐戰爆發而受阻。

1939 年，轉進香港大學文科。

---

[54] 魯迅有一篇短文〈上海的少女〉，說這類型的少女是精神已經成熟，肢體卻還是小孩子，所謂嬌小玲瓏就是。楊澤則引稱為「童女」現象。參見楊澤：〈序／世故的少女──張愛玲傳奇〉，收入楊澤編：《閱讀張愛玲》（台北：麥田出版股份有限公司，1999 年），頁 15-16。

[55] 張愛玲原名叫張煐，十歲的時候，她的母親堅持把她送進學校，入學的名字是由英文名字翻譯而成。當時父親反對曾大鬧不依。進了學校後發現同名的有兩個之多，張愛玲認為「自己有一個惡俗不堪的名字，不夠美麗深沈，但明知其俗而不打算更換，是因為戀戀於取名字的那一點回憶。」「且要做一個俗人，先從俗氣的名字入手。」參見張愛玲：〈必也正名乎〉《流言》（台北：皇冠文化出版有限公司，1968 年），頁 35-40。

[56] 參見張愛玲：〈私語〉《流言》（台北：皇冠文化出版有限公司，1968 年），頁 162。

1941 年，太平洋戰爭爆發，港大停課。

1942 年，與好友炎櫻搭船回滬，開始投稿、賣文維生。

1943 年，以小說「沉香屑二爐香」在上海文壇嶄露頭角。到 1945 年
　　　　間，小說、散文結集發表，成為紅遍上海的女作家。正應了
　　　　她自己的詩：「聲如羯鼓催花發、帶雨蓮開第一枝」[57]。

1946 年，戰後困擾於漢奸醜史等輿論攻擊，張愛玲沉寂年餘，自陳一
　　　　切是個人的，與政治無關，用不著向大眾剖白。[58]後又以編
　　　　寫電影劇本復出。

1949 年，中國解放，1952 年離開上海，避居香港。完成長篇小說《秧
　　　　歌》、《赤地之戀》以及一些翻譯作品。

1955 年，張愛玲赴美。其後期寫作致力於小說改寫、注釋《海上花》
　　　　以及《紅樓夢》研究。

1995 年，在美國洛杉磯逝世。

　　總計 75 年的人間流徙歲月，由初試啼聲、一鳴驚人，至巔峰燦
爛，轉而沉潛孤獨。張愛玲居住美國的時間最長，達 40 年。其間與
第二任丈夫賴雅生活了 11 年（1956-1967），主要的工作是改寫、翻
譯、編劇與考證。她在第一個家天津停留了 6 年；進出香港先後也有
6 年，在香港大學讀書時結識了好友炎櫻。而在上海則生活了 23 年。
在這段期間，從新式學堂與西式教育的洗禮，世事與張愛玲的交涉正
如「花來衫裡、影落池中」。[59]眾所周知，張愛玲喜歡作畫，她認為
以一生的精力為雜亂重疊的人頭寫註解式的傳記是值得的，她在香港

---

[57] 同前註，頁 163。此為張愛玲自作〈夏雨〉詩中二句。

[58] 參見張愛玲：〈有幾句話同讀者說〉《沉香》（台北：皇冠文化出版有限公
　　司，2005 年），頁 6。該文原載於 1946 年 11 月上海山河圖書公司初版《傳
　　奇》增訂本。

[59] 參見胡蘭成：〈民國女子〉《今生今世》（台北：三三書坊出版，1990 年），
　　頁 293。

大學時就開始畫圖，後來為自己的小說插畫，瀟灑生動，頗見才女的
聰慧。她雖然不大喜歡音樂，學鋼琴卻也學了好幾年。她的散文中有
〈談畫〉，也有著〈談音樂〉。而她最重要的作品小說集《傳奇》、
散文集《流言》以及電影劇本《不了情》、《太太萬歲》的編寫都在
上海時期完成。這是張愛玲創作的黃金時期，也是她人生中最絢爛的
年華，驚起驚落、夾纏悲喜，其中令人矚目的還有她與胡蘭成的婚姻，
僅僅維持三年（1944-1947），卻刻骨銘心。她曾這樣說：「長的是磨
難，短的是人生。」[60]回顧張愛玲最早的閱讀與書寫、最早的自我詮
釋與扮演，絕大部分是與父親的記憶（包括愛與恨）連結在一起的，[61]
她對父愛有種偏執／渴求，兩次結婚的對象都年長甚多（胡蘭成大張
14 歲，賴雅大了 29 歲），末了父愛與鴉片的記憶終究一齊難堪的殘
頹了。而父親這個塑像更從「遺少」張志沂的身影擴大連鎖到「古老
中國」這個曾經宏偉而逐漸老化凋零的封建王權的陰影，於是，無論
新舊古今公私、大我與小我，在浮華的世界中，一切終將歸零。如此
引發張愛玲一種早早看透人生的自覺，和一種趁早及時的警醒。前者
使她孤獨，後者卻成就她的扮演，使她的人生與藝術俱成美麗而蒼涼
的手勢。魯迅曾說：「走在舊上海大街上的時髦女人，像一切異性的
親人，也像一切異性的敵人。」張愛玲出生於上海，受教於上海，成
名於上海，她觀察上海，書寫上海，在淪陷上海大放光芒，然後自上
海遁離。所顯現的正是「在招搖，也在固守，在羅致，也在抵禦，光
榮中含著危險」的「上海的少女」的特質。[62]

---

60 參見張愛玲：〈公寓生活記趣〉《流言》（台北：皇冠文化出版有限公司，
 1968 年），頁 31。
61 或稱張愛玲為『父親的女兒』，而她的生命經驗在作品中的投影，在〈傾城
 之戀〉、〈金鎖記〉、〈怨女〉、〈半生緣〉、〈心經〉、〈茉莉香片〉、
 〈色，戒〉、〈多少恨〉中影影綽綽，依稀可見。
62 同註 54，頁 15-16。

（二）上海文學的新地標

做為『民國世界的臨水照花人』[63]，張愛玲處在一個極特異的位置：大時代的輪軌前行，新與舊的交替[64]，華與洋的交會，戰亂與安穩的擠壓，傳統的崩離解體與現代的張牙舞爪，經濟的充足與匱乏，閱讀出版市場的生產與消費，愛情的佔有與離棄……，在她的作品中，都一一留下了通過這道旋轉門種種的遐想與徬徨、挑釁與失落，而華麗文體中犯沖的色調：雅俗參差、善惡共存、美醜互見……，更形成獨特的風格：艷異而又感傷、張狂而又警醒。於是，這位「民國以來上海出現的最有天才的作家」（夏志清語）所創作的「文壇最美的收穫」（傅雷語），自然成為上海文學的新地標。

1.「海派文學」的再出發

「上海文學」的生存環境是都會式的，文人在上海的活動明顯的是受到都市文化、機械文明以及市場導向所支配，帶著「城市文學」的特質。以其特定的地域文化依託，或指稱為「洋場文學」、「租界文學」，而在二十世紀三〇年代上海文人曾處於一個尷尬的位置，被批評為「海派」[65]。

「海派」，自晚清以來已成為一個流行的名詞。這個稱呼的起源一則來自畫壇：所謂「同光年間，時局益壞，畫風日漓，畫家多蟄居

---

[63] 同註 58，頁 293。

[64] 新舊交替是指張愛玲出身沒落的貴冑家庭，祖母李菊耦為滿清名臣李鴻章之女。而她的教育薰陶是兼具古典文學如《紅樓》、《金瓶》以及詩詞的陶養訓練，又汲取於新的事物包括新式學堂與西式教育，且多涉獵新文學：舉如老舍〈二馬〉、穆時英〈南北極〉、西洋名著《三劍客》、《基督山恩仇記》、毛姆小說等等。

[65] 吳福輝說：「海派的名聲從來沒有好過。」參見吳氏著：《都市漩流中的海派小說》（長沙：湖南教育出版社，1994 年），頁 1。

上海，賣畫自給，以生技所迫，不得不稍投時好，以博潤資，畫品遂不免流於俗濁，或柔媚華麗，或劍拔弩張，漸有『海派』之目。」[66]一則起源於京劇界：「道光以後，雅部的崑曲衰落，綜合南腔北調的京調為皇朝宗室所喜，因而極力擺脫原先流行曲調的俗風，自視高雅，是為『京派』，而呼外省之劇為『海派』。」[67]當時上海的京劇仍是京城的派生。隨著民國成立，上海的社會經濟快速發展，移民湧入，上海成為一個現代都會、一個新生活和新觀念的發源地。此時「海派」一詞不僅用於京劇藝術，也用到其他文藝和一般社會生活，從清末民初的狹邪小說到黑幕小說、鴛鴦蝴蝶派小說被視為海派文學的初始。三〇年代文壇著名的「京海之爭」，北京文人批評上海文壇的「投機取巧、見風轉舵、邀功牟利、招搖求名」的市井氣，[68]而「海派文人」這個名詞也隨著勢利愛錢、作品媚俗，人品卑下等標籤的貼附，[69]涵義偏於負面。上海的辯護者則對京派自我標榜為「精英高雅」反唇相譏，揭露其「虛偽僵化、扭捏遮掩、基礎脆弱」的面具。[70]其時能從「政商消長」的層面，準確指出京海兩個城市的社會結構的差異以及生存其中的知識分子的迷思的是魯迅：「北京是明清的帝都，上海乃各國之租界。帝都多官，租界多商，所以文人之在京者多近官，沿海者近商。近官者在使官得名，近商者在使商獲利，……要而言之，『京派』是官的幫閑，『海派』是商的幫忙而已。」而從「南北的爭衡」，「東西的交匯」的角度來看，前者由於北政南商，形成「京──海」

---

[66] 參見俞劍華：《中國繪畫史》下冊（北京：商務出版社，1937 年），頁 196。

[67] 參見李天綱：《人文上海──市民的空間》（上海：上海教育出版社，2004 年），頁 4。

[68] 見前註，頁 8。引用沈從文 1933 年《大公報·文藝副刊》32 期中語。

[69] 蘇汶（杜衡）《文人在上海》中語。參見楊義：《二十世紀中國小說與文化》（台北：業強出版社，1993 年），頁 324-325。

[70] 同註 66，引用曹聚仁：〈京派與海派〉一文中的論述。

軸心之勢；後者挾帶著新舊的變革，在意識型態上，現代與傳統對壘，出現著「京——海」分立之局。[71] 延展到文化藝術方面，雅俗遞擅，與「京派」的教化典雅純淨的學者觀點相對，「海派」是趨向著都市化、大眾化與現代化。前者之病在僵滯固舊，後者則有流于惡俗淺薄之譏，雙方喧擾不休。由此可見「海派」與「京派」的論述是相對存在的一種認識。嚴格說來，「海派」並不是一種文學派別，而是經由歷史、地理、社會、文化的衝擊交流之後產生出來的一種區域性的文化現象。

隨著上海成為現代都會的中心，現代消費文化環境為原本就複雜多元的上海文壇注入了新的激素。自五四到二〇、三〇年代，啟蒙文學之火未曾熄滅，文學研究會、創造社都有機關刊物在上海發行，當革命文學、左翼運動勢力雄據上海的同時，鴛鴦蝴蝶派也擁有大量的讀者，還有《現代》雜誌對現代文學探索、新感覺派的登場等等。大抵而言，上海文學的發展是一段不斷在融匯變遷的過程，而且展現了必要的文化承接力。作家們初是不同程度地背離了古訓詩教，解構了傳統士大夫的審美判準和文字習慣；當文學和政治接近，以為革命帶來文學上的新，於是文學可以作成與時代息息相關，但也使得文學成為粗淺，比如革命家的報告文學。相對的，這樣一種誇張法加上「生的門答爾」（Sentimental）再加上「煙士披里純」（Inspiration），倘用來描寫戀愛就成了才子佳人的鴛鴦蝴蝶派。此後更進一步地接收借

---

[71] 「京海分立」之局指以上海做為現代變革的象徵，北京成為傳統保守的代表。其歷史背景為在辛亥革命前後，代表南方半個多世紀變革成果的新生活形式與觀念大舉入京，其出發點就在上海。舉如京師同文館用原在上海墨海書館工作的李善蘭教習數學，羅振玉與王國維從上海帶來的西方治學精神及研究方法，蔡元培改組北大借用上海辦學的經驗，以及新文化運動中，胡適及陳獨秀攜《新青年》北上。都說明了新文化的後援和源泉來自南方，而以北大為新文化的據點，引爆新舊衝突。

鑒了西洋、東洋的藝術文化；他們追逐著時尚與新奇，一方面解密私領域，披露個人情緒、感官世界；一方面迎合大眾口味，描寫俗世生活，並與政治性意識性強烈的主流文學拉開距離。這些「上海環境的生成物」[72]是帶著一種「才子＋浪子」的浪漫氣質與叛逆性，以市民趣味一脈相承，標示以扭曲變態的主題、新潮大膽的描述，作家們不但藉此發抒了鬱悶、取悅了讀者、並賴以維生，更由此打開了另一種文藝創作的出路。[73]

而上海人張愛玲與海派文學的關係自是匪淺，其對海派文學的接收，舉如《海上花》就是影響張愛玲最重要的源頭之一[74]。這部舊小說發展到極端中最典型的一部，題材寫的雖是十九世紀的上海妓家，卻傳達了日常生活的況味，後來張愛玲書寫上海的聲色犬馬即巧妙地承襲了其「庸俗」的調門。[75]民國以後，清末民初的諷刺小說被新文藝繼承，主題是恩怨爾汝來去、充滿哀感頑艷的情調的社會言情小說受到歡迎，其中張恨水的小說、《歇浦潮》等都是張愛玲喜歡看的，楊照即以為張愛玲真正的傳承來自於「鴛鴦蝴蝶派」[76]。三〇年代，新感覺派作家汲取了現代主義寫作的風格進入洋場候教，其遊戲感

---

[72] 以上海小說發展大勢為例：從文人志怪到世情小說、譴責小說，再到用白話寫的通俗武俠、哀感頑艷的閨閣小說，以及剖析心理意識、運用神秘怪幻的象徵技巧的現代主義小說的作家作品均列屬於不同時期上海都市環境下的產物。

[73] 同註68，頁324-333。楊義的說法是將魯迅的上海文學變遷的公式「才子＋流氓」換作「才子＋浪子」，並將海派發展分為三階段，分別為：舊海派、上海現代派、四〇年代的新海派。

[74] 參見王德威：〈半生緣，一世情〉，收入金宏達主編：《華麗影沉》（北京：文化藝術出版社，2003年），頁388。

[75] 參見張愛玲：〈憶胡適之〉《張看》（台北：皇冠文化出版有限公司，1976年），頁152-154。

[76] 參見楊照：〈透過張愛玲看人間──七〇、八〇年代之焦台灣小說的浪漫轉向〉，收入楊澤編：《閱讀張愛玲》（台北：麥田出版股份有限公司，1999年），頁470-472。

傷、奇詭誇張的都市風情的速寫切片,使得上海讀者耳目一新。當時
張愛玲除閱讀老舍、巴金、丁玲,也閱讀著穆時英的《南北極》。她
還說『意識流』是最飄忽的東西,因為內心生活影沉沉的,喬埃斯的
神來之筆並不容易模仿。[77]就在四〇年代,上海淪陷時期,這位被譽
為最了解近代的文明,同時又能把握住中國傳統文化精髓的作者投身
寫作,即以獨特的世紀末的華美荒涼的風格以及「人生虛無」的否定
論的持有,審視人性,書寫平常,比諸舊式鴛蝴派的描情小說是別見
時代氣息,而較之新感覺派小說又更具歷史感,形成一種新異的都市
情調,徹底地為市民階層服務。再創了「海派文學」的高峰。[78]

2.上海人的觀點

張愛玲說她喜歡上海人,無時無刻不想到上海人,住處也是喜歡
上海。她是用著上海人的觀點來察看、寫作的,也只有上海人能夠懂
得她文不達意的地方。以下分從「市民性格」(自主性、移民性、功
利性)、「城市視角」(多元性、公共性、矛盾性)以及「閱讀趣味」
(現代性、世俗性、消閑性)三個方面來探討張愛玲筆下的「上海人
的觀點」。

(1) 市民性格——自主性、移民性與功利性

由於古老中國的城市制度發展並不完全,早期人口集中之地多為
皇都王城,是以官本位主導,政治中心挾帶經濟發展,並未出現獨立

---

[77] 參見張愛玲:〈談看書〉《張看》(台北:皇冠文化出版有限公司,1976年),
頁195。

[78] 參見「納涼會記」座談會(1945年7月21日咸陽路二號的茶宴),原刊於《雜
誌》第15卷第5期。收入唐文標主編:《張愛玲資料大全集》(台北:時報
出版公司,1984年),頁293。王德威更說張愛玲是集清末以來海派小說之
大成者。參見王氏著:《落地的麥子不死——張愛玲與「張派」傳人》(濟
南:山東畫報出版社,2004年),頁38。

自主的市民社會。一直到明清時代，長江三角洲地區商品經濟發達，興起了一些市集商鎮，出現了一批經濟較為寬裕、閑暇時間多、講究生活享受的市民階層，其後士大夫加入，形成一套自己的聽書、賞戲、品酒、美食、雅集詩會等文化活動與生活方式，繼而大環境的變動，新思維的衝激[79]，於是反抗傳統、要求自由解放，發出權力自主的呼聲，提出了中國國家新風貌的想像。這樣市民意識的自覺，成為推動現代城市發展的主力。

除了「求新進步的自主、自覺意識」，「移民性格」是上海市民性格的另一主要質素。相對於清末民初的戰亂紛擾，人口大量移動，上海區域相對安定，西方文明的洗禮以及各國租界所帶來的進步經濟、繁華市容吸引著外來人口大批移入。上海的人口有百分之八十都是由移民組成，移民性格的特色是兼容並蓄、不墨守成規、容易接受外來事物，缺點是喜新厭舊、浮動不定。所以無論在宗教、交通、法律、娛樂、生活方式與觀念上，上海城市與人民都隨時以調整的步伐與重建的準備，邁向世界潮流尖端[80]，這使得城市風貌開放多元。此外，作為一個商業都會，以利益為前提，濃重的功利色彩自然也成為上海市民性格的構成之一。

身為上海人的張愛玲從不遮掩具備這樣的市民性格。她曾把自己歸類為拘拘束束的小資產階級（沒有很多錢、也不是完全沒錢），她說每一次看到『小市民』的字樣就想到自己。在亂世，她自食其力，

---

[79] 此指西方啟蒙主義以後，理性的發展、工業革命、科技發展到民族國家的建立以及市場經濟開展、資本主義興起等等。

[80] 比如受到梁啟超首在《汗漫錄》（又名《夏威夷遊記》，《飲冰室合集》第五冊）中主張要作世界人，並表示要試用西曆。其後，「星期」的引進以及「禮拜制」的計時觀念：星期一至星期五工作、週末假日休息，工作與休閒的時間作一區隔，而在公開場合中同時使用中西曆的是《申報》；此外，舉如婦女職業化、教育程度提高、兩性關係的平等解放等都是。

賺的錢雖不夠用，也還知道囤點貨。[81]在她的眼中，上海人的性格包括會奉承、會趨炎附勢、會混水裡摸魚，然而他們有處世藝術，他們演得不過火；他們壞，但壞得有分寸。她曾這樣界定「上海人」：「是傳統的中國人加上近代高壓生活的磨練。新舊文化種種畸形產物的交流，結果也許是不甚健康的，但是這裡有一種奇異的智慧。」[82]在她的筆下，上海市民（包括她自己）的「原型」畢露：是世俗的、又是務實的；是功利性的，也是日常性的：即對現實日常生活的細節懷著一股熱切的喜好。所以她對城市中擠挨著的人和事、聲音和氣味都非常留意。她喜歡去菜場買回沉重累贅的一日三餐，她常在「過日子」當中發現著濃稠的人生味，舉如在她的通俗小說〈多少恨〉中，夏宗豫對虞家茵儉樸的住處充滿零零碎碎、瓶瓶罐罐的陳設，覺得這才像是誠誠心心在過日子。又如她喜歡聽市聲：白言聽著電車響才睡得著覺、還有門口賣臭豆腐干擔子的叫賣聲、街上過路人吹著口哨拾起夜營的喇叭聲以及對過人家僕歐將電話裏的對話譯成德文傳給小東家聽的雜語，都構成都市生活的一部分；當電梯上升，人字圖案的銅柵欄外面，一重重的黑暗往下移，棕色的黑暗，紅棕色的黑暗，黑色的黑暗……襯著交替的黑暗，[83]「電梯」的起降聲影延伸出去是都市紅玫瑰等待愛情的磨人懸念。再加上時代列車裡的乘客比如：蠻荒世界得勢的女人白流蘇、自私的男人范柳原、拜金主義者梁太太、出賣自己的葛薇龍、「不能答應你結婚、不能答應你愛、只能答應你快樂」的喬琪喬、出軌的白玫瑰孟烟鸝、共享著無恥的快樂紅玫瑰王嬌蕊、

81　參見張愛玲：〈童言無忌〉《流言》（台北：皇冠文化出版有限公司，1968年），頁 7-9。

82　參見張愛玲：〈到底是上海人〉《流言》（台北：皇冠文化出版有限公司，1968年），頁 55-571。

83　同註60，頁 26-31。還有開電梯的工人在後天井生個小風爐燒東西吃；誰家煨牛肉湯的氣味。

無法做自己主人的佟振保、人盡可夫的段綾卿、深惡痛嫉自己父親的
聶傳慶、想著米先生的錢的淳于敦鳳與始終分不清楚好與真的吳翠
遠……等，盡是實生活中好壞相雜的普通人。她描畫著他們的性格活
動與切身的慾望，或許帶著點漫畫式的誇張性格，或許是自私怯懦，
或許是惡俗的（傅雷的批評），但是這些庸俗男女處在無可避免的環
境中不由自主，只求能夠夷然地活下去，卻於我們親。張愛玲便是生
動傳神的刻畫了這些城市市民的本質。

(2) 城市視角──多元性、公共性與矛盾性

胡蘭成曾說：新時代的文明是都市的，而張愛玲是徹底的都市
的。[84]張愛玲自言是生長在都市文化中的人，她的生命經驗、成長環
境自然賦予她的小說以一種體系上的統一性，支配了她作品的地圖，
主要包括上海傳奇與香港傳奇。她的城市視角是多元性的，其中以上
海為背景的有上海氣，以香港做背景的有香港風。她所寫的香港傳
奇：包括〈泥香屑一爐香、二爐香〉、〈茉莉香片〉、〈心經〉、〈琉
璃瓦〉、〈封鎖〉、〈傾城之戀〉等是為上海人闡釋香港人。而她又
是一個可以同時使用雙語寫作的中國作家，她為《二十世紀》撰寫幾
篇文化評論（如《洋人看京戲及其他》，原英文本《還活著》）是用
西洋旅客的眼光來觀賞並且描寫著這個她所喜愛的古舊的中國。[85]關
於這一點，何杏楓認為「居中介紹異地異俗異人異事」正是張愛玲的
寫作企圖之一，有翻譯解碼的意味。[86]而不論觀察什麼、如何書寫，

---

84 參見胡蘭成：〈張愛玲與左派〉收入張愛玲、胡蘭成著：《張愛胡說》（上
海：文匯出版社，2003 年），頁 225。

85 參見「新中國報」社舉辦〈《傳奇》集評茶會記〉（1944 年 8 月 26 日於上海
康樂酒家），原刊於《雜誌》第 13 卷第 6 期。收入金宏達主編：《昨夜月色》
（北京：文化藝術出版社，2003 年），頁 79。

86 參見何杏楓：〈「謔而虐」析論──並談張愛玲的翻譯因緣〉收入黃德偉主
編：《閱讀張愛玲》（香港：香港中文大學比較文學系，1998 年），頁 208。

張愛玲的城市視角除了以新異的角度來看城市的正面──進步繁華，她也未曾遺忘這個城市的陰暗面──她從不嫌棄都市的髒與亂，她認為在這之中到處會發現珍貴的東西。[87]因此她所呈現的市容，無論是靜態建築地點或是人潮集散場所──包括房屋、街道、電影院、菜市場、電車……，是空間陳設，也是生活痕跡；是資本主義下的構建，也是封建傳統的殘餘；是多元複雜的，也是矛盾犯沖的；既勾勒出一個華洋交雜、充滿著聲色犬馬物質的表現主義城市，也描畫出一幅幅洋場社會充滿畸形精神現象的浮世繪。

　　城市視角裡的公共性，則可試由下列三個處所來觀察：電影院、市街櫥窗與電車，這些公共領域的動線所連接的正是民間社會，扮演著城市的要角。電影院是現代城市的最佳娛樂場所。在張愛玲筆下，電影院是一所「廉價的王宮，全部是玻璃，絲絨，仿雲石的偉大結構。這一家，一進門地下是淡乳黃的；這地方整個的像一支黃色玻璃杯放大了千萬倍，特別有那樣一種光閃閃的幻麗潔淨。」而上海的街道成了人與輪子廝殺的戰場：「汽車把鼻子貼著地慢慢的一部一部開過來，車縫裏另有許多人與輪子神出鬼沒，驚天動地吶喊著，簡直等於生死存亡的戰鬥，慘厲到滑稽的程度。在那掙扎的洪流之上，有路中央警亭上的兩盞紅綠燈，天色灰白，一朵紅花一朵綠花寥落地開在天邊。」（〈多少恨〉頁 97-99）另外，「市中電影街沿途的商家有義大利餅乾行、凱司令咖啡館、西伯利亞皮貨店、綠屋夫人時裝店、外加珠寶店裏櫥窗……」（〈色戒〉頁 23）。霞飛路上的櫥窗目不暇給，更刺激著人們的購買慾，「霓虹燈下，木美人傾斜的臉，傾斜的帽子，帽子上斜吊著的羽毛。……儘管是不會買、不想買、然而還是用欣羨

---

[87]　參見張愛玲：〈詩與胡說〉《流言》（台北：皇冠文化出版有限公司，1968年），頁 149。

的眼光看著。……暖的呼吸在冷玻璃上噴出淡白的花。」（〈道路以目〉頁 62）然後，「忙著在一瞥即逝的店鋪的櫥窗裡找尋到竟是我們自己的影子──蒼白、渺小、自私與愚蠢。」[88]接下來，還有赫德路、靜安寺、百樂門都是重要景點，出出入入著人們的食衣住行，如果錯過電車，還有出租汽車與黃包車，不怕沒處消磨。即便是在電車裡，除了「封鎖」中可以做一個荒唐的夢，還有一輩子講的是男人的女人。[89]經由一連串靜景與動畫，四馬路的文化趣味被大馬路的娛樂姿態所取代，張愛玲巧妙的鋪陳了上海生活的質感和密度。

相對的，市民住宅區的私人領域裡雖然也帶著洋氣，卻沒有著霸氣：「……這一帶都是淡黃的粉牆，因為潮濕的緣故，發了黑。沿街種著小洋梧桐，一樹的黃葉子，就像迎春花，了無面目的陰陰的一片。」（〈留情〉頁 32）「路邊缺進去一塊空地，烏黑的沙礫，雜著棕綠的草皮，一座棕黑的小洋房，泛了色的淡藍漆的百葉窗，悄悄的，在雨中，不知為什麼有一種極顯著的外國的感覺。」（〈留情〉頁 13）還有人說這淡黃色的牆是民族觀念使然（因為偏愛黃種人的膚色）。而民初式樣的老洋房裡，有太陽的地方使人瞌睡，陰暗的地方有古墓的清涼。房屋的青黑的心子裡則是清醒的，有它自己一個怪異的世界。（〈私語〉頁 163）至於張愛玲在上海赫德路公寓的陽臺則是另一個自足的空間。她文章裡寫從陽臺上望街道與電車來來去去，又寫從「後陽臺上望出去，城市成了曠野，蒼蒼的無數的紅的灰的屋脊，都是些後院子，後窗，後巷堂，連天也背過臉去。」（〈桂花蒸阿小悲秋〉

---

[88]　參見張愛玲：〈燼餘錄〉《流言》（台北：皇冠文化出版有限公司，1968 年），頁 54。

[89]　參見張愛玲：〈有女同車〉《流言》（台北：皇冠文化出版有限公司，1968 年），頁 152。

頁 116）除了在陽臺上可以一比公德心，[90]當一個人站在陽臺上，在晚烟里，看亂世中上海的邊疆微微起伏，讓人想到許多人的命運（包括自己的），有一種鬱鬱蒼蒼的身世之感。胡蘭成曾提及張愛玲住處是喜歡上海，是以覺得張愛玲是不可以變動她的居處與日常生活的。[91]

在城市裡，公寓是最合理想的逃世的地方。張愛玲喜歡公寓生活，因為公寓裡沒有住家的那種沉澱的憂傷。她喜歡都市裡的人工的東西，比如種在義大利飯店門口的柳樹與梧桐。而人們厭倦了大都會的時候，往往記掛起和平幽靜的鄉村，當然是無法看到田園裡的茄子，於是到菜市場裡去看看也好——包括那麼複雜的，油潤的紫色、新綠的豌豆、熟豔的辣椒、金黃的麵筋、像太陽裡的肥皂泡。（〈公寓生活記趣〉頁 29）而從白天入了夜，靜蕩蕩的街道上，風吹著的兩片落葉踏啦踏啦彷彿沒人穿的破鞋，自己走上一程。（〈紅玫瑰與白玫瑰〉頁 64）再晚一點的夜裡沒有古代的更鼓，有著的是賣餛飩的梆子，卻敲擊著千年來無數人夢的拍板……。於是，城市中的景觀：從大街到小巷、從前廳到後陽台、從公共場所到私密空間，從生活情調到婚姻關係，從物質環境到軟性情調，從時髦進步到傳統陳舊，都是對照性的，對照裡充滿矛盾犯沖的色彩，這是城市中可愛又可哀的年月啊！[92]

如此張愛玲筆下的上海市容「以中為體，以西為用」，在這片西化了的土地上，其人物語言却是道地的中國腔。其「雜種」特色令人印象深刻。雖然日復一日，城市的臉孔不斷地變化著，進步科技、聲色犬馬、各種主義的文明與暴力成為赤裸的日常生活的一部份。但隱

---

[90] 同註 60。

[91] 參見張愛玲：〈我看蘇青〉《餘韻》（台北：皇冠文化出版有限公司，1987年），頁 95 以及胡蘭成：〈文學的使命〉《中國文學史話》（台北：遠流出版事業股份有限公司，1991年），頁 140-141。

[92] 參見張愛玲：〈私語〉《流言》（台北：皇冠文化出版有限公司，1968年），頁 168。

密的小巷、骯髒的天井尚未消失，在人們的心中，存有的不健康的舊城市或許比時髦的新城市更真實，彷彿舊夢裡做著新的夢，幾疑自己竟是已經消失年代的鬼魂。

(3) 閱讀趣味──現代性、世俗性與消閑性

一個新的民族國家在興起之前有一個想像的過程，這是一個公開化、社群化的過程。這個過程依靠兩個非常重要的印刷媒體，一是小說，一是報紙。李歐梵指出：晚清以來，只要牽涉到維新和現代的問題，幾乎每本小說的背景都有上海，而上海所謂的時空性就是四馬路、書院加妓院……當時生活在上海的作家大都住在那裡……，在報館裡寫文章，他們所代表的那個層次──都市小說讀者的世界，也正是小說文本試圖展示的世界。[93]通常文化程度愈高的城市，印刷事業與大眾傳媒事業愈發達，二者交互影響。而報刊雜誌的蓬勃興起，帶動著稿費制度，賣文為生的職業作家亦應運而生。隨著新紀元的來臨，做為西方文明攻城掠地的第一站，上海人對西方現代性的物質形式接受的典型步驟是「初則驚，繼則異，再繼則羨，後繼則效。」而上海市民的思維視野、習慣需求無可避免的也受到衝擊、產生變化。這「現代性」的建構是包括著前衛性與現實性的，舉如：科技領導生活、生產與消費同步、工作與享樂並重等等。但是中國的現代性是不能只從一個精英觀點來看待，需要無數人的努力與認同。其所借助的媒介便是印刷媒體與敘述文本，這些構成了上海文化與娛樂產業的人文環境和消費市場。當時上海報章雜誌界除了刊登新聞或其專刊的知識需求外，無論是為了刺激買氣、或為著填充版面，吸引讀者早已成為報刊發行的重要手段，其中「副刊」以風格獨特、貼近生活、抒悶

93　參見李歐梵：〈晚清文化、文學與現代性〉《李歐梵自選集》（上海：上海教育出版社，2002 年），頁 270、278。

減壓的功能搶攻閱讀銷售市場，其閱讀率高的小說自然成為寵兒，而其文體特具的「世俗性」和「消閑性」也因此成為創作的指標。統計清末以至民國，上海市民的閱讀興趣多集中於以下三個管道：以新聞為主文藝作品為輔的「大報」副刊、以文藝作品為主新聞為輔的文藝「小報」和以專門刊登文藝作品的「文藝雜誌」。[94]

「大報」主要是以刊登商業訊息和新聞報導為主。上海最早的中文報紙是 1861 年創刊的《上海新報》[95]，最有名的是 1872 年創刊的《申報》，此報不同於官辦報紙，它不但把讀者與廣告主奉為主要顧客群，並邀約當地文人執筆寫稿，而且報紙內容是以新聞、言論、廣告和文藝四項為基本模式，儼然標示著中文報紙邁入商業運銷的一個新階段。[96]之後《新聞報》、《時報》、《時事新報》、《神州日報》、《字林滬報》蜂擁而起。其中《字林滬報》模仿小報，逐日隨報贈送「附張」，用專門版面來刊載詩詞、小品、樂府、傳奇之類帶有消閑性質的作品，號稱《消閑報》，進攻消費市場。「副刊」版面於是誕生，各報紛紛跟進。那時已是十九世紀末期。

「小報」一辭源起上溯南宋，原指其「書寫輕巧、飛報遠近之謂。」民國以來，上海報業所稱的「小報」是指「內容簡陋，篇幅短少，專載瑣聞碎事（如時人軼事、遊戲小品之類），而無國內外重要電訊記

---

[94] 「翻開當日（1943）的報紙，不是天天登載電影預告的《新民晚報》，也不是充斥時尚訊息的《申江服務導報》、而是沒有彩版和套紅標題、紙質暗黃的《申報》和《新聞報》。」參見李岩煒：《張愛玲的上海舞台》（台北：未來書城，2004 年），頁 10。

[95] 《上海新報》以刊登商業訊息和新聞報導為主，以後也刊登一些隨筆、寓言、遊記、圖畫故事、雜文點綴、聯語徵對、詩詞唱和、海外珍聞、風物小志等欄目。參見蔣曉麗：《中國近代大眾傳媒與中國近代文學》（成都：四川出版集團巴蜀書社，2005 年），頁 88。

[96] 如當時著名的京海派論爭即是在上海《申報》的《自由談》和北京《大公報》的《文藝副刊》上開啟戰端。

載之類報紙。」[97]其形式模仿大報但篇幅較小，四開或八開的版面，以休閑娛樂性為主旨，帶著極強的地方性以及消遣功能。出現上海的第一份小報，一說是1986年6月6日李伯元創辦的《指南報》；一說是1897年6月24日李伯元創辦的《游戲報》。二〇、三〇年代的上海小報多達數十種，如《晶報》、《金剛鑽報》、《羅賓漢》、《福爾摩斯》、《海報》、《繁華報》、《笑林報》等等，可稱為老海派通俗文學的溫床[98]。初時小報是遊戲場出日刊，一面刊登遊戲節目，一面登散文小品。並不天天出刊，亦不付稿費，對長期撰稿人除送報外，有時也送幾張門票和月票，以酬辛勞。其後小報稍稍脫離吟風弄月、追逐影視花邊、瑣事八卦的路線，在消閑中也融進了知性、社會性。大約二〇年代以降，上海小報是舊派文人一統天下，三〇年代中期，自謝六逸主編《立報·言林》始，一些新文學家的稿件出現，形成新舊派文人各顯神通。但讀者仍是衣食父母，市場功能往往決定著作品刊載時間的長短。[99]大抵而言，「小報」是城市平民包括販夫走卒的日常讀物，中上層市民也以為消遣娛樂。它以表現市民生活本真狀態為宗旨，正是海派精神的世俗體現者。

---

97 「小報」一詞，參見南宋兵部侍郎周麟之所著《海陵集》所錄〈論禁小報〉奏章以及1934年國民黨中央宣傳委員會發布「解釋取締小報標準」，原載《申報》1934年1月16日。收入戈公振：《中國報學史》（香港：太平書局，1964年3月），頁1-30。當時《晶報》、《金剛鑽》、《羅賓漢》、《福爾摩斯》號稱小報「四大金剛」，其出版數量也創下市場紀錄。

98 參見包天笑：《記上海晶報》，收入《釧影樓回憶錄》（香港：大華出版社，1971年），頁444-451。

99 舉如李伯元的《官場現形記》因在小報上連載成功而得以出版單行本，又如周天籟《亭子間嫂嫂》在《東方日報》連載廣受歡迎，由五十萬字延到一百萬字才結束；反之若遭惡評、不受讀者歡迎而中途腰斬者，亦有所見，舉如張愛玲的〈連環套〉。

　　由於副刊刊載文藝作品廣受閱讀大眾歡迎，經營者便另闢「文藝雜誌」，以便刊載更多的文藝作品，吸引讀者購買。這是一種以號數或卷期分期刊行的連續性出版品。隨著出版週期有週刊、月刊、季刊之分。1872 年 11 月《申報》的《瀛寰瑣記》是中國最早發行的文藝雜誌，1902 年梁啟超創辦的《新小說》則是第一份以刊登新式小說為主的刊物，還有 1903 年創刊的《繡像小說》、1906 年創刊的《月月小說》以及 1907 創刊的《小說林》在晚清以來都享有盛名，內容已從嚴肅的道德理念等的宣揚、轉而追求商業化、趣味性與普及度。其後鼓吹新文學刊物《新青年》、第一份純文學雜誌《小說月報》[100]以及淪陷上海報攤上林立的《紫羅蘭》、《萬象》、《雜誌》、《古今》……等，無論是在時事論文或是文藝作品的宣揚傳播上、在思想主張問題的答辯溝通上、在讀者與作者的交流間（雖然商業性中也參雜有同人性質），都提供了開放自由的園地。

　　上海的報業之區分大報與小報，主要是大報因著立場的關係需要顧及到每一方面，所以造成了一種沒什麼色彩的、灰灰的、特殊的語言，與實生活離得較遠。而小報喜歡惡評名人，用的是激將法，要對方因為辯正寫稿，互相哄抬。翻開小報，有惡濁裝腔的句子，但亦有妙語，這妙語亦是可憐語，讀者們是一邊笑罵，一邊還是看。舉如抗戰末期在淪陷區上海，有一個報刊就叫「小報」，每日下午四時出版，報幅四開一張，一面登載當時上海消息，另一面是副刊，多登出留在上海作家的小塊文章，字數不多，有時亦介紹電影、舞場消息，連帶

---

[100] 《小說月報》（1910-1932）由商務印書館發行。其中刊登了許多著名作家作品如茅盾的《幻滅》、《動搖》、《追求》；老舍的《老張的哲學》、《趙子曰》、《二馬》；穆時英的《南北極》；施蟄存的《將軍底頭》等。除了作為新文學發表的園地，亦從事翻譯、介紹外國文學思潮，如狄更斯、安徒生、霍桑……等著名作家及作品。

的舞女名人的飲食起居、花邊八卦等小道新聞充斥，報格不高。但這些小報的作者絕不是孤僻做夢的一群，卻正是最普遍的上海市民，裡面有著濃厚的生活情趣，為讀者所注目關心，可以代表著都市文明。[101] 比如金雄白辦的「海報」即是以自娛娛人的談風月的小型報風行上海，曾有七萬餘份的佳績。[102] 此外，三〇年代的《論語》、《宇宙風》、《逸經》，直至四〇年代的《文藝》、《古今》、《風雨談》、《雜誌》、乃至《天地》，都是富有小報特徵的刊物。也正就是這樣的一個報刊小說的世界勾勒營造出了上海都市的生活世界，到了三〇、四〇年代集其大成──從舊海派到新海派，完成了中國通俗文化的現代性。吳福輝曾經論及四〇年代，張愛玲的出現是有兩種匯合：一是新感覺派的現代主義與中國傳統的市民文學匯合，一是本世紀的鴛鴦蝴蝶派與現代的海派匯合。[103]

我們觀察摩登上海步入烽火上海，張愛玲以所書寫的普通人的《傳奇》見證著俗世男女的情慾實錄，當時有的人稱她為「新鴛鴦蝴蝶派」，也有人把她的作品歸類為「海派文學」。有著傳統家學底子的張愛玲自己則是這樣說：「我的作品，舊派的人看了覺得輕鬆，可是嫌它不夠舒服。新派的人看了覺得還有些意思，可是嫌它不夠嚴肅。但我只能做到這樣，而且自信也並非折衷派，我只求自己能夠寫得真實些。」[104] 而當人們覺得「她的風格很像英國名作家 Somerset Maugham（毛姆）的作品，而又受一些《紅樓夢》的影響」的同時，

---

[101] 參見「納涼會記」座談會（1945 年 7 月 21 日咸陽路二號的茶宴），原刊於《雜誌》第 15 卷第 5 期。收入唐文標主編：《張愛玲資料大全集》（台北：時報出版公司，1984 年），頁 292。

[102] 同前註，頁 292-293、367。

[103] 同註 65，頁 10。

[104] 參見張愛玲：〈自己的文章〉《流言》（台北：皇冠文化出版有限公司，1968），頁 21。

她也絲毫不諱言她一直就是小報的忠實讀者，「小報」有種特殊的、得人心的機智風趣，對她而言是一種回家的感覺。[105]在這個原是由男性聲音所掌控的空間裡，她以女性的觀察，看透了人性、大膽的以媚俗論述抓準了市民閱讀興趣──「世俗性」與「消閑性」，開闢了夢魘式的閱讀氛圍，收服了茫茫亂世無處可去的小市民。針對著「世俗性」，她是寫她能夠寫的──庸人俗事，包括遺老家庭的完不了的故事，慘綠張惶的青春年少，以及附屬於男權的無能女眷的無奈悲劇……。而所謂「消閑性」原是指寫作的筆調追求娛樂，可以得到消遣安慰的作品。在張愛玲這裡，消閑筆墨不單單是輕鬆寫意的：比如描述浪漫愛情的冒險、顛倒錯亂的婚姻與金錢的遊戲、被困的男人與女人、再加上一些俏皮話而已；其實骨子裡卻是嘲諷了人生，是嚴肅而深刻的：譬如都市喧嘩背後是末世的威脅虎視眈眈、原來眾所歌誦的愛情到張愛玲這裡卻詛咒了愛情、而她的私密瑣碎書寫更拼組了城市烽火淪亡錄。

（三）上海時期張愛玲文藝創作的刊佈與發行

1.《鳳藻》、《國光月刊》

《鳳藻》、《國光月刊》是上海聖瑪利亞女校的校刊，前者（《鳳藻》）為一年刊，一般由畢業班學生負責編輯，16開本道林紙精印，內容分中英文兩個部份。大致是學校概覽、教師社團介紹、學生習作、畢業生留言等等。現所發現刊登了張愛玲的作品有短篇小說〈不幸的

---

[105] 同註92，頁162。另參見張愛玲一封書簡發表於1944年12月28日上海《春秋》第二期「女作家書簡特輯」，收入陳子善：〈在茫茫報海中搜尋──張愛玲佚文鉤沉記〉《說不盡的張愛玲》（台北：遠景出版事業有限公司，2001年），頁43-45。

她〉（1932）、散文〈遲暮〉（1933）、〈秋雨〉（1936）、評論文字〈論卡通畫之前途〉（1937）以及兩篇英文小品〈牧羊者素描〉（Sketches of Some Shepherds）和〈心願〉（My Great Expectations）[106]；後者（《國光月刊》）為該校中文部教務主任汪宏聲所發啟出版的一份 32 開的半月刊，1936 年 10 月 20 日創刊，共九期七本，署為「聖瑪利亞女校國光會發行」，其中政論文字與文學評論所佔篇幅很少，主要是一份新文學刊物，體裁包括短篇小說、散文、雜感、新詩、劇本和書評等。其發刊獻詞標明創刊的兩大使命為「促進本國語文與外國語文齊等看待以及引起同學諸君對民族掙扎圖存的注意及努力。」張愛玲曾先後在此刊物投稿，總計：創刊號上發表〈牛〉以及署名為『玲』的三篇讀書雜記：分別是評論林紓譯《煙水愁城錄》、林疑今著《無軌列車》、丁玲著《在黑暗中》三本書，篇幅短小，均屬補白性質，未在目錄標出。第四期（1936 年 12 月 5 日）有漫畫「某同學之甜夢」，第六期（1937 年 3 月 25 日）《〈若馨〉評》，第九期（1937年 5 月 10 日）的《霸王別姬》[107]，其中《霸王別姬》這篇力作，顯示出少女張愛玲出色的文學才華，是該期《國光》的壓卷文字。

2. 《西風》

《西風》是黃嘉德、黃嘉音兄弟於 1936 年 9 月創辦，林語堂曾題「發刊辭」一篇，該刊以「譯述西洋雜誌精華，介紹歐美人生社會」為宗旨，替中國雜誌開啟一新紀元。1940 年，張愛玲參加《西風》雜

---

[106] 陳子善發掘張愛玲早期佚文，並做考証，不遺餘力，並將〈牧羊者素描〉（Sketches of Some Shepherds）和〈心願〉（My Great Expectations）譯成中文。參見陳子善：〈埋沒五十載的張愛玲「少作」〉以及〈雛鳳新聲——新發現的張愛玲少作〉《說不盡的張愛玲》（台北：遠景出版事業有限公司，2001年），頁 7-38。

[107] 同前註。

誌徵文，以散文〈天才夢〉獲得名譽獎第三名。[108]1938 年 9 月黃氏兄弟又創辦《西風副刊》，而 1940 年 3 月的《西書精華》則是上海西風月刊社系列刊物最晚出的一種，就在 1941 年 6 月《西書精華》第六期中，載有張愛玲一篇西書摘譯的《謔而虐》，這是目前所知張愛玲最早的翻譯作品。

3.《二十世紀》

《二十世紀》（The XXth Century）是一個綜合性的英文月刊。1941 年 10 月德國人克勞斯・梅涅特（Klaus Mehnert）創刊於上海。其創刊的理由為：由於審度國際新形勢，讀者鎖定滯留亞洲的外籍人士，為其填補閱讀真空；復以戰爭引發失業的關係，導致當時編刊刊物的人手濟濟；再加上上海資訊流通的客觀發行環境以及梅涅特本人的理想與興趣使然。《二十世紀》走綜合刊物的路線，包括各類報導文章、旅遊風光、影評以及書評等。張愛玲於 1943 年 1 月開始在該雜誌發表文章，包括〈中國人的生活與服裝〉（Chinese Life and Fashions，4：1）[109]，並附手繪髮型及服飾插圖十二幅；1943 年 6 月〈還活著〉（Still Alive，4：6）[110]，1943 年 12 月〈妖魔神仙〉（Demons and Fairies，5：6）[111]，此外，1943 年 5 月在《二十世紀》撰寫影評，

---

[108] 關於張愛玲〈天才夢〉獲獎詳情，眾說紛紜，陳子善析之甚詳。參見陳氏著：〈《天才夢》獲獎考〉《說不盡的張愛玲》（台北：遠景出版事業有限公司，2001 年），頁 143-151。

[109] 中文寫本題為〈更衣記〉1943 年 12 月刊於上海《古今》半月刊第 36 期。鄭樹森在《張愛玲與二十世紀》一文中認為此文不見翻譯的痕跡，可視為其中文的再創作。

[110] 中文寫本題為〈洋人看京戲及其他〉1943 年 11 月刊於上海《古今》半月刊第 34 期。

[111] 中文寫本題為〈中國人的宗教〉1944 年 8 月、9 月刊於上海《天地》月刊第 11、12 期。

包括 1943 年 5 月〈妻子、狐狸精、孩子〉（Wife、Vamp、Child，4：5）[112]、1943 年 6 月〈鴉片戰爭〉（The Opium War，4：6）[113]、1943 年 7 月的影評沒有題目（5：1）、1943 年 8 月、9 月合刊的〈婆媳之間〉（Mothers and Daughters-in-law，5：2、3）[114]、1943 年 10 月發表影評一篇（5：4），沒有總題。[115]1943 年 11 月〈中國的家庭教育〉（China Educating the Family，5：5）[116]，這是張愛玲為《二十世紀》寫的最後一篇電影文字。總計以英文發表了九篇文章，在內容上，除了以跨文化的觀點去觀察中國人的日常生活行為，向外國人詮釋中國人之外；作為一個影迷，其觀影評論也提供了此期電影發展的重要史料。而其文字典雅華麗，令人耳目一新，在梅涅特的眼裡，張愛玲是個「極有前途的青年人才」[117]。

4.《紫羅蘭》

《紫羅蘭》是一綜合性月刊，1943 年 4 月創刊，周瘦鵑主編，宣稱刊物是文學合流，小說與散文並重，趣味與意義兼顧，語體與文言齊收。該刊物主要的作者包括鴛鴦蝴蝶派的上海老作家如范烟橋、顧明道等，以及純文學的青年作家如施濟美、程育真等。1943 年 5 月《紫

---

[112] 中文寫本題為〈借銀燈〉，收入張愛玲：《流言》（台北：皇冠文化出版有限公司，1968 年），頁 93-96。

[113] 中文寫本由陳炳良譯收入子通、亦清編：《張愛玲文集・補遺》（北京：中國華僑出版社，2002 年），頁 247-248。

[114] 中文寫本由陳炳良譯，收入子通、亦清編：《張愛玲文集・補遺》（北京：中國華僑出版社，2002 年），頁 252-253。

[115] 中文寫本由陳炳良譯收入子通、亦清編：《張愛玲文集・補遺》（中國華僑出版社，2002）年，頁 249-251。

[116] 中文寫本題為〈銀宮就學記〉，收入張愛玲：《流言》（台北：皇冠文化出版有限公司，1968 年），頁 101-105。

[117] 參見鄭樹森：〈張愛玲與《二十世紀》〉《從現代到當代》（台北：三民書局，1994 年），頁 69-76。

羅蘭》月刊第二期登出了張愛玲的成名作〈沉香屑——第一爐香〉，6月〈第二爐香〉發表，引起上海文壇的注意。

5. 《雜誌》

《雜誌》是原為轉載國外消息評論為主的國際時事政治半月刊，16開本，創刊於1938年5月，由呂懷時、吳誠之主編。孤島時期曾因為反日傾向，曾被勒令停刊。1942年8月復刊，發行方向為以純文藝為主的綜合性月刊，25開本，隸屬於「新中國報」系統，社長袁殊，主筆為魯風、惲逸群、吳誠之等。《雜誌》這份刊物在淪陷時期的上海文藝刊物中是大型期刊之一。雖然標榜中立，但其構成複雜曖昧，因為其從政治、經濟背景到主辦人、編輯及作者的身分以至刊物的內容都充滿著糾纏不清的因素。[118]但該刊物有幾個比較突出的特色是一般其他刊物不能相比的：一是經常刊載文學理論，比較集中的反應了淪陷時期上海作家不同的文藝觀點及主張，曾對新文藝腔大加撻伐，而且著重收錄報告紀實文學這種罕見的體裁，另一是經常舉行各種座談會，並將內容紀錄刊佈，有效地保存了淪陷時期上海文壇的一些文藝活動史料，同時亦轉載報導了其他地區作家動態。其中自1943年起，張愛玲有作品在《雜誌》陸續刊出，產量豐富。計小說十篇、散文十二篇、插畫七幅。包括：7月〈茉莉香片〉（11：4），8月〈到底是上海人〉（11：5），9月、10月〈傾城之戀〉（11：6、12：1），

---

[118] 舉如社長袁殊、主筆吳誠之、惲逸群等人均為中共地下黨員，袁殊又為中統工作，雜誌社背景則是屬於日本在華特務影佐禎昭幕後策劃的民間組織「興亞建國運動」。其作者群構成忠奸混雜：既有抗日作家、也有積極參加和平運動的活躍份子。雜誌內容收有文藝理論、小說、詩歌、散文、劇作、雜文等，還包括文壇概況以及文化報導，紀實文學作品，並經常舉行座談會，反應作家動態以及不同的文藝觀點。參見陳青生：《抗戰時期的上海文學》（上海：人民出版社，1995年），頁365-367以及古蒼梧：《今生此時今世此地——張愛玲、蘇青、胡蘭成的上海》（香港：牛津大學出版社，2002年），頁34-42。

11 月、12 月〈金鎖記〉（12：2、3），1944 年 1 月〈必也正名乎〉
（12：4），2 月〈年輕的時候〉（12：5），3 月〈花凋〉（12：6），
4 月〈論寫作〉、小品三則〈愛〉、〈有女同車〉、〈走！走到樓上
去！〉以及插畫「三月的風」（13：1），5 月至 7 月〈紅玫瑰與白玫
瑰〉（13：2、3、4）以及插畫「四月的暖和」（13：2）、「小暑取
景」（13：3），7 月〈說胡蘿蔔〉以及插畫「等待著遲到的愛」（13：
4），8 月〈詩與胡說〉、〈寫什麼〉以及插畫「跋扈的愛」（13：5），
9 月〈忘不了的畫〉以及插畫「新秋的賢妻」（13：6），10 月插畫
一幅「叫秋聲」（14：1），11 月〈殷寶灩送花樓會〉（14：2），12
月〈等〉（14：3），1945 年 2 月〈留情〉（14：5），3 月至 5 月〈創
世紀〉（14：6，15：1、3）、〈蘇青張愛玲對談記〉（14：6），4
月〈吉利〉（15：1），5 月〈姑姑語錄〉（15：2），7 月〈浪子與
善女人〉（炎櫻作、張愛玲譯）（15：4）。另外，在《雜誌》出現
有兩篇評論張愛玲的文字，分別是：1944 年 5 月、6 月《雜誌》（13：
2、3）刊出胡蘭成的〈論張愛玲〉，以及 1944 年上海五洲書報社出
版張愛玲散文集《流言》之後，1945 年 1 月《雜誌》14：4 期刊載了
許季木的〈評張愛玲的「流言」〉。

6.《萬象》

　　《萬象》36 開本，是一份以文學為主兼及文史掌故、科學及生活
常識、影劇評介等綜合性月刊。1941 年由平襟亞主辦創刊，主編為陳
蝶衣，初以通俗文學為主，兼載純文學。1943 年 7 月柯靈接編後改刊，
以純文學為主，匯集了群從事新文學的作家如王統照、唐弢、師陀等
人，1945 年 6 月柯靈遭日本憲兵隊逮捕，出版最後一期，前後歷時四
年，是貫穿上海淪陷時期始終的愛國文學期刊之一。1943 年 8 月、9
月，張愛玲的〈心經〉在《萬象》第三期發表，11 月〈琉璃瓦〉刊登

於《萬象》第五期，1944 年 1 月至 6 月〈連環套〉在《萬象》第七至十二期連載。其中 5 月出刊的第十一期，刊登了迅雨（傅雷）的評論〈論張愛玲的小說〉，根據唐文標的說法，「張愛玲腰斬連環套」的原因可能是因為這篇迅雨的批評、主編柯靈的被捕或是〈連環套〉一千元稿費的風波，使得張愛玲因而輟筆。[119]

7.《古今》、《文史》

《古今》創辦人朱樸於 1942 年 2 月創刊，初為月刊，後改為半月刊。該刊雖聲明為朱樸私人出版，但有傳聞曾經接受周佛海的幫助。兼以朱樸本人的政治背景係汪偽黨政要員出身，而由其刊物發表及處理稿件的策略看來，被認為是提供了汪政要、附汪文人（包括汪精衛、周佛海、陳公博、文載道、周黎庵、紀果庵等）表明心跡、抒鬱減壓的空間，因此被歸類為「汪偽派期刊」。就其刊物內容而言，除人物雜文傳記、文史掌故之外，他如天文地理、禽獸草木、金石書畫、詩詞歌賦亦收錄刊登。1944 年，朱樸宣佈《古今》停辦，文載道利用《古今》剩餘文稿出版了《文史》半月刊，僅辦了三期，算是《古今》的尾聲。1943 年 11 月，張愛玲的〈洋人看京戲及其他〉發表於《古今》半月刊第三十四期，12 月〈更衣記〉（第三十六期），這兩篇被認為是張愛玲英文作品的中文再創作。

8.《天地》、《小天地》

《天地》雜誌在 1943 年 10 月創刊，16 開本，主編馮和儀（蘇青）打出的廣告詞即是「散文小說月刊」。在內容上兼容並蓄，欄目有雜文雜考、書評隨感、人物傳記、地方風俗、人文掌故等，被認為是上

---

[119] 參見唐文標：〈關於「連環套」〉，收入唐氏主編：《張愛玲資料大全集》（臺北：時報文化出版有限公司，1984 年），頁 360。

海淪陷時期最有代表性的散文專刊之一；在情調上，則是模仿著《人間世》、《太白》，提供了輕鬆清淺、自在隨意的趣味性，這是最像小報文字的地方。[120]因為蘇青與當時偽政權關係友好，當時《天地》的邀稿作家群中除胡蘭成，還有周佛海、楊淑慧（周佛海妻）、陳公博和朱樸，以上皆在汪政權中擔任要職或與其關係密切；再加上《天地》雜誌所收錄的文欄種類及文章性質與號稱汪偽政權鳴聲器的《古今》雜誌多有相似之處[121]。如此一來，這個刊物便難免與「漢奸文學」產生聯想。另外，值得注意的是從 1943 到 1945 年間，《天地》月刊在女性作家蘇青自創品牌、提供伸展舞台的帶領下，一群女性撰稿人聚焦於「女性自覺」的女性書寫，鋒頭甚健，號稱是「女界足以自豪的刊物」[122]。

張愛玲由於蘇青邀稿，因此與《天地》得結文緣，也因此與胡蘭成相識。1943 年 11 月，〈封鎖〉發表於《天地》月刊第二期，12 月〈公寓生活記趣〉（第三期），1944 年 1 月〈道路以目〉（第四期），2 月〈燼餘錄〉（第五期），3 月〈談女人〉（第六期），5 月〈童言無忌〉、〈造人〉（第七、八期合刊），6 月〈打人〉（第九期），7 月〈私語〉（第十期），8 月至 10 月〈中國人的宗教〉（第十一到十三期），11 月〈談跳舞〉（第十四期），1945 年 2 月〈卷首玉照及其他〉（第十七期），3 月〈雙聲〉（第十八期），4 月〈我看蘇青〉（第十九期）、5 月〈女裝、女色〉（炎櫻作、張愛玲譯，第二十期）；總計一篇小說，十三篇散文，一篇翻譯。而在《天地》月刊出刊的 19

---

[120] 參見許道明：《海派文學論》（上海：復旦大學出版社，1999 年），頁 381-383。

[121] 除了小說這個體類，《天地》的內容包括書評、人物誌、風俗誌、掌故、雜考、雜文……等文欄以及所徵錄的文章性質與《古今》幾乎一樣。參見古蒼梧：《今生此時今世此地——張愛玲、蘇青、胡蘭成的上海》（香港：牛津大學出版社，2002 年），頁 27。

[122] 參見姚玳玫：《想像女性》（北京：中國社會科學出版社，2004 年），頁 239。此語為梁文若《談〈天地〉》中語，發表在《天地》第六期，1944 年 2 月 1 日。

期中，張愛玲只有三期缺席，相當捧場。此外，張愛玲還在《天地》為蘇青的散文〈救救孩子〉插畫，並為《天地》設計封面，從 1944年 8 月 1 日第十一期起，《天地》就改用張愛玲設計的新封面。另外，仿效《天地》的另一份散文月刊是《小天地》，32 開本，由周班公主編。其投稿作家與《天地》重疊，亦由「天地出版社」出版，出版 5期即宣告停刊，影響不及《天地》。1944 年 8 月，張愛玲在《小天地》月刊第一期發表〈散戲〉、〈炎櫻語錄〉，1945 年 1 月〈氣短情長及其他〉在《小天地》月刊第五期發表，還有一篇短文〈孔子與孟子〉則登在《小天地》月刊第四期。[123]

9.《新東方》、《苦竹》

《新東方》[124]是一份政治、經濟、文化綜合的月刊。1940 年 3 月在南京創刊，負責人蘇成德，16 開本。每年二卷，每卷六期。後來編輯部移到上海。創刊的目的是為了配合汪精衛偽政府的成立，為其和平運動造勢。開始數月，汪精衛都親自撰文。1944 年三月號有張愛玲〈存稿〉係抄錄少作，五月號的第四、五期合刊裡出現〈自己的文章〉，後又轉載於《苦竹》雜誌第二期。接著第六期刊登了小說〈鴻鸞禧〉。

《苦竹》[125]雜誌是 1944 年 11 月胡蘭成創辦。封面是炎櫻畫的，滿幅竹枝竹葉，以大紅作底子，以大綠做配合，只有大竹竿是白的斜切畫面，有東方純正的美。[126]封面的竹子上還有周作人翻譯的一首著名

[123] 參見胡蘭成：〈張愛玲與左派〉《中國文學史話》（台北：遠流出版事業股份限公司，1991 年），頁 224。
[124] 參見紹迎建：〈張愛玲和《新東方》〉，收入金宏達主編：《昨夜月色》（北京：文化藝術出版社，2003 年），頁 154-160。
[125] 參見胡蘭成：〈漢臯解珮〉《今生今世》（台北：三三書坊，1990 年），頁 307。
[126] 參見沈啟無：〈南來隨筆〉，收入唐文標主編：《張愛玲資料大全集》（臺北：時報文化出版有限公司，1984 年），頁 310-311。

的日本詩:「夏日之夜，有如苦竹，竹細節密，頃刻之間，隨即天明。」《苦竹》只出了四期，卻有張愛玲三篇文章[127]，包括：1944 年 11 月刊登〈談音樂〉（第一期），12 月轉載〈自己的文章〉（第二期）以及〈桂花蒸阿小悲秋〉（第二期）。此外張愛玲還翻譯了炎櫻兩篇文章〈死歌〉（《苦竹》第一期）、〈生命的顏色〉（《苦竹》第二期）。

10. 《力報》、《海報》、《小報》、《大家》月刊、《小日報》、《亦報》及其他

當時上海大小報刊多達二十餘種，1944 年 12 月 16 日因為話劇〈傾城之戀〉在新光戲院首演，張愛玲先後在 1944 年 12 月 9 日《海報》第四版上發表《關於〈傾城之戀〉的老實話》以及〈羅蘭觀感〉連載於 1944 年 12 月 8 日至 9 日的《力報》副刊作為宣傳。[128]1944 年 5 月 5 日《學藝》1061 期刊登了張愛玲〈夜營的喇叭〉、另在 11 月 19 日第 1190 期有〈被窩〉一篇散文。此外名字就叫《小報》是抗戰末期的一個報刊，多登出留在上海作家的小塊文章，字數不多，報格不高。[129]也發現張愛玲的小品〈秘密〉在 1945 年 4 月 1 日星期日《小報》第二版上發表，而〈丈人的心〉則刊登在同年 4 月 3 日星期二同版。後來，張愛玲曾提及她在小報寫的文章登出來，自己看看很不順眼，或許因為是體材不相宜的緣故。抗戰勝利後，舊式文人唐大郎（唐雲

---

[127] 胡蘭稱提及張愛玲的三篇文章為「說圖畫」（今作〈談畫〉）、「說音樂」（今作「談音樂」）、「桂花蒸阿小悲秋」，另根據唐文標編《張愛玲資料大全集》收存佚文中《苦竹》第四期篇目缺，疑「說圖畫」或在第四期中。

[128] 《海報》是金雄白辦的，是一份自娛娛人的談風月的小型報，風行上海。《力報》編者為黃也白，其特色是莊諧並重的小報。參見陳子善：〈在茫茫報海中搜尋——張愛玲佚文鈎沉記〉《說不盡的張愛玲》（台北：遠景出版事業有限公司，2001 年），頁 42-44。

[129] 參見唐文標：〈「小報」小品〉，收入唐氏主編：《張愛玲資料大全集》（臺北：時報文化出版有限公司，1984 年），頁 366-367。

旄）、龔之方 1946 年成立山河圖書公司，出版《大家》雜誌（桑弧為實際主編），唐龔二人都是鴛蝴派人物，而唐更是編雜誌小報的高手，這是張愛玲第二次與鴛蝴派攜手合作。其作品包括有《華麗緣》1947 年 4 月在《大家》創刊號發表，5 月到 6 月，有《多少恨》在《大家》第二、三期刊登。1947 年 11 月山河圖書公司還出版了《傳奇》增訂本。另外，根據吳福輝、李楠的蒐佚，發現 1947 年 5 月 16 日到5 月 31 日共計 16 日，上海《小日報》每天的第二版左下方連載了小說〈鬱金香〉，作者署名張愛玲。是寫一個富裕家庭中大少爺與女僕金香相愛，而二少爺也來挑逗的故事。這《小日報》創刊於 1919 年 4 月 1 日，中間屢屢停刊復刊，一直維持到 1948 年，算是出版時間相當長的小報。主編先為張丹翁，後為小報界名人龍毅盦、黃光益。[130]而 1947 年 12 月 3 日上海《大公報・戲劇及電影》第五十九期刊登張愛玲的〈《太太萬歲》題記〉試圖為同年 12 月 14 日首映的電影《太太萬歲》闡明自己創作意圖，卻引發上海評論界一場論爭。[131]1949 年，夏衍出任軍管會的文管會副主任，掌管上海市文化工作，要龔之方、唐大郎組織一個素質較好的小報班底，向讀者提供多樣化而不低級的娛樂性趣味性文字，於是，1949 年《亦報》創刊。張愛玲曾說：儘管報紙的出刊有時間性，但《亦報》裡常常出現好文章，令人難以忘懷。1950 年，她以梁京為筆名發表的長篇小說《十八春》以及 1951 年的中篇小說〈小艾〉都在《亦報》連載，期間還曾引起夏衍的注意與關

---

[130] 〈鬱金香〉這篇小說寫女僕少爺的愛情故事、新舊雜處的富裕家庭、庶出過繼的明爭暗鬥。參見吳福輝、李楠：〈無心插柳柳成陰──《鬱金香》發現始末〉原載 2005 年 9 月 14 日《中華讀書報》第 3 版，收入陳子善編：《記憶張愛玲》（濟南：山東畫報出版社，2006 年），頁 154-159。

[131] 《大公報・戲劇及電影》是周刊。由著名戲劇家洪深主編。參見陳子善：〈圍繞張愛玲《太太萬歲》的一場論爭〉《說不盡的張愛玲》（台北：遠景出版事業有限公司，2001 年），頁 77-79。

懷。1951 年並由報社出版了《十八春》單行本。這是張愛玲在上海階段最後的創作發表。

（四）張愛玲出席的文藝活動

張愛玲的祖先在前朝政治場域中聲名顯赫，而她的養成教育卻將她置入中產階級[132]，她雖然立志做一個特別的人[133]，但對政治是毫不敏感，也不想理會。這使她在後來交友選擇伴侶的時候，無視於胡蘭成偽組織成員的身分與之成婚。而對於自己稿件的發表與出版，也在「打鐵趁熱」的原則下，並不篩檢刊物雜誌的政治立場與發刊宗旨。同樣的她出席上海藝文界的文藝活動，這樣的態度仍沒有改變。她見客或是到公共場合，多是有人作伴（多由姑姑或炎櫻陪同），尤其是炎櫻，幾乎逢場必到，好似她的衛星。[134]總計張愛玲參加《雜誌》社所舉辦的文藝活動有：一、1943 年 11 月張愛玲出席朝鮮女舞蹈家「崔承禧二次來滬記」歡迎會，紀錄文字刊登於《雜誌》第十二卷二期。二、1944 年 3 月 16 日，《雜誌》月刊社主持召開「女作家座談會」，以女性文學為主題，參加會議的還有蘇青、潘柳黛、吳嬰之、關露、汪麗玲等人。三、1944 年 8 月 26 日，《雜誌》社出版《傳奇》小說集，由炎櫻設計封面，畫面傳統與現代交錯，銷路奇佳，特別召開「《傳奇》集評茶會」，出席者有吳江楓、炎櫻、柳雨生（書面參加）、陶亢德、張愛玲、實齋、譚正璧、蘇青、袁昌等，內容紀實刊登於《雜誌》第十三卷六期。其後《傳奇》增訂本 1947 年由上海山河圖書公

---

[132] 由她的散文〈天才夢〉、〈談音樂〉、〈談畫〉、〈雙聲〉、〈更衣記〉、〈談看書〉、〈談吃與畫餅充飢〉等文字敘述皆可見其身為中產階級的城市公民的品好。

[133] 張子靜：〈我的姊姊張愛玲〉原載《颸》1944 年 9 月創刊號，收入金宏達主編：《昨夜月色》（北京：文化藝術出版社，2003 年），頁 4。

[134] 參見余斌：《張愛玲傳》（台北：晨星出版社，1997 年），頁 121。

司出版。四、1945 年 7 月《雜誌》舉辦「納涼會記」座談會，參加者有金雄白、李香蘭、張愛玲、炎櫻、以及《雜誌》社記者多人，與會內容刊登於《雜誌》第十五卷五期。一般而言，「納涼會」「座談會」的性質多談風月，不論政治，而《傳奇》集評茶會更像是新書發表會，著眼點是在商業促銷的一場藝文界的盛會。但其與日本人以及親日派文人暢談甚歡的做法，令人側目，與當時漢賊忠奸判然的區分以及國仇家恨的時代氛圍畢竟並不相宜，所以後來雖然張愛玲拒絕出席類似表態的第三屆「大東亞文學者大會」，但仍無法避免與政治夾纏不清的質疑以及一些情緒性的批評。

（五）結論

就文學載體言，張愛玲與報刊雜誌的關係密切。從讀報[135]到投稿邀稿、賣文為生，她的寫稿既出現在中文雜誌、也出現在西文的雜誌裡；既出現在新文學刊物、也出現舊文學的刊物裡；既出現在愛國文藝、也出現在所謂漢奸文藝上；而無論是當時鴛蝴趣味濃厚的大本營《紫羅蘭》；承襲林語堂出版路線、採閒適格調的《古今》；堅持新文學人道主義、現實主義傳統的《萬象》；走綜合文藝路線、一度發行量最大的《雜誌》等無不被她的作品攻上版面。連左翼陣營裡也不乏張愛玲的讀者，舉如「左聯」元老派的夏衍就是其中之一。[136]張愛玲曾說寫作於她是一種「還債」，而在當時淪陷上海，各個文學圈子看來都接納了這位新人，並贏得他們的推介。[137]而就寫作材料而言，

---

[135] 參見〈納涼會記〉1945 年 7 月。21 日《雜誌》舉辦，收入唐氏主編：《張愛玲資料大全集》（臺北：時報文化出版有限公司，1984 年），頁 288。張愛玲自言她每天可以看到兩份小報，而且讀報紙的主要意義是要在兩行文字之間另外讀出一行來的。

[136] 參見季季、關鴻編：《永遠的張愛玲》（上海：學林出版社，1996 年），頁 198。

[137] 參見余斌：《張愛玲傳》（台中：晨星文學館，1998 年），頁 101-102。

她的書寫與她的生活重疊；她遠離時代的主流思潮，全無口號教條；
她對現實政治沒什麼興趣，也並不關心[138]，作品似乎呈現著某一程度
的封閉性；但她觸及的主題是人類的慾望與現實的交手，卻是警醒
的。而且她喜歡以一種「反高潮」的寫法──在豔異的空氣的製造與
突然的跌落，讓傳奇裏的人性呱呱啼叫起來。[139]就像她喜歡的香煙畫
片：富麗中帶著寒酸。王德威曾說她的作品貫串了三種時代的意義：
由文字到影像時代、由男性聲音到女性喧嘩時代、由大歷史到瑣碎歷
史時代。[140]事實上，她的文藝作品已脫離新聞紙業轄屬，成為淪陷上
海市民日常的精神食糧。

　　總結言之，上海才女張愛玲，她的出身──流著封建貴族的血；
她的成名主義──出名要趁早！來得太晚的話，快樂也不那麼痛快；
她的生活藝術──包括創造自己貼身的環境：奇裝炫人、單挑個人路
線、力行拜金主義；正形成了她獨特的長短與深淺，而她的《傳奇》、
她的《流言》，一次一次地在報攤開了一扇瑰麗的窗，成為上海文學
的新地標。是以不論是有意無意、直接間接的論述態度、主流非主流
的認定模式，都無法讓人忽視這「一個蒼涼的手勢」[141]──張愛玲不
但是親身見證著，她的文字更書寫了那個華美而悲哀的的時代、城市
與生活。

---

[138] 比如柯靈曾勸張愛玲把作品放一放，不要在與日偽有染的雜誌發表，她的回
　　答是成名要趁早；後來日本人邀她參加「大東亞文學者大會」，她又辭拒。
[139] 參見張愛玲：〈談跳舞〉《流言》（台北：皇冠文化出版有限公司，1968 年），
　　頁 189-190。
[140] 參見王德威：〈落地的麥子不死──張愛玲的文學影響力與「張派」作家的超
　　越之路〉《落地的麥子不死──張愛玲與『張派』傳人》（濟南：山東畫報出
　　版社，2004 年），頁 64。
[141] 「一個蒼涼的手勢」為此書張愛玲專節的標題。參見冰心主編：《彩色插圖
　　中國文學史》（北京：中國和平出版社，1995 年），頁 216。

貳、張愛玲的小說世界

一、俗世男女的愛慾實錄：論〈傾城之戀〉

（一）「傾城傾國」與〈傾城之戀〉

　　〈傾城之戀〉原載於短篇小說集《傳奇》，是張愛玲筆下第四個關於香港的故事。「傾城」一詞源出《漢書‧外戚傳（上）‧孝武李夫人》：「北方有佳人，絕世而獨立；一顧傾人城，再顧傾人國。」其語意連結往往與歷史中「紅顏禍水，一笑傾城」的例子類比：長得漂亮的女子往往薄命，而且常被視為帶有毀滅性的不祥色彩。[1]因為在時代變逆的同時，一旦介入戰爭，和死亡的意象重疊，在傳統的社會結構裡，「紅顏」便一直是承擔亡國責任最好的藉口。於是，「傾城傾國」便不僅僅是一種貌美的比況形容，更延伸出一場場歷史的悲劇，以及被壟斷的、失衡的兩性價值意識的糾結。

　　如果離開傾城神話的探索，張愛玲的〈傾城之戀〉中，「傾城」一詞不但指涉著戰爭的背景，基本上寫得便是一場愛情「戰爭」，而最後讓戰爭給成全了，這場愛情有了好的結果。女主角白流蘇是張愛

---

[1] 水晶說：「顧名思義，是凡讀到「傾城」之類的題目，我們一定會聯想起中國歷史上，一些禍國殃民的美人來，像是褒姒、妲己、楊貴妃之類。」參見水晶：〈試論張愛玲《傾城之戀》中的神話結構〉《張愛玲的小說藝術》（台北：大地出版社，1995 年），頁 39。

玲筆下一個動人的女子，[2]但在戀愛市場卻給人家估低了價，[3]原因是她離了婚，再醮的對象無非是喪了偶，等著續絃的男人，不料「毒辣的男人」[4]范柳原看中了她，發展出一場撲朔迷離的愛情追逐。後來香港起了變亂，時局命運使她成了「他」的妻。這場遊戲終於成了旁人口中的「得意緣」。經濟上的窘迫以及屈辱的自卑都因此暫時獲得了抒解。於是恰恰應了小說中的結尾文字：「香港的陷落成全了她，但是在這不可理喻的世界裡，誰知道什麼是因？什麼是果呢？也許就因為要成全她，一個大都市傾覆了，成千上萬的人死去，成千上萬的人痛苦著，跟著是驚天動地的大改革……流蘇並不覺得她在歷史上的地位有什麼微妙之點。」[5]我們看這段傾城之戀的收場文字，倘若與張氏另一篇小說《霸王別姬》中虞姬的沉思做個對照：一場酣戰後，項羽

---

[2]　《傾城之戀》裡的白流蘇是嫵媚動人的，如：「流蘇……端詳她自己。……她那一類嬌小的身軀是最不顯老的一種，永遠是纖瘦的腰，孩子似萌牙的乳。她的臉，從前是白得像磁，現在由磁變玉──半透明的輕青的玉。上頷起初是圓的，近年來漸漸的尖了，越顯得那小小的臉，小得可愛，臉龐原是相當的窄，可是眉心很寬，一雙嬌滴滴，滴滴嬌的清水眼。」又說白流蘇想到她自己在月光中的臉，那嬌脆的輪廓美得不近情理、美得渺茫。參見張愛玲：〈傾城之戀〉《傾城之戀》（台北：皇冠文化出版有限公司，1968年），頁195、209。後文引用文本直標頁碼。

[3]　參見蘇青：〈讀《傾城之戀》〉，收入陳子善：〈張愛玲話劇《傾城之戀》二三事〉《說不盡的張愛玲》（香港：遠景出版事業有限公司，2001年），頁54-55。

[4]　同註2，頁220：「這毒辣的人，他愛她，然而他待她也不過如此！」另外，馬博良曾把范柳原比喻為《飄》裡的白瑞德，流蘇像郝思嘉。參見馬博良〈每月小說評介〉，收入唐文標主編：〈張愛玲作品繫年〉附錄，《張愛玲資料大全集》（台北：時報出版公司，1984年），頁339-340。又有把范柳原這款風流人物，以「壞男人」相稱。認為他們真正談起戀愛來，卻能給女人以「美妙的刺激」。語見蘇青〈讀《傾城之戀》〉與沙岑〈評舞台上的《傾城之戀》〉，均收入陳子善：〈張愛玲話劇《傾城之戀》二三事〉《說不盡的張愛玲》（香港：遠景出版事業有限公司，2001年），頁55-57。

[5]　同註2，頁230。

沉沉睡去。虞姬走出帳蓬，倚著營寨的柵欄凝神結想：「十餘年來，她以他的壯志為她的壯志，她以他的勝利為她的勝利。他的痛苦為她的痛苦。然而每逢他睡了，……她開始想起她個人的事來了。她懷疑她這樣生存在世界上的目標究竟是什麼。……她僅僅是他的高亢的英雄的呼嘯的一個微弱的回聲。輕下去，輕下去，終於死寂了。」果真他得了天下，那就有了三宮六院，她終將被冷落，被遺棄。她對自己的想法「又厭惡又懼怕」。……然而最後兵圍垓下的時候，虞姬不想成為項王的累贅，在兵舞之後自刺，死在項王的懷中，給他留下一句他聽不懂的話：「我比較喜歡這樣的收梢。」明顯的，這是兩段一古一今分別浸淫在戰爭裡的愛情故事，余斌認為「虞姬的自刎成為一個美麗蒼涼的手勢」[6]；水晶先生則說〈傾城之戀〉是以「反高潮」[7]方式作結。而張愛玲對其結局也曾做了這樣的解釋：運用的是參差對照的寫法，寫下這個動聽的而又近人情的故事。儘管二者的結局一生一死、一合一離、一悲一喜雖不相同，但藉著劇中人物對當下自己命運的思考，隱約地便可以條理出張愛玲對女性姿勢的描畫與圈點情愛的脈落——無非是情愛的快樂與空虛、對異性的依附與叛離、以及在兩者之中的掙扎、墮落與解脫。而戰爭，在此可能成為一個重力加速度，也或許正是一個不可知的變數。

---

[6]　《霸王別姬》一段故事參見張愛玲：〈存稿〉《流言》（台北：皇冠文化出版有限公司，1968 年），頁 129-131 中摘錄重整。

[7]　同註 1，頁 39。水晶的說法係源自張愛玲說：「我喜歡反高潮——艷異的空氣的製造與突然的跌落，可以覺得傳奇裡的人性呱呱啼叫起來。」參見張愛玲：〈談跳舞〉《流言》（台北：皇冠文化出版有限公司，1968 年），頁 190。

（二）愛與慾

　　愛與慾原是人生中的一個重要的課題，所謂「剪不斷理還亂」，
在流轉的生命中任誰也無法逃離於愛慾的網羅，掙脫出愛慾的糾纏。
「愛情」自古以來被歌頌企羨，總是一種種的纏綿悱惻、盪氣迴腸。
從「人生自是有情癡，此恨不關風與月」到「是境由愛造？還是愛逐
境移？」愛情其實是汪水，水能載舟也能覆舟；愛情其實是把火，火
溫暖我們也灼傷我們。瓦西列夫（K. Bacdjieis）在《愛情論》裡是透
露著如許迷惘：「對愛情的理論闡釋往往是自相矛盾的、彼此牴觸的、
互不相容的，例如愛情是理智的，愛情是瘋狂的；愛情使人高尚，愛
情使人卑下；愛情賜予快樂，愛情帶來痛苦；愛情使人豐富，愛情使
人空虛。一般認為：這些對立的評價中，每個問題都具有同樣說服力
的證明。」[8]加西亞・西奎斯的《愛在瘟疫蔓延時》中記寫二男一女間
跨歷半世紀無悔的真情，有著這樣的詮釋：「不管在任何時候，任何
地方。愛情就是愛情，離死亡越近，愛得就越深。」[9]這樣看來，愛情
真是無理的，但是，無理而妙。所以人類終身追逐愛情這個印記，而
且無視於烙印的痛苦以及纍纍的傷痕。

　　至於「慾情」這一名詞，往往一方面迅速引起遐思，一方面又招
致道德的排拒。自從二十世紀心理學家佛洛依德對於「性慾」有了嚴
肅的聲明：他認同性慾等同於人的生命力。並認為人類的文明正是奠
基於慾的精力的抑制和昇華。因此，藝術（文學屬藝術之一）與愛慾
之間的關係自然不喻可明。而在封建禮教、傳統保守的社會體系中，

---

[8]　參見裴元領：《從邊城到台北人——測看愛情小說中的愛欲糾結》《聯合文學》
　　　第六卷第九期，頁 142-149。

[9]　加西亞・馬奎斯（Marquez, Gabriel Garcia）著，江鳳光、蔣宗曹譯：《愛在
　　　瘟疫蔓延時》"El amor en los tiempos del Colera"（台北：允晨文化公司，1987
　　　年），頁 1-413。

挑戰社會秩序與既成價值體系的行為，男性多由所謂「犯上」途徑，比如君臣、父子、師生等倫常係的變動，例如：篡弒、叛逆、皈依、放逐等等；女性則多由所謂「淫行」途徑，由社會疏離而達成自我成長。比如唐人傳奇裡的「崔鶯鶯」、「步非煙」，以及李查遜（Samuel Richardson）的女英雄神話中所選入的「克拉麗莎」（Clarissa）等，她們在追求情感與肉體之歡愉的那一剎那，都造成了俗世中所謂的「墮落事實」，而事實上這份對未知的冒險正是其追尋自我的開始。[10]果而如是，「愛慾」正是凡人俗子極難割捨的身外物。而在張愛玲看來，普通人所擁有的俗性（包括平庸與虛榮）與俗行（包括算計與失敗），這些佔據了人生大半的光景，卻無不散發著濃稠的人生實味。尤其是〈傾城之戀〉這樣的故事，男子與女子在愛情場上扮演著的獵者與被獵，大時代紀念碑的書寫出現了缺口──「情慾」這個主題銳不可擋、奔瀉而出。由此，「女性的自我開發」與「情慾釋放」正成為本文解析切入的基點。

（三）〈傾城之戀〉的愛慾世界

1. 游走於上海與香港的愛情傳奇

〈傾城之戀〉無疑是白流蘇為了解決「出路」所追尋的一個愛情傳奇。[11]小說的情節始終在愛慾與物質的追求中游走；而戰爭成為一個強大的外力，造成急轉，因而使得作者順利地進行了對人生，對社會特殊的嘲諷。〈傾城之戀〉的故事背景始於上海的一個遺老家庭，

10　「克拉麗莎」一例參見宋美鏵：《千面女英雄──「克拉麗莎」中的神話架構》《聯合文學》第十四卷第十期，頁 8-20。
11　同註 2，頁 219：「……如果她是純粹為范柳原的風儀與魅力所征服，那又是一說，可是內中還摻雜著家庭的壓力──最痛苦的成分。」

接續場景即轉點於上海與香港這兩個城市。1941 年 12 月 8 日，太平洋戰爭爆發，終結上海的孤島時期與香港一齊被日軍攻佔，小說正藉由這場戰爭道出一個「雙城故事」。觀察這「城」有實質與象徵兩方面意義：在空間構設上，香港和上海為現實世界中有形的城。就時間線性言，上海象徵著走出傳統而由香港引領現代；進一步地，由著白流蘇的傳統女性角色由保守到開放，以出走尋求婚姻愛情的保障與經濟上的安全。這是抽象的「婚姻」之城的出出入入。其人物的心理和活動環繞著港滬二城，分為五個階段：一、議親。二、香港行。三、回上海。四、重回香港。五、守候與團圓。大抵每一個段落都有經濟利益的衝突（比如：生產者與消費者的對立爭執）以及愛慾的消長起落（比如：獵者與被獵的撲朔迷離）貫串其間。例如第一階段「議親」，是白流蘇離婚之後，住在娘家。由於經濟窘迫，靠兄嫂吃飯，而引發安排相親，將之嫁出去的計劃。此時白流蘇面臨經濟、愛慾雙線的缺乏。第二階段「香港行」，一方面有著范柳原的出資消費，一方面又有人陪伴遊玩，此時經濟、愛慾的線型俱呈上揚，但愛慾面仍不穩定。其後流蘇賭氣回上海到含著忐忑委屈復回香港，可視為經濟、愛慾線雙雙下跌復又拉回。故事安排一直到戰爭真真實實的入侵了生活，尤其是結尾幾顆炸彈，居然把白流蘇的愛情夢給圓實了。雖然戰爭殘酷，帶來生活經濟的蕭條緊縮，然而卻暫時穩定了愛慾的浮動不安。這樣的得失、虛實正洩露出人生的荒謬與弔詭。

在小說中，作者不經意地提起了「婦女的地位問題」，權威父權的面貌自私醜陋、古老僵化的傳統被代之以走板的胡琴、又交織著可畏人言的邊鼓邊鑼……這些顯然是作者一種刻意的指責，反映出當時女子在刻板意識形態下遭受人言舌吻打壓的可怕。這樣的慣例從〈祝

福〉裡的祥林嫂之死到〈傾城之戀〉裡的白流蘇的不惜冒險「逃亡」[12]，以自己的婚姻孤注一擲，實有跡可循。白流蘇是這樣思考的：一個女人，再好些，得不著異性的愛，也就得不著同性的尊重。[13]或許就是這樣的「白流蘇報仇記」，在西式的浪漫調情中不忘帶著點中式的家庭倫理，一方面挾帶著「鴛鴦蝴蝶派」的通俗言情，一方面調動著好萊塢式的浮華喜劇的手法，就在動情與煽情的界線上擦邊而過，間接地給一直受壓迫的讀者群出了一口氣，所以得到了普遍的喜歡。

2. 亂世中的男女[14]

〈傾城之戀〉裡的愛戀絕不是癡男怨女那種不食人間煙火、海枯石爛式的愛情。原因是男女主角都太警醒了，二人所處的環境也特別：白流蘇是破落戶家庭中的子弟，她遭受了不幸的命運卻又成為宗法社會所訾議的對象，[15]被壓抑的生活像荒了腔、走了板的胡琴，原本一向演奏著忠孝節義的，如今咿咿啞啞拉著「衰颯」與「蕭條」。[16]尤其是她寄居在自私勢利的家裡，人心有了隔膜，就難保誰給誰閒氣受，誰給誰冷眼看了，白流蘇覺得宛如「對聯上的字」[17]，虛飄而不

---

[12] 胡蘭成說：「白公館的流蘇小姐……也終於出走了，抱著受委屈的心情，拼著接受罪惡的挑戰，在罪惡中跋涉，以她的殘剩的青春作一擲。……沒有同情，沒有一點風趣的殘剩，是這麼一種淒涼的情味，使她的出走類似逃亡。」參見胡氏著：〈論張愛玲〉《中國文學史話》（台北：遠流出版事業有限公司，1991 年），頁 209。

[13] 同註 2，頁 200。

[14] 參見蘇青〈讀《傾城之戀》〉、沙岑〈評舞臺上的《傾城之戀》〉等文，收入陳子善：〈張愛玲話劇《傾城之戀》二三事〉《說不盡的張愛玲》（香港：遠景出版事業有限公司，2001 年），頁 54-70。

[15] 同註 2，頁 189-193。敘述白流蘇「若無其事」的繡鞋的過程，呈現了她在娘家受奚落的淒涼，連提到「吃飯」二個字都覺得刺痛札耳。

[16] 同註 2，頁 188。

[17] 同註 2，頁 195。

落實。這樣的女子正渴望著愛情，一旦有人能將她自貧困的淺灘汲引而上青雲，自可理解白流蘇逕自動身赴港的舉止。於是，白流蘇一方面維持著自尊與自卑，一方面陷入婚姻困境與愛情兩難，像壓在冰塊下的熱火。這樣矛盾煎熬的情境正如同張愛玲在小說中還有一些洋化心理的描寫：中國人看不起，白種人高攀不上的壓縮與排斥。在這裡我們可以看到張愛玲對舊式女子的諷刺，[18]痛惜之餘自然是不甘長期受抑。借用張愛玲〈霸王與虞姬〉裡的句子：「我們是被獵了，但我倒轉要做獵者。」

而她的「同類」范柳原呢？一個標準的世家紈袴子弟[19]，不輕易動真情也少有幾句實話，是所謂「真好色」的浪子，[20]每每「自矜風調，思得佳偶」。[21]綜括而言范柳原是一個自私男子，是一個頹敗人物，機智，伶俐，而沒有熱情。[22]這撮流蘇與這款垂楊柳原有太多的地方相似──遊戲人生、重視美色、金錢與權勢、不輕易相信別人、不固守常規常法、不高倡道德自律、衡諸現實利益多半能屈能伸。這

18　同註2，在〈傾城之戀〉裡張愛玲對舊式女子的關懷與諷刺手法。舉如：白流蘇曾自忖：「我又沒念過兩年書，肩不能挑，手不能提，我能做什麼事？」媒人徐太太的勸言：「找事都是假的，找個人是真的。」（頁193）范柳原說：「無用的女人是最最厲害的女人。」（頁205）又說：「婚姻就是長期的賣淫。」（頁216）另在頁218裡更有一段文字：「一個女人上了男人的當，就該死；女人給當給男人上，那更是淫婦；如果一個女人想給男人當上而失敗了，反而先上了人家的當，那是雙料的淫惡，殺了她也還污了他的刀。」而細究白、范二人的愛情故事是出人意料地由跳舞撮合、戰爭曲全，皆是違反舊式保守社會文化常規的情節發展。

19　同註2，頁196說范柳原的父親是著名的華僑，有不少產業，如今父母雙亡……漸漸的就往放浪的一條路上走，嫖賭吃喝，樣樣都來，獨獨無意於家庭幸福。頁200中又提及范柳原是對女人說慣了謊的。

20　參見汪辟疆校錄：〈鶯鶯傳〉《唐人小說》（台北：河洛圖書出版社，1974年），頁135-152。

21　同前註，〈霍小玉傳〉，頁77-85。

22　同註12，頁210。

二個人就像是二條平行磁，彼此相吸卻又互守距離，始終是在保護自己、防範對方的磁場裡打著窺刺愛情戰。這樣的愛情玩起來真是撲朔迷離。因此，張愛玲在這裡施展了渾身解數，刻劃了范柳原調情逗意的虛虛實實裡，襯映著真真假假。比如二人明明是有愛的，但不是玩笑著說[23]，就是拐著彎子說[24]，要不然就是說些聽不懂的話[25]，當然白流蘇覺得在戀愛過程中，女人往往聽不懂男人的話，那是沒有多大關係的。堯洛川就曾指出《傾城之戀》對白寫法很特別，有西洋作風，而以中國固有文法寫出，心理與色彩描寫很特殊，特別有引人的力量。[26]又比如：范柳原藉著薩黑荑妮公主使得白流蘇吃醋所使的激將

---

[23] 同註2，頁 204 提到：范柳原說白流蘇的特長是低頭，然後扯到有用、無用說，歸結了最後一句是「無用的女人，是最最屬害的女人。」頁 209 中提到柳原煩躁地要白流蘇「要懂得我」，然後又提到「低頭」這個習慣，並以低頭來讚美白流蘇的美。

[24] 同註2，頁 205，范柳原在舞場中說：「可以當著人說的，我完全說完了。」……「有些傻話不但是要背著人說的，還得背著自己，讓自己聽了也怪難為情的，譬如說我愛你，我一輩子都愛你。」頁 214 范柳原說：「他管不住她，你卻管得住我呢。」到白流蘇放聲笑了起來，原來是范柳原故意的要讓白流蘇吃自己的醋。頁 225 中，炸彈來了，白流蘇有些愴然：「炸死了你，我的故事就該完了。炸死了我，你的故事還長著呢！」范柳原笑道：「你打算替我守節嗎？」這些都是虛實相遞，暗測對方的情意。總結如此的虛虛實實、若有若無都說明了持有愛情卻怕受傷害的心情。

[25] 同註2，頁 208-210 提到「牆與地老天荒」這段文字，由這堵牆的存留推演到也許你我都會對對方留有一點真心。又如頁 205 白流蘇說范柳原要做個對他人冰清玉潔而對范是富於挑逗性的女人。並說自己若是個徹底的好女人，根本不會引范的注意。並進一步點明范柳原要白流蘇對別人壞，獨獨對范自己好。好好壞壞的形式語來回地說來說去，正洩漏有了愛情的男女對彼此的佔有慾望，由此乃生出連自己都難以解悟的苛求與癡話。同時白流蘇以為：精神戀愛的結果是結婚，而肉體之愛往往就停頓在某一階段，很少有結婚的希望。精神戀愛在戀愛過程中，女人往往聽不懂男人的話，那是沒有多大關係的。

[26] 參見〈「傳奇」集評茶會記〉《新中國報》社 1944 年 8 月 26 日於上海康樂酒家舉辦的談話會，原載於《雜誌》第 13 卷第 6 期，1944 年 9 月，收入唐文標主編：《張愛玲資料大全集》（臺北：時報文化出版有限公司，1984 年），頁 246-251。

法[27]，以及隨後白流蘇的情婦地位的自覺[28]，都說明了〈傾城之戀〉中這段彼此窺伺的愛情走來崎嶇，似乎並不特別需要什麼第三者，當事人本身就是敏感多變，而且情感脆弱幾乎不堪一擊。如此這般特殊的感情用事的視鏡描寫（即過度重視挑情的細節），或許可能引起「忽略或簡化了愛情與人性及人性各深刻層面的關係」的批評[29]。但是，張愛玲應是藉著此二人心機的揣摩試探進而凸顯二者之間充滿不安定性的愛情，而看似鬥智的俏皮話中亦是隱藏著「真」的人性，有著抑制著的煩惱。胡蘭成這樣說：「范的始終保持距離是狡獪，但他當著人和她親狎卻是有著某種真情的。」[30]真是玲瓏剔透的解人語。

在〈傾城之戀〉裡，描述白流蘇的文字一次是透過鏡子的反影自照：她那一類的嬌小的身軀是最不顯老的一種，永遠纖瘦的腰，孩子似的萌芽的乳。她的臉，從前是白的像磁，現在由磁變為玉——半透明的輕青的玉。下頷起初是圓的，近年來漸漸尖了，越顯得那小小的臉，小得可愛。臉龐原是相當的窄。可是眉心很寬。一雙嬌滴滴的清水眼。[31]一次則是月光中的遐想：……那嬌脆的輪廓，眉與眼，美得不近情理，美得渺茫。[32]

---

[27] 同註 2，頁 213-215。范柳原說：不吃醋的女人多少有些病態。流蘇掌不住放聲笑了起來道：也沒看過你這樣的人，死七白咧的要人吃醋。

[28] 同註 2，頁 215-217 中提到流蘇吃驚地朝她望望，驀地裡悟道他這人多麼惡毒。他有意的當著人作出親狎的神氣，使她沒法可證明他們沒有發生關係。她勢成騎虎，……除了作他的情婦之外沒有第二條路。然而如果她遷就了他，不但前功盡棄，以後更是萬劫不復了。

[29] 參見高全之：〈張愛玲的女性本位〉《幼獅文藝》三十八卷二期，頁 3-18。

[30] 同註 12，頁 211。

[31] 同註 2，頁 195。

[32] 同註 2，頁 209。張愛玲曾手繪白流蘇與薩黑夷尼人像插圖，原載《雜誌》第十一卷第六期，第十二卷第一期（1943 年 9、10 月）。

其後小說寫流蘇與柳原在淺水灣海灘上曬太陽，張愛玲說太陽汨汨地吸著海水，……人身上的水分被吸乾了，成了一葉輕飄飄的金葉子。在《雜誌》裡張愛玲畫了一張流蘇泳裝圖，流蘇眼睛閉著，小說中描寫范柳原的文字「仰天躺著……彷彿在那裡做太陽裏的夢」，倒像是給流蘇這張圖下了註腳。總之，柳原眼裡的流蘇看上去不像是這世界上的人，有許多小動作，有一種羅曼蒂克的氣氛，很像唱京戲。是一個現代傳奇中的真正的中國女人。

至於流蘇的敵手：薩黑夷尼公主，水晶先生認為她是古印度的天魔女[33]。她的幾次出場，大都藉著流蘇的眼睛，或從背影（頁 203）；或從正面（頁 206、229），或從遠景（頁 213）、側影（頁 214）進行刻畫：她的臉色黃而油潤，像飛了金的觀音菩薩。然而她的影沉沉的大眼睛裡躲著妖魔。古典型的直鼻子，只是太尖，太薄一點。粉紅厚重的小嘴唇，彷彿腫著似的。水晶先生更以為其名字中有一「黑」字，與白流蘇的「白」字各自形成「黑美人」與「白美人」的對襯。事實上，這樣的設置，與許多三角（二女一男）愛情故事裡的角色鋪排十分類似，即二位女角無論在形貌身分或性格行事上往往相對，互補支援即形塑成「兼美」形象，比如：賈寶玉的黛玉與寶釵，薛平貴的寶釧與代戰公主都是。萬燕在《海上花開又花落——讀解張愛玲》中稱這種手法為「女性二重奏」，認為張愛玲筆下在某種女性的背後常常有另一種女性的影子，她們像雅與俗，古與今，黑與白永遠是相輔相成的，但沒有好與壞之分。除了薩黑夷尼公主與白流蘇，張愛玲在其他小說如《紅玫瑰與白玫瑰》中的王嬌蕊與孟煙鸝、《心經》中的許小寒與段綾卿也同屬於這種「女性神話與女性生存現實的關係」。[34]

33　同註 1，頁 39-48。

34　參見萬燕：《海上花開又花落——讀解張愛玲》（南昌：百花洲文藝出版社，1996 年），頁 116-125。

3. 場景設色：破落戶的封閉蕭條與現代的自由刺激

〈傾城之戀〉的故事背景始於上海遺老家庭，之後場景遷移到香港，香港的部分又分成戰前香港與戰後香港兩部分。盧正珩分析其情節發展中有三次換景，三種氛圍，人物命運三重轉變。[35]一般認為張愛玲是以她最熟悉的二個生活空間（上海與香港）作為人物活動、故事情節發展的場域。而令人注意的是張愛玲在結構佈置，場景設色上屢屢映合著愛慾、物質與戰爭這個主題。其中情節的鋪排更多依賴場景設色的佈置。張愛玲自己也在〈關於『傾城之戀』的老實話〉裡提到：「華美的羅曼斯，對白，顏色，詩意，連『意識』都給預備下了。」其間的文句美不可及。[36]以下分別以白流蘇在「上海」傳奇，與「香港」傳奇的兩段文字為例，分別就其詞性、動靜、色澤氛圍等，一探其選字鋪文的肥腴纖穠以及所指涉的寓涵。

> 上海傳奇部份（頁 194-195）
>
> 門掩上了，堂屋裡暗著，門的上端的玻璃格子透進兩方黃色的燈光，落在青磚地上。朦朧中可以看見堂屋裡順著牆高高下下堆著一排書箱，紫檀匣子，刻著綠泥款識。正中天然几上，玻璃罩子裡，擱著琺藍自鳴鐘，機括早壞了，停了多年。兩旁垂著硃紅對聯，閃著金色壽字團花，一朵花托著一個墨汁淋漓的大字。在微光裡，一個個的字都像浮在半空中，離著紙老遠。流蘇覺得自己就是對聯上的一個字，虛飄飄的，不落實地。……這裡悠悠忽忽過了一天，世上已過了一千年。……每天都是這樣的單調與無聊。流蘇交叉著胳臂，抱住她自己的頸項。……

---

[35] 參見盧正珩：《張愛玲小說的時代感》（台北：麥田出版股份有限公司，1994年），頁 200。

[36] 同註 12，頁 212-213。

這裡青春是不希罕的。孩子一個個的被生出來，新的明亮的眼睛，新的紅嫩的嘴，新的智慧。一年又一年的磨下來，眼睛鈍了，人鈍了，下一代又生出來了。這一代便吸收到硃紅灑金的輝煌的背景裡去，一點點的淡金便是從前的人的怯怯的眼睛。

詞性：

動詞：掩上了。透進，落在地上。看見。堆著。刻著。擱著，垂著，閃著，托著，浮在，離著。交叉（胳臂），抱住（頸項）。被生出來，磨。吸收。

形容詞：暗著。玻璃格子。青磚（地）。朦朧。高高下下。壞了，停了。淋漓的。虛飄飄的，不落實地。悠悠忽忽。單調與無聊。不希罕的。新的明亮的（眼睛），新的紅嫩的（嘴），新的（智慧）。（眼睛）鈍了，（人）鈍了。輝煌的（背景），一點點的，從前的人的怯怯的（眼睛）。

色澤氛圍：暗著。玻璃格子。黃色的燈光。青磚地上。朦朧中。紫檀匣子。綠泥款識。玻璃罩子。硃紅對聯。金色壽字團花。墨汁淋漓的大字。在微光裡。新的明亮的眼睛，新的紅嫩的嘴。下一代又生出來了。這一代便吸收到硃紅灑金的輝煌的背景裡去，一點點的淡金便是從前的人的怯怯的眼睛。

無論在動詞或是形容詞群裡，大都出現著封閉性的動詞，沉滯性的形容詞，而組構成了不確定的氛圍。即便是有「生出」這個動作，「新的」這種正向的形容，也隨即在後文迅速被消磨毀損，出現逆轉。同時，我們可以理解到這段場景中的佈置：許多傳統的實物如門、堂屋，牆、書箱、紫檀匣子、綠泥款識、對聯等等，靜靜的滿載著歲月的痕跡。唯一帶著現代味兒，該是走動的自鳴鐘又早已壞了，這些都暗示著古老的磨損，又無能面對變遷，只有走入塵封的記憶。而在色澤上，

我們除了看到模糊的光圈的營造以外，黃色、硃紅、金色、青色、紫色、黑色（墨汁）都是字面上的顏料，這裡不乏些喜慶的顏色，然而作者卻敷演以凝滯的、僵化的態勢封鎖了曾有的狀似輝煌。比如：「孩子一個個的被生出來，新的明亮的眼睛，新的紅嫩的嘴，新的智慧。一年又一年的磨下來，眼睛鈍了，人鈍了，下一代又生出來了。這一代便吸收到硃紅灑金的輝煌的背景裡去，一點點的淡金便是從前的人的怯怯的眼睛。」於是反襯出蕭索與悲涼，對上海中傳統守舊封建的殘餘部份做了赤裸的描摹，而以老舊腐朽無力的氣息作了無情的反諷。這些場景的鋪排，當然替以下女主角的出走預留了重要的線索。

香港傳奇部份（頁 202-203）

好容易船靠了岸，她方才有機會到甲板上看一看海景。那是個火辣辣的下午，望過去最觸目的便是碼頭上圍列著的巨型廣告牌，紅的、橘紅的、粉紅的、倒映在綠油油的海水裡，一條條、一抹抹刺激性的犯沖的色素，竄上落下，在水底廝殺的異常熱鬧。流蘇想著，在這誇張的城市裡，就是栽個跟斗，只怕也比別處痛些，心裡不由得七上八下起來。……上了岸，叫了兩部汽車到淺水灣飯店。……翻山越嶺，走了多時，一路只見黃土崖，紅土崖，土崖缺口處露出森森綠樹，露出藍綠色的海，進了淺水灣，一樣是土崖與叢林，卻漸漸地明媚起來。許多遊了山回來的人，……一汽車一汽車載滿了花，風裡吹落了零亂的笑聲。

詞性：

動詞：船靠了岸。看一看。望過去。圍列著。倒映。竄上落下。廝殺。想著。栽個跟斗。痛。上了岸。叫了。翻山越嶺。走了多時。露出。進了。遊了山回來。載滿。吹落了。

形容詞：好容易。火辣辣的。最觸目的。巨型。油油的。刺激性的犯
　　　　沖的。異常熱鬧。誇張的。七上八下。森森（綠樹）。明媚。
　　　　零亂的（笑聲）。

色澤氛圍：紅的、橘紅的、粉紅。綠油油的。刺激性的犯沖的。黃土
　　　　崖。紅土崖。森森綠樹。藍綠色的。明媚。

這一段便是憬然不同的風景了，香港的刺激、誇張（甚至有些畸形）
與熱鬧的屬性便立即在白流蘇乃至讀者眼前展現。作者在此段場景中
所使用的動詞或是形容詞可以看到極強的流動性，局面依然不確定，
充滿了變動的、冒險的步調，但是生命的消磨毀損卻變成一種競妍鬥
艷。同時，場景中的實物，如廣告牌、飯店、汽車、海水、土崖、花
樹等等。似乎都承載著待發的能量，前三者又極具現代感。而在色澤
上、在動靜上，都有著強烈的對比，比如上下、深淺、層紅與藍綠、
山崖與海水，而風吹、笑聲等種種取鏡，更讓讀者感染著明亮與流動
的消息。這是一個洋化、開放、自由而沒有禁制的空間。於是，在不
同的環境裡，被釋放的個體心靈自然展開一段不同的生命歷練與摸
索。此處，作者是以主角人物感官印象與其心理反應牽引遞轉著情節。

4. 文字取譬

(1) 情慾文字清淺有致

　　〈傾城之戀〉裡男女主角愛情戲的空間變動無非是在餐廳、舞
廳、飯店、海灘以及女主角的房間中進行。而男歡女愛彼此的攻防戰
更是虛虛實實，痴愛恨嗔，真真假假。這些情慾文字張愛玲寫來清淺
有致，還多半是透過憶想猜測來完成。舉如白流蘇到了香港一連串的
情緒起伏與心理變化：她與范柳原朝夕相處，初是提心弔膽，怕他（范）
突然摘下假面具，對她做冷不防的襲擊，然而一天又一天的過去了，
他維持著他的君子風度，她則是如臨大敵。結果卻毫無動靜。這使她

起初覺得不安,彷彿下樓梯的時候踏空了一級似的,心裡異常怔忡。後來,也就慣了。

接續下來,調情過程是極流暢浪漫的。包括:挾帶著現代文明色彩的電話在夜間撩亂人意,頗似古老「輾轉反側、寤寐思服」的現代版。「文明毀滅後殘餘一堵牆下隱藏的真心」彷彿遙指著萬里長城故事的地老天荒。再添上一段源自《詩經》的山盟海誓「執子之手、與子偕老」,好萊塢式的愛情通俗劇的架式已成。而高潮的點畫就在鏡子之前的「情慾釋放」:流蘇朝夕相盼,終於盼上了一場暈天眩地的親吻,「然而他們兩人都疑惑不是第一次,因為在幻想中已經發生過無數次了。……流蘇覺得她的溜溜走了個圈了,倒在鏡子上,背心緊緊抵著冰冷的鏡子,他的嘴始終沒有離開過她的嘴,他還把她往鏡子上推,他們似乎是跌到鏡子裡面,另一個昏昏的世界裡去了,涼的涼,燙的燙,野火花直燒上身來。」(頁 220)在這一剎那,她心中只有他,他也只有她。於是,在鏡子這個界點上,現實與幻想、清醒與昏眩、冰涼與燒燙的感覺再一次模糊,愛慾的感覺便火騰騰地沸滾起來了。

(2) 取象設譬活脫精采

值得注意的是「野火花」這個物象,在文前(頁 208)已經如風景畫片般地具體呈現過:「野火花……紅得不能再紅了。紅得不可收拾,一蓬蓬一蓬蓬的小花,窩在參天大樹上,壁栗剝落的燃燒著,一路燒過去,把那紫藍的天也薰紅了。」這是由自然風景延展到內心風景的比況,張愛玲在《第一爐香》中也曾使用:只不過「野火花」換成「野杜鵑」;說它「轟轟烈烈地開,一路摧枯拉朽的燒下山坡去。」[37]極明顯的張愛玲是借用花的怒放與火的烈焰聯想,進而引申愛慾的放

---

[37] 張愛玲:〈第一爐香〉《第一爐香》(台北:皇冠文化出版有限公司,1968年),頁 32。

肆。還有，「口渴的太陽汨汨的吸著海水，漱著、吐著、嘩嘩的響，把人的水分也給喝乾了，成了金色的枯葉子，輕飄飄的。流蘇感到那怪異的眩暈與愉快。」（頁 212）則是以海水（水分）、太陽與葉子的關係介聯到愛慾、男人與女人，傳達出「狂熱的愛情如烈陽般是會燒乾人的」。類似地，瑪格麗特‧杜哈在《情人》裡也曾點明「情慾的無所遁形」：「其實並沒有必要刻意地掩飾情慾。女人的心中如果有情慾，自然會吸引男人。……女人的第一個秋波，……或者所謂情慾，極可能是雙方面對於性關係的直接了解。」

更不可忽略〈傾城之戀〉裡的那一堵「牆」：……從淺水灣飯店過去一截子路，空中飛跨著一座橋樑，橋那邊是山，橋這邊是一塊灰磚砌成的牆壁，攔住了這邊的山。……柳原看著她道：「這堵牆，不知為什麼使我想起地老天荒那一類的話……有一天，我們的文明整個地毀掉了，什麼都完了──燒完了，炸完了，坍完了，也許還剩下這堵牆。流蘇，如果我們那時候再在這牆根底下遇見了……流蘇，也許我會對你有一點真心。」（頁 208）而後，香港陷入了砲火，炸斷了分離故事的尾巴，留住了范柳原，在空襲中，流蘇擁被坐著，聽著那悲涼的風。她又想起淺水灣附近那灰磚砌的一面「牆」，一定還屹然站在那裏……她彷彿做夢似的，又來到牆根下，迎面來了柳原……在這動盪的世界裏，錢財，地產，天長地久的一切，全不可靠了。靠得住的只有她腔子裏的這口氣，還有睡在她身邊的這個人。她突然移到柳原身邊，隔著他的棉被擁抱著他。他從被窩裏伸出手來握住她的手。他們把彼此看得透明透亮，僅僅是一剎那徹底的諒解，然而這一剎那夠他們在一起和諧地活個十年八年。（頁 228）這兩段文字是運用著「一堵牆」的意象，敘述了白流蘇與范柳原兩人的心理變化，將人物的心理時間與真實時間巧妙的作一連繫對照：由於殘酷的毀滅使他們感到虛無、幻滅。前一剎那的覺醒早已遺忘，他們從麻痺的當下

探頭，居然瞥見了一角未來的歷史。傅雷說：這無異平凡的田野中忽然現出一片無垠的流沙。但也像流沙一樣，不過動盪著顯現了一剎那。[38]

　　至於戰爭的場面，從「流蘇在無法待的遺老家庭裡蹲著摸黑點紋煙香，火紅的小小的三角旗在風中搖擺。」（頁 200）作為流蘇向傳統宣戰的開始，到「輕纖的黑色剪影零零落落的顫動著，……像簷前鐵馬的叮噹。」「極高極高的牆，望不見邊，冷而粗糙，死的顏色。」的死寂氣氛的伏筆（頁 208）再到「戰爭種種尖銳的聲音——包括孜孜孜……飛機盤旋的聲音，吱呦呃呃呃呃的流彈聲，砰的炸彈開花聲，劈劈啪啪的轟炸聲。唉呀的驚叫聲，喔……呵……嗚……的悲涼的風叫聲。無一不緊縮著、撕毀著、剪斷著人類的神經。又像牙醫的螺旋電器，直挫進靈魂的深處。」（頁 223-229）等狀聲描形，張愛玲事後回憶是珍珠港那年夏天，她常到淺水灣去看母親的一個實經驗。在那場戰爭中，無處可逃的人們靠在飯店大廳牆邊躲砲彈，像一幅古老的波斯地毯，織上了各色人物，掛著撲打灰塵，毯子被砲子兒『拍拍打打』，打的上面的人走投無路，只得聽天由命。[39]這些面對戰爭死亡的文字描述，作者意圖抓住人類潛藏心底的「無法做得了主的驚慌無奈，乃至虛空絕望。」[40]最後，「戰爭留下了范柳原，白流蘇得以笑吟吟的把蚊香盤踢到桌子底下。」於是，戰火讓慾望決了堤，也讓慾望洩了洪。無論就個人命運的掌控或對比整個大時代動亂的微

38　參見迅雨：〈論張愛玲的小說〉，收入金宏達主編：《華麗影沉》（北京：文化藝術出版社，2003 年），頁 9-11。

39　參見張愛玲：〈回顧《傾城之戀》〉《沉香》（台北：皇冠文化出版有限公司，2005 年），頁 16。

40　張愛玲〈燼餘錄〉中曾提到她在香港的戰爭經驗：「香港圍城的十八天裡，……人們受不了朝不保暮，急於攀住一點踏實的東西，因而結婚了。」參見張氏著：《流言》（台北：皇冠文化出版公司，1968 年），頁 45-48。

不足道而言，原來走在危險而僥倖的鋼絲把戲的白流蘇從種種束縛中，意外的被鬆了綁。走筆至此，反諷的趣味被提煉出來：也只有蹦蹦戲花旦（如流蘇）這樣的女人能在這樣的荒原下、斷瓦頹垣裡，夷然地活下去。[41]

另外，忽而主打忽而旁襯的是貫串全場的暗啞、淒涼的胡琴調子[42]，與首尾各點一次蚊香煙的動作，前呼後應。[43]對聯上輕飄飄的字的自喻，以及繡花鞋澀針暗示所處環境的涼薄，則網羅著白流蘇的不安。再加上「調情語」諸如：將愛人比作醫病的藥、玻璃杯裡橫斜有致的茶葉引發原始森林綠色的邀約等等俏皮曖昧、充滿了誘惑；都在巧思設譬中描繪著真實的人性，獨特地顯現了張腔的力道。[44]

（四）傾心吐膽話傾城[45]

這場紙上男女情慾實錄發表於 1943 年，而隨即於 1944 年由張愛玲親自改編成劇本搬上舞台，受到好評，被認為是一齣成功的浪漫喜劇。[46]有關〈傾城之戀〉的文本與劇本的月旦很多，褒貶不一。就小說評論而言，包括夏志清、陳子善、水晶、陳芳明等不勝枚舉，其中

---

[41] 參見張愛玲：〈再版自序〉《傾城之戀》（台北：皇冠文化出版有限公司，1968 年），頁 8。

[42] 于斌提到此為一淡出淡入的技巧，外化了主角的綿綿不絕的、沉澱的憂傷。參見余斌：《張愛玲傳》（台中：晨星出版社，1998 年），頁 165。

[43] 同註 1，頁 45。水晶說到張愛玲兩次借用流蘇點蚊香煙的動作來烘托她的無邊的法力。

[44] 同註 12，頁 212。胡蘭成提到讀者如果只停留在對柳原與流蘇的俏皮話的玩味與讚賞上，將令作者感到寂寞。

[45] 這是張愛玲為自己《傾城之戀》的戲寫宣傳稿子的時候，第一個在腦子裡浮起的題目。參見張愛玲：〈我看蘇青〉《餘韻》（台北：皇冠文化出版有限公司，1987 年），頁 86-87。

[46] 有關《傾城之戀》的導演編劇與演員以及劇評，另參見本書「參、張愛玲影劇王國，一、張愛玲的影劇情緣」。

如迅雨〈論張愛玲小說〉有愛之深責之切的批評：「對人物思索的不夠深刻，華彩勝過了骨幹。」[47]而胡蘭成的〈論張愛玲〉則讚揚〈傾城之戀〉壯健，驚為天人。[48]就劇評方面，當初在上海演出話劇『傾城之戀』的劇本原稿目前未見，但藉由當初的演出特刊可見其四幕劇的本事[49]，而由現存張愛玲本人的二篇關於〈傾城之戀〉的自敘文字[50]以及張愛玲姑姑張茂淵的〈流蘇與柳原的話〉，另外包括柳雨生（柳存仁）、白文、蘇青、霜葉、實齋（司馬斌）、應賁、麥耶（董樂山）、童開、[51]沙岑、無忌、陳蝶衣、左采、金長風、沈葦窗和蘭（關露）等名家劇評，雖非長篇鉅論，但皆可一窺概貌。[52]其間評論毀譽互見，有的說「文章中充滿蒼涼抑鬱哀切的情調，然而有些韻味在劇本中失去了」；有的說「〈傾城之戀〉不能有益國計民生，僅供貴族欣賞」，「實在不是一個爽快的戲」；有的說「這戲仍不失為 1944 到 1945 年間的一齣好戲──重頭的，生動的，有血肉的哀豔故事」；有的說「看戲如同讀小說」，「是一齣成功的浪漫喜劇」。而陳子善認為：綜觀

---

47 收入于清、金宏達編：《張愛玲研究資料》（福州：海峽文藝出版社，1994年），頁 121-124。

48 同註 12，頁 209-213。

49 參見陳子善：〈四十年代史料新出土〉《張愛玲和她的兩個男人》《印刻文學生活誌》創刊十一號，2004 年 7 月，頁 47-51。

50 參見張愛玲：〈關於『傾城之戀』的老實話〉和〈羅蘭觀感〉《對照記》（台北：皇冠文化出版有限公司，1994 年），頁 94-96，102-104。

51 以上係〈傾城之戀〉演出特刊評論文字。收入陳子善編：《張愛玲的風氣──1949 年前張愛玲評說》（濟南：山東畫報出版社，2004 年），頁 101-109。

52 同註 49，陳子善：〈四十年代史料新出土〉一文中收入張愛玲姑姑張茂淵以張愛姑的筆名發表的〈流蘇與柳原的話〉，這是張愛玲最親近的長輩對其小說唯一見諸文字的品評以及署名蘭〔關露〕所發表的一篇〈《傾城之戀》劇評〉（原載於《女聲》第三卷第九期，1945 年 1 月）。其餘評論文字參考陳子善：〈張愛玲話劇《傾城之戀》二三事〉《說不盡的張愛玲》（香港：遠景出版事業有限公司，2001 年），頁 49-70 以及《張愛玲的風氣──1949 年前張愛玲評說》（濟南：山東畫報出版社，2004 年），頁 110-129。

一部中國現代文學史，優秀小說改編成話劇仍然獲得成功的範例實在乏善可陳，……與《阿Q正傳》、《子夜》、《魯男子》相比之下，張愛玲的〈傾城之戀〉顯得與眾不同。綜括而言，由於小說文本中對話流暢，以及近乎舞台電影手法的應用，因此，這部「動的〈傾城之戀〉」的演出在上海確是一樁盛事，而張愛玲對四十年代話劇的發展，自有不可抹殺的貢獻。[53]1984年，上海邵氏兄弟有限公司將〈傾城之戀〉小說改拍電影，由許鞍華導演，周潤發、繆騫人主演。張愛玲應《明報》之邀，寫了短文〈回顧《傾城之戀》〉[54]，提到珍珠港事件那年的夏天，母親從上海到香港小住，她常到淺水灣飯店去看母親，這大致是他們的故事。可見這篇小說的創作自然受到了港戰的影響。

（五）拒絕愛情就是拒絕生命：比較毛姆小說《佛羅倫斯月光下》

周瘦鵑曾經讚美張愛玲的作品風格很像英國名作家 Somerest Maugham（毛姆）的作品，這一點張愛玲自己也是承認的。[55]毛姆是二十世紀英國重要的作家，他的作品趣味盎然，故事情節極具戲劇性，觀察人性銳利深刻，用語辛辣精采，善於以諷刺嘲弄人生。

毛姆的小說常以愛、死和命運作為敘述元素，而這三項掌握也正是張愛玲一向強調普通人生活的基本構成單位。以《佛羅倫斯月光下》為例，毛姆具體而微的掌握了一個美麗新寡的女子瑪麗的內心深處情慾變化。這個女子周旋在一個正值盛年、事業有成的男人艾格的禮貌癡情、一個名聲不佳的浪蕩子羅利的浪漫挑逗以及對一個年輕浪漫的

---

53 同註49，頁52。陳子善認為當時只有秦瘦鵑的《秋海棠》可以比擬。
54 參見1984年8月三日香港《明報・〈傾城之戀〉上映特輯》收入張愛玲：《沉香》（台北：皇冠文化出版有限公司，2005年），頁16。
55 參見周瘦鵑：「寫在紫羅蘭前頭」，收入唐文標主編：《張愛玲資料大全集》（台北：時報出版公司，1984年），頁305-309。

小提琴手的憐憫柔情之間，情節就在她情慾的放縱與掙扎中進行（中間包括一夜情、自殺、處理屍體等突發奇詭的事件），最後她了解到「禮貌尊貴」與「濫施憐憫」不過同屬於了無意義的虛偽。於是，她選擇了一個原先從未考慮過的一個「壞胚子」結婚。冒了這個大險原因簡單的只是一個理由：「這就是生命的目的」，而「拒絕愛情就是拒絕生命」。而張愛玲的〈傾城之戀〉：白流蘇陷於婚姻物質與自由自尊的兩難選項中被迫選擇，最後決定「出走」──投身於充滿冒險與不安的孤注一擲，是做了相同的選擇。[56]

小說中女主角與這個浪蕩子的過招與對話，和白流蘇與范柳原的愛情追逐過程亦可互相媲美。舉如：「我認為你是我見過最美的女人。」「你跟多少女人說過這話呢？」「很多。但是這並不表示我現在說這句話就不是真話了。」又如「魔鬼是個性喜冒險的傢伙，他會照顧他那些愛冒險的同伴的。」而女主角告訴自己說，「……他是為了好玩，才把頭伸進獅子嘴裡，因為他以把自己暴露在危險中為樂，但她突然間氣起他了。」

愛情氛圍的製造與象徵的巧妙應用，二者都十分擅長。《佛羅倫斯月光下》中的「月光」果然迷情：「月光下，從開著的窗戶透進來的空氣暖和而芳香，瑪麗感到在她的激動裡有一些柔情，她的心似乎要在胸腔中融化掉，而血液則在血管裡瘋狂的奔流……」。而縱情的歡樂熾熱如火：「就像你從佛羅倫斯的一條舊街的陰涼樹蔭下走到一座被日曬炙烤的廣場上，突然感受到爐火般的熱力一樣，使人吃驚，也使她感到一陣劇烈而殘酷駭人的痛苦。」對照〈傾城之戀〉裡，愛情所帶來的痛快之感：「太陽吸著海水，……人成了金色的枯葉子，

---

[56] 參見毛姆（Someret Maugham）著、盧玉譯：《佛羅倫斯月光下》“Up at the Villa”（台北：皇冠文化出版股份有限公司，2001 年），頁 1-175。

輕飄飄的。流蘇感到那奇異的眩暈與愉快。」末了，無論是《佛羅倫斯月光下》或是〈傾城之戀〉，果然都是這樣的收梢：「她選擇了他」，這都是為了愛：一份不確定的愛，在冒很大的險。另外，劉鋒杰也曾比較評析毛姆的短篇〈天作之合〉與〈傾城之戀〉[57]。在故事的結局上，他們都認知：不可冥知的生存機會的獲得，或許緩解了現階段的矛盾或衝突，但人生無可逃遁的本質卻始終存在著，構成惘惘的威脅。

（六）「愛情燼餘錄」未完

〈傾城之戀〉裡所探討的這對成熟男女的愛慾遮遮掩掩、曲曲折折，畢竟是在戰爭中透了明透了亮。平常由戰爭獲利，獲得老天垂憐的佳偶很少。多半演出得是被拆散了的戰火鴛鴦，面臨生離死別的人生大恨。要不是這場戰爭怎麼能替白流蘇留下范柳原呢？他不過是個自私的男子，她不過是一個自私的女人。從腐舊的家庭裏走出來的流蘇，香港之戰的洗禮並不曾將她感化成為革命女性；香港之戰影響了范柳原，使他轉向平實的生活，兩人終於結婚了，但結婚並不使他變為聖人，完全放棄往日的生活習慣與作風。但在這兵荒馬亂的時代，個人主義者是無處容身的。因之這一對平凡的夫妻的結局，雖然多少是健康的，仍舊是庸俗的。[58]戰爭還原了這對紅塵男女的素樸，這真是跟情慾開的一個複雜的玩笑。[59]這樣說來，白流蘇該感謝的是老天

---

[57] 參見劉鋒杰：《想像張愛玲——關於張愛玲的閱讀研究》（合肥：安徽教育出版社，2004年），頁446-449。

[58] 參見張愛玲：〈自己的文章〉《流言》（台北：皇冠文化出版有限公司，1968年），頁18-19。

[59] 耿文提及：「在現實世界裡的白流蘇可能不算是命運女神，但她在自己的幻想裡卻是這樣。故事將一個孤獨絕望的女性長久以來的慾望跟無情的戰火連合起來；這場戰爭毀滅了那個把她和她的慾望分割開的世界。因此，主角的潛在慾望給投射到現實的世界去，雖然這個玩笑有點複雜。」參見耿德華著、王宏志譯：〈抗戰時期的張愛玲〉，鄭樹森編選：《張愛玲世界》（台北：

爺——范柳原原是要走的，也就不需要那麼特別珍惜了。反倒是白流
蘇該深深地想一想：旁人又怎能依靠呢？有了愛情，暫時可靠。愛情
消逝了，又當如何？有誰能在一己的生命中取代親身演出？張愛玲是
用這樣參差的對照的寫法，清楚的接近著事實：一切無非是命運環境
掌控著、實現了個人的慾望，同時對著人類的自主性斷然進行否決。
是以，這樣的姻緣美滿反倒暴露了人生不可靠與人類的卑弱無力這個
更大的缺憾。至此，我們應該可以理解：末了白流蘇在自省之後何以
惆悵？這小說〈傾城之戀〉的後半部份真可以與張愛玲的散文〈燼餘
錄〉連讀[60]——因為圍城的日子裡，誰都有什麼都是模糊、瑟縮、靠
不住的感覺：……回不了家，等回去了，也許家已經不存在了。房子
可以毀掉，錢轉眼可以成廢紙，人可以死，自己更是朝不保暮，人們
受不了這個，急於攀住一點踏實的東西，因而結婚了。[61]而時代的車
仍逕自轟轟的往前開，人們坐在車上，在漫天的火光裡也自驚心動
魄，這大時代的夢魘掙不脫，儘管再認真，也只能是一個美麗而蒼涼
的手勢，到頭來每個人仍都是孤獨的。[62]

允晨文化出版股份有限公司，1990 年），頁 69-70。

[60] 參見吳福輝：〈都會女性感受的世紀之風——談張愛玲的散文〉，收入金宏
達主編：《鏡像繽紛》（北京：文化藝術出版社，2003 年），頁 369。

[61] 參見張愛玲：〈燼餘錄〉《流言》（台北：皇冠文化出版有限公司，1968 年），
頁 41-54。

[62] 同註 2，頁 231。最後一段：「到處都是傳奇，可不見得有這麼圓滿的收場。胡
琴咿咿啞啞拉著，在萬盞燈的夜晚，拉過來又拉過去，說不盡的蒼涼故事——
不問也罷！」這是白流蘇笑吟吟地暫時將生命宣告了一個段落，彎了腰，欠
了身，謝幕了。而這段戰爭情緣可還有續集？想想酸楚悲涼，不問也罷！

二、生命的切片：論〈留情〉、〈鴻鸞禧〉、〈封鎖〉與 〈桂花蒸阿小悲秋〉

（一）短篇小說

胡適說：「短篇小說是以最經濟的文學手段，描寫事物最精采的一面，而令人充分滿意的文章。」沈從文則以為是使用著恰當的文字記錄下來的種種人事活動，其中包含著「社會現象」與「夢的現象」。[63]所謂精采事物的描寫，首重「人生面相的截取」，通常分別藉由主角人物的身體動作與心靈動作組成「切面」。至於經濟的文學手段，則是力求驅動著最少的事件（或行動）、最少的人物、最少的時空背景交互作用來經營全局。這樣的「短的敘事體」的「短」，大約限於半小時至兩小時的閱讀時間，而整個小說創造過程集中在單一事件、處境或衝突，以力求閱讀印象的統一，進而得以產生激動乃至感動的效果和深刻的印象。[64]因此，短篇小說的情節架構——或者濃縮著一成

---

[63] 沈從文說：「其中人事包括了兩個部份，一是社會現象，是說人與人相互之間的種種關係；一是夢的現象。便是說人的心或意識的單獨種種活動。單是第一部份容易成為日常報紙記事，單是第二部份又容易成為詩歌。必須把人事和夢兩種成份相混合，用語言文字來好好裝飾剪裁，處理得極其恰當，才可望成為一篇小說。」而他所強調的文字要恰當並非很「美麗」，很「經濟」，而是除真、美的感覺之外還要有向善的力量。參見沈從文〈短篇小說〉，原係 1941 年 5 月 2 日在西南聯大國文學會演講文，收入《聯合文學》第 27 期，沈從文專號，頁 103-110。

[64] 木村毅綜合作家愛倫・坡（Edgar Allan Poe）以及馬修斯（Brander Matthews）教授的理論主張：……短篇小說有三個特點，那就是：調和、單純化、與漸增法，然後藉著一種與至高的強調手法相一致的最大經濟手法，創出單一故事效果。而所謂單一故事效果須包含行為、人物、背景三要素始能產生。……所以短篇小說有強調行為（事件）效果的，有強調人物（性格）效果的，有強調背景（境遇）效果的三種。……短篇小說是盡量以最少的人物，驅使最少的事件，在最少的時間及空間完成這個故事。」見木村毅著，徐澂譯：〈短篇的研究〉收入《聯副三十年文學大系》評論卷三「現代文學論」（台北：

不變的瑣碎生活，重複出一種規律，意圖由小窺大；或者呈現其人生轉變的部份，突顯殊相，進而對生命進行禮讚或嘲諷；一如亞里斯多德析論悲劇效果的突顯，極度注意的也正是單線進行之崇高原則。[65]

（二）「生命的切片檢查」

四〇年代以書寫浪漫傳奇崛起於上海文壇的張愛玲，正值上海地區淪陷的特殊時空以及人生歷程中新與舊、中與西、失落與追尋、全與不全的交會轉折，敏銳早熟的她以文學形式在臨摹生命的圖案時，除了擅長於心理分析，找尋通常的人生回響，令人不能不注意到的是她所採用的一種精要的紀錄生活、詮釋生命的方式：「生命的切片檢查」——這是種不同於曲折傳奇筆法，而是一種藉著簡單的情節貫串全局的書寫，如同年輪與樹齡的察照，展現的是一種極平俗而瑣碎的生命圖式。唐文標指出：「她的集子裡有一些小故事，常說的只是一天、二天內的情事，卻悠然的滿足在橫切面的景觀中，一種小市民的生命規範，我們可以安心地假定，這種生命可以一千年、一萬年的活下去，可以重複地踐生在任何一角肥膩膩甚至骯髒的土地上……長出美麗嬌豔的花。」[66]以下即以〈留情〉、〈鴻鸞禧〉、〈桂花蒸阿小悲秋〉與〈封鎖〉[67]為例，分別從「強調行為（事件）效果」、「強調人物（性格）效果」、「強調背景（境遇）效果」三個層面來探討。

聯經出版事業公司，1981 年），頁 19-25。

[65] 亞里斯多德在分析希臘戲劇時，極度注意的也正是藉著單線進行之崇高，以突顯悲劇效果。楊牧解釋「單線進行」意指統一情節，以一條線索貫穿各種發生的事件和感覺。全劇人物均在此一線索之下，不必另立新事來滿足任何一個人物的呈現，悲劇事件的統一性乃見乎此有機情節的建立。參見楊牧：〈公無渡河〉《傳統的與現代的》（台北：志文出版社，1974 年），頁 10-17。

[66] 參見唐文標主編：〈「十八春」原文書影前記〉《張愛玲資料大全集》（台北：時報出版公司，1984 年），頁 173。

[67] 〈留情〉、〈鴻鸞禧〉、〈桂花蒸阿小悲秋〉三篇收入張愛玲：《傾城之戀》

1. 強調行為（事件）效果：橫截面的截取與單一情節線貫串主題

在小說創作的過程中，『追求觀念』是一件令人愉快的事：這是指以一個觀念激起另一個觀念，吸引住讀者的注意力；而以一個情節接續另一個情節，增加讀者的期望之情。[68]這些觀念，簡言之便是主題。主題是情節的靈魂，也是故事人物相互之間和其與環境之間關係的主要聯繫，批評家總要求主題要明晰發展而達成邏輯的結論。通常鎖定於生命意義的尋求：愛、死亡或人類的命運。同時又因為短篇小說不如長篇有較大的空間允許著較大的自由的緣故，所以作者在書寫時常將興趣集中在故事中的兩、三個人，而以情節發展的一貫性和充分的可能性作為引導讀者興趣的線索。其所謂「一貫性」是主張著「故事應該以同一性質表現性格的發展」。而其「可能性」則在強調「興趣引導」原則。因為藉此，作者才可能一頁一頁地把讀者帶過去，一方面鎖定讀者的注意力；另一方面不致使讀者知覺到他所受到的暴力。這就是說寫故事時可以把對於闡明事件並無絕對需要的部分排除而給予本身一種戲劇性的統一。[69]在張愛玲這些小說裡，作者正是採用「單一情節的貫串全局」的敘寫，故事都只發生在短時間內（一天二天），幾個定點成為人物活動的場域，形成一個橫截面，來呈顯「人生荒涼」的主題。舉如：

（台北：皇冠文化出版有限公司，1968 年），頁 9-50 以及 115-138。〈封鎖〉收入張愛玲：《第一爐香》（台北：皇冠文化出版有限公司，1968 年），頁 223-236。

[68] 參見毛姆著、陳蒼多譯：《毛姆寫作回憶錄》（Summing up）（臺北：志文出版社，新潮文庫 19，1975 年），頁 111

[69] 同前註，頁 178，189-190。

(1) 〈留情〉

　　這個短篇主要的情節鎖定在「中年男子米晶堯有個離了婚的前妻，因為生了重病，米先生正預備去探視」這個行動上，作為單一情節主線，貫串全局。相對的牽動著女主角淳于敦鳳的情緒反應：由於淳于敦鳳是續絃，心裡不大是滋味，於是去娘舅家散心聊天。橫截面的場景是選取淳于敦鳳的夫家（米先生家）與娘舅家（即楊家）兩個地點及沿線街景。通篇以對話承遞接續半天的時間，而以睹物思情、心理描寫進行聯想──由米先生、米太太各自勾勒二人的過去。原來米太太淳于敦鳳先前也結過婚的，前夫死了，再嫁給大他二十三歲的現任丈夫米晶堯，其中穿插著喜歡賣弄風情的表嫂楊太太，裝瘋弄傻的意圖勾引米先生的小鬧劇表演。就是藉著這些都是生命中微不足道的、滑稽可笑的斷零碎片，牽引綴補著了逝去的那可恨的、可愛的亦復可哀的的光陰，隨即烘托出主題：人生是愚妄的。生在這世上，沒有一樣感情不是千瘡百孔的，只是「跟你有生命歲月的人死了，共生的歲月也死了」。

(2) 〈鴻鸞禧〉

　　故事在鋪陳婁姓一家為長子娶大陸迎娶書香門第的女子邱玉清的一場喜事。從描寫婁氏家族的籌備吉禮到婚儀完成：包括準新娘試衣服到婚禮次日回門，情節劃分以婚禮的三個階段──「婚前、成婚、婚後」，其中幾位女角婁太太與玉清與小姑，分別代表著「婚姻過去完成式、婚姻現在進行式以及未來式」。而在四個場景中鋪展：首先「婚前」從婁家姊妹二喬、四美與準新娘玉清在祥雲公司試衣，小姑們對準嫂子評首論足起；─轉到籌備娶媳婦的婁家，這一場婁太太是主要角色，從為媳婦做繡花鞋、談論小夫妻買床到給證婚人送帖子，處處顯示出婁太太的「不夠」──雖然經過二三十年的練習。再轉到

了成婚時的飯店，新郎、新娘、男女儐相（棠倩、梨倩）全員到齊，共同演出「結婚鉅製」——包括完結篇和預告片。末了轉回婁家客廳。完婚後，婁家和邱家成了親家，婁太太不禁想起：從前娶親的一貫的感覺，現在兒子的喜事卻是小片小片的。……因為分了心，所以沒聽清楚丈夫的笑話，但卻跟著笑起來，而且是屋子裡笑的最響的一個。[70]這段人生的切片是婁太太的、是玉清的，乃至於是那個時代環境下的女子的。她們對自己所嚮往的「結婚」是心虛的，因為對照真實的婚姻是昏昏沈沈、如在夢中的。但難堪的情境更在於：即使已經歷了婚姻真實的面貌，但她仍舊執迷不悟的相信她所認為的「結婚的假象」才是真正的婚姻。這給讀者留下的不是快意，不是悲憫，只是不堪之餘的「人生荒涼」。[71]

(3)〈封鎖〉

〈封鎖〉是一首狂想曲。內容是說有一天，在上海城市裡，日軍實行地區封鎖，行駛中的電車被迫停了下來。車中一個對婚姻不滿的「不足」的男人和一個欠缺自我的「匱乏」的女人，他們長期被禮教潛壓的慾望，在一個異乎常態的封鎖時空下掙脫而出。故事由原本假意調情，到將計就計、逸出常軌，發生了短暫的、互補的、自以為是的「真」愛，再到後來鈴聲響起，封鎖解除了，一切回復原狀——夢醒情空。於是，在這錯亂的世界中，上海城市打了一個盹，而這場放

---

[70] 參見張愛玲：〈鴻鸞禧〉《傾城之戀》（台北：皇冠文化出版有限公司，1968年），頁 48。

[71] 楊昌年認為：〈鴻鸞禧〉是一篇很守「三一律」的短篇，張愛玲用她的生花之筆，把人物們虛張聲勢的假象切開，顯示出心理卑屈，處境尷尬的無奈與掙扎，一如傷疤掀翻之後的膿血橫流：給予讀者的絕非快意，也說不上有什麼悲憫，有的只是張氏主調「人性蒼涼」的流溢，以及在那樣不堪之餘所體會的「人生荒涼」。參見楊昌年：〈百年僅見一星明（七）—析評張愛玲的《鴻鸞禧》〉《書評》第 14 期，1993 年 2 月，頁 3-11。

恣的戀愛[72]結果不過是在電車上合作了一場愛情夢。譚惟翰說:「封鎖」像獨幕劇,以電車做背景,以最經濟的手法來表演一個故事。[73]這個小說世界裡充滿著殘酷、痛苦與孤寂的現代感──其主述以「紅塵男女見證俗世間蜉蝣的情感與倉促的生命」,所呈現的是一個人類的慾望與現實交手的最真實的處境:現實的力量強大,它改變一切,人們無所遁逃,夢想只是一條圓形的道路,終究還是要回歸現實。而後,人們又發現:在亂離中偶然的逸出原是社會錯亂的一部分,不近情理的豔遇便也沒有什麼可議的了,反而成了一種喘息。倒是在這短暫虛無的片刻,竟出現了〈傾城之戀〉裡的一點「真心」[74],這才真是一種諷刺。

(4)〈桂花蒸阿小悲秋〉

這是寫受雇幫傭的丁阿小到外國雇主哥兒達家 24 小時的工作生活實錄。故事裡一共有兩條發展線:一以阿小為主;另一以哥兒達為主。此二敘述線似是平行,其實交纏錯雜。前者丁阿小扮演「地母」的角色,由其牽引著其他人物出場而又成為他們所賴以提供服務的對象:包括兒子百順(被撫養)、丈夫(被供養)、母親(被奉養)、主人哥兒達(被服侍)、秀琴(被幫忙)、李小姐(被服務接待)⋯⋯

---

[72] 張愛玲曾說:我以為人在戀愛中是比在戰爭或革命的時候更素樸,也更放恣的。參見張愛玲:〈自己的文章〉《流言》(台北:皇冠文化出版有限公司,1968 年),頁 20。

[73] 參見〈「傳奇」集評茶會記〉《新中國報》社 1944 年 8 月 26 日於上海康樂酒家舉辦的談話會,原載於《雜誌》第 13 卷第 6 期,1944 年 9 月,收入唐文標主編:《張愛玲資料大全集》(台北:時報出版公司,1984 年),頁 249。

[74] 〈傾城之戀〉中范柳原對白流蘇有一段話:「這堵牆,不知為什麼使我想起地老天荒那一類的話⋯⋯有一天,我們的文明整個地毀掉了,什麼都完了──燒完了,炸完了,坍完了,也許還剩下這堵牆。流蘇,如果我們那時候再在這牆根底下遇見了⋯⋯流蘇,也許我會對你有一點真心。」參見張愛玲:〈傾城之戀〉《傾城之戀》(台北:皇冠文化出版有限公司,1968 年),頁 208。

等，形成城市階級主客供需關係。後者以洋雇主哥兒達為主，從牆上洋酒廣告的紅髮裸女，延伸出的是他所交往的女人，不是姨太太（像李小姐），便是舞女，否則便是隔壁「黃頭髮女人」，外加對蘇州娘姨丁阿小偶興的一絲遐想。浮現的是都市男女狹邪的性關係。在丁阿小忙碌勞累的一天裡，她身處於狹小、悶熱、忙碌、髒亂的「蒸籠」般的亭子間[75]，而阿小是任勞任怨的、還忠實地護衛著她的主人，執行著除「髒」任務。整個故事就像是一首又熱又熟又清又濕的秋歌，吹奏著「一點一滴滲透著屈抑無味人生的麻木以及勞碌不順意生活的忍耐，而且是令人要發瘋的重複著的」簫調。

2. 強調人物（性格）效果：平凡人物與受限情境的刻劃

張愛玲一向沿用舊小說的全知觀點羼用在場人物觀點舖展情節。[76]「生命的切片檢查」小說亦不例外。她以為這社會中，極端病態與極端覺悟的人畢竟不多，多是些不徹底的人物。所以，張愛玲筆下人物的形象及其活動是運用著角色互證互補的方式、描述其假面人格、刻劃其受限情境等等來勾勒呈現。其中令人注意的是，其間角色人物多是由他們的缺點而非由其優點被讀者指認出來。

(1) 〈留情〉：米晶堯、淳于敦鳳

〈留情〉裡的淳于敦鳳給人的印象是「頭髮前面塞了棉花團，墊得高高地，腦後做成一個一個整潔的小橫捲子，……包在一層層的衣服裡的她的白胖的身體實朵朵地像個清水粽子。旗袍做的很大方，並不太小，不知為什麼，裡面總是鼓繃繃，襯裡穿了鋼條小緊身似的。」

---

[75] 參見張愛玲：〈桂花蒸阿小悲秋〉《傾城之戀》（台北：皇冠文化出版有限公司，1968 年），頁 116。

[76] 參見張愛玲：〈表姨細姨及其他〉《續集》（台北：皇冠文化出版有限公司，1988 年），頁 31。

她的生命形態的輪廓就像她手裡的「絨線，是灰色的，牽牽絆絆許多小白疙瘩。」而米晶堯，則是「小鼻子小眼睛的……身上穿了西裝，倒是腰板筆直，就像打了包的嬰孩，……他連頭帶臉光光的，很整齊，像個三號配給麵粉製的高樁饅頭，鄭重托在襯衫領上。」[77]這兩個人合該配對成客氣夫妻，渾身上下都像是包裹成的一個「假」字。在這裡，他們並不顯出尖銳的個性，而且彼此是相互的一部份，是互相溶化的。

至於她與米晶堯結婚，既不為性慾，也不為天長地久的愛情，「全為了生活」，現實的考量是最重要的：「還不都是為了錢？我照應他，也是為我自己打算。」相對敦鳳的飯票主義，米先生打的是艷福算盤，各有圖謀。而小說中，米先生掛念著病重的前妻，淳于敦鳳卻極端不願米先生前去探病，她一方面「想起米先生這兩天神魂不定的情形。他的憂慮，她不懂得，也不要懂得」，更在人前人後對他冷嘲熱諷。而米先生對淳于敦鳳還留著她亡夫的袍子要改成自己的衣裳穿，也很覺得不愉快。但在回家的路上，敦鳳和米先生踏著落花樣的落葉一路行來，「兩人還是相愛著」。[78]於是，〈留情〉這個故事裡，我們看到張愛玲寫著敦鳳裝假的情份，但卻不帶絲毫批判，她寫著人性的愛好虛榮，以及主角的惡念私心（除了米先生米太太各自的留情；另如敦鳳面對楊家既不敢擺闊怕他們借錢，卻又不願對他們訴苦怕他們笑話；對楊太太的應該感激而又厭惡懼怕的心理矛盾等），但外表亦不

---

[77] 參見張愛玲：〈留情〉《傾城之戀》（台北：皇冠文化出版有限公司，1968年），頁 11-12、23。

[78] 同前註，引文分見頁 14、24-25、32。淳于敦鳳對楊老太太說：「要是為了要男人，也不會嫁給米先生」，「而且對於他，根本也沒有什麼感情。」，說穿了「還不都是為了錢？我照應他，也是為我自己打算」，而且「反正我們大家心裡明白。」

點破相安無事似的，一如容格（Carl Jung）所言的「假面人格」（persona）作者自我保護，難得真心。[79]

(2)〈鴻鸞禧〉：婁囂伯、婁太太

婁先生、婁太太是一對錯配了的夫妻：婁囂伯「是個極能幹的人，最會敷衍應酬。他個子很高，雖然穿的是西裝，卻使人聯想到『長袖善舞』，他的應酬實際上就是一種舞蹈，使觀眾眩暈嘔吐的一種團團轉的，顛著腳尖的舞蹈。」婁太太則是「戴眼鏡，八字眉皺成人字，團白臉，像小孩學大人的樣捏成的湯糰，搓來搓去，搓得不成模樣，手掌心的灰揉進麵粉裡去，成為較複雜的白了。」但由於典型的上海人的「面子至上」，卻讓他們得以共組形式上的和諧婚姻──婁先生做一個盡責的丈夫給人看，婁太太在人前顯出一份潑婦利害的模樣，表示婁先生對她是又愛又怕的。雖然如此，婁先生忍無可忍，拉下臉來生了氣也是有的，每當這種時候，卑屈的婁太太也知道：「……若是旁邊關心的人都死絕了，左鄰右舍空空的單剩下她和她丈夫，她丈夫也不會再理她了；做一個盡責的丈夫給誰看呢？她知道她應當感謝旁邊的人，因而更恨他們了。」[80]

婁太太的生活是極其可悲的，媒妁之言的婚姻，三十年如一日的生活，婁太太就像「桌面上的玻璃底下壓著一隻玫瑰拖鞋面，平金的花朵在燈光下閃爍著」，而且她不斷發現著她的『不夠』──從窮的

---

[79] 張愛玲筆下的眾生是和時代脫節的，……人與人之間，他們也難得真誠相待。……他們太重視「個人人格」，既不願見自我流失在社會的限制中，也不願見自我奉獻給愛人，……他們的婚姻觀永遠從自身的利益出發，男的視之為「長期的賣淫」（〈傾城之戀〉），女的視之為「全為了生活」（〈留情〉）。參見李焯雄：〈臨水自照的水仙──從〈心經〉和〈茉莉香片〉看張愛玲小說中人物的自我疏離特質〉，收入鄭樹森編選：《張愛玲的世界》（台北：允晨文化出版，1990年），頁117。

[80] 同註70，頁39-40。

時候到大場面，婁家一家大小聯了幫時時刻刻想盡方法試驗她（比如婁先生偏還要派給她事做，叫她去請證婚人），一次一次她重新發現自己的不夠。然而，如果「叫她去過另一種日子，沒有機會穿戴整齊，拜客、回拜，她又會不快樂，若有所失。」所以她有煩惱的時候，「挺胸凸肚，咚咚咚大步走到浴室裡，大聲漱口，呱呱漱著，把水在喉嚨裡汨汨盤來盤去，呸地吐了出來，……一下子把什麼都甩開了。」[81]如此，藉著婚禮的準備與進行，對婁太太這樣「受限情境」的刻劃，由榮華反襯出猥瑣；張愛玲直指人性的無知愚昧與不堪的虛偽孤悽。可憐之人必有可恨之處──「繁榮、氣惱、為難，這就是生命」，婁太太因此又感到一陣溫柔的牽痛。

(3) 〈封鎖〉：呂宗楨、吳翠遠

封鎖狀況中的男女是渴望和渴望的對象的錯位，他們各自有著各自的限制：女主角英文教師吳翠遠是「欠缺」的──缺少一個有錢的對象；而當會計師的男主角呂宗楨是「不足」的───一個齊齊整整穿著玳瑁邊眼鏡提著公事包的人，整天像烏殼蟲似的爬來爬去。[82]卻有個一點也不為他著想的夫人，而且他十分不滿意她的沒受過高等教育。於是，渴望愛情的翠遠自作多情，而渴望調情的宗楨將計就計，他們所追逐的是西式男女快速的、短暫的、自以為是的一場

---

81 同註70，頁42-43。「婁家一家大小聯了幫時時刻刻想盡方法試驗她，一次一次重新發現她的不夠。她丈夫一直從窮的時候就愛面子，好應酬，把她放在各種難為的情形下，一次又一次發現她的不夠。後來家道興隆，照說應當過兩天順心的日子了，沒想到場面一大，她更發現她的不夠。」

82 張愛玲〈封鎖〉一文1943年11月在《天地》月刊第二期出版時，最後原有「呂宗楨回家趕上吃飯，還記得電車上那一回事，可是翠遠的臉已經有點模糊，……後來發現臥室裡有一隻烏殼蟲，整天爬來爬去，……」一段文字，出書時全部刪去。原刊的未刪稿末段收入唐文標主編：《張愛玲資料大全集》（台北：時報出版公司，1984年），頁83。

滑稽的愛情夢。[83]而穿著訃聞款式的旗袍，看上去像是教會派的少奶奶的吳翠遠，一向是一個好女兒，好學生，努力做著「好人」[84]，她是那種長得不難看，臉上一切都是淡淡的、鬆弛的、沒有輪廓，有著模稜兩可、彷彿怕得罪了誰的美的女人。她的生命像聖經，似乎沒有自己決定的款式，從希伯來文譯成希臘文，又譯成拉丁文，再譯成英文，然後譯成國語、上海話，每一個階段始終是有點隔膜的。直到一個時空硬生生地被隔出來了，她碰上呂宗禎，覺得是遇到了一個自然、可愛的「真」的人，第一次感到了「真的生命」──原來她的靈魂裡也有愛。但是，當宗禎考慮到社會的標準，說出：「我又沒有多少錢，我不能坑了你的一生！」他便立刻倒退為芸芸眾生中的「好人」之一，世界上的好人又多了一個，這愛隨即成了穢褻。他走了，對於她，他等於死了，而這個乖巧順服的女孩，宛若冬天從嘴裡呵出來的稀薄的一口氣，你不要她，她也就悄悄的飄散了。於是，封鎖間的一切等於沒有發生。[85]張愛玲在這個短暫的人生切片裡，是利用文明世界被封鎖，人的心靈得以釋放的剎那，重新建構二元對立的價值體系──即取代「真」與「偽」的相對，而更動以生命中的「真」和文明中的「好」的價值論述，此二者互相依存，然而卻不能同時被知覺，必須以一方的後退為代價，另一方的價值才能呈現。於是，如同佟振

---

[83] 參見夏志清：〈《中國現代中短篇小說選》導言〉《夏志清文學評論集》（台北：聯合文學雜誌社，1987 年），頁 83。

[84] 「她穿著一件白洋紗旗袍，滾移到窄窄的藍邊──很有點訃聞的風味。……她是一個好女兒，好學生。她家裡都是好人……世界上的好人比真人多……翠遠不快樂。翠遠家鼓勵女兒用功讀書，一步一部往上爬，……一個二十幾歲的女孩子在大學裡教書打破了女子職業的新紀錄。但由於她沒有出過洋，又是中國人教英文，所以，在學校受校長、學生的氣，又因為失去了結婚的機會，在家也受氣。」參見張愛玲：〈封鎖〉《第一爐香》（台北：皇冠文化出版有限公司，1968 年），頁 227-229、234。

[85] 同前註，頁 228、230、233-236。

保的要創造一個『對』的世界,做個徹頭徹尾的好人;[86]〈封鎖〉再度刻劃出人們在自然與文明之中,在慾望與成規之中,在真與好之中陷入生命情境的兩難。

(4)〈桂花蒸阿小悲秋〉:丁阿小、哥兒達

女主角丁阿小是個在都市上海討生活的「蘇州娘姨」。她整潔勤奮,是難得的一個好的傭人。但這蘇州娘姨最是要強,受不了人家一點眉高眼低的。她因為窮,所以對主人的犯疑十分反感,何況「她是從來不偷茶的,男人來的時候是例外。」但阿小同她丈夫不是『花燭』,沒經過那一番熱鬧,這使她耿耿於懷。她雖然有男人,可全靠自己的,因此她有著寡婦的悲哀。[87]在她的洋雇主哥兒達的眼中,「這阿媽白天非常俏麗有風韻的,卸了裝卻不行」[88],他因此沒有沾惹她的意思。至於哥兒達是一個不正經,專和女人搞七捻三的洋人,只因為他還是不失為一個美男子,有著非常慧黠的灰色眼睛,而且體態風流。[89]復因為一甲子之前的上海,洋人是天之驕子,是癟三也趾高氣揚。他們是這樣的一個勞資關係:哥兒達置身的上層社會道德沉淪,生活腐敗;丁阿小代表的下層階級忠誠卑屈,吃苦耐勞。在看待感情方面,這洋人是一個「滑」字。在他認為所有的女人都差不多,所以向來主

---

[86] 參見張愛玲:〈紅玫瑰與白玫瑰〉《傾城之戀》(台北:皇冠文化出版有限公司,1968 年),頁 51-98。

[87] 同註 75,頁 128-129。

[88] 同註 75,頁 136。文中提及「她(阿小)只穿了件汗衫背心,條紋布短褲,側身向裏,瘦小得像青蛙的手與腿壓在百順身上……哥兒達朝她看了一眼:這阿媽白天非常俏麗有風韻的,卸了裝卻不行。他心中很安慰,因為他本來絕對沒有沾惹她的意思。」

[89] 同註 75,頁 118-119。文中對哥兒達的描述:「主人臉上的肉像是沒燒熟,紅拉拉的帶著血絲子。新留著兩撇小鬍鬚,那臉蛋便像一種特別滋補的半孵出來的雞蛋,已經生了一點點小黃翅。但是哥兒達先生還是不失為一個美男子,非常慧黠的灰色眼睛,而且體態風流。」

張結交良家婦女，或者給半賣淫的女人一點業餘的羅曼斯。而且他深知『久賭必輸，久戀必苦』的道理，所以非常知足。阿小則是一個「潔」字，愛乾淨近乎歇斯底里的人，至少在她歸轄的範圍之內是見不得髒的。她有著高的職業道德，對哥兒達存有一種母性的衛護，堅決而厲害，所以常替她的主人辯護解釋。此外，張愛玲曾以阿小在偶然的四周無人的場合裡突然朦朧地感到一陣恐怖與悲哀──是被自己的自由、有時間思想所驚嚇了，來說明真實人生給常人帶來的重壓；一旦只要回到日常生活的忙碌、擁擠、紛亂的軌道上，便可渾然不覺，因為思想是件痛苦的事。是而，在這首悲秋的調子裡，張愛玲是以這樣的一個「荒謬、發癡滴搭」的日常生活故事，透過分屬兩個不同世界（物質生活與道德價值）的主角人物交手對話，進行嘲弄，隨即引發讀者思考：有者較高社會地位的人，其道德意識卻是最低的──他的濫淫和下流是可鄙可厭的。然而，除了一方面供呈堂上、聽候讀者宣判；另一方面卻神不知鬼不覺的讓讀者陷入一個無處遁逃、道德崩潰的世界裡。

　　上述的這些故事裡所提到的大都是已成年、逐漸邁向中年或中年以後的人物，在廣大的人群中，在繁忙的城市裡，他們是平凡、微不足道的，就像扁的小紙人，其命運處境或是陰鬱無望、或充滿矛盾諷刺，他們也不是壞，只是沒出息、不乾淨、不愉快。他們有什麼不好張愛玲都能原諒，有時候還喜愛，就因為他們存在，他們是真的，他們是這時代的廣大的負荷者。夏志清曾說：「張愛玲在五四的憤怒浪潮（憤怒於傳統與腐敗）中算是程度較弱的作家。」由於張愛玲把舊社會的種種醜態視為其小說人物因求生存而必須接受的情況，其創作的興趣在小說人物所處的荒謬的處境中遭遇的失敗或勝利，而不是荒

謬環境之本身。[90]因此,這些角色人物時而採取反諷的態度為自己能力之微薄作黯淡的辯駁,時而為自己的生命短暫作自我解嘲。他們沒有悲壯,只有蒼涼。而在自憐自傷之餘,他們懂得:掌握現時的安穩才是最緊要的。張愛玲說:「我以為這樣寫是更真實的。……盡量表現小說裏人物的力,不能代替他們創造出力來。」[91]

3. 強調背景(境遇)效果:空間建構與意象美學

人是小說家的主題。沒有空間他們無處容身,而意象則是他們表演必備的服裝道具。尤其在近代社會快速變遷、都市文明高度發展的過程中,空間的掌控與私密性意味著個體的佔有與整體的切割,關係錯綜對應複雜。因之,如何在這現代都市的時空情境中出入自如,不但是社會學的重要課題,也成為文學結構中的關鍵情節——作家除了借用「空間」認知領者的地位,還往往利用「空間的建構與使用」為自我的觀點定位,擴大了敘事體的可能性。[92]張愛玲所處的是一個大而破的時代,她對社會的變遷自不能無動於衷,她的小說對空間的描述極多,調度十分嫻熟;復由於她直覺的敏銳準確與感官的精辨纖細,使她筆下的意象豐富絢麗、奇特精采。當她使用象徵的手法把整個故事的性質,在作品的開端那段時空間裡預先暗示出來,直接是融合了作品通體的情調,間接是增加了讀者感知的效果。[93]

---

[90] 同註83,頁85-86。

[91] 同註72,頁19。張愛玲說:「……我相信,他們雖然不過是軟弱的凡人,不及英雄的有力,但正是這些凡人比英雄更能代表這時代的總量。」

[92] 蔣翔華根據巴克(J. J. Back)的分類將空間分為靜態,動態,與虛構。參見蔣氏著:〈張愛玲小說中的現代手法——試析空間〉《聯合文學》,1994年第10卷第7期,頁150。

[93] 參見譚正璧:〈論蘇青及張愛玲〉,收入唐文標編:《張愛玲資料大全集》(台北:時報出版公司,1984年),頁330-331。

一般在敘事體中，靜態空間是最基本的組織，由這類空間來做一個主題的開頭是適當與合理的。比如：

(1) 〈留情〉：

> 他們家十一月裡就生了火。小小的一個火盆，雪白的灰裡窩著紅炭。炭起初是樹木，後來死了，現在，身子裡通過紅隱隱的火，又活過來，然而，活著，就快成灰了。它的第一個生命是青綠色的，第二個是暗紅的。火盆有炭氣，丟了一隻紅棗到裡面，紅棗燃燒起來，發出臘八粥的甜香。炭的輕微的爆炸，淅瀝淅瀝，如同冰屑。[94]

〈留情〉是從米先生、米太太家裡的火盆點燃的。火盆的炭火，是一個極佳的意象：暗示米先生這段花甲的婚姻「夕陽無限好，只是近黃昏。」同樣的也象徵再婚男女主角的心境與人生：第一個青綠的生命，第二個暗紅的，然後枯木成灰，如同冰屑一般。這樣的開頭，正好呼應著結尾：「生在這世上，沒有一樣感情不是千瘡百孔的。」更暗示著留情本是由生者生發／挽留對逝者之情——亦正是對自我年輕倉惶歲月的追悼／挽留。但這一切又如何能敵過歲月，終將什麼也無法留住。文中「米先生之留情前妻，而淳于敦鳳也未曾忘記前夫」均可做如是觀。此外，人們在疑心自己的存在的同時，往往去求諸過去的記憶，但是回憶是無法完整的還原過去的，最後，終於了解：我們是逐漸在遺忘過去，每一次回憶就遺忘一些細節。[95]

---

[94] 同註 77，頁 10。
[95] 同註 77，頁 15。如敦鳳對自己結婚經過現在回想起來立時三刻也有點絞不清楚，祇微笑嘆息。

(2) 〈鴻鸞禧〉

> 廣大的廳堂裡立著朱紅大柱，盤著青綠色的龍；黑玻璃的牆，
> 黑玻璃壁龕裡坐著小金佛，外國老太太的東方全部都在這裡
> 了，其間更有無邊無際的暗花北京地毯，腳踩上去，虛飄飄地
> 踩不到花，像隔了一層什麼。整個花團錦簇的大房間是一個玻
> 璃球，球心有五彩的碎花圖案。客人們都是小心翼翼順著球面
> 爬行的蒼蠅，無法爬進去。……樂隊奏起結婚進行曲，新郎新
> 娘男女儐相的輝煌的行列徐徐進來了。在那一剎那屏息的期待
> 中有一種善意的、詩意的感覺；粉紅的、淡黃的女儐相像破曉
> 的雲，黑色禮服的男子們像雲霞裏慢慢飛著的燕的黑影，半閉
> 著眼睛的白色的新娘像復活的清晨還沒有醒過來的屍首，有一
> 種收斂的光。[96]

這是結婚典禮的實況。喜宴的房間在張愛玲筆下被佈置成洋人腦海裡
認定的慣有的東方。婚姻被比喻成「玻璃球」，外面的搓手搓腳想進
去那豪華的中心，一進去就被封死了。而結婚的場景裡也聚集著悲劇
辭彙（黑影、屍首等）的形容，暗示在豪華美麗的排場下，「結婚典
禮」骨子裡是一種「埋葬」的儀式。一個女子走入婚姻這道門，青春
的生命迅速的枯竭了，出去時「白禮服似乎破舊了些，臉色也舊了。」
結婚照裡的新娘像個紙洋娃娃、冤鬼。而這結了婚的新娘已是影片完
結篇，而一群的待嫁女子還是遙遙無期的「預告片」，卻躍躍欲試的
準備參加祭禮，一併令人感到驚怖悲涼。

---

[96] 同註 70，頁 45、46。

(3) 〈封鎖〉

開電車的人開電車，在大太陽底下，電車軌道像兩條光瑩瑩的，水裡鑽出來的曲蟮，抽長了，又縮短了；抽長了，又縮短了；就這麼樣往前移——柔滑的，老長老長的曲蟮，沒有完，沒有完……

封鎖了，搖鈴了。『叮玲玲玲玲玲，』每一個玲字是冷冷的一小點，一點一點連成一條虛線，切斷了時間與空間。……這龐大的城市在陽光裡眍著了，重重的把頭擱在人們的肩上，口涎順著人們的衣服緩緩流下去，不能想像的巨大的重量壓住了每一個人。

⋯⋯⋯⋯⋯⋯

封鎖開放了。『叮玲玲玲玲玲』搖著鈴，每一個玲字是冷冷的一點，一點一點連成一條虛線，切斷了時間與空間。

一陣歡呼的風颳過這大城市，電車噹噹噹往前開了。……

封鎖間的一切，等於沒有發生，整個上海打了一個眍，做了個不近情理的夢。

〈封鎖〉之前隨著電車的行駛，都市生活徐徐地前進著（動態空間）。然後突然由叮玲玲玲玲玲（音符），一點一點連成一條虛線（形符），切斷時間與空間，從混亂到靜止（靜態空間），成規世界出現隙縫，紅塵兒女得以開啟生命中另一扇空白（虛構空間）。於是，張愛玲就這樣成功的策動著讀者的視覺與聽覺一起進入了一段短暫、脫節的空間。[97]她的故事變成了靈魂的潛望鏡，由內而外，照亮了現實——在

---

[97] 周蕾說：讀者從張愛玲的文字中馬上感到「封鎖」的「切斷」和「停頓」的效果——一個跨感官性及跨媒介性的敘事方式。參見周蕾：〈技巧、美學時空、女性作家——從張愛玲的〈封鎖〉談起〉收入楊澤編《閱讀張愛玲——張

被圈制住的短短時間裡，狹小的電車間成了舞台，成了人性真相的展覽館，不真實的事物變成真的。而這個外在身體行動的受限空間卻造成內在心靈的釋放，所提示的價值觀照亦是一個對峙：「好」與「真」[98]，連帶著結局乃至整個故事的都是一種二元：「現實」與「夢」的擦身錯肩。而在〈封鎖〉空間中所完成的「夢中遂願」是「他們只活那麼一剎那」。然後封鎖開放了，一陣歡呼的風颺過這大城市，電車噹噹噹往前開了——車往前噹噹的跑，他們一個個的死去了。「但畢竟活過了。」——封鎖因此成為人的處境的象徵，其中隱隱可以察覺張愛玲微妙的愛悅與慈悲。[99]

(4) 〈桂花蒸阿小悲秋〉

> 丁阿小牽著兒子百順，一層一層樓爬上來，高樓的後陽台上望出去，城市成了曠野，蒼蒼的無數的紅的灰的屋脊，都是些後院子、後窗、後衖堂，連天也背過臉去了，無面目的陰陰的一片，過了八月節了還這麼熱，也不知它是什麼心思。下面浮起許多聲音，各樣的車，拍拍打地毯，學校噹噹搖玲，工匠捶著鋸著，馬達嗡嗡響，但都恍惚的很，……[100]

丁阿小忙碌勞累的一天是由活動空間切割而出的。讀者看到屬於她管轄的是些小廚房、後院子、後窗、後衖堂所組成的「連天也背過臉去了，無面目的陰陰的一片」[101]。這個以一些後窗、後院子、後門、後衖堂提供了「界線」（barrier）所分隔出阿小牽著兒子百順，一層一

愛玲國際研討會論文集》（台北：麥田出版有限公司，1999 年），頁 165。
98　參見邵迎建：《傳奇文學與流言人生》（北京：三聯書店，1998 年），頁 235。
99　參見張健：〈雙重的「封鎖」〉《張愛玲新論》（台北：書泉出版社，1996年），頁 78。
100　同註 75，頁 116。
101　同註 75，頁 116。

層爬上來的狹窄空間，也就是在都市叢林中歷險的她掙扎著養活自己
的生存空間。作者一方面藉此限制／保護了故事人物的活動及發展，
同時由於都市生活的擁擠、缺乏私密性，另一方面也暗示了透視他人
生活以及被他人透視的自我的種種可能性。[102]比如丁阿小到陽台上收
拾杯盞、晾衣服，讀者看到「她看見城中起了白霧，……樓下的陽台
伸出來一角像輪船頭上，散著吃了一地的菱角花生。……在黑暗中，
陽台像是載著微明百寶箱的沉船。」到「她想：好在作髒不在她的範
圍內。」阿小彷彿與這一切無關，「心裡是靜而快樂的。」[103]於是，
從外在環境的煩鬧喧嘩到內在心情的冷淡漠然，過濾出一種抽掉情感
的真空世界發出的聲音，城市真正成了曠野。事實上，不僅丁阿小，
作者自身就與陽台的感情深厚：比如張愛玲的文字中曾經提到的「黃
昏的陽台」，從那兒望出去有起伏的上海邊疆，讓人聯想到命運，有
鬱鬱蒼蒼的身世之感。[104]想著想著，自己彷彿有什麼重大的發現似
的，高興又淒然，而一離開那兒就再也說不明白的。[105]二者都擁有這
麼一個「後」空間，「小」空間，是沒地方可躲的。

　　短篇小說其實安排不了多少場景，既沒有經典戰役那麼令人震
動，亦不見恐怖屠殺那麼腥羶。是多不以情節曲折取勝，而專重描繪
某種人物某種環境中的某種心情。因此有的在有意的安排下，做了世
故與模仿的扮演假面下最真實、誠懇的表白；有的就在日常環境中居
住行走，平庸生活裡沒有悲劇與喜劇的截然界線，也不求爭取解放，

---

[102] 同註 92，頁 150。

[103] 同註 75，頁 133。

[104] 參見張愛玲：〈我看蘇青〉《餘韻》（台北：皇冠文化出版有限公司，1987
年），頁 95。

[105] 參見張愛玲：〈《太太萬歲》題記〉《沉香》（台北：皇冠文化出版有限公
司，2005 年），頁 11。

因此小說裡有著契訶夫的色調[106]——人生單調陰冷，是帶著苦味的。於是，這些人生切片小說中所騰挪的空間：如楊老太太的房間；邱玉清的結婚禮堂、婆家的客廳；蘇州娘姨阿小的廚房後陽台、洋人哥兒達的臥室；封鎖期間的電車車廂；加上穿梭其間的還有電話與流言[107]，傳遞著生老病死與愛恨情仇的消息，這些場景意象一塊一塊的組合，擴大起來構成一巨大的網，網羅住俗世人生。甚至成為張愛玲的美學據點：這每個具體的空間（環境）在作者的命意下，獲得了超越自身的新的意義，成為一種象徵。

（三）結論

這是張愛玲對於人生的愚妄與荒謬、生活的瑣碎與無聊、生命的感傷與空洞的一種解剖與觀照——人生的結局總有一個悲劇，壯年夭折，老了，一切退化了，都是個悲劇。但人生下來，就要活下去，生和死的選擇，人當然是選擇生。[108]所以當〈留情〉中的「殘虹」，〈鴻鸞禧〉中「玻璃下壓的金花玫瑰鞋面」，〈封鎖〉中「冷冷的一點一點連成一條線」，〈桂花蒸阿小悲秋〉「發癡滴搭的秋歌」全部都湊到一齊了，一種小市民的生命規律於是出現，帶著一種非個人的深刻悲哀。蘇童曾經說：這樣的作品是標準中國造的東西，比詩歌隨意，

---

[106] 同註 83，頁 86。

[107] 同註 92，頁 151-152。「電話」這個現代科技的產物，以一個「侵入者」（perpetrator）的角色，提供了一種侵略私人空間的手段，進一步的表達空間是怎樣隨時隨地被破壞，使原本已經夠緊張的人際關係更加緊張，原本已經夠小的生存空間更加的沒有隱私權。比如在〈留情〉中淳于敦鳳聽到電話響時的焦慮，在〈桂花蒸阿小悲秋〉中，阿小接聽了無數次電話。其中一次由於男主人的不接聽，使得兩個互不相干的女人的關係緊張起來。

[108] 參見殷允芃：〈訪張愛玲女士〉，收入金宏達編：《昨夜月色》（北京：文化藝術出版社，2003 年），頁 319。

比白話嚴謹,在靠近小說的過程中成為了小說。[109]是而,無論是客觀敘述或主觀描情[110],這些小說中一方面搬演著都市上海弄堂街景中的真假情緣。色澤從昏黃灰濛、鶯紅磁白到蒼茫華麗,其中包括了記憶與未來的參差對照、傳統與現代的奇異組合、現世的安穩與原欲的飛揚以及各種情境的摺疊:實境與幻境的交錯,喜劇與悲劇的共生,虛偽的享樂與真實的愁苦。另一方面是浮動著人物的自憐、矛盾與淡漠,他們都不快樂,各有各的心事[111]——未成年時充滿夢與嘆息,雲裡霧裡,不大懂事。一但成年懂事了,想看穿一切,把那些濫調的感傷清除乾淨,卻又不知道感傷之外還可以有感情。這些人既不是意志堅定的英雄角色,亦不復是標準的善良人民。他們多是些不徹底的小人物,愚昧而缺乏自信,但究竟是認真的。尤其是處在亂離中,他們有時表現出固執不通的任性、但大多時候是無動於衷的淡漠,對世事無情。難怪夏志清要說張愛玲是個「無情世代」的先覺者。[112]

　　總結而言,短篇小說的書寫令人滿意的其中一個效果是「讓生命來到你這裡」。張愛玲的短篇正試圖如此。

---

[109] 蘇童在「影響我的十部短篇小說」中除了威克費爾德、萬卡、羊脂球等,還選了鴻鸞禧這一篇。參見蘇童編:《枕邊的輝煌》(北京:新世界出版社,1999年),頁1-212。

[110] 同註76,頁31。張愛玲說:「我一向沿用舊小說的全知觀點攙用在場人物觀點,各個人的對話分段。」

[111] 舉如張愛玲小說中的人物各有著「白頭宮女在,閑坐說玄宗」、「含情欲述宮中事,鸚鵡前頭不敢言」、「但見淚痕濕,不知心恨誰」、「從此各人得各人的眼淚罷了」各種心情心事。

[112] 夏志清說:比起新文學早期作家來,張愛玲誠然是個「無情世代」的先覺者。(當然我們不能忘記她從小就愛讀《金瓶梅》、《歇浦潮》之類的無情小說以及毛姆、赫胥黎等英國「無情」小說家),傳奇裡的青年除了無情,還有因新舊文化衝擊產生的奇趣。所以傾城之戀的男女自私警醒,在調情時卻還保持著紳士風度。參見夏志清:〈蔣小雲小說裡的真情與假緣——《姻緣路》序〉《夏志清文學評論集》(台北:聯合文學雜誌社,1987年),頁252。

三、間諜小說——論〈色，戒〉

（一）關於〈色，戒〉[113]

張愛玲的〈色，戒〉、〈相見歡〉與〈浮花浪蕊〉這三篇小說大約是張氏在 1950 年間寫成，此後屢經改寫修正，才刊載發表。其中，〈色，戒〉於 1978 年發表於《中國時報》人間副刊，之後收入 1983 年皇冠出版的《惘然記》一書中。張愛玲在序中回憶到這三個小故事最初獲得材料的驚喜，都曾經使她震動，因而甘心一遍遍地改寫，時光如流，一晃三十年，張愛玲以為這個歷程真正是不問值得不值得，只覺得「此情可待成追憶，只是當時已惘然」，於是結集落款之際，命名為『惘然記』[114]。

張愛玲寫〈色，戒〉這個題目的時候，關於標點的使用曾經躊躇了半天：『、』的功用多用在比較專門性的論文裡列舉一長串數字或事項時，用『、』更眉目清楚。而『色』與『戒』不過兩件事，不是像開單子一樣，所以『、』用不上。但在《紅樓夢魘》裡採用了『、』，此處再用『，』怕引起誤解，因為原有的逗點似乎狹義化了。結果只好寫《色、戒》，預告卻又誤作《色・戒》，可見現在逗點的混亂。[115] 本文以〈色，戒〉為題是依循作者原意，並採用皇冠文化出版通行的本子而定。文字討論首從內緣途徑進行解析：採用哈德遜小說元素的分類以及俄國形式主義文藝理論的文學構造原則為基礎[116]，分別就主

---

[113] 參見張愛玲：〈色，戒〉《惘然記》（台北：皇冠文化出版有限公司，1983年），頁 10-36。以下引用文本文字均直標頁碼，不重複列舉書名。

[114] 題作「惘然記」的序中記述了〈色，戒〉一篇寫成發表經過。參見張愛玲：〈惘然記〉《惘然記》（台北：皇冠文化出版有限公司，1983年），頁 3-4。

[115] 參見張愛玲：〈對現代中文的一點小意見〉《沉香》（台北：皇冠文化出版有限公司，2005年），頁 24-25。

[116] 哈德遜小說六元素的分類為「情節、人物、時空、對話、風格與人生觀」。

題、敘事結構、人物、對話，意象、風格等項，進行文本的分析研究，探討其如何藉由種種表現手段建構情節組織，使作品成為藝術品。另一方面從外緣途徑：著手於作品、作家、環境等背景資料的檢索蒐整，進行觀察比較，將創作質素與文學系統掛鉤，避免因文本抽離，造成孤立研究。

（二）內緣研究

1. 主題

〈色，戒〉在張愛玲的小說中是一個相當特別的題材，余斌認為這個故事可以處理成一部緊張的動作片，是最富於戲劇性的。[117]其內容在敘述一個平時參與大學劇團活動的少女王佳芝，為了愛國義不容辭的犧牲，拋棄學業，當上間諜，準備謀刺漢奸。最後卻對目標動了情，末了事敗被殺。這原是一個施以美人計謀刺特務的諜報故事，檢視相關類似的題材，在抗戰時局前後，自是不乏通俗而浪漫的創作，其間極出名的兩部，一是茅盾的《腐蝕》，一是徐訏的《風蕭蕭》。

參見張健：「小說的要素及作法」《文學概論》（台北：五南圖書出版有限公司，1983）第十講，頁 183-187。此外，包括雅克慎（Jakobosn Roman）提出「語言行為模式」的六項功能，，希柯洛夫斯基（Sklovskij Viktor）提出「藝術的手段則是要使事物陌生起來，使形式有阻拒性。」以及形式主義論者在敘事學的範圍裡，探討故事框架與人物的關係、對話線索的分析、敘述結構的組織、地點佈景的安排、以及語言修辭、語調觀點的運用等是為本論文研究分析論據的基點。資料引用分別參見古添洪：《記號詩學》（台北：東大圖書公司，1984 年），頁 79-115；鄭樹森：〈西方理論與中國文學研究〉《從現代到當代》（台北：三民書局股份有公司，1994 年），頁 131-168 以及佛克馬（Douwe Fokkema）、蟻布思（Elrud Ibsch）合著，袁鶴翔、周英雄等合譯：〈俄國形式主義文藝理論〉《二十世紀文學理論》（台北：書林出版社，1987 年），頁 9-43。

[117] 參見余斌：《張愛玲傳》（台北：晨星出版社，1997 年），頁 342-343。《色，戒》這部小說已由奧斯卡金像獎導演李安拍攝電影中。

但是不同於專注熱血抗敵、壯烈犧牲的英勇事蹟的詠誦；亦不著重筆墨於婉轉纏綿、鴛蝴男女的俠骨柔情式的描寫；本篇小說情節發展的基調是建築在獵人與獵物的追逐關係上，主題遂落於「人性反覆」的題材，做再三的拍擊與刮削。細究這人性所指得無非是「食色性也」，但是卻壞在貪得與虛榮，因而導致背叛。故事中的角色人物利用著彼此人性的弱點下注相博（或逕是作者利用著故事中角色的人性弱點所佈弄的一場文字遊戲？）；而雙方（女／男、忠／奸、愛／被愛）交手時，佈施的「釣餌」[118]即是通過「色」、「戒」進行檢測──「色」是「女色」，「戒」是「鑽戒」[119]。經過一番爾虞我詐，末了歸結生生死死，篇末各自宣示著求「仁」得「仁」（仁＝被愛？）式的解脫。如此一來，人性變化既盲目不可解，而人世間的喜憎愛恨亦全無定準。是而，「戲夢人生的瞭悟」成為了這篇小說的另一個主題，復闋合於〈色，戒〉這個標目，直指「以色犯戒」、「色即是空」的另一層意涵。

---

[118] 「女色」與「鑽戒」這兩個作為釣餌的物象，在文本中開場的首段就已唱名出場。其中「女色的誘惑」部分：描述了王佳芝胸前丘壑、面容秀麗（頁10），續提到王佳芝乳房的誘惑，令漢奸老易蝕骨銷魂（頁16、頁23）。接著又提到王佳芝知道老易在背後看她，故意軟洋洋的凹著腰。腰細，宛若游龍似的游進玻璃門（頁24）。而關於「鑽戒的誘惑」部分：先是描述牌局中，太太們互相展示戒指（頁10-13），復提到老易要買戒指給佳芝作紀念。佳芝知道老易的老奸巨猾，必認定她的看上他是為了錢，而且首飾向來是女太太們的一個弱點。所以決定順水推舟，撈點外快（頁17）。接著，珠寶店裡買鑽戒是重頭戲（頁24-30）：其中一段描述了王佳芝試戴粉紅色的六克拉鑽戒時的心理狀態：鑽戒光頭極足，亮閃閃的，異星一樣，紅得有一種神秘感。可惜不過是舞台上的小道具，而且只用這麼一會功夫，使人感到悵悵。（頁27）

[119] 參見張健：〈色？戒？憫然！〉《張愛玲新論》（台北：書泉出版社，1996年），頁111-117。

2.敘事結構

全篇小說的結構是自「複雜的人性與戲夢人生的糾葛」這個主軸上發展。時間大約是從白天到夜半的光景，情節上有兩組動線虛實推進，實線是色誘殺敵這場「愛國行動」的實際活動，虛線是小說中主角人物的心理活動。實線（全盤計劃）的推動隨著場景（地點）轉換開展，依序是易宅／牌局──咖啡店──（汽車）──珠寶店──（三輪車）──易宅／牌局。而虛線則依附其心理活動隱然推移，大致以「封鎖」為分界點，封鎖之前是王佳芝（女主角）的心理狀況描摹；封鎖之後則是易先生（男主角）的心理活動刻劃。也正是這些心理活動的蘊生及變化，小說中主人翁的遭遇峰迴路轉，最後竟是虛線左右著情節，主導了結局。

〈色，戒〉小說結構圖解：（△表示有心理活動描述）

【實線】

場景：易宅／牌局─咖啡店─（汽車）─珠寶店─（三輪車）─易宅／牌局
情節：滲透色誘　　設計　　色誘　　墮入彀中　　封鎖、一網打盡
　　　　　　　　　△　　　　　　　△　　　　　　　△
【虛線】　　王佳芝（女主角）的心理活動　　易先生的心理活動

情節的鋪排初由一場牌局起，撮合了這對別有用心的男女，設下陷阱到了珠寶店中，好戲上演，原是一場諜對諜的高潮，眼看就要手到擒來，卻在最後關頭功虧一簣，情節反轉（女間諜放走了男漢奸），然後情節反向繼續上推，漢奸逃脫後張網撲殺，處決了這個對他動了情的女人及其黨羽。最後，施施然回到牌局上，聲色不動。造成驚悚的效果。

　　向來形式主義者特別注意文學的形式問題，在敘事學的範疇裡，他們的基本興趣在探討營造故事的技巧，場景因此變得相對重要。以本篇小說為例，虛線的情節活動依附在實線的場景地點上轉換推移，但在情節轉折上，虛線的心理活動卻成為小說情節發展的主導者。本篇故事中的「珠寶店」這個場景因此佔有重要的位置，因為這個點是許多片段的核心（戒的買賣、色的買賣、情的買賣、命的買賣。而愛國的間諜攻防戰更在此驟轉為愛情的男女攻防戰）；也是許多線索（大我與小我，善惡忠奸，幻覺與現實，真情與虛偽，報恩與報仇）的交會點；它既是個火藥桶（頁26）；又像是天方夜譚裡的市場（頁27）。而水晶更從象徵主義出發，將巴達先生這間珠寶店看作王佳芝的「心殿」，幾疑是王佳芝心竅的藏身之所。另外在小說頭尾部分易公館中安排的牌局的場景設計也十分巧妙，這是以「起點即是終點」的方式佈局，正暗示著王佳芝與易先生的一出一進，轉眼佳人玉殞，情慾俱空，這邊方城之戰猶自方興未艾，局不散而人亡愛消。如同唐人傳奇〈櫻桃青衣〉中主人翁於故事首尾皆以出入精舍門悟道的情節安排手法相同，皆為重要的組織因素。而牌局一段文字隱隱的更是以「一語雙關」的手法預告了王佳芝受刑逼供的場景：「麻將桌上白天也開著強光燈，洗牌的時候一隻隻鑽戒光芒四射。白桌布四角縛在桌腿上，繃緊了越發一片雪白，白得耀眼。酷烈的光與影更至托出佳芝的胸前丘壑，一張臉也禁得起無情的當頭照射。」水晶曾提到只消將文中「麻將」「鑽戒」塗下，不就變成案發後間諜受刑訊的畫面？[120]

---

[120]　參見水晶：〈生死之間—讀張愛玲「色、戒」〉，聯合報副刊，1978 年 5 月 18 日。

　　於是，小說結構主題一方面從場景佈置完成構築；一方面以平行鋪排、參差對照的事件層進一步聯繫情節。以下更從「對等原理」[121]對小說情節的事件層與主題（人生如戲、以色犯戒）的建構進行觀察。

主題一：人生如戲、戲如人生

(1) 話劇舞台上的戲碼演出——

　　（頁 18）提到：王佳芝在學校裡演出『愛國歷史劇』，賣座還不壞。下了戲不甘就此一散，又吃宵夜又遊車河的，情緒十分亢奮。

(2) 人生舞臺中的戲碼演出——

　　（頁 18）也說到：王佳芝現在也還是在台上賣命，戲碼則是『殺漢奸的時代愛國劇』。

　　（頁 19-20）續說現實生活裡，她一次空前成功的演出（美人計的戲碼），下了台還沒下裝，自己都覺得顧盼間光艷照人，回到住處，見了大家，還捨不得人走，找通宵營業的小館子吃及第粥，在毛毛雨中一路走回來，瘋到天亮。……浴在舞台照明的餘暉裡，連梁閏生都不十分討厭了。……於是戲繼續演下去。

女主角王佳芝是學校劇團的當家花旦，演戲自是她的長處，小說中，無論是人生的舞台或是劇團的舞台，對王佳芝而言幾疑是真幻不分的，她始終在一齣齣的戲碼中出入，而她的人生亦同步演出。上述文

---

121 雅克慎在《語言學與詩學》中提出語言行為的六面及相對六功能的模式，使得話語成為一語言藝術品。其中對等原理成為檢驗詩功能的標記：把選擇軸的對等原則加諸於組合軸上，對等於是被提升為組合語串的構成法則。而所謂「對等」即將兩單元或以上作一等號，以見其平行或對照。藉此因由產生錯綜複雜的張力。以上文字參見古添洪：《記號詩學》（台北：東大圖書公司，1984 年），頁 79-83。

字正是張愛玲描述王佳芝所置身的「戲如人生、人生如戲」的二段情節平行開展。而真人扮假，假戲真做，處處可見參差對照。

(3) 戲外戲的受辱——除了色誘鋤奸這個戲碼之外，還有一齣「戲外戲」，就是佳芝為得著性經驗，以進行色誘漢奸老易做準備，把貞操先給了一向討厭的梁閏生（頁20），這使得王佳芝覺得受了屈辱。但既然有犧牲的決心，就不能說不甘心便宜了他。……於是戲繼續演下去。……她與梁閏生之間早就已經很僵。……『我傻，反正就是我傻。』她對自己說。

(4) 戲內的沖刷……（頁21）「事實是，每次跟老易在一起都像洗了個熱水澡，把積鬱都沖掉了，因為一切都有了目的。」

王佳芝與梁閏生、漢奸老易都有性關係。但在心理適應上，與梁閏生，王佳芝是覺得受了辱，卻在跟老易在一起時得到沖刷。是因為王佳芝覺得跟老易的部分是為了鋤奸的目的因而做的戲（即頁21所說的有了目的），而跟梁閏生（王佳芝所討厭的人）的部分卻成為烙印在人生中實實在在的一個不愉快的記憶。而事實上，這兩件事都在王佳芝現實世界發生，但王佳芝最後都當了戲演下去。這兩組情節是呈對照式的發展，出現互補的功能。

主題二：以色犯戒：這個人是真愛我的

(1) 文本中一段文字描寫王佳芝的感覺——「他的側影迎著檯燈，目光下視，睫毛像米色的蛾翅，歇落在瘦瘦的面頰上，在她看來是一種溫柔憐惜的神氣。這個人是真愛我的。她突然想，心下轟然一聲，若有所失。」（頁30）

(2) 文本中另有一段文字描寫漢奸老易的感覺——「這美人局兩年前在香港已經發動了，佈置得這樣周密，卻被美人臨時變

　　　　計放走了他。她還是真愛他的，是他生平的第一個紅粉知

　　　　己。想不到中年以後還有這番遇合。」（頁33）

這兩段文字平行相對，陳述著相同的認定：「對方是真愛著自己的」。
然而這雙方前後呼應的想法，分別在小說情節中翻轉出兩個高點，詮
釋著不同的愛的對待。在女方：原來是「以色誘敵、愛國殺奸」的劇
本，在動情犯戒後，王佳芝放走了漢奸老易。因為，「對於大多數的
女人，『愛』的意思就是『被愛』。」[122]在男方：秉持著「無毒不丈
夫」的原則，完成了所謂「愛是最終極的佔有」（頁34）。於是引出
漢奸老易痛下殺手的結局。而事實上，易先生原是歡場中的老手，而
王佳芝沉溺於潛意識中的自戀。如此牽連出一番男女遇合，一番情慾
糾纏，這到底是一場冷酷的悲劇呢？還是一齣殘忍的鬧劇？[123]

3. 人物

　　〈色，戒〉中作者全力塑造王佳芝和和漢奸易先生，其他角色形
同陪襯。

　　在外形上，女主角年輕秀麗，光艷動人，胸前丘壑，令人蝕骨銷
魂（頁10、16、23）。男主角矮小微禿，蒼白清秀，有據說主貴的鼠
相（頁12）。而最重要的描述應該是幾段分析男女主角心理的轉折文
字，一面勾勒出人物的性格，一面合理地發展情節：

王佳芝：＊ 那天晚上微雨，……一次空前成功的演出（美人計的戲碼），

　　　　　　下了台還沒下裝，自己都覺得顧盼間光艷照人。（頁19-20）

　　　　＊ 這太危險了。今天再不成功，再拖下去要給易太太知道

　　　　　　了。（頁14）

---

[122] 參見張愛玲：〈談女人〉《流言》（台北：皇冠文化出版有限公司，1968年），
　　頁81。

[123] 同註119，頁115。

* 今天要是不成功，可真不能在易家住下去了。（頁 16）

* 今天不成功，以後也許不再有機會了。她又看了看錶。一種失敗的預感，像絲襪上一道裂痕，陰涼的在腿肚上悄悄往上爬。（頁 18）

* 事實是，每次跟老易在一起都像洗了個熱水澡，把積鬱都沖掉了，因為一切都有了個目的。（頁 21）

* 她需要取信於他，因為迄今是在他指定的地點會面，現在他同去她指定的地方。（頁 17）

* 事到臨頭，又是一種滋味。上場慌，一上去就好了。（頁 22）

* 這時候因為不知道下一步怎樣，在這小樓上難免覺得是高坐在火藥桶上，馬上要給炸飛了，兩條腿都有點虛軟。（頁 26）

* 她深恐神色有異，被他看出來。（頁 27）

* 她腦後有點寒颼颼的，樓下兩邊櫥窗，中嵌玻璃門，一片晶澈，在她背後展開，就像有兩層樓高的落地大窗，隨時都可以爆破。一方面這小店睡沉沉的，只隱隱聽見市聲——戰時街上不大有汽車，難得撳聲喇叭。那沉酣的空氣溫暖的重壓，像棉被搗在臉上。有半個她在熟睡，身在夢中，知道馬上就要出事了，又恍惚知道不過是個夢。（頁 27）

* 那，難道她有點愛上了老易？她不信，但是也無法斬釘截鐵的說不是。（頁 29）

* 這個人是真愛我的。她突然想，心下轟然一聲，若有所失。（頁 30）

* 人行道上熙來攘往，……只有她一個人心慌意亂關在外面，小心不要背後來輛木炭汽車，一煞車開了車門，伸出手來把她拖上車去。（頁 32）

這幾段文字交代了王佳芝的有目的的「色誘」[124]；佈置購買「粉紅鑽戒」的陷阱[125]；為了愛情，選擇「背叛組織」[126]的心理轉換過程。在這樣的情節推展中，我們可以了解：王佳芝的悲劇實是源于她的虛榮心，是一種自戀的幻想[127]，愛出鋒頭的她覺得沒有人不愛上她，包括梁閏生、鄺裕民、到老易。她從十五六歲起就只顧忙著抵擋各方面來

---

[124] 是因著學生愛國的豪情，以學校劇團當花旦的姿色，進入大時代社會的舞台，佈置下情色的陷阱，演起一齣愛國學生刺殺漢奸的戲碼。

[125] 第二次下手終於勾搭上了目標，然後二人一齊到珠寶店買粉紅色鑽戒，一方面敲老易一記，同時造成符合女子貪錢附勢的假象，取得信任，順勢得以計劃單獨誘出，由同黨進行暗殺。

[126] 接著演戲正演到高潮，女主角不禁也狐疑起來：自己是不是愛上了老易？借著燈光，看見老易想到自己中年後竟有這樣的奇遇所露出有點悲哀的微笑，伴著權勢與金錢交織下的魔力，竟把王佳芝給收買了。於是老易的老練溫柔，對王佳芝而言，盡成了千萬般的憐惜。於是轟然一聲，女主角發現（自覺）男主角（行刺的對象）是真愛著自己的。這樣的「認定」使劇情急轉直下，王佳芝後來出語警告老易「快走」，鑄成大錯。

[127] 舉如〈色，戒〉中，說她在學校演戲，賣座不壞，下了台王佳芝仍覺興奮，……吃了宵夜又遊車河。又說在現實生活中也在台上賣命，只是沒人知道，成不了名（頁 18）。又說到：那天晚上微雨，……一次空前的演出，還沒下裝，自己都覺得顧盼間光艷照人。盧正珩指出佳芝的人格缺陷——自戀的傾向在小說中無所不在（頁 19）。如頁 27 中關於「現實世界的落地大窗，玻璃門宛若鏡子般反射下出事的自覺，卻又恍惚是個夢境。」的一大段描述寫王佳芝的自戀／自我分裂情結都在此可尋到一些線索。參見盧氏著：《張愛玲小說的時代感》（台北：麥田出版有限公司，1994 年），頁 148-164。另陳輝楊認為：「〈色，戒〉中的『有半個她在熟睡，身在夢中』一段文字涉及心理分析，佛洛依德對崇拜物、自我分裂等問題的探討。最明顯的是『有半個她在熟睡』，這半個她無疑是敘事體的主體，但另外那半個她呢？相信另外的半個她已成為敘事體的對象，換言之，王佳芝在這個幻想裡，同時是欲望的主體和對象，而那兩邊櫥窗及玻璃門，便成為一面明鏡，將她的欲望折射過來，從而成為作者全知觀點的一部份。」參見陳氏著：〈歷史的迴廊—張愛玲的足音〉，收入鄭樹森編選：《張愛玲的世界》（台北：允晨文化出版有限公司，1990 年），頁 89-10。這都說明著王佳芝的愛出鋒頭，屢以被捧被愛、自我肯定來滿足她的自戀與虛榮。

的攻勢（頁 29）。這種「水仙花式的自戀」[128]自我催眠的結果，導致
她誤判／相信老易是愛她的，甚且不能容忍他不愛她。但這場戲演來
的過程裡，女主角其實是充滿忐忑與迷惑，因為她對未知的結局充滿
著失敗的畏懼，而這些不安的預感到頭來俱成了真實。是而，不同於
張愛玲傳奇時代的女主角（如七巧、薇龍）的走進深淵，王佳芝果而
是在從事一種所謂「偷渡」的行為[129]，她意圖借著獻身浪漫的國族傳
奇，嘗試以不同的角色扮演，解放自己的慾望、身體及感情。那麼外
在的權力便是一種春藥，但王佳芝的自我解放卻悲慘的失敗了。這是
因為王佳芝的愛國行動，由於人性的慾望擴張，衍生出了愛情幻覺的
錯誤，導致最後王佳芝仍被所仰賴的父權體制所處決。真所謂女人的
天空是低的，不僅僅是女人甘願它低，男人更是那片天空。從佳芝及
老易身上，我們可以窺見：就在人類因性別、階級、職業等關係的複
雜糾纏中，人性赫然浮現。而閱讀的過程是在此由分享到洞燭，因此
充滿了哀矜與怖憐。

漢奸老易：＊ 他（易先生）想人知道，恨不得要人家取笑他兩句。也難
　　　　　　　說，再深沉的人，有時候也難免得意忘形起來。（頁 14）
　　　　　＊ 他這樣的老奸巨猾，絕不會認為她這麼個少奶奶會看上
　　　　　　　一個四五十歲的矮子。不是為錢反而可疑，而且首飾向
　　　　　　　來是女太太們的一個弱點。（頁 17）

---

[128] 盧正珩指出：佳芝的潛意識根本不愛老易，她只是將老易當成反照自己的鏡
　　　子而已。她在幻覺中迎向老易，仿佛水仙子不顧一切接近自己的重像，在慾
　　　望主體擁抱慾望客體的同時，利刃穿體而過，得到死亡。參見盧氏著：《張
　　　愛玲小說的時代感》（台北：麥田出版股份有限公司，1994 年），頁 151-152。
[129] 參見楊澤：〈序：世故的少女─張愛玲傳奇〉，收入楊澤主編：《閱讀張愛
　　　玲──國際研討會論文集》（台北：麥田出版股份有限公司，1999 年），頁
　　　9-26。

* 他不在看她，臉上的微笑有點悲哀。本來以為想不到中年以後還有這樣的奇遇。當然也是權勢的魔力。……明知是這麼回事，不讓他自我陶醉一下，不免憮然。（頁30）

* 這美人局兩年前在香港已經發動了，佈置的這樣周密，卻被美人臨時變計放走了他。她還是真愛他的，是他生平的第一個紅粉知己。想不到中年以後還有這樣的遇合。（頁33）

* 她臨終一定恨他，不過『無毒不丈夫』。不是這樣的男子漢，她也不會愛他。（頁34）

* 他覺得她的影子會永遠依傍著他，安慰他。雖然她恨他，她最後對他的感情強烈到是什麼感情都不相干了，只是有感情。他們是原始的獵人與獵物的關係，虎與倀的關係，最終極的佔有，她這才生是他的人，死是他的鬼。（頁34）

上述文字依序說明這樣的情節：權勢使然的中年遇合、美人計與動了真情的同時發現、一網打盡、迅速槍斃謀刺者的結局。易先生這樣的一個陰狠強悍地角色，惟獨在「他不在看她，臉上的微笑有點悲哀。本來以為想不到中年以後還有這樣的奇遇。當然也是權勢的魔力。……明知是這麼回事，不讓他自我陶醉一下，不免憮然。」一段，張愛玲洩露了他的不為常人所見到的人性弱點，儘管這樣的情緒曇花一現，老易終於以自我陶醉的滅絕式的愛，槍斃了愛人，也處決了愛情。張愛玲此處是設法讓讀者短暫地接近了這些我們無法接近的那些人的內心。老易是這樣解釋的：他將一切都化約成獵人與獵物的關係。只是誰獵殺了誰，似乎完全走了樣。於是生人死鬼、愛恨情仇的詮釋到他這裡完全顛倒，成為一種恐怖的佔有。儘管他的角色奸而不

忠，但在小說結尾時，卻仍毫髮無傷的存活了。張愛玲這樣的鋪筆，再加上胡蘭成是偽汪政府中重要成員之一，很容易地引發聯想，因此招致頌揚漢奸的批評[130]。對此，張愛玲特別以〈羊毛出在羊身上——談「色，戒」〉一文作為回應。

此外，有論者注意到〈色，戒〉中男女主角的命名上曾出現弔詭的安排：易先生姓易，是王佳芝設計網殺的對象，而沒想到「輕易中計」的是王佳芝自己；而王佳芝雖然姓王，結果卻證明了易先生才是這齣戲的操控之王。[131]另外，林佩芬在〈看張——「相見歡」的探討〉的引言談到這篇〈色戒〉是在探討人心中價值感的問題，所以女主角的名字才諧音為「王佳芝」。張愛玲對此，是以：「我們不習慣看字裡行間的夾縫文章。而從另一方面說來，夾縫文章並不是打謎」應對。[132]

事實上，這篇〈色，戒〉的佈局描摹人性是大於政治的，張愛玲在此無意將小說中的主角刻劃成正反鮮明的「間諜型」人物，是而她選擇進入反派人物的內心世界，正是以對敵人也要知己知彼的一種想法，在人類經驗的邊疆上開發探索，而傾力著手翻撿人性中「虛榮與

---

[130] 這樣的批評引起正反的爭論。舉如域外人以為張氏小說中所述是歌頌漢奸的文學——即使是非常曖昧的歌頌，且對王佳芝的愛國動機全無一字交代。參見域外人：〈不吃辣的怎麼胡得出辣子？評「色，戒」〉《中國時報・人間副刊》，1978 年 11 月 1 日。其後，張愛玲有〈羊毛出在羊身上：談「色，戒」〉1978 年 11 月 27 日《中國時報・人間副刊》一文回應，提到「殺人越貨的積犯一定是自視為惡魔，還是可能自以為也有逼上梁山可歌可泣的英雄事蹟？」後周鼎為文聲援張氏：「……張愛玲亦無意將小說（「色，戒」）中的主角，刻劃成正反鮮明的「間諜型」人物。」參見周鼎：〈淺斟細酌談「色，戒」：域外人「不吃辣的怎麼胡得出辣子？」讀後〉《書評書目》六九期，1979 年 1 月。

[131] 同註 119。

[132] 張愛玲以為：「連紅樓夢都有卜世仁（不是人），賈芸的舅舅。但是當時還脫不了小說是遊戲文章的看法，曹雪芹即使不同意，也不免偶一為之。時至今日，還幼稚到用人物姓名來罵人或是暗示作書宗旨？」參見張氏著：〈表姨細姨及其他〉《續集》（台北：皇冠文化出版有限公司，1988 年），頁 31。

背叛」[133]的這個主題。張氏以為：中國人與文化背景融洽，較別的民族為甚，所以個人常被文化圖案所掩。「應當的」色彩太重，反映在文藝上，往往道德觀念太突出，不觸及人性深處不可測的地方。而實生活裡其實很少黑白分明，但也不一定是灰色，大都是椒鹽式。[134]細讀〈色，戒〉這篇小說，作者屢屢提到女主角虛榮自戀，終因誤迷情叛，毀滅了自己，連帶也株連了組織。而特務頭子老易則以在情場中的出賣行徑換取在戰場中保全自我，恩將仇報成為現實功利考量下唯一實踐的必要生存法則。這些都準確犀利的刻劃了人性的脆弱與障蔽。

4.對話

對話是小說中不可少的要素之一。鮮活的對話往往成功的描繪了人物的個性，並與情節的發展融合，甚至埋下草蛇灰線，做了預示。〈色，戒〉這篇小說是在一場牌局中開始，末了也在牌局中結束。牌局這個場景與刑訊場景的連想已如上述。其中四個牌搭子包括易太太、麥太太（王佳芝）、和二個穿著黑呢斗篷的太太的一段對話裡，藏有一些訊息值得注意：一是牌局中大夥吵著要王佳芝請客，二是牌局中易太太曾埋怨易先生不肯買火油鑽粉紅鑽給她。接著在以下的情節發展中，易先生卻給王佳芝買了一顆六克拉的粉紅鑽，這大不同於

---

[133] 水晶認為：張愛玲在《惘然記》序文中說包括〈色，戒〉等三個小故事讓她震動，其原因應該是文中所出現出賣或背叛的主題，這是她以前的小說所沒有處理過的。參見水晶：〈從屈服到背叛——談張愛玲的「新」作〉，台北聯合報副刊，1987 年 7 月 28 日。後收入《桂冠與荷葉》（台北：九歌出版有限公司，1990 年）。

[134] 張愛玲說：「是非黑白是不是沒有，而是包含在整個效果內，不可分的。讀者的感受中就有判斷，題材也有是很普通的事，而能道人所未道，看了使人想著：是這樣的。再不然是少見的事，而使人看過之後會悄然說：是有這樣的。我覺得文藝溝通心靈的作用不外這兩種。二者都是在人類經驗的邊疆上開發探索，邊疆上有它自己的法律。」參見張氏著：〈談看書〉《張看》（台北：皇冠文化出版有限公司，1976 年），頁 184。

易太太的待遇，使得王佳芝怦然動心。最後小說結尾處，易先生處理完「外務」，回到家中，照例是一場牌局在進行著，這一回，三個穿著黑斗篷的太太吵著要易先生請客。於是，請客的人由王佳芝換成易先生，無疑暗示著獵人與獵物關係的轉換，原本設計擺宴的人卻被人設計，誤了性命，結尾一句「不吃辣的怎麼胡得出辣子？」便是最佳註解。這樣的寫法，令人想起白先勇〈永遠的尹雪艷〉中：尹雪艷牌桌上一句「我來吃你的紅！」的雙關語的運用[135]，二者同樣地是在笑語中埋伏著靜靜的殺機，以冷酷的語調對紅塵俗世進行嘲諷。

另外一處用語精簡有力的對話是王佳芝幾疑自己愛上老易，改變誘捕計劃之時，對老易低聲吐出：「快走。」這兩個字，是警告、是轉折、不但代表了「得」（老易的愛情）與「失」（背叛組織）的同存、也意味著「生機」（老易）與「殺機」（王佳芝）的並臨。同樣地張愛玲在《半生緣》中處理曼楨與世鈞大分大合之後，重逢時語出淒然：「我們回不去了。」皆見言盡意無窮、有意奪神驚之感。

5. 敘事觀點的運用

形式主義學派論者希柯洛夫斯基說：「藝術的存在正是由於要重新拾回生命的直接經驗。真正去感覺事物，使石頭「石頭」起來。……藝術的手段則是要使事物陌生起來，使形式有阻拒性。以便擴大感知的困難和時間，真正去感覺事物。」而其所主張「形式有阻拒性」以

---

[135] 白先勇的〈永遠的尹雪艷〉中末段：尹雪艷的家中時常開著一桌桌的牌局，在經歷了徐壯圖的死亡事件後，尹雪艷依舊轉著她自己的旋律，按著乾爹吳經理的肩膀，笑吟吟地說：「乾爹，快打起精神多和兩盤，回頭贏了吳經理及周董事長他們的錢，我來吃你的紅！」歐陽子認為這一句「我來吃你的紅！」是句雙關語，說得是死神己至，可憐吳經理渾然不知。分別參見白先勇：〈永遠的尹雪艷〉《台北人》（台北：晨鐘出版股份有限公司，1980 年），頁 50 以及歐陽子：《王謝堂前的燕子》（台北：爾雅出版股份有限公司，1980 年），頁 45。

及「事物陌生化」的意義應是指消除閱讀的習慣性，延長自我感知的過程。而一般言之，阻拒性形式主要存在於小結構裡（如修辭手段），使事物陌生化則存在於大結構中（如敘事觀點）。作家或詩人們正是由著企圖創造事物的新感知過程，來恢復「生命的直接經驗」。[136]

分析這篇〈色，戒〉大抵以第三人稱全知觀點敘事，其中敘述者曾經介入解析。[137]而在敘事語調及意象使用上則有特殊的安排，意圖以「事物陌生化」、「形式有阻拒性」擴張感知的效果：比如頁20：

> 偏偏是梁閏生。
>
> 當然是他，只有他嫖過。
>
> 既然有犧牲的決心，就不能說不甘心便宜了他。

對照前文王佳芝的朋友賴秀金告訴她：「聽他們說，這些人裡好像只有梁閏生一個人有性經驗。」第一句「偏偏是梁閏生。」應是女主角對已知事實的自忖自言；事實就是女主角不甘心的問：「為什麼是梁閏生？是這個自己討厭的人？」第二句「當然是他，只有他嫖過。」其實是說「真希望不是他。」接著「既然有犧牲的決心，就不能說不甘心便宜了他。」則是說「雖然決定犧牲，仍然不甘心便宜了他。」此時敘述者彷彿介入文本，以女主角的超我對著不甘心的本我發言。

---

[136] 參見佛克馬（Douwe Fokkema）、蟻布思（Elrud Ibsch）合著，袁鶴翔、周英雄等合譯：第二章〈俄國形式主義文藝理論〉《二十世紀文學理論》（台北：書林股份有限公司，1987年），頁9-43。綜括其結論：其經常使用的手法，除了修辭手段的強化與創新對文字的感知經驗；比如描述一件物體時，不提事物的名字，彷彿初次發現、感知這一事物。或者巧妙地使用不同的視點切入，來描述特殊事件，比如透過孩子的眼睛來描寫戰爭，或經由一隻貓、一匹馬的視象觀察成人世界的活動。這樣地從一般熟習的感知過程轉移至完全嶄新的過程，並因此導致特殊的語意換位。如此一來，便製造出熟悉經驗陌生化（疏離）的效果。

[137] 同註120。

這些外在層面的認定俱與女主角內心本意相悖，如此藉著話語書寫
（不斷的質疑、妥協）產生阻拒性，讓讀者瞭悟女主角持續的積澱與
壓抑，一直到後來乃藉著與易先生在一起產生「有目的的痛快」，甚
至誤迷情愛，株連組織，或者要算是一種報復吧！[138]

　　又如頁27：「她把戒指就著檯燈的光翻來覆去細看，在這幽暗的
陽台上，背後明亮的櫥窗與玻璃門是銀幕，在放映一張黑白動作片，
她不忍看一個流血場面，或是間諜受刑訊，更觸目驚心。」這是承續
上文「那沉酣的空氣溫暖的重壓，像棉被搗在臉上。有半個她在熟睡，
身在夢中，知道馬上就要出事了，又恍惚知道不過是個夢。」（頁27）
的真幻不分世界的延續，此處看戒指的王佳芝作為敘述體的主體。幽
暗中玻璃門折射為銀幕，於是女主角進入幻想世界：是一部間諜片在
上演。這樣自我分裂的心理描述使王佳芝同時成為敘事體的主體和對
象。此處因為張愛玲的筆法趨向簡略，遐想的空間反而無限。如果將
此處情節對照下文「不過是些學生，不像特務還可以留著慢慢的逼
供，榨取情報。」（頁34）更透露出幾分詭異，讀者至此赫然發覺：
王佳芝所觸目驚心的想像到頭來正是自己的寫照。

　　另外，頁32：「小心不要背後來輛木炭汽車，一煞車開了車門，
伸出手來把她拖上車去。」這三句夾在王佳芝事敗後，準備脫離現場
的場景描述中，首句「小心不要背後來輛木炭汽車」是誰要小心？自
應是王佳芝要小心。這彷彿是敘事者介入對王佳芝說話。但省略主稱
詞的結果，讀者在閱讀中又可以當作是王佳芝自身的幻覺，然後在往
後的情節中王佳芝被捕遭到槍決，是再一度做前後呼應──安排伏

---

[138] 張愛玲說：同時由於她（王佳芝）在先前一波的行動──喬裝已婚婦女曾經
　　失身，後來受人輕視冷落，自覺不值，因此造成心態失衡，下意識有報復心
　　理。參見張氏著：〈羊毛出在羊身上──談『色，戒』〉《續集》（台北：
　　皇冠文化出版有限公司，1988年），頁20。

筆、落實結局。以上這些引證都是在透過著敘事語規的更動，創造事物的新的感知過程，讓讀者得以設身處地的進行聯想，一探小說人物內心的錯綜幽微。

6.意象與風格

盧正珩在《張愛玲小說的時代感》中認為〈色，戒〉難讀與全篇充斥的象徵與意象有關。而水晶以「成人的童話」形容這篇小說[139]，並認為經過張愛玲以心理分析，無數意象成就的寫實風格進行書寫，形成了別具一格的神話結構。我們觀察〈色，戒〉，張愛玲是藉著主題「食」、「色」設計對話、鋪排意象，最後將其中攪纏著的人性的貪婪、虛榮、自私、殘酷歸零——亦即在一念之間，塵埃落地；在死亡之前，都獲得平等。舉如：

食的方面

(1) 請客，請客！——「吃」與「被吃」的語意換位，誰勝了，誰吃誰。請客即是送命的象徵。

(2) 不吃辣的怎麼胡得出辣子——是說吃得辣中辣，方為作手，方稱忍人；所謂「無毒不丈夫」。

---

[139] 同註120。水晶提及：蜀腴是鼠獄、蜀獄的雙關語；珠寶店似是王佳芝的心殿；易先生有鼠相，黑斗篷的三位官太太像童話裡黑披風的女巫；皮貨店的木製模特兒似是木偶傀儡；一黑一白野計則被比況為黑白無常；三輪車上栓著小風車的白馬騎士像西洋神話的地獄擺渡人。他又指出：張愛玲大量的使用只有在童話中，才見得到的形象——動物、獵人、巫婆……來構築人物、嘲弄人物，讓這個故事「擁有童話美麗的外衣，骨子裡卻是血淋淋的」，在張愛玲的作品裡，愛情恰恰是童話的代名詞，佳芝就是看不清這一點，才會枉死於這場桃色遊戲中。

色的方面

    (1) 色—色相物慾的代稱，尤指情慾的象徵（包括美色、愛情與性慾）。

    (2) 戒—鑽戒，物慾象徵。亦可延伸作「引以為戒」的殺身之戒。

其他

    (1) 麻將桌—是玩牌下注的賭場，也是玩命下注的戰場，更是索命受訊的刑場。

    (2) 黑斗篷—水晶認為是像童話中騎著掃帚的女巫。代表著不安的象徵，死神的化身，是易先生的幫兇，一場殺人饗宴的共犯。

    (3) 玻璃門、櫥窗、大鏡子—即照見自身影像的工具，是自戀的反射點，正如希臘神話水仙子的一泓清池。

    (4) 厚呢窗簾—權貴的表徵。也反映出是人類心中的厚重閉障的象徵。（所以，小說在結尾處，易先生想拆了簾子，因為他怕簾子的覆蓋，可能隱藏了刺客，那正是易先生所畏懼的。）

張愛玲的語言素見繁簡有節，比如關於「等待」的兩段描寫，頁22：……等最難熬，男人還可以抽煙。她打開手提袋，取出一小瓶香水，……蘸了香水在耳垂背後一抹，微涼有棱，一片空茫中只有這一點接觸。再抹那邊耳朵底下，半晌才聞見短短一縷梔子花香。又如頁17：面前一杯咖啡已經冰涼了，車子還沒來。……說中國人不守時刻，到了官場才登峰造極了。前者描摹細節、烘托氛圍；後者則以譏諷的語氣針砭俗弊，各見力道。此外，恰妙的比喻，如頁24：……電影院，灰紅暗黃二色磚砌的門面，有一種針織粗呢的溫暖感，整棟建築圓圓的往裡凹，成為一鈎新月切過路角。頁18：一種失敗的預感，像絲襪上一道裂痕，陰涼的在腿肚子上悄悄往上爬。其中以方格呢布描摹磚牆，以新月刻劃內凹的感覺，以絲襪的裂痕描述失敗的預感，皆是以

讀者所熟悉的實體具象來寫景寫情，或以實描虛。由此我們可以了解她的書寫除了規避宏偉的理想道德描寫，在文字風格上，是以感覺（如冷漠）為主導位置，表現出毀滅和荒涼的調子。而依照張愛玲發表這篇小說的時間來看應在其到美國以後，屬於張愛玲的「後期小說」，已不同於早期傳奇風格。張愛玲在文字的駕馭上固然是天才，但早期的創作總有些不知其所以然的遺憾，張氏在後期作品當中所使用的意象頻率明顯的降低，對誇張絢麗的筆繪亦有所節制，回到了平淡自然，在作品於是出現一種出奇的冷靜，有了哀矜而勿喜的味道。

（三）外緣研究

1. 背景資料

上海這個都市，自鴉片戰爭以後做為五口通商的重要港口以來，列強帝國主義進駐，租界雲集，西方資本快速集結，發展出了一個以競爭導向，強調交換價值的商業都會，連帶地對外國文化以兩條主軸做了借鑑與吸收：一是西歐現代派，一是日本新感覺派。殖民化與現代化的影響結果，對自由的追求、物質文明的嚮往、快速變動的節奏主宰著上海生活的新步調。楊義先生認為這是一種帶著屈辱的繁榮、畸形的開放性的都市文化[140]。與傳統的、樸實的鄉土中國形成對照[141]。因此，商品經濟的環境氛圍使得上海文化態勢駁雜，於是身居上海的文人作家，明顯的注意到藝術價值與市場價值的糾葛，並在文藝的創作及編輯上率先追求讀者市場的認同。

---

[140] 參見楊義：《二十世紀中國小說與文化》（台北：業強出版社，1993 年），頁 219。
[141] 參見李歐梵：《現代性的追求：李歐梵文化評論精選集》（台北：麥田出版股份有限公司，1996 年），頁 161。

　　而觀察五四文學革命以來，西方文化以優勝者的姿態對中國進行滲透、擴散，先是技術、再到制度、最後是文化。而中國人帶著民族危機的自覺去接受這些新事物，所以借鑑中帶著強烈的自救的性質。二〇年代以北京為文學重心，其所領導發揚的新文學是拋棄為遊戲與消遣的文學觀念，以啟蒙者的立場，開展人文主義的文學。[142]這「人的意識」的覺醒對傳統倫常文化無疑是一種暴風雨式的閃擊（郭沫若語）。隨著軍閥割據、北伐清黨、政局動盪不安，作家避禍南下，文化中心於是移轉到了上海。自 1921 年創造社、1930 年左聯、1932 年施蟄存的主編的《現代》雜誌都在上海活躍，新文學史上幾場重要的文學論戰也都在上海陸續展開。此一時期，革命文學取代文學革命成為新的口號，無產階級社會文藝成為新興的文學主潮。1937 年，中日戰爭爆發，淪陷區與自由區的分隔撕裂了中國。在這場民族聖戰裡，抗戰文學的氣勢銳不可擋。而所謂「淪陷區文藝」其中有附逆文字，也有自覺文字。處在租界環境中的作家對於政治不是相對的警醒，便是冷漠。而在創作態度上大都採用曲筆，尤其是張愛玲，就在這中西新舊的旋轉門口，她以獨特的語言調子展露著異采。

2. 關於作者

　　中日戰爭爆發之後，淪陷區這個區塊指得是日本佔領下的華北及東南沿海及鐵路線分佈的地區。其中上海地區自 1937 年 11 月 13 日到 1941 年 12 月 7 日珍珠港事變這四年時間，由於與內地往來隔絕，稱為「孤島時期」。其時有與國民政府對壘的汪偽組織成立，雙邊互有暗殺制裁行動。1942 年，張愛玲由港抵滬。在淪陷區發行甚廣的雜誌《古今》上曾發表兩篇文章：〈更衣記〉和〈洋人看京戲及其他〉。

---

[142] 「人文主義的文學斯思潮」包括五四文學的個性主義、人道主義、「人的文學」、「平民文學」等思潮及文學創作。

但因為《古今》雜誌與汪政府的關係曖昧，汪政權的幾個主要人物皆曾撰稿支持，又加上張愛玲與任職偽組織的蘇青、胡蘭成的結交；都曾引發輿論質疑。但是張愛玲以為政治的歸政治，個人的歸個人，她有她自己的完整，與旁人無干的天地。其主要創作如小說集〈傳奇〉、散文〈流言〉也大多完成於 1943 到 45 這兩年間，給她帶來極高的聲譽。是以如果將張愛玲其人其文放置在四〇年代前後的歷史脈落下觀察，其所呈現的寫作觀點正與其應世態度同調：看明白人生的來龍去脈，然後也只有哀矜。[143]。

　　兼之這個間諜的故事並不強調諜對諜的刺激緊張——比如達成任務所必須的阻礙或冒險，而多以人性的挖掘、心理分析的敘述手法，意圖製造一種擱置或懸疑，此項著眼點無非在導出人物根本的困境：佳芝本身的慾望被卡在歷史夾縫中的進退兩難。這一點不免令人敏感地連鎖到作者張愛玲的對上海這個城市特殊的感情，因為關係太深，相對地失落感也愈重，比如文中即曾透過文字對上海進行描摹[144]，便不經意的流露一股懷舊的失落感。其中男女主角的對待起伏迴旋甚大，似乎是借屍還魂的道出了張愛玲過去與胡蘭成的情感試煉與創傷——亦即將王佳芝的情慾釋放與張氏本身的情慾釋放連結。從這個角度觀察，整個間諜故事的主謀兇手或可遙指到「父愛的癥結」：也就是張愛玲所曾經歷過的又愛又恨的缺陷童年，以及她一直深深企盼卻終於落空的親情。張愛玲自己曾這麼說：「一切好的文藝都是傳記性的，實事不過是原料，我對創作苛求，對原料愛好，是偏嗜其特有的

---

[143] 參見張愛玲：〈我看蘇青〉《餘韻》（台北：皇冠文化出版有限公司，1987年），頁 79。

[144] 同註 113，頁 16-17，23-24 分別都有對上海包括街道、市容等的城市描寫。

韻味,也就是人生味。」[145]而隨著時代巨流滔滔,新與舊、傳統與西潮的沖刷無可抗拒,對張愛玲而言,這些都交織成了奇異的圖案。

3. 關於作品

　　這篇 1953 年開始構思的短篇小說於民國六十七年（1978 年）發表於《中國時報 · 人間副刊》。1983 年 6 月收入於台北皇冠出版社的《張愛玲全集》之十二《惘然記》中。陳輝揚認為〈色,戒〉的材料來自胡蘭成,故事是以女間諜鄭蘋如謀刺汪政權七十六號特工總部頭子丁默邨為藍本。[146]關於這個案子最早披露的是六〇年代金雄白在香港出版的《汪政權的開場與收場》,此一中統局鋤奸行動──除了女幹員鄭蘋如在上海靜安寺路的西伯利亞皮草行設局暗殺之外,還參雜了丁默邨與李士群二人的恩怨鬥爭。萬燕、蔡登山等以為這個故事經張愛玲不斷地改寫,已經有相當程度的不同,但整體架構還是可以看得出它的原形。[147]羅久蓉則以為作者對背景知識掌握不足,故而該篇小說並非成功的作品,所提供的倒是作者對忠奸觀念的對待。[148]但張

---

[145] 參見張愛玲:〈談看書〉《張看》（台北:皇冠文化出版有限公司,1976 年）,頁 189。

[146] 參見陳輝揚:〈餘韻〉《夢影錄》（香港:三聯出版社,1992 年）,頁 51。

[147] 參見王一心:《驚世才女張愛玲》（重慶:四川文藝出版社,1992 年）,頁 147-150,萬燕:《海上花開又花落──讀解張愛玲》（南昌:百花洲文藝出版社,1996 年）,頁 129-131 以及蔡登山:《傳奇未完張愛玲》（台北:天下文化書坊,2003 年）,頁 228-242。舉萬燕主張為例:張愛玲對這個故事進行了精彩的改造,原是丁默邨無意發現殺手埋伏,脫逃後不動聲色,將鄭蘋如騙入 76 號虎口槍殺,〈色,戒〉小說中改為易先生的逃走,係為王佳芝一念之差,王佳芝因此為愛送命。

[148] 羅久蓉說:張愛玲在這篇小說中並沒有用她擅長的烘托手法呈現男女主角複雜的心理轉折,使得整個故事的曖昧性只停留在作者的概念層次;……此一呈現人性的複雜面的努力雖並不成功,卻仍代表張愛玲企圖從人性角度對政治上所謂忠奸之辨提出反省和批判的一種努力。參見羅氏著:〈張愛玲與她的成名時代 1943-1945〉,收入楊澤主編:《閱讀張愛玲──國際研討會論文

愛玲本人則是引用王爾德語「藝術並不模仿人生，只有人生模仿藝術」，同時聲明敵偽特務鬥爭的內幕那裡輪得到我們這種平常百姓知道底細？而否認該文有所本。[149]另外，域外人（張系國）在 1978 年 10 月 1 日《中國時報、人間副刊》撰文〈不吃辣的怎麼胡得出辣子？——評「色，戒」〉，批評張氏對王佳芝的愛國動機全無一字交代，而且沒有強調汪朝重臣男主角的漢奸性，表示十分遺憾。水晶亦曾撰文書寫讀後雜感，指出有些地方交代嫌不清楚，如易先生解決此案的經過[150]。關於域外人的批評，張愛玲曾經寫了〈羊毛出在羊身上——談「色，戒」〉一文，她以為自己筆下的人物也有正常的人性弱點，不然勢必人物類型化，成了共黨文藝裡一套版的英雄形象。同時對域外人看書不夠細心，通篇穿鑿附會，任意割裂原文的態度也認為相當不負責，但自己對自己的作品不能不負責，自言這是被迫回應，而且下不為例。[151]夏志清則說：其實張寫的是一則永恆性的人間故事。發生在汪精衛時代的上海也可以，發生在袁世凱復辟時代的北京也可以，阮大鋮、侯方域時代的南京也可以，只因張自己對偽政府時代的上海特別熟悉，就採用了這個背景——她無意寫人物個性忠奸立判的小說。[152]

---

149 張愛玲說：「最近有些人說〈色，戒〉忠的女主角確有其人，證明我必有所據，而她說的這報導是最近幾年才以回憶錄形式出現的，當年敵偽特務鬥爭的內幕那輪到我們這種平常百姓知道底細？記得王爾德說：藝術並不模仿人生，只有人生模仿藝術。我很高興我在 1953 年開始構思的小說終於在人生有了著落。」參見張氏著：〈自序〉《續集》（台北：皇冠文化出版有限公司，1988 年），頁 7。

150 同註 120。水晶說：易先生解決此案的經過雖不是太重要，就故事本身而論——是用暗場省去了作者不少力氣，但還是太簡。

151 參見張愛玲：〈自序〉、〈羊毛出在羊身上——談「色，戒」〉《續集》（台北：皇冠文化出版有限公司，1988 年），頁 7 及頁 17-25。

152 參見夏志清：〈二報小說作品選評〉《新文學的傳統》（台北：時報文化出

集》（台北：麥田出版有限公司，1999 年），頁 117-130。

（四）結論

張愛玲認為：在文字的溝通上，小說是兩點之間最短的距離。小說可以不尊重隱私權，但並不是窺視別人，而是暫時或多或少的認同。像演員沉浸在一個角色裡，也成為自身的一次經驗。這篇〈色，戒〉張愛玲以情欲、以非理性解釋人的行為動機，解釋人性，解釋悲劇。由於她認識到人性是盲目的，生活是痛苦的，愛情是無望的，人生是殘酷的。所以她放手盡可能地讓故事本身說話，而摒棄介入說教傳道。因此愛恨生死、聚散離合、背叛與依戀得以同時並存並現，同時藉由故事情節中人物、對話以及場景的安排，各自突顯功能，使得一個普通套式的諜報故事因而與眾不同。且在表層意義與深層意義的審視剖析之後，我們得以有可能去接近那些原來我們無法或很少接近的人、事、物，隨之而來的是生命真相的瞭悟與巨大的空虛、幻滅之感。於是，張愛玲的這篇〈色，戒〉竟是讓人感覺著深深的戰慄了。

版事業有限公司，1979 年），頁 295。

參、張愛玲的影劇王國

一、張愛玲的影劇情緣

（一）上海電影繁華錄

　　當電影在二十世紀成為最流行的藝術，電影所開發的不僅是公共娛樂的空間，更成為一塊幻想的花園，跨足著生活的、文化的場域，呈現五花八門、快速變動的榮景。觀察中國電影工業的起源發展，在十九世紀末已經傳入上海，當時的上海，在地理位置上位處於鐵路線與航路的要衝；在國際舞台上成為帝國列強的殖民地、資本主義的租借區。論及文化場域，是東西華洋的旋轉門，吞吐著各色的人種、主義及思潮。當時文學陣營中有所謂嚴肅文學與通俗文學之分[1]，文化上有高雅文化與大眾文化的對立關係[2]。即便是生活層面，也有著看京戲、打麻將、讀鴛鴦蝴蝶、吞雲吐霧抽鴉片的「舊派」，與喝咖啡、跳華爾滋、看西洋電影、讀域外小說的「新式」，品調不同。談到物質環境，則是尋歡作夢的大本營，物亂情迷的慾望淵藪。自 1923 年

---

[1]　創作題材的區分除了嚴肅文學與通俗文學，另有作愛國熱情的抗戰文學，與花草蝶夢的消閒文學的分法。參見于青：《張愛玲傳》（台北：世界書局，1993 年），頁 98-100。

[2]　參見徐賁：《走向後現代與後殖民》（中國社會科學出版社，1996 年），頁 249-251。

上海第一影戲院的卡爾登戲院開幕，成為美國派拉蒙製片公司的首輪戲院，之後十年間，上海影戲院已多達四十餘家，所放映的多為美國好萊塢的影片，而電影公司的開辦也成為風尚，至於國產影片初創在二○年代末，達到了年產百部的拍攝成績。

到了三○年代乃至抗戰勝利後，國產影片漸臻成熟。一方面正值時代風雲際會，一方面受到好萊塢影片的影響，一方面由於上海特殊的文化環境，看電影成為上海市民生活最時髦的消閑娛樂，電影圈子裡有「軟性電影」與「硬性電影」之爭[3]，分別代表兩種面目：麻醉的與暴露的。前者以消遣性和娛樂性的「軟性電影」掌握著都城市市民的享樂神經，後者為烙印著現實的「硬性電影」，反映出民眾的生活苦痛與需求。軟硬之爭使得電影作為現代社會的大眾傳媒，與大眾生活的關係益加密切。其攝製的題材包括著重建家園劇、家庭倫理劇、男女婚戀劇、城市生活悲喜劇等等，無不風靡著上海灘。

（二）張愛玲的影劇評論

張愛玲正是一個與新舊兩者都相關的「傳奇」作家，除了在遺傳上流著遺老家族的貴族血液，環境中接受西方新式教育，衝撞的色彩鮮明。在創作上更是風雲際會，張愛玲所處的時代是舊的東西在崩壞，新的在滋長，回憶與現實之間時時出現尷尬的不和諧。後來上海

---

[3]　「軟性電影」是二十世紀三○年代出現的藝術創作主張，由劉吶鷗、黃嘉謨等人先後在《現代電影》發表文章，反對影片被利用為主義宣傳的工具，攻擊左翼電影運動是在銀幕上鬧意識的「硬片」。鼓吹電影是給眼睛吃的冰淇淋，是給心靈坐的沙發椅，提倡所謂美的觀照態度。宣稱「電影是軟片，所以應當是軟性的。」參見李今：《海派小說與現代都市文化》（安徽教育出版社，2000 年），頁 181-204。另有區分為社會寫實片與淚水片的，前者是指寫低下階層辛苦的生活實景，並透出進步改革的呼聲；後者則以戀愛家庭悲喜離合感人盈淚，來迎合市民趣味。

淪陷了，日本侵略者和汪精衛政權把新文學傳統一刀切斷，卻給她提供了大顯身手的舞台。[4]而這麼一個不幸的時代便成為了她寫作的泉源。[5]1943 年張愛玲崛起，小說散文膾炙人口，是她成名的利器；而她的劇本創作亦備受矚目，甚至一度成為她謀生的工具。她的弟弟張子靜曾說：在任何社會變化中，張愛玲始終是和文學以及電影最為情深。[6]

張愛玲自言喜歡京戲如醉如痴，又嗜看電影入迷如命。根據張子靜在《我的姊姊張愛玲》裡的回憶：在她的床頭與小說並列的就是美國電影雜誌（《Movie Star》、《Screen Play》）。有一次為了看談瑛做的『風』，從杭州趕回上海非看不可。張愛玲是少見的影迷，看完了戲，還寫影評劇評，其觀賞範圍雅愛古今，中西通吃，其述解褒貶不吐不快。連胡蘭成也是由張愛玲的指點才曉得京戲、紹興戲的好。根據統計，以 1943 年上海公演的國產影片五十五部為例，張愛玲的影評就有十四部，可見一斑。[7]

張愛玲的影評生涯開始極早，第一篇影評〈論卡通畫之前途〉發表於 1937 年她就讀的聖瑪利亞女校校刊《鳳藻》總第十七卷，對動畫影片的發展有前瞻性的評估，時年僅十七歲。[8]因為當時上海學生皆

4　參見柯靈：〈遙寄張愛玲〉《讀書》雜誌四月號（1985 年），收入于青、金宏達編：《張愛玲研究資料》（福建：海峽文藝出版社，1994 年），頁 3-11。

5　參見張愛玲：〈自己的文章〉《流言》（台北：皇冠文化出版有限公司，1968 年），頁 17-24。

6　語見張子靜、季季：《我的姐姐張愛玲》（上海：文匯出版社，2003 年），頁 89。

7　蔡登山整理「張愛玲 1943 年評論的國產電影一覽表」中有十四部，分別是『桃李爭春』、『梅娘曲』、『萬世流芳』、『秋之歌』、『浮雲掩月』、『自由魂』、『母親』、『兩代女性』、『萬紫千紅』、『燕迎春』、『新生』、『漁家女』、『儂本癡情』、『人海慈航』。參見蔡氏著：《傳奇未完張愛玲》（台北：天下遠見文化事業群，2003 年），頁 197-198、268-269。

8　參見汪宏聲：〈記張愛玲〉《回望張愛玲——昨夜月色》（北京：文化藝術出版社，2003 年），頁 27 以及張愛玲：〈論卡通畫之前途〉，收入陳子善：《說不盡的張愛玲》（台北：遠景出版有限公司，2001 年），頁 26-28。

喜歡電影，張愛玲中學時代老師汪宏聲出的作文就曾有「幕前人語」（即影評）這樣的題目。其後她為《泰晤士報》寫一些劇評和影評，[9]開始了職業作家的生涯。1943 年起她陸續在德國人梅涅特在上海辦的英文雜誌《二十世紀》（The XXth Century）以英文發表了九篇文章，是以跨文化的觀點去觀察中國人的日常生活行為，並無懼於自暴其短，令人耳目一新。而其文字典雅華麗，略帶有維多利亞末期文風，在梅涅特的眼裡是個「極有前途的青年人才」。[10]其中有六篇是影評，所論及的影片包括當時的社會傳奇電影涉及婦德的『桃李爭春』、『梅娘曲』，[11]拍鴉片戰爭的『萬世流芳』，[12]悲喜劇『秋之歌』、『浮雲掩月』，[13]講婆媳問題的『自由鐘』、『母親』、『兩代女性』，[14]受外國愛情故事影響的『萬紫千紅』、『燕迎春』，[15]涉及教育意味的電影『新生』、『漁家女』。[16]這些影片大都由華影、中聯製片。而

---

9 同註 7，頁 191-192。

10 參見鄭樹森：〈張愛玲與《二十世紀》〉《從現代到當代》（台北：三民書局，1994 年），頁 69-76。

11 原在《二十世紀》第 4 卷第 5 期（1943 年 5 月）以《妻子、狐狸精、孩子》（Wife、Vamp、Child）發表。中文寫本題為〈借銀燈〉，收入張愛玲：《流言》（台北：皇冠文化出版有限公司，1968 年），頁 93-96。

12 原在《二十世紀》第 4 卷第 6 期（1943 年 6 月）以《鴉片戰爭》（The Opium War）發表。中文寫本收入子通、亦清編：《張愛玲文集・補遺》（北京：中國華僑出版社，2002 年），頁 247-248。

13 原在《二十世紀》第 5 卷第 1 期（1943 年 7 月）發表，沒有立題目。

14 原在《二十世紀》第 5 卷第 2、3 期（1943 年 8 月、9 月合刊）以《婆媳之間》（Mothers and Daughters-in-law）發表。中文寫本由陳炳良譯註，收入子通、亦清編：《張愛玲文集・補遺》（北京：中國華僑出版社，2002 年），頁 252-253，並根據王景山的資料補正。參見王氏著：〈關於張愛玲生平及創作情況的補正〉，收入金宏達主編：《昨夜月色》（北京：文化藝術出版社，2003 年），頁 445-449。

15 原在《二十世紀》第 5 卷第 4 期（1943 年 10 月）發表影評一篇，沒有總題。中文寫本收入子通、亦清編：《張愛玲文集・補遺》，頁 249-251。

16 原在《二十世紀》第 5 卷第 5 期（1943 年 11 月）以《中國的家庭教育》（China

討論到京戲的劇目文字包括:『紅鬃烈馬』、『玉堂春』、『烏盆記』、『烏龍院』以及話劇裡的平劇『秋海棠』,和逸出範圍帶著雜耍性質的『新紡棉花』。[17]此外她也喜歡看越劇,曾稱讚越劇『借紅燈』這個戲名的意境很美。而她的小說《華麗緣》就是借用了越劇的劇名,故事裡寫的是一個敘述者我到鄉下看紹興戲──是一齣「表哥表妹調情,加上書生小姐廟中邂逅驚艷」的老調劇的經過。

而在散文隨筆中間或提及的影片有『儂本癡情』[18]、『人海慈航』[19],另外對西洋名劇奧涅爾『大神伯朗』[20]、舞劇『科賽亞』,還有日本電影『狸宮歌聲』、『舞城祕史』,[21]法國電影『冬之獅』,美國電影『叛艦喋血記』皆有筆墨論述。[22]這些評述文字,令人印象深刻的仍然是她獨到的「張看」:即藉水銀燈來照一照四周的風俗人情。大抵張愛玲的影劇評論包括了:影劇美學主張、關於編導演製的批評、以及現實問題的發掘與批判。其筆下的文字風格是一貫的犀利雋永。一直到 1948 年後,張愛玲對電影仍然十分留意,還曾經向弟弟張子

Educating the Family)發表。這是張愛玲為《二十世紀》寫的最後一篇電影文字。中文寫本題為〈銀宮就學記〉,收入張愛玲:《流言》(台北:皇冠文化出版有限公司,1968 年),頁 101-105。

17　參見張愛玲:〈洋人看京戲及其他〉《流言》(台北:皇冠文化出版有限公司,1968 年),頁 107-116。

18　同前註,頁 115-116。

19　參見張愛玲:〈中國人的宗教〉《餘韻》(台北:皇冠文化出版有限公司,1987 年),頁 34。

20　參見張愛玲:〈談女人〉《流言》(台北:皇冠文化出版有限公司,1968 年),頁 88-91。

21　參見張愛玲:〈談跳舞〉《流言》(台北:皇冠文化出版有限公司,1968 年),頁 190-196。

22　參見張愛玲:〈談看書〉、「後記」《張看》(台北:皇冠文化出版有限公司,1968 年),頁 156-229。其中對《冬之獅》以及由根據『叛艦喋血記』這一類題材改編的舞台劇電影如『凱恩號叛變』的評介兼及小說與電影。

靜推薦趙樹理的小說改拍成電影的『小二黑結婚』,以及『白毛女』、
『新兒女英雄傳』二部片子。[23]

　　另外,在她的散文小說中與影畫題材及技巧聯繫的,舉如〈花凋〉
一開場就以川嫦的墓製造出一個像電影般的最美滿的悲哀的場景進
行悼念敘述;而〈霸王別姬〉裡最後一幕楚霸王的力盡而搏,自言是
充滿著好萊塢電影式的作風。而「電影院」這個時髦的洋玩意成為故
事情節發展的場景的,如《多少恨》中男女主角在電影院的邂逅,戲
院成了訂情之所。《創世紀》裡匡瀅珠與毛耀球相約一起去看電影,
瀅珠竟有自己是西洋電影裡人物的感覺。《紅玫瑰與白玫瑰》裡紅白
玫瑰都受佟振保邀請去看過電影,還覺得紅玫瑰端凝富泰像某一種電
影明星。《浮花浪蕊》中的洛貞則是鑽進電影院躲避無聊的盯梢;《連
環套》也是從戲院開場的;而情人約會看電影引起波瀾的如《心經》
中許小寒發現許峰儀與段綾卿到國泰戲院看電影,心情起了極大的變
化;就連電影廣告牌都分別做了幫襯的佈景,並借以暗示著主角的心
境,比如《年輕的時候》潘汝良在禮法規律的生活中,看到的是電影
廣告牌『自由魂』,暗示著自由解放的思慕蠢蠢欲動;《留情》裡敦
鳳經過悲歡離合,看到報紙上的電影廣告『一代婚潮』,立刻聯想到
自己的再婚。還有書寫材料與電影之間的互相模仿與借用,如《第一
爐香》的梁家大宅像一座摩登的電影院,《秧歌》中放火燒倉一節是
摹仿中共影片『遙遠的鄉村』裡的劇情[24];而散文《公寓生活記趣》
裡提及,一個女子用絲襪結繩從窗口垂下紙盒買湯麵的描述,進入了
電影『儂本多情』中,成為有趣的的一幕。[25]

23　同註 6,頁 189。

24　參見張愛玲:《秧歌》跋(台北:皇冠文化出版有限公司,1968 年),頁 195。

25　參見張愛玲:〈公寓生活記趣〉《流言》(台北:皇冠文化出版有限公司,
　　1968 年),頁 27。

1. 對於影劇結構的主張

(1) 接收西方印記的浮淺

處在傳統與現代之間，由戲到影，張愛玲的態度是充滿明瞭與愛悅的。對於舊戲京劇的沒落與改良，她說「歷代傳下來的老戲給我們留下許多感情的公式」，而「新興的京戲裡有一種孩子氣的力量」，它一方面「納入了我們實際生活裡複雜的情緒」，一方面「歷史仍於日常生活維持活躍的演出」。[26]而對於當時中國電影的時髦流行乃至所發生的一些問題，她認為與接收西方印記的浮淺有關。電影原是外國的產物，傳入中國後，「由於不經批判的接受，於是中國自己的東西加速喪失，這種情形令人著惱」。尤其是好萊塢式「神經喜劇」「愛情通俗劇」的全盤套用，浪漫愛情以及感傷情調的浮濫，西式舞台場景的模仿加上繽紛多彩的舞團的性感表演（例如寶塚歌舞團），讓觀眾滿足於「眼睛吃冰淇淋，靈魂坐沙發椅」，不但遮蓋了軟弱的劇情結構，也早已遠遠超過了洋務運動所倡的「中學為體，西學為用」。[27]

(2) 結合文字與圖畫

由文字過渡到表演，劇作家體認到紙面與舞台銀幕、讀者的想像與觀眾的眼睛的距離。張愛玲說：「戲是給人演的，不是給人讀的。寫了戲總希望做戲的一個個渡口生人氣給它，讓它活過來，在舞台上。寫文章是比較簡單的事，思想透過鉛字，直接與讀者接觸。編戲就不然了，內中牽涉到我所不明白的紛歧複雜的力量，得到了我所信任所尊重的導演和演員，還有天時地利人和種種問題。」[28]對於影像

---

[26] 同註17，頁107-116。

[27] 同註12，頁250。陳炳良譯註『萬紫千紅』和『燕迎春』，收入子通、亦清編：《張愛玲文集‧補遺》。

[28] 參見張愛玲：〈走！走到樓上去〉《流言》（台北：皇冠文化出版有限公司，

與畫面的經營,她在『太太萬歲』題記裡曾提到對梅特林克所提倡的
「靜的戲劇」的嚮往,認為戲劇與圖畫的領域交迭,其實還是在銀幕
上最有實現的可能。由於張愛玲在文字與圖畫上均表現不俗,甚至她
的小說散文中無不充滿了「視像」。這使得她編寫劇本時左右逢源:
得以結合著文字意象豐富、充滿魅惑力與人物插畫線條明快、形象鮮
活的特色。而在面臨太習慣於傳奇的中國觀眾,她則是嘗試著使用技
巧來代替傳奇,以逐漸沖淡觀眾對於傳奇劇的無魘的慾望。[29]對於電
影,張愛玲是這樣界定:「電影是最完全的藝術表達方式,更有影響
力,更能浸入境界,從四面八方包圍。」[30]

(3) 喜劇感的發揚

由於在當時主流電影評論上,喜劇常很容易被劃為「不嚴肅」創
作的陪襯物。因為悲劇人物的道德與犧牲,令人恐懼悲憫;而喜劇人
物則相反,一舉一動惹人發笑。張愛玲點明「因為觀眾總覺得不是悲
劇或者諷刺,片子不會有什麼深度及意義。弄喜劇的免不了『蠢』,
所以瞧不起喜劇。可又壓不住『笑』這個天然人性,難怪悲劇裡也有
過量的惹笑場。」相對於「悲劇是喜劇加上時間」,她對喜劇另有一
份期許:「好的喜劇是自自然然流入眼淚中,令人感覺不到悲劇只是
偶發事件」。[31]所以「喜戲而非諷刺喜劇,就是沒有意思,粉飾現實」。
喜劇感的發揚是「要把那些濫調的感傷清除乾淨,諷刺是必須的階段」,

1968 年),頁 99。

[29] 以技巧來代替傳奇,張愛玲的『太太萬歲』即是一例。參見張愛玲:〈『太
太萬歲』題記〉收入陳子善著:《說不盡的張愛玲》(台北:遠景出版有限
公司,2001 年),頁 90-91。

[30] 參見殷允芃:〈訪張愛玲女士〉,收入陳子善編《私語張愛玲》(杭州:浙
江文藝出版社,1995 年),頁 122。

[31] 文字整理自張愛玲:〈烏雲蓋月〉《聯合文學》第三卷第五期,1987 年 7 月,
頁 50-51。

但也不宜只「停留在諷刺上」，因為「感傷之外還可以有感情」。[32]這些看法在她後來的劇作中獲得實踐，她所編的中產階級都市喜劇如『太太萬歲』，熱鬧中有著諷刺，詼諧中充滿感情，顯現了結合真實感和高度的諷刺技巧的喜劇才華。

(4) 改動的原則：普遍的接受度

小說根據史實紀錄而敷演，而電影又根據暢銷小說而拍製是常見的舉動。由於張愛玲自言可以說是跟「叛艦故事」一塊長大的。所以她在《張看》的〈談看書〉及其後記中把這個題材的小說寫本與電影翻拍曾經細說分明：大約十八世紀末英國海軍陸續出了好幾次叛變，引起世人矚目。因此叛艦故事不斷有人在寫，五〇年代美國著名小說《邦梯號上的叛變》就曾經改拍過兩次舞台劇電影（名為『凱恩號叛變』），主要是因為這一類『叛艦喋血記』的題材，疑團重重，頗有隱情，費人疑猜。其間改編的情節是不斷隨著時空而有更動，比如小說中原來只到叛艦「覓得桃源好避秦」就不提了。電影卻繼續演下去，改成「烈火焚船」這一悲壯的結局。同時改編的電影還掌握住時髦的「叛逆性」，把叛艦案描述成反抗上司，改革陋規的壯舉，挑動著每個人的切膚之痛。另外，又添加了一個虛構的腳色白顏，不但作為敘述者，而且把他的遭遇安排成一連串未知命運下的冤獄，更引起了廣泛的同情。由這個例子，張愛玲特別強調，小說改編成劇本首重「原有故事的一種活力」。而在改動上，為了要「普遍的被接受，削足適履是非常典型的」。其中最重要的原則在「掌握小說（或史實）的情節，以最合情理的次序，重排事件的先後。」

32　參見張愛玲：〈我看蘇青〉《餘韻》（台北：皇冠文化出版有限公司，1987年），頁 88-90。

2. 關於編導演製的批評

(1) 關於影片的拍製：

甲、以『桃李爭春』為例：

　　張愛玲說『桃李爭春』的編製是根據美國片「情謊記」改編的，可是它的題材卻貼著中國人的心。可惜雖然「有著動聽的故事，卻放過了用旁敲側擊地分析人生許多重大問題的機會」。在導與演上，由於這齣傳奇劇受了燈光的影響，演出上很受損失，她批評「電影中奇慘的燈光，使應該表現歡場的空氣異常陰森嚴冷」。演員腳色裡，「女主角刻板短短的假笑，似嫌單調」，「嚴俊的反角，熟極而流」，至於白光，「為對白所限，單靠一雙美麗的眼睛來彌補缺憾，使得這位『眼科專家』也有點吃力的樣子。」[33]

乙、以『萬世流芳』為例：

　　對改編史實「鴉片戰爭」的電影『萬世流芳』，她肯定著「這部影片給了我們上個世紀的中國一個非常好的縮影」。但也明白點出製片單位心懷恐懼，因為害怕觀眾不能明白複雜的政治和軍事的發展，所以走上愛情劇的老路。於是，「『鴉片戰爭』似乎只讓人看到一張英軍攻略圖」，以及「林則徐的舊情人響應林的禁烟運動，帶眾抵抗英軍，扮演著一個不怎麼道地的聖女貞德，在戰場上犧牲」。其實，「只要把林則徐的故事如實的說出來，就非常感人了。」[34]

---

[33]　同註 11，頁 96。
[34]　同註 12，頁 248。

(2) 關於演員的月旦：

根據張子靜的描述，張愛玲對電影的評價看法與常人不同。她欣賞的演員多偏重於演技方面，而不只注重名氣或外貌。譬如她提及『萬家燈火』中的一個「沒有一句台詞，而且只有一個鏡頭的女演員是最好的」，張子靜聽了大惑不解，因為當時沒人注意過那個角色。另外，她對於演員演技與意象的結合也很注意，比如張愛玲曾提及嘉寶演瑞典女王時，有個愛情場面——是仰臥著吃一串葡萄，似乎帶有性的象徵意味，十分出名，[35]至於三四十年代美國著名的演員如葛麗泰嘉寶、蓓蒂戴維斯、瓊克勞馥、嘉利古柏、克拉克蓋博、秀蘭鄧波兒、費雯麗等都是她所喜愛的，他們片子幾乎每部必看，尤其是嘉寶，她自言是嘉寶的信徒[36]。中國影星如阮玲玉、談瑛、陳燕燕、顧蘭君、上官雲珠、蔣天流、石揮、藍馬、趙丹等的片子也是從不錯過，可見她對電影的癡迷程度。[37]

3. 現實問題的發掘與批判

(1) 倫常的衝突與女性自覺

張愛玲的影劇評論對於環繞在我們四周的風俗人情做了一番考察：發現有的發人深省，卻也有許多不盡人情的，其中「倫常的衝突」與「女性自覺」是令人警醒震驚的議題。對流行的京戲，她毫不留情的批評「『紅鬃烈馬』是無微不至的描寫了男性的自私」，「薛平貴泰然的將他的夫人擱在寒窰裡像冰箱裡的一尾魚」。更諷刺『玉堂春』

---

35 參見張愛玲：〈浮花浪蕊〉《惘然記》（台北：皇冠文化出版有限公司，1983年），頁 43。

36 參見張愛玲：〈自序〉《續集》（台北：皇冠文化出版有限公司，1988年），頁 6。

37 同註 6，頁 95-97。

中所頌揚的竟是「美之外又加上了道德的妓女是多數人的理想夫
人」。[38]而在諸多影評裡,張愛玲提出了許多問題:「孝道與自由戀
愛的衝突?」「女太太們是否具有『越軌』的權利?」「傳統宗祠觀
念與『養兒防老』的衝突挑戰?」「女人之間的忌妒爭寵(如婆媳、
妻妾),正使得女性自陷劣勢?」[39]由於「在古中國,一切肯定的善
都是從人的關係得來的」,而「近代的中國人突然悟到家庭是封建餘
孽,父親是專制魔王,母親是好意的傻子,時髦的妻是玩物,鄉氣的
妻是祭桌上的肉」。[40]於是,中國的家庭宗法制度面對了挑戰反動,
似乎瀕臨崩解。可是,當森嚴禮教所讚美的女性犧牲的「婦德」一旦
真的與易卜生的『玩偶之家』(A Dolls' House)交手過招,無論是在
通俗劇情裡或是平凡生活中,「摩登女子固然公開反對片面的貞操」,
高喊著娜拉出走,「舊式中國太太對這問題也不是完全陌生」,「但
最後都還是被當作一則笑話看待」。於是普遍的為妻之道是「怎樣在
一個多妻主義的丈夫之前,愉快的遵行一夫一妻主義」。天真女性的
困境是「上對祖先負責,下對子孫負責」,卻不知道對自己應該如何,
所以一直苦惱著。因此,張愛玲指出:「現代中國電影與文學表現肯
定善的時候感到困難,小說戲劇一旦做到男女主角出了迷津,走向光
明去,即刻就完了。因為在那之外,什麼都是空的,只有不確定的、
無所不在的悲哀。」[41]

38　同註 17,頁 110。
39　舉如『萬紫千紅』、『燕迎春』、『婆媳之間』、『桃李爭春』、『母親』
　　『自由鐘』、『新舊女性』等劇。
40　同註 19,頁 34-36。
41　同註 19,頁 35-39。

(2) 教育問題

　　教育問題的討論可以從『新生』的廣告詞「發揚教育精神，指導青年迷津」談起，張愛玲認為這部電影是以鄰家子弟的貧苦向學對照自己孩子的不成材的劇情，最後終結於男主角的覺悟向善。張愛玲一面批評編製劇情上誇張了「迷津」，簡單化了「指導」。一面挖掘出問題：「大眾的初步教育是否比少數人的高等教育更為重要？迫切？」另外一部劇情曲折的『漁家女』，演述的是兩女一男的三角愛情習題：男主角愛上大自然純樸的女兒，是因為「不喜歡受過教育的女人」，但後來原本無知的漁家女卻為了戀人認字讀書。而男主角本身所愛好的美術教育，又不為家裡所接受，幸虧賴得一位鍾情於他的闊家小姐伸出援手，但卻又成為男主角與漁家女的愛情殺手。結尾的時候，端賴富家女的良心發現，成全了「漁家女」的愛情。整部戲圍繞在主角們的受教過程與愛情糾纏，充滿著矛盾衝突，嚴格說來或許不能歸入教育片，但連帶地反映出的卻是一個值得注意探討的課題：中國人的教育心理的發展與價值標準的設定。[42]

　　由於張愛玲看待事物的態度冷靜而敏銳，而且她從不將中國的事物視為理所當然，因此她的詮釋批評充滿著對自己民族相當的熟稔，卻又同時持有深邃的好奇。換言之，她既能沉迷於影劇藝術，又能對其保持著清明警醒的反省與批判，讀者讀了她的批評，發覺想說的被她說出來了，又說的比自己好，若得若失之際，使人爽然。

---

[42] 同註 16，頁 101-105

（三）劇本編創

1. 編劇大事紀

所謂「劇本」顧名思義是指「一劇之所本」。從舞台、劇場到螢光幕、銀幕，從歌舞劇、話劇到影劇，劇本是戲劇演出依據的藍圖。從中學時代就嗜好看電影的張愛玲初以寫影評劇評開展她寫作之途，接著以小說走紅上海文壇，更進而跨足電影界編寫劇本，張愛玲創作的電影劇作為數不少，李歐梵在〈現代中國電影傳統初探〉中指出，包括：四〇年代的電影劇本『太太萬歲』、『不了情』（1947），由文華影業公司發片。以及五、六〇年代後來到美國、香港陸續編寫得『情場如戰場』（1957），『人財兩得』（1958）、『桃花運』（1959）、『六月新娘』（1960）、『南北一家親』（1962）、『小兒女』（1963）、『一曲難忘』、『南北喜相逢』（1964）、『魂歸離恨天』（1964），總計由電懋影業公司拍製了八部電影，其中『情場如戰場』、『小兒女』、『南北一家親』成績較佳；『一曲難忘』根據西洋名電影『魂斷藍橋』改編，有老套之嫌；而『魂歸離恨天』是張愛玲為電懋公司寫的最後一齣劇本，劇本完成之後公司已宣告結束，並未拍攝。[43]以上諸劇的文字劇本今日仍存可見的計有『情場如戰場』、『小兒女』、『南北喜相逢』、『一曲難忘』以及『魂歸離恨天』，而由電影上映本整理復原完成的有『太太萬歲』和『不了情』。[44]此外，張愛玲在

---

[43] 參見張愛玲：《續集》自序（台北：皇冠文化出版有限公司，1988 年），頁 7。《魂歸離恨天》文本收入《續集》，頁 165-230。另鄭樹森指出《魂歸離恨天》是以《咆哮山莊》為底本，移植到中國社會裡來，因為電影公司結束而沒有拍攝。參見鄭氏著：〈張愛玲的電影藝術〉收入陳子善編《作別張愛玲》（上海：文匯出版社，1996 年），頁 36-37。

[44] 參見陳子善〈編後記〉收入張愛玲：《沉香》（台北：皇冠文化出版有限公司，2005 年），頁 287。

1949年掛名桑弧導演的『哀樂中年』為編劇顧問，[45]1961年曾為電懋公司改編『紅樓夢』劇本，後來因故未拍。[46]在改編劇本方面：除了1944年改編自己小說〈傾城之戀〉為劇本，在舞台上演出，造成轟動。1949年從事《金鎖記》劇本的編寫，文華影業公司原本有意將之搬上銀幕，可惜之後沒有下文。[47]此外，1964年間張愛玲在美華盛頓居留，曾為「美國之音」改編了幾齣廣播劇：包括陳紀瀅的『荻村傳』，以及蘇俄作家索忍尼辛的成名作『伊凡生命中的一天』和『瑪曲昂娜的家』。[48]

在1943到1945年間，中日戰事正酣，張愛玲以「傳奇」「流言」在上海走紅。但在抗戰勝利後，卻因飽受「海上文妖」的嚴屬指責，創作活動趨於沉寂。根據張子靜在《我的姊姊張愛玲》中的記述：「大約是以前向她約稿的刊物有的關了門，有的怕沾惹文化漢奸的罪名，不敢再向她約稿，她本來就不多話，……不過與胡蘭成婚姻的不確定，可能是她那段時期最深沉的煎熬。」[49]直到1947年，她才以電影

---

[45] 鄭樹森提到林以亮曾透露《哀樂中年》導演桑弧曾邀張愛玲為他自己編導的當顧問，劇本雖是桑弧的構思，卻由張愛玲執筆，此事在1990年張愛玲回覆〈聯合副刊〉蘇偉貞的信函裡得到證實：張愛玲說『哀樂中年』是她的成分最少的一部片子，雖然參與寫作過程，不過是顧問，不具名。參見鄭樹森：〈張愛玲與『哀樂中年』〉《從現代到當代》（台北：三民書局，1994年），頁81-84，以及蔡登山：《傳奇未完張愛玲》（台北：天下遠見文化事業群，2003年），頁191-219。

[46] 同註7，頁191-219。

[47] 同註7，頁206-207。1948年元旦《電影雜誌》第七期曾刊登張愛玲改編《金鎖記》的劇本搬上銀幕的消息。

[48] 參見高克毅：〈張愛玲的廣播劇──記「伊凡生命中的一天」〉收入蘇偉真編選：《張愛玲的世界》續編（台北：允晨文化出版，2003年），頁105-109。

[49] 同註6，頁188。關於張愛玲的指責主要由於她在漢奸主辦的刊物如《雜誌》、《天地》、《古今》、《苦竹》上發表作品，又抨擊她參加親日性質的文化活動，被歸為「落水文人」。其中出席1944年11月12日在南京舉辦的第三屆「大東亞文學者大會」的指控，後來張愛玲在《傳奇》增訂本發行時以〈有幾句話對讀者說〉做了澄清。此外，對她與胡蘭成的交往關係，也成為公眾謾罵的焦點。此事蔡登山在「幾番風雨海上花」中敘述甚詳。參見蔡氏著：

劇本『不了情』、『太太萬歲』重新回到創作舞台,一般認為這與她
早期熱衷於評影論戲多少有關。是而以劇本創作的時間及發片的影業
公司作區隔,張愛玲的編創影劇可分為兩個時期:一是「文華時期」,
一是「電懋時期」。[50]如果依時間先後比較這兩個劇作區塊:初期由
極具電影化思維的文學領域通向電影,為其電影編劇的首度銳發期;
後期是採效好萊塢模式,進一步地更向商業市場娛樂價值趨同,是為
其電影編劇史的第二個噴發期。復以劇本的題材內容來觀察,張愛玲
的電影劇作有兩個類型引人注意:一是「都市浪漫喜劇」,一是「現
實喜劇」,前者講男歡女愛、妒忌打鬧的兩性戰爭,比如『太太萬歲』、
『情場如戰場』;後者以基層小人物因地域區隔伴隨的語言文化隔閡
及所產生的誤會與笑料縱橫全場,比如一系列的「南北和」電影。[51]

　　1956 年張愛玲與美國作家賴雅結婚,由於賴雅和張愛玲都是電影
劇作家,自然對電影偏愛,賴雅曾向她介紹推薦他的好友當代戲劇大
師布萊希特的作品,張愛玲特別欣賞布氏的『三便士歌劇』。布氏的
戲劇觀是要求觀眾旁觀保持冷靜,以激發其行動的能力,他並擅於從
事戲劇諧仿,提倡以「反設計」的諧仿加上作者的批判或嘲諷,而與
傳統戲劇大異其趣。因此他的劇場不趨向於娛樂性而是教導性的。如
果比較張愛玲 1956 年到美國之後創作的電影劇本,多仍然延續『太
太萬歲』一類的「愛情諧鬧喜劇」的形式,並未受到布萊希特「史詩

《傳奇未完張愛玲》(台北:天下遠見文化事業群,2003 年),頁 43-72。

[50] 羅卡在〈張愛玲的電影緣〉中的分類作「上海時期」和「香港、美國時期」。
羅文收入蘇偉貞編選:《張愛玲的世界》續編(台北:允晨文化出版,2003
年),頁 221-246。

[51] 鄭樹森指出「張愛玲電影可分四類,分別是都市浪漫喜劇、社會喜劇、問題
劇以及西方作品改編。」參見鄭氏著:〈張愛玲的電影藝術〉收入陳子善編
《作別張愛玲》(上海:文匯出版社,1996 年),頁 36-37。以及鄭樹森:〈張
愛玲與兩個片種〉,收入蘇偉貞編選:《張愛玲的世界》續編(台北:允晨
文化出版,2003 年),頁 218-220。

劇場」的影響，但處於現實世界中，對人的思考與觀察二者有相通之
處：他們都從天真趨於世故，認為維持著自身利益並繼續活著，才是
真正的人性本質，其他都是高調。[52]

2.「張愛玲電影劇本」的特色

她的電影劇本多屬於通俗劇，主要以家庭生活、情感人性為焦
點，經過戲劇化的處理具有了社會意義，其中以「南北系列」的愛情
喜劇，開發出西化年輕的空間，紓解了省籍對立，頗受市場歡迎。大
抵這些劇本在題材上除了反覆探索愛情，一併觸及著中國社會新舊交
替、道德價值巨變下的人情事理，比如一面赤裸地進行人性檢視，同
時對傳統婚姻及大家庭制度也充滿著質疑，從另一面向觀察，也可以
視為她在影劇評論文字中所提出藝術主張的投射。

(1) 都市通俗劇：

通俗劇做為一種電影類型，在社會秩序破壞極待重整的四〇、五
〇年代的好萊塢大量出現。其主要特色是以情節發展取勝，並以變化
的音樂提升戲劇的張力。做為一種中產階級經驗模式的典型，劇情清
淺的往往在慾望的追求、環境限制、對抗命運之間拉扯，而深刻些的
則以笑鬧之後所遺留的感傷、虛無與疏離突顯著人生的隙縫，進行當
下的批判嘲諷。[53]觀諸海派文化自鴛鴦蝴蝶流風以降，上海早已成為

---

[52] 有關布萊希特的戲劇主張，參看張漢良：〈從「灰闌記」到「高加索灰闌記」〉
《比較文學理論與實踐》（台北：東大圖書股份有限公司，1986），頁 61-71。
劉森堯：《天光雲影共徘徊》（台北：爾雅出版社，2002 年），頁 151-165。
司馬新：《張愛玲與賴雅》（台北：大地出版社，1996 年）頁 95-123。以及
鄭樹森：〈張愛玲‧賴雅‧布萊希特〉《從現代到當代》（台北：三民書局，
1994 年），頁 59-68。

[53] 參見陳儒修：《電影帝國》（台北：萬象圖書股份有限公司，1995 年），頁
189-193。

通俗文化的大本營,而「電影正是群眾的傳達器,大都需要反映流行的信念」[54],因此,張愛玲的都市通俗劇,正是藉著這樣的「破壞力」,悲喜笑淚交錯,震動了觀眾。

以中產階級家庭的通俗喜劇『太太萬歲』為例,女主角陳思珍是一個普通人的太太,在一個半大不小的家庭裡周旋著,處處委屈自己、顧全大局。結果是窘態畢露,一切皆成泡影。男主角唐志遠則是一個糟糕不堪的全無靈魂的丈夫,卻得著敬事夫子的待遇,後來還有了外遇。眼看著這段哀樂中年就要劃下句點,走上離婚的路子了,可是最後窮了的丈夫回來了,思珍妥協了,一切沉進了浮世悲歡。這樣題材的劇本主旨:「一種簡單的人性,只求安靜的完成它的生命與戀愛與死亡的循環。」其進行的方式原是應該近乎日光移動,濛濛的從房間的一個角落到那一個角落的,如同她的小說〈留情〉、〈相見歡〉、〈散戲〉中的調子。但是,張愛玲的劇本更進一步試圖以技巧來代替傳奇,以緊緊抓住觀眾的心理。因此她捨棄合法傳奇劇中百試百驗的催淚劑式的情節,取代以荒唐的巧合鋪排(諸如圓謊的反而弄巧成拙),演員誇張的表演,詼諧的對白,噱頭十足,使得電影十分熱鬧。而「敘述著那些不用多加解釋的人物,他們的悲歡離合」的背後是「這些人物所經歷的都是註定了要被遺忘的淚與笑,連自己都要忘懷的。」後來關錦鵬導演『紅玫瑰與白玫瑰』,我們看到荒謬嘲諷手段進一步的借用與觸發:導演刻意安排了佟振保與孟煙鸝約會所看的電影正是『太太萬歲』裡的一幕場景:長袖善舞的交際花施咪咪輕搖折扇半遮面,煙視媚行的對著她的買客說:「我的一生真是太不幸了,要是拍

54　參見張愛玲:〈談看書〉《張看》(台北:皇冠文化出版有限公司,1976 年),頁 185。

成電影，誰看了都會哭的。……這是我的秘密，我從來不對別人說，只告訴你一個人，你千萬不能說出去。」於是看客哄然大笑。

此外，通俗劇中，劇情與音樂更是兩項重要的互動的變數。此二者共通的關鍵在節奏，而節奏的快慢緊鬆與劇情的推進、高潮的製造，甚至觀眾的感應密切相關，例如『情場如戰場』中的主題曲：「情場如戰場，戰線長又長，你若想打勝仗，戰略要想一想，你若要打敗仗，最好是先投降。……」在當時是人人會哼。甚至有運用著音樂直接進場取代劇中人物而成為帶動故事發展走向終結的主要動力，例如張愛玲的『一曲難忘』中，女主角南子是一個歌女，中間歌唱的場面很多。劇情中她愛上富家公子，幾經亂離淪落，受盡千辛萬苦，二人終得相見重合。其中第十二場即是以送舊年迎新歲的西洋除夕名曲「是否應當忘故人」來營造氣氛。這首歌本是愛情文藝悲劇「魂斷藍橋」的主題曲，早已風靡全球。[55]在影片中不但是音樂的主旋律，也是劇情的主旋律，既點出著主題，也呼應了片名『一曲難忘』。

(2) 女性凝視：

張愛玲在幾部電影劇本裡對現代女性、都市女性有重新點畫與塑型。比如在『情場如戰場』裡的除了描寫男女大打物質虛榮戰，就是情場的攻防戰在性別上也攻守異位，不但虛榮的男子陶文炳裝闊追求富家女，結果被人將計就計的戲耍了。而愛情的掌控權也由女子採取主動，追求自己所愛。『小兒女』中則以女性觀點出發，探討了女性在家庭建構中所扮演的角色變動與自己追求生命價值的衝突，比如缺席的母親所引發姊代母職、後母情結等問題。『不了情』（〈多少恨〉）中說一個女家庭教師介入了小有成就的中年男子的家庭，最後毅然割

---

[55] 參見鄭樹森：〈關於『一曲難忘』〉，收入蘇偉貞編選《張愛玲的世界》續編（台北：允晨文化出版，2003 年），頁 216-217。

捨愛情，選擇追尋自我。而『太太萬歲』在命名上，「萬歲」二個字實際就是一種嘲諷。這部影片上映後觀眾反應熱烈，但在上海的評論界卻爆發了一場大圍剿，主要的批評在「太太陳思珍的犧牲以及妥協的表現是忘卻了人的尊嚴的可憐蟲，以及電影藝術的作品應具有教育任務。」[56]雖然張愛玲認為「作家是天生給人誤解的，解釋也沒完沒了」[57]，但是作品論斷自有公評。後來重新檢省這部片子，鄭樹森和陳子善都認為：「以 1947 年的製作而論，『太太萬歲』是當年的重要作品。」它的深層意義基本上是「男權／父權」的瓦解和「女權／母權」的張揚，片中無論是「賢妻」或「蕩婦」，女性都是主動的站在支配位置的。另外焦雄屏《時代顯影──中西電影論述》、陳輝陽《中國人的幽默──夢影集》在綜論三四〇年代的電影發展時，也重新認定『太太萬歲』是齣上乘的中國喜劇片。

(3) 文字風格的延續

甲、蕭灑蒼涼的手勢：以書寫「出走」為例

中國人從『娜拉』一劇中學會了「出走」。再加上張愛玲本身出走的經驗（離開父親、離開家、離開情人、離開上海），使她的小說與劇本從《傾城之戀》的白流蘇、《第一爐香》的葛薇龍、《第二爐香》的愫細、《半生緣》的顧曼楨、《浮花浪蕊》的洛貞、《華麗緣》中看戲的我、到『太太萬歲』中的陳思珍、『不了情』中的虞家茵、

---

[56] 有關論爭前後發展包括胡珂、王戎、方澄、沙易、徐曾、東方蟬蛻等人紛紛投稿評論，多帶貶抑。甚至迫使原本以一篇《編後記》讚揚此劇的洪深也在後來又行文修正，全盤否定了『太太萬歲』。其中文章惟東方蟬蛻的立論較客觀，其餘皆大加撻伐。文章皆收入陳子善：〈圍繞張愛玲『太太萬歲』的一場論爭〉《說不盡的張愛玲》（台北：遠景出版事業有限公司；2001 年），頁 77-110。

[57] 參見張愛玲：〈自序〉《續集》（台北：皇冠文化出版有限公司，1988 年），頁 97-98。

『小兒女』中的王景慧、一雙兄弟王景方、王景誠等、張愛玲都曾使用著「出走」表現對現階段狀況的不滿、精神牢籠的掙脫或對傳統桎梏的反抗。即便是張愛玲自己的一張刊在「雜誌」上的相片，眼裡似乎都流露有一種逃走的女奴式的驚惶。[58]但是相對於五四青年離家出走的神聖性或使命感，張愛玲這裡的出走是更趨於平庸與實用的態度，不管這舉動是一種個人主義的冷淡的怠工，或是一種叛逆；不管初是瀟灑的出走，或是跌跌衝衝、踉踉蹌蹌地不得不走；到頭來，出走的結果並不排除向現實原則、快樂原則妥協。魯迅也認為單是「個人主義」「號召出走」並不能解決問題，因為按事理推想，出走只有兩條路：不是墮落就是回來，「錢」或「經濟權」是不可迴避的問題。張愛玲曾編了一齣戲『走！走到樓上去！』裡以九十六個字描述著：「有個人拖兒帶女去投親，和親戚鬧翻了，他憤然跳起來道：『我受不了這個。走！我們走！』她的妻哀懇道：『走到哪兒去呢？』他把妻兒聚在一起，道：『走！走到樓上去！』──開飯的時候，一聲呼喚，他們就會下來的。」[59]於是，「出走」這個命題頓成一個蒼涼的手勢。

乙、象徵的運用

張愛玲的電影為沉重生活壓力下的市民觀眾提供了一個宣洩的娛樂場，也構築起一個浪漫的尋夢園。影片中除了鑑借著美國好萊塢商業電影的模式，對話詼諧，表演誇張。在技巧上一方面延續其文學書寫最擅長的象徵描寫，同時規避了冗長的描摹，以營造出簡潔經濟

---

[58] 參見胡蘭成：〈論張愛玲〉《中國文學史話》（台北：遠流出版事業股份有限公司，1991年），頁215。

[59] 參見張愛玲：〈走！走到樓上去！〉《流言》（台北：皇冠文化出版有限公司，1968年），頁97。

的視覺意象。比如『太太萬歲』裡的扇子、別針、碗、留聲機的襯用，『小兒女』中螃蟹夾纏衣衫、三次吹氣球等安排，或者作為人物性格的隱射，或者象徵人物內心情緒的轉折頓挫，或者暗示著情節未來的發展。[60]而在『情場如戰場』中化妝舞會緯芳扮成楊貴妃，教授扮成高力士，劇中劇的安排與人物性格緊密相扣。兩部『南北』劇採笑鬧路線，但對小人物的觀察勾勒卻有著漫畫手法的精準傳神。在衣食住行上，人物的衣飾裝扮各有講究，飲食的場景包括家常便飯、外賣、餐館宴飲的戲份極多，居住活動空間從居家飯店公司學校舞廳海灘無所不包，而送往迎來本是城市生活中的常套，自然成為通俗劇中不可少的場面。再加上「擁擠」是中國戲劇與中國生活中的要素，這些細節描寫正巧抓住中國人的浮世漫相。羅卡說：「張愛玲的電影世界與文學世界有交疊之處，但電影中有更多情感即興的流露與喜感的發揮。」[61]尤其是在結尾時，多部片子如『太太萬歲』、『情場如戰場』、『小兒女』、『一曲難忘』、『南北喜相逢』均輕挽結住，離開紅白帖式大喜大悲的收束，似完未完，情意不盡，令人回味。

　　張愛玲說她對觀眾的心理並沒有把握，她認為中國觀眾最難應付的不是低級趣味或是理解力差，而是他們太習慣於傳奇。他們不大懂事時是感傷的，充滿了未成年人的夢與嘆息；一旦懂事了，就看穿一切，進到諷刺。所以在她的電影裡，是試圖尋求著通俗與高雅的平衡，結合著娛樂效果與藝術氣質，或在輕軟的調子上夾帶一些真情實意，或在殘缺不全中抓住一點熟悉可靠的東西，或以略為超脫的態度嘲弄剖析。因之，是正經而悲哀的。

---

[60]　同註7，頁213-214。
[61]　同註50。

（四）自由出入於文本與劇本之間

1. 小說改編為劇本：『傾城之戀』

張愛玲親自將自己的小說改編成為劇本有二，一是 1943 年在《雜誌》月刊連載的《傾城之戀》，隨即在 1944 年 12 月 16 日被搬上舞台，由大中劇藝公司在上海新光大戲院獻演。二是 1949 年張愛玲為文華影業公司改編中篇小說《金鎖記》搬上銀幕未成一事，已如前述。[62]『傾城之戀』這個劇本，共四幕八場，由羅蘭飾演白流蘇、舒適演范柳原，端木蘭心演四奶奶，陳又新演三爺，韋偉的徐太太，海濤的印度公主，演員都是一時之選，而導演朱端鈞則是當時上海話劇界四大名導之一。這部張愛玲的處女劇作被稱為「高乘喜劇」，連演八十場，場場爆滿，盛況空前。當時還有人吟詩描述讀者觀眾矚目期待的心情：座中萬掌作雷鳴，曲繪心頭欲沸情。烽火香江鷗夢破，果然此戀足傾城！[63]

在公演前，改編的劇本曾交柯靈過目徵求意見，並得到他的幫忙介紹大中劇團的主持人周劍雲。[64]張愛玲並發表〈關於『傾城之戀』的老實話〉和〈羅蘭觀感〉打廣告促銷，[65]闡述自己的創作意圖主要是在寫白流蘇與流蘇的家，是用著參差對照的寫法強調艱苦的環境中應有的自覺。由於那樣的一個古中國的碎片，在現社會仍是有的。所以希望觀眾不拿它當作一個遠遠的傳奇，而是貼身的人與事。

---

[62] 同註 7，頁 206-207。

[63] 此為在 1944 年 12 月 14 日上海《力報》刊出署名噤園的《傾城之戀》七絕二首之一。參見陳子善：〈張愛玲話劇《傾城之戀》二三事〉《說不盡的張愛玲》（香港：遠景出版事業有限公司，2001 年），頁 39-70。

[64] 同註 4。

[65] 二文收入子通、亦清編：《張愛玲文集補遺》（中國華僑出版社，2002 年），頁 232-235。另陳子善：〈在茫茫報海中搜尋—張愛玲佚文鈎沉記〉〈張愛玲話劇《傾城之戀》二三事〉二文參見註 63：陳書《說不盡的張愛玲》，頁 39-48。

　　有關『傾城之戀』的演出在四〇年代是上海話劇界的盛事。公演後反應熱烈，劇評紛紛出籠，現存陳子善《說不盡的張愛玲》中就選輯了七篇劇評，包括蘇青、沙岑、柳雨生、陳蝶衣、應賁、無忌、金長風等，褒貶不一，另外，在《印刻文學生活誌》創刊十一號中陳子善又新披露了張愛姑（張愛玲姑姑張茂淵）的〈流蘇與柳原的話〉還有白文、霜葉、實齋、董樂山和蘭（關露）的劇評。[66]如果就小說文本與劇本相較：有的說文章中充滿蒼涼抑鬱哀切的情調，然而有些韻味在劇本中失去了；有的說『傾城之戀』是好小說，但由於缺乏戲劇性，好小說不一定就是好劇本；有的說看戲如讀小說；有的說這戲仍不失為 1944 到 1945 年間的一齣好戲──重頭的，生動的，有血肉的哀豔故事。至於對主角的演出，大都與作者一樣讚譽羅蘭的表現是這部戲的靈魂。[67]也有擬諸其他名著：例如把范柳原與白流蘇視為「亂世佳人組」──小說《飄》裡的白瑞德與郝思嘉；也有的與《浮生六記》參較，說二者都同樣的選取了最平庸的材料，而『傾城之戀』在編導的手法與氛圍上未能把握是可惜之處。[68]

　　由於至今『傾城之戀』話劇劇本尚未發現，但藉由當初的演出特刊可見其四幕劇的本事[69]、柯靈〈遙寄張愛玲〉裡披露的往事以及上

---

[66] 陳子善〈四十年代史料新出土〉中收入張愛玲姑姑張茂淵以張愛姑的筆名發表的〈流蘇與柳原的話〉，這是張愛玲最親近的長輩對其小說唯一見諸文字的品評以及署名蘭〔關露〕所發表的一篇〈『傾城之戀』劇評〉（原載於《女聲》第三卷第九期，1945 年 1 月）。其餘評論文字俱收入陳子善：〈張愛玲話劇『傾城之戀』二三事〉《說不盡的張愛玲》（香港：遠景出版事業有限公司，2001 年），頁 49-70。

[67] 連張愛玲看了排戲之後，也盛讚羅蘭演的好，認為完全就是筆下的流蘇再現。參見張愛玲：《對照記》（台北：皇冠文化出版有限公司，1994 年），頁 102。

[68] 同註 66，係就陳子善文字整理。

[69] 參見陳子善：〈四十年代史料新出土〉《張愛玲和她的兩個男人》《印刻文學生活誌》創刊十一號，2004 年 7 月，頁 32-53。

述提及作者自解文字和多種劇評可以一窺概貌，俱成為目前研究的寶貴資料。根據張愛玲自己的描述，這是她第一次嘗試改編成劇本，故而極力求其平穩，當然也看到許多毛病。其中搜羅其資料出土不遺餘力的陳子善是這樣說的：「作者能把自己的小說匠心獨運的轉化為舞台形象的，實屬鳳毛麟角」。[70]總的來說，『傾城之戀』是順當地演出了，而且接近了許多人。

1987 年及 2002 年，香港話劇團再度搬演此劇，2002 年改編的舞台劇名為『新傾城之戀』，並計劃於 2005 年 8 月三度重演。導演毛俊輝表明這是對中國現當代經典小說的再創作，也是一次「跨文化創作」。特點在於「運用現代劇場新語言及現代愛情觀去演繹名著」。如果將『傾城之戀』與『新傾城之戀』這兩部作品作一比較，略有異同：前者是以四十年代的上海為中心[71]，張愛玲是上海的名作家、上海通、上海迷，女主角白流蘇也是上海佳人，故事背景有上海。張愛玲說「只有上海人能夠懂得我的文不達意的地方」，並願意把她的香港故事獻給上海讀者。後者則以千禧年代的香港為中心。導演毛俊輝是香港人，與毛俊輝合力改編劇本的林奕華也是香港人，『新』劇全劇分兩幕，共 24 場，其中 14 場的場景是香港，10 場是上海，可說是一齣以香港為本位的製作。故事重要的情節亦多在香港展開，香港是劇情的焦點，上海只作為側寫。

劉吶鷗曾談到文學作品改編成影劇，曾這樣說：「影片藝術是以表現一切人間的生活形式和內容，而訴諸人們的感情為目的。所以尋

---

[70] 陳子善認為當時只有秦瘦鷗的『秋海棠』可以比擬。參見陳氏著：《說不盡的張愛玲》（台北：遠景出版有限公司，2001 年），頁 52。

[71] 張愛玲在〈《傳奇》再版序〉（亦即〈到底是上海人〉）向讀者宣稱雖然這是「一本香港傳奇」，但是她「用上海人的觀點來觀察香港的」。參見張氏著：《流言》（台北：皇冠文化出版有限公司，1968 年），頁 57。

常一樣的故事隨便拿來拍做影戲，那影戲未必一定是成功的。文學上的傑作並不一定便能成為影戲上的傑作，舞台上的喜劇一旦搬上了銀幕會變成悲劇也是可能的事。」[72]

2.劇本敷衍成小說：『不了情』

張愛玲也曾依據所寫的劇本敷演成小說：例如〈多少恨〉。這篇中篇小說的前身是她的電影劇本『不了情』，被歸入「非書」（non-book）之列。[73]『不了情』是 1947 年張愛玲初次編寫的電影劇本，同年還有另一部電影劇本『太太萬歲』。這兩部片子都由桑弧導演，上海文華影業公司製作，獲得廣大觀眾的熱烈反應。當時正值抗戰勝利之後，張愛玲因「漢奸」質疑正處於左右夾攻的尷尬境地之間，被迫擱筆年餘。而這二部電影劇本似乎讓張愛玲找到另一種藝術媒介來表現自己。[74]其中『不了情』中演男主角宗豫的是當時最紅的男星劉瓊，陳燕燕飾演虞家茵，扮演姚媽的是潑旦路珊，演虞父的是一個老牌反

---

[72] 參見康來新、許秦蓁合編：《劉吶鷗全集電影集》（台南：台南縣文化局，2001）頁 258、295-296。

[73] 張愛玲曾經提到：「在美國，根據名片寫的小說歸入『非書』（non-book）之列──狀似書而實非──也是有點道理。」參見張愛玲：〈多少恨〉前言，收入《惘然記》（台北：皇冠文化出版有限公司，1983 年），頁 96-97。

[74] 陳子善指出：「當時張愛玲因為與胡蘭成的特殊關係，以及發表作品的刊物背景複雜受到各方面的指責質疑。張愛玲被迫擱筆，甚至有人斷言張愛玲的時代已經結束。」參見陳氏著：〈圍繞張愛玲『太太萬歲』的一場論爭〉《說不盡的張愛玲》（台北：遠景出版有限公司，2001 年），頁 77-105。事實上，上海評論界與觀眾反應不同，其圍繞『太太萬歲』爆發了一場大論爭，其中因為在洪深所主編的《大公報 · 戲劇與電影》第 59 期刊登了一篇張愛玲自解性的散文《〈太太萬歲〉題記》，認為「作家是天生給人誤解的」。而洪深並在其後附加一段《編後記》表示推崇，卻引發了一連串的倒張貶張的聲浪，後來洪深在第 674 期也對自己先前的觀點做總檢討，認為它不夠成為『高級喜劇』。這些責難可以察覺出當時對作家作品的探討批評，往往落於藝術導向或教育功能之爭，並且與當時的政治氛圍、社會情勢糾纏不清。

派，都是硬裡子。之後片子湮沒，張愛玲覺得可惜，所以根據劇本寫了篇小說〈多少恨〉，刊登在上海出版的《大家》月刊第二期、第三期，時間是 1947 年的五月、六月。[75]2005 年，電影『不了情』奇蹟般出現，於是根據電影上映本還原了劇本。[76]至於小說文本，張愛玲從大陸出來的時候因為不便攜帶文字，所以沒帶出來。後來瘂弦的朋友在香港影印了圖書館裡舊雜誌中這篇舊作寄給張愛玲。於是在「搶救破碎」以及避免他人盜用「古物出土」的心情下，張愛玲改寫了其中兩段太軟弱的對白，然後與其餘作品一起收在皇冠出版的《張愛玲全集》第十二《惘然記》中發表。[77]

（五）「張愛玲」的銀幕與舞台

由於張愛玲的文字本身提煉出了一個與五四以來迥然不同的風調：典雅而又頹廢，古老而又現代，再加上她本身的家庭、愛情、婚姻、甚至死亡，都充滿著孤單決絕的神秘色彩，這些落入她的作品故事，所營造出來的情慾世界，有難言的愛慕，也有清醒的裁透，既令人心痛又令人心碎，輕易的就消解了海枯石爛的愛情神話，徒留追憶與惘然。到八○、九○年代，昂然進入二十一世紀，價值指標、消費行為、市場經濟無不快速變動，「張愛玲」這三個字一再的被包裝、被拆解，成為一個指標──從市民閱讀到學院研究，從平面文字到立體視像，從時尚到商品，在文化生產事業中獨樹一幟。

---

[75] 參見唐文標主編：〈張愛玲作品繫年〉附錄，《張愛玲資料大全集》（台北：時報出版公司，1984 年），頁 371。另參閱見本書「參、張愛玲的影劇王國，三、從電影『不了情』到小說〈多少恨〉」。

[76] 同註 44，頁 285。

[77] 參見張愛玲：〈惘然記〉《惘然記》（台北：皇冠文化出版有限公司，1983年），頁 3-5。

　　「張愛玲」的文字市場震動四方，自不待言。即便張愛玲自身在快節奏、多變化的市場需求下也不能免除被映像化的命運，1994 年張愛玲出版《對照記》即以圖文對照的方式嘗試著追憶似水年華。雖然文字與影像的傳輸不易，但屬於張愛玲的電影市場說來毋寧是蓬勃的。她除了自身成功的遊走於文字與影像之間，已如前節所述。後來她的小說陸續被他人改編拍成電影與舞台劇的很多，由於改編文學作品的影戲大都希望忠於原著，但是許多導演都覺得直接把文字轉成畫面幾乎是沒有可能的，尤其是像張愛玲這樣文字力道如此強勢的作家。再加上必須平衡藝術上的需要與商業考慮的壓力，所以在情節人物上難免有所刪減增加。其中林奕華曾經執導過關於張愛玲的戲劇，包括『心經』、比較《金鎖記》與《怨女》的『兩女性』、以訪問張愛玲為題材的『斷章記』、『張愛玲，請留言』以及『半生緣』。拍成電影的有：許鞍華曾經先後兩度分別改寫張愛玲的『傾城之戀』（1984 年由周潤發、繆騫人主演）與『半生緣』（1997 年由黎明、吳倩蓮、梅艷芳主演）、關錦鵬導演『紅玫瑰與白玫瑰』（1994 年由陳沖、趙文瑄、葉玉卿主演）、還有但漢章編導『怨女』（1988 年由夏文汐、徐明主演）等。即便是張愛玲個人事蹟也被拍成電影『滾滾紅塵』、紀傳式影集『她從海上來』等。[78]讀者與觀眾互相抬愛，都有一定的成績。

　　近年來，改編或詮釋張愛玲其人其事作品的「舞台劇」除了上述的『新傾城之戀』，另有林奕華導演、劉若英挑樑演出的『半生緣』分別於 2003 年 11 月在香港葵青劇院首演，2004 年 6 月的台灣國家劇

---

[78] 『滾滾紅塵』以張愛玲的愛情故事為藍本，三毛編劇，林青霞、秦漢主演，1990 年獲得第 27 屆金馬獎「最佳劇情片」。『她從海上來』由孫卓、丁亞民導演，劉若英飾張愛玲、趙文瑄飾胡蘭成，於 2004 年 1 月 12 日到 2 月 6 日在公視播出，計 10 片光碟。由財團法人公共電視文化事業基金會發行。

院以及 2005 年 1 月北京首都劇場演出，林奕華說這是一本關於「中國人的性格如何決定中國人的（愛情）命運」的著作，劇本完全是由小說的文本改編過來，改編的方法不是重寫，是剪接。劇本的每一句台詞，都是來自小說的文本。目的是希望在舞台上把這個文學作品的文字美學，透過演員的聲音和演出呈現出來，是一種「多媒體音樂話劇」的呈現。

而企圖結合張愛玲與舞蹈、戲劇的還有 2005 年 5 月台東劇團改編的『曹七巧』。『曹七巧』是張愛玲小說《金鎖記》中的人物典型，編寫耗時四年。全劇是以意識流手法描述寡婦曹七巧無聊而寂寞的一天，劇中是藉由一天的回首與抱怨帶出劇作者面對當代社會的觀察與感觸：「不中不西不新不舊不快不慢的混沌狀態」。全本演出長達 180 分鐘，由獨角「曹七巧」與「女僕」「老媽」的互動完成。導演特別說明其本無意搬演張愛玲文學，更無改編之圖。只是透過捏造曹七巧，召喚曹七巧，認同她並與之同在。特別的是文宣海報中，曹七巧的「曹」字中間的「曲」少了一豎筆畫寫成「由」[79]，儘管揣測不一，但多少說明了戲劇演出與小說之間有所區隔的可能性。當然如果觀眾未曾讀過張愛玲的小說，或許會因為過度「意識流」產生隔閡。另外，在 2006 年 5 月國立國光劇團在城市舞台演出的改編京劇『金鎖記』則是將張愛玲小說與京劇戲曲的結合的嘗試。2007 年，奧斯卡名導李安的新片──〈色，戒〉已在拍攝中，張愛玲又再一次進入聚焦中心。

---

[79] 觀眾的猜測是：或許是題字者武嘉文書法美感的特殊表現，也或許是編導刻意強調舞台上演出的曹七巧，比起張愛玲小說中的人物少了平衡的一根筋，編導的創意似乎不在於重現完整的戲劇人物，而是企圖呈現一個埋葬於婚姻之後的寡居女性，那種無法鬆手於慾望掌控的幽暗心靈。如此，多少說明了戲劇演出與小說之間有所區隔的可能性。

（六）結語

　　文字與影像世界是這樣的複製著生活世界，「我們對於生活的體驗往往是借助於人為的戲劇。」[80]上海都市的小市民借此來消閑娛樂，也到這裡來找尋一些神話。而作為一個作家由文述到演述的不同敘事書寫，張愛玲是自由地出入著小說文本與演影劇本兩個地帶。劉吶鷗曾說：文學和影片在組織法上簡直可稱為兄弟。文學與影戲的干涉，是很鮮明的。如果拿小說與電影相較，影戲是個藝術上的叛逆兒，在產生的初期它便模仿了舞台，結合了文學，而把它的「科學的玩具性」換為有藝術性的娛樂價值。因此電影這個新的表現方法自有它特別的基礎，有它自己的語言。[81]張愛玲自己也曾說：「電影是最完全的藝術表達方式，更有影響力，更能浸入境界，從四面八方包圍。」[82]而就在生活與生活的文學化以及與生活的戲劇化之間很難劃界的同時，喜歡看電影的張愛玲是致力於「完全貼近大眾的心」的經營以及「同時又是高等藝術」的追求。[83]陳子善說：在二十世紀中國作家中，像張愛玲這樣自小到大一直為電影著迷的，恐怕不作第二人想。如果「電影」算是「文學」的小妹妹[84]，那麼，無論是那一種藝術媒介，張愛玲都努力地表現了自己。

80　參見張愛玲：〈童言無忌〉《流言》（台北：皇冠文化出版有限公司，1968年），頁 12。

81　參見康來新、許秦蓁合編：《劉吶鷗全集‧電影集》（台南縣文化局，2001年），頁 270、278-279、295-296。

82　參見殷允芃：〈訪張愛玲女士〉選自《中國人的光輝及其他》（台北：志文出版社，1977 年），收入金宏達主編：《回望張愛玲─昨夜月色》（北京：文化藝術出版社，2003 年），頁 318。

83　參見張愛玲：〈我看蘇青〉《餘韻》（台北：皇冠文化出版有限公司，1987年），頁 87。

84　原句出自張愛玲：〈論卡通畫之前途〉，收入陳子善：《說不盡的張愛玲》（台北：遠景出版有限公司，2001 年），頁 28。

二、〈紅玫瑰與白玫瑰〉的小說與電影

（一）攝影機與鋼筆下的風情

著名電影理論大師巴拉茲（Bela Balazs）在《電影理論》（Theory of the Film）中指出：「人乃藝術之本（The root of all art is man）。任何藝術皆在處理人、呈現人以及說明人。」[85]而廚川白村亦主張：文藝正是一種「心靈的冒險」[86]。法國導演亞斯楚克（Alexandre Astruc）則把拍攝電影與寫文章相比，而把攝影機比做作家寫作用的筆，各自表現概念。[87]無疑地，人自出生到死亡，包括著歡喜與受苦，其種種活動正紀錄了一則則偉大的故事。而所謂電影和小說，當今敘事藝術媒介的雙璧；正是透過現實世界的形形色色，反映著時代的活動眾相，捕捉著人類生命中極其簡單普遍的本質，復以凝練雋永的藝術情境，如其所如般地呈現了人生中永恆的真實。是以，「人類自我的追尋，人性真實的刻劃，甚至人生情境的無助與掙扎」，便成為藝術文化競相追逐、經常運作的主題。

然而，影片改編自流行文學作品，很容易便牽涉到衍生關係的忠實度和敘述模式的差異性等問題。譬如文字敘述符號必須先被讀者詮釋為概念或範疇，再連接其相關指涉。在電影中，觀眾則面對圖像符號，與指涉結合，然後這個指涉再被轉換為概念或範疇。[88]故而在敘

---

[85] 參見（匈）巴拉茲（Bela Balazs）著、何力譯：《電影理論》（Theory of the Film）（中國電影叢書），（北京：中國電影出版社，1986 年），頁 25。

[86] 廚川白村說：「文藝是生命力用絕對的自由而表現自身的唯一機會。」參見廚川白村著、林文瑞譯：〈關於文藝根本問題的考察〉《苦悶的象徵》（台北：志文出版社，1992 年），頁 63-65。

[87] 此為法國導演亞斯楚克（Alexandre Astruc.）主張的「攝影機鋼筆論」。參見劉森堯：《電影藝術面面觀》（台北：志文出版社，1977 年），頁 9-27。

[88] 參見張漢良：《比較文學理論與實踐》（台北：東大圖書公司，1986 年），頁 315。

述觀點上，影像聲畫多著重推展情節，與文字的解說斷言有別。因之，機械的將小說與電影憑藉「改編」二字劃上等號，「忠實」成為複製的基本原則，如此未免簡單化了藝術。通常文本可以任讀者自由地優游在文字天地間，回味雋永；而影像畫面傳達的是訴求文字物化／異化後的感覺。小說與電影之間的或許正如作家沙特（Sartre）對於導演胡雷（Roullet）所言：「我曾用語言說過」，「你卻表現出來，讓我們忍受。」[89]所謂人生如戲，戲如人生。而閱讀文本，觀賞電影，經歷人生，回頭再看文本，又有一番新意。於是，當我們進一步尋索：攝影機與鋼筆下的風情究竟是如何不同？或許正如同張愛玲所言：「文藝可以有少數人的文藝，電影這樣東西可是不能給二三知己互相傳觀的。」[90]

（二）〈紅玫瑰與白玫瑰〉的文字與影像

1. 情慾傳奇—文字與影像共同的主題

張愛玲的〈紅玫瑰與白玫瑰〉實際上寫得是插養著這紅、白二色玫瑰的花瓶——佟振保：一隻典型的、傳統的中式黑瓷花瓶，上頭彩縷錯金的那款；正是現實社會中一個屢屢在色澤中迷失的搖擺主。小說中的每一株玫瑰都通過著佟振保的視覺網象描繪出場，情節語動一方面進行著主角內裡的心意，一方面就在黑鉛字體的經營中騰挪吞吐：「人的靈魂通常都是給虛榮心和欲望支撐著的，把支撐拿走以後，在獸慾和習俗之下，人將變成什麼樣子？」[91]這情慾，彷彿是拉

---

[89] 胡雷（Serge Roullet）1967 年導演影片「牆」改編自沙特（Jean-Paul Sartre）1939 年的同名短篇小說。沙特曾去信致謝，此為其中之語。

[90] 參見張愛玲：〈《太太萬歲》題記〉收入陳子善：《說不盡的張愛玲》（台北：遠景出版事業有限公司，2001 年），頁 90。

[91] 參見夏志清：《現代小說史》（香港：友聯出版社，1979 年），頁 405。

岡（Jacques Lacan）「去回遊戲」[92]裡的線軸。所有的收放施捨不過是一場迂迴作戰：你追它的時候，它離得你遠遠的；你躲它的時候，它又纏得你死死的。佟振保剛好把賈寶玉翻了個兒：賈寶玉是失了玉、捨了寶；佟振保則是養著鳥，想著花。一個出離了白茫茫的大地；一個睡了一覺，施施然又成了個改過自新的好男人。

就在這場情慾遊戲的追逐之外，張愛玲筆下所寄寓的其實是「好」與「真」的價值輵輵。男主角佟振保的求「好」心切對上女主角王嬌蕊的「真」心相待，「好」與「真」在現實生活中不能相容，只得各自構築自己的生存世界──『對』的世界。其中佟振保極力維護自己所抱持的社會成規及秩序來對應，處理自己的慾望與責任。「假面人格」（persona）成為他自我保護的盾，也成為傷害他人的劍。我們觀察張愛玲的文字：佟振保是「有始有終、有條有理的。他整個是這樣一個最合理想的中國現代人物」（52）[93]，「他是正途出身，出洋得了學位，並在工廠實習過，非但是真才實學，而且是半工半讀赤手空拳打下來的天下。他在一家老牌子的外商染織公司做到很高的位置。他太太是大學畢業的，身家清白，面目姣好、性情溫和，從不出來交際。一個女兒才九歲，大學的教育費已經給籌備下了。侍奉母親，誰都沒有他那麼周到；辦公，誰都沒有他那麼火爆認真；待朋友，誰都沒有他那麼熱心，那麼義氣、克己。他做人做得十分興頭……爽快到極點，彷彿他這人完全可以一目了然的。」（52-53）他拒絕了英國的玫瑰姑娘，贏得了「坐懷不亂的柳下惠」的名聲；可是他和紅玫瑰王嬌蕊發生關係，因為「他喜歡的是熱的女人，放浪一點的，娶不得的

[92] 拉岡「去回遊戲」理論參見陳儒修：《電影帝國》〈歷史鏡像的回歸與幻滅〉（台北：萬象圖書公司，1994年），頁157-165。
[93] 參見張愛玲：〈紅玫瑰與白玫瑰〉《傾城之戀》（台北：皇冠文化出版公司，1968年），頁52-97。以下引用〈紅玫瑰與白玫瑰〉文本，直標頁碼。

女人」。但當嬌蕊真心愛上了他，他又拋棄她，因為「嬌蕊呢，年紀雖輕，已經擁有許多東西，可是有了也不算數的，……至於振保，他所有的一點安全：他的前途都是他自己一手造成的，叫他怎麼捨得輕易由它風流雲散呢？闊少爺小姐的安全，因為是承襲來的，可以不拿它當回事，他卻是好不容易的呀！」（78）因此，「他為了崇高的理智的制裁，以超人的鐵一般的決定，捨棄了她。」（84）然後，明媒正娶了白玫瑰孟煙鸝，但他這種以社會價值為基礎的秩序感知並不能跟他的潛藏底慾望相協調，煙鸝是不足以彌補他自以為的「犧牲」的，因此他仍舊是「嫖」，「要嫖得精刮上算」，藉此來平衡自己。等到佟振保發現不堪的妻子有了外遇，他生起氣來──「我待她不錯呀！我不愛她，可是我沒有什麼對不起她的地方。我待她不算壞了。下賤東西，大約她知道自己太不行，必須找個比她再下賤的，來安慰她自己。可是我待她這麼好，這麼好──」（93）當他發現一手建立的「對」的世界一切都不對了，而且就在他以自我為中心──自憐自衛的構築過程中，一切的價值成就破壞崩解，到頭來自己竟被自己背叛。於是，他「非砸碎他不可！」──「砸不掉他自造的家，他的妻，他的女兒，至少他可以砸碎他自己。」（96）到此，「聖像」完全崩潰？？且慢，──「第二天起床，振保改過自新，又變成了個好人。」（97）

如此的人生迴聲以及生活留影所挾帶的惘惘威脅真讓人驚心動魄。其文字藝術所迴旋出荒涼與華麗的質地即便是電影藝術都難以拒絕。於是，影像畫面自然渲染著濃厚的文學性[94]。比如「原文旁白」的使用（所謂「插卡」）以解說人物內心、遞轉情節，正見電影接手

---

94 劉森堯說：「好的電影必須富有濃厚的文學性：其包括優秀文學家的尖銳眼光，這將使得電影有深度；另外則是敘事風格的文學化，諸如冷靜的敘述筆調、刻意求工的畫面，這些都是極精緻的文學精神的再現。」參見劉氏著：《電影與批評》（台北：志文出版社，1994年），頁68-72。

說部的消息：其正是意圖以不沾掛的敘述筆調、加諸刻意求工的畫面，重新盤整了張愛玲獨特的「傳奇」式的色彩。[95]

2. 關情與誘惑—騰挪於文字與影像之間

小說中有許多調情的雙關語用得「關情」；電影中則直接嵌入對話。[96]例如「心是一所公寓房子」（67）：標榜出所謂男女愛情的「公寓心態」；而嬌蕊等待佟振保的心與電梯的停開同一等呼息（72、73），更令人感應著任性女子的愛憨情痴。這些都是張愛玲採用「實體空間」借喻「抽象感情」的精彩例子，於是在人的心中自然睡進了月亮光。電影中的鋪陳是先將小說情節得發展次序調動，將文本中寫下饒有情趣的「『心』居落成」這一段，移至「戲肉」激情的情節之後，畫面採用飾以玫瑰花桌面上的字紙在鏡頭前攤展呈現。然後進一步延展電梯介聯的空間，在振保知道嬌蕊寫信告知其夫，要求自由時，振保又驚又怒地搭電梯往外衝，嬌蕊光著腳從樓梯邊追邊喊。是使用著電影空間畫面的剪接與意象的延複，以快節奏撞擊觀眾的感官，而小說中則另以陽台上的思索為著力點強調（63、68），二者借重不同，分別詮釋著愛情男女的各種心情姿態。

---

[95] 有影評認為「在說故事的電影中，旁白與字幕或許會成為一種干擾，一種對影像畫面的破壞。但對關錦鵬而言，其並非以之用來填補情節的間隙，卻是彰顯了人物的心情。」參見《當代香港電影觀察》1994 年 12 月，頁 190-191。另外，曾偉禎以為：「物理結構上，電影是一格一格的影片，一個鏡頭跟著一個鏡頭，支撐著這些是靠敘事。當文字盡忠職守地描繪了人物與環境以及剎那間心思的轉變，這些素材只被納入在一個鏡頭裡。觀眾一瞥中只得到一個印象式的視覺記憶，其感受力實難與文字相比。」參見曾氏著：〈如藕絲般相連——張愛玲小說與改編電影的距離〉《聯合文學》第十一卷第十二期，頁 34-36。

[96] 同前註。曾偉禎以為：「張愛玲有的是洗練的對白，編劇絕無法捨去。」

還有麵包上敷花生醬的要求充滿嬌媚稚氣，使得振保軟化。（66）以及那通深夜接電話之後的對話：糖由易化的特質聯想，復接續以甜度嚐了方知的挑逗；末尾來一句「真正的紳士是用不著假裝」的暗示更使得振保震動興奮。（70）往下激情之後，在熟睡中醒來的佟振保發現一彎小紅月牙，想起昨晚她曾把他劃傷。（72）這段文字意象曾被引為中文現代文學中最高妙的色情文學[97]。諸如此類，種種文字影象的挑情逗趣的細節描繪，對人生中的人性與愛情的觀照當非意欲簡化，而應是提供了另一種深思的線索。[98]

另外，後來振保為了崇高的理智的制裁，以超人一般的鐵的意志，決定捨棄嬌蕊，嬌蕊伏身號啕大哭，都曾經再次傳遞、激發起振保的慾望，甚至需要聚精會神的去克服這種情感上的奢侈。（82）電影在這個部份是在振保病床前，加有一段歡愛，隱約暗示「玫瑰易手」：導演是將情慾以肉身愛撫實化，同時使用劇中人物臉部、身體（如背部）特寫，溶入以想像（或情感流露）的鏡頭，然後迅速以柔焦交代由現在進入過去倒敘，於是王嬌蕊和玫瑰一而二二而一了[99]。然後，在雙重疊影之中由記憶又回到了現實。這些無論文字或影像符號，無疑地都反映著張愛玲筆下佟振保的愛情獵物哲學：嬰孩的頭腦與成熟的婦人美是最具誘惑性的聯合。（71）這些電影的剪接技巧無疑地幫助了我們跳讀人生經驗，也有機會整合一些文字使用時不自覺

---

[97] 參見陳怡真：〈到底是上海人〉，收入金宏達主編：《華麗影沉》（北京：文化藝術出版社，2003年），頁248。

[98] 高全之認為〈紅玫瑰與白玫瑰〉有過度重視挑情逗趣的情節，忽略或簡化了愛情與人性及人生各層面的關係。參見高氏著：〈張愛玲的女性本位〉《幼獅文藝》三十八卷二期（1973年8月），頁3-18。

[99] 事實上，這個想法在張愛玲的小說裡已有；頁63裡有段情節說：才跟玫瑰永訣，她又借屍還魂，做了人家的妻，彷彿是牆上朱粉壁畫裡半裸的女子。如果採以三重疊影，像「英倫情人」中，考古壁畫中游泳的姿勢，換疊起伏沙丘的崚線，再連接赤裸女體的弧度。極具撞擊力。

的說得過頭的冗瑣。而片中另有一處：振保發現妻子與裁縫師的關
係，是挪用無線電裡的無關本事的他敘語言闡述自己的想法而形成相
關代言。然而此一前景（foreground）暗示十分模糊，對未曾閱讀過小
說的觀眾很難形成意義，並不容易進入，更遑論產生後景（background）
的玩味聯想。相對地，不禁讓人想起「暗戀」在「桃花源」（表演工
作坊《暗戀桃花源》）之間極饒諷趣的穿梭代言。

　　當然，還是有一些文字是很難翻轉成為影像的。比如：「她的話
使他下淚，然而眼淚也還是身外物。」（80）「嬌蕊走到床前，扶著
白鐵欄杆，全身的姿勢是痛苦的詢問。」（81）「振保看著自己的皮
肉，不像是自己在看，而像是自己之外的一個愛人，深深悲傷著，覺
得他白糟蹋了自己。」（94）「靜靜的笑從他眼裡流出來，像眼淚似
的流了一臉。」（97）[100]這些文采風流，將決定也解釋著消費者如何
在買書和買票之間取捨。至於聯想的延生：比如歪歪斜斜的「蕊」正
像是紅玫瑰的遊冶心態的象徵「三心二意」[101]（相似律），嗡嗡飛繞
的蚊子與煩憂和責任的系聯（類比律），鞋子的鬼怯與白玫瑰的鬼怯
象徵（接近律），多為文字所擅場，自為影像所不及。相對地，就「時
空的壓縮與對照」這一層面而言，影像便為寵兒。比如將小說中重遇
嬌蕊的情節置於最後，緊接振保第二次改過自新，以對照振保在醫院
裡毅然決絕了嬌蕊的第一次改過自新、增設道學演講的畫面（由校友
會、公司開會，由振保的婚禮到篤保的婚禮）故意凸顯教條成規的滑
稽可笑、舊識的鄉親撤換了艾許太太以強化傳統的藩籬、復借用前後
大公報（1936 年份和 1943 年份）的閱讀，傳達著時光流走的消息；
還有煙鸝在浴室中黏貼手巾（事後的證物）的舉動以表示她的乏味無

---

[100] 前三句影像中沒有做出來，最後一句電影中是傷心流淚而後到狂笑失聲。
[101] 參見楊昌年：〈百年僅見一星明（三）──析評張愛玲〈紅玫瑰與白玫瑰〉〉
　　《書評》第七期，頁 25。

趣，而明亮光滑的浴廁之於「白玫瑰」，正標示出其「一方自囚自足的領地空洞」……等等都直接展示故事，而捨棄娓娓解說。

3. 玫瑰與水仙一戀物與自戀意象的閃爍

水晶在〈潛望鏡下一男性〉裡說振保的戀物癖深具爆炸性。[102]女人是他的獵物，自然「玫瑰」也成為戀物癖中的一種。陳炳良的〈水仙與玫瑰〉則嘗試從另一角度：依附「水仙」，進而觀測佟振保的自戀傾向。[103]我們先從戀物的部份觀察：在與嬌蕊追逐偷情的過程中，對方各種肉身之外的附屬物組構成慾情發展的主軸。從嬌蕊洗頭飛濺下來的泡沫在他手上，像輕輕吸吮的嘴。（59）水龍頭流出微溫的水中有熱的蕊子，一扭一扭都是活的（情慾）。（59）浴室裡嬌蕊掉落的髮，散的時候像鬼影子一般牽牽絆絆；撿集在一起卻成了讓他渾身燥熱的導電細鋼絲。（60）黃昏裡嬌蕊低小的聲音連繫著一個挑動人心的身體。（68）夜半接電話時，沒鞋的腳盲目的鉤鞋的動作，更無法不讓振保眼見心懸。（69）然後，戀物癖的男子碰上了戀物癖的女子，他看見她坐在他的大衣之旁，那麼熱烈的燃燒他的煙蒂，似乎依靠著他的氣味過活，電影中索性讓王嬌蕊穿上了他的大衣，讓他的氣味將她完全包裹。（71）種種物的暗示與聯想形成致命的吸引力，爆炸開來，雙方都陷入了橫流的慾燄，成了火鳥。然而逐獵的腳跡是踩在琴鍵所流瀉的悠悠的漠不相關的調子上，卻讓被動的人達到目的，讓主動的人乖乖就範。

接著是自戀的部份，從自憐的悽惶（64）、無恥的快樂的自責（72、74）、自衛的理直氣壯（70、80、84）、到自我疼惜：「振保用手巾

---

[102] 參見水晶：《張愛玲的小說藝術》（台北:大地出版社，1995 年），頁 109-142。
[103] 參見陳炳良：〈水仙與玫瑰〉《張愛玲短篇小說論集》（台北：遠景出版社，1985 年），頁 73-85。

揩乾每一個腳趾,忽然疼惜起自己起來。他看著自己的皮肉,不像是
自己在看,而像是自己之外的一個愛人,深深悲傷著,覺得他白糟蹋
了自己。」(94)以及「洋傘敲在水面上,腥冷的泥漿飛到他臉上來,
他又感到那樣戀人似的疼惜。」(96)尤其是佟振保在出現無法自拔
的陷溺之後,心理發展急轉直下,乃有驚覺流淚的不堪一擊(87、97)、
自我毀滅(砸碎自己)底想望(96),然後終於出以砸碎檯燈水瓶鏡
面的自我挫敗(97),末尾竟結束以奇蹟式的修復:「第二天早上起
床,振保改過自新,又變成了個好人。」(97)[104]「又」之一字明顯
的架構出一種封閉的輪迴:主角又回到他自困的起點,那個他一直要
做自己主人的世界,實際上卻是一個飽受社會常規所操控的世界;亦
即要面子的振保又回到了戴面具的社會中。電影中的插卡明顯的呼應
了這一點。該插卡的文字即以振保的聲音作第三人稱的敘述,此時無
異進行著超我審查本我的模擬,其表面似乎無關於己,而實體正是自
剖式的獨白。於是,輕輕的便將小說中撲朔迷離的自我縫合。

4. 色澤與對照—屈抑的快活與惘惘的威脅

整體而言,張愛玲小說的構思多著重角色獨特的內心活動,主要
是以人物建構他們所屬的時代故事。而由原作改編的電影則意圖提煉
事件以重現人物的形魂,是以關錦鵬的導演手法別見抑揚情節起承的
強調。曾偉禎以為:張愛玲總是挨著人物,以他/她們為中心,去觀
察發生在跟前週遭的人的舉止及心眼。很少逸離出這個範疇。由此觀
之,一旦碰上張愛玲這樣一個勁道的文字高手,如何以場景調度、人

---

[104] 影片中沒有處理的部份:頁64、70、94、96。以插卡方式呈現:頁72、74、
80、84。納入情節動作的部份:頁87、97。

物造型、聲光佈景、剪輯轉接將其文字世界所營造的蒼涼華麗與惘惘悽悽轉化到影像世界，就不只是一樣功課，而將是一種考驗了。[105]

「處理故事」，張愛玲有自己的理念，她在〈傾城之戀〉中有一段文字：「我用的是參差的對照寫法，不喜歡採取善與惡，靈與肉的斬釘截鐵的衝突那種古典的寫法，……因為它（參差的對照寫法）是較近事實的。」這段話真正說得好，因為傳統的華人電影總強調著故事情節，影片中有些衝突的安排十分戲劇化但非屬必要。至於在人物營造上又多延續著京劇中忠奸分明的「黑白臉」，人性的繁複與多變常被省略，以至於劇中角色俱成偶像，可堪敬畏，卻距離遙遠。觀眾欣賞故事的時候可能很快意、出了氣，而當靜下來思索的時候，卻無法揮卻納悶與困惑。在這個角度上，張愛玲的文字美學提供了克服這個改編工程難度的法則：以影像符號的特長進行著文字符號中「對照情境」的掌握。我們可以察覺關錦鵬在整部電影中的設色明暗、服裝搭配、特寫襯景等方面的努力，果然表現了好男人在聖潔的妻與熱烈的情婦之間的屈抑的快活與惘惘的威脅。

(1) 自外型色澤的描塑觀察：

紅玫瑰：甲、紋布浴衣、雪白泡沫的波鬢、包著白布巾（58、59、61）：一個不拘束、應酬功夫好，不善治家的女人。

乙、曳地長袍、鮮辣潮濕的綠色、綠緞子十字交叉、深粉紅的襯裙（65）：那過份刺眼的色調，看久了，是使人要患色盲症的。

丙、紗籠布褲、南洋風味、烏金配橘綠（69）：看起來是黑壓壓的龍蛇草木，趁得夜色深了，穿堂在燈照裡像一截

---

[105] 同註 94。

火車，這是火車上的女人，是萍水相逢的，但是個可親的女人。

丁、暗紫藍喬琪紗旗袍，胸口冷豔的金雞心（77）：這時的嬌蕊是從了良的女人，端凝富態，振保想：只要有個男人在這裡，她一定就會兩樣些。

戊、胖到癡肥，戴著金色的緬甸佛珠環（86）：一個俗豔卻實在的女人（王嬌蕊）。

白玫瑰：甲、灰地橙紅條子的綢衫（83）：單調的線條、平凡女人。

乙、八年婚姻，像是什麼都沒經過似的，空洞白淨，永遠如此。……臉上像是拉了一層白膜，很奇怪的，面容也模糊了。（88）

丙、雪白的肚子，白皚皚的一片。（91）：以上兩項是籠統的白。

丁、淡黃的浴間像個狹長的立軸，燈下的煙鸝也是本色的淡黃色，……白地小花的睡衣，……中間露出一截白蠶似的身軀（94）：白是底色，是無所不在的色澤。

戊、煙鸝一直窺伺著他，……像兩扇緊閉的白門，兩邊陰陰的點著燈，在曠野的夜晚，拼命的拍門，斷定了門背後發生了謀殺案。然而打開門走進去，沒有謀殺案，那真是可怕。（95）：此處振保發現煙鸝出軌，張愛玲以空白世界形容之——白色召喚了陰森、封閉帶出恐怖的氛圍。

己、煙鸝……像是浴室牆上貼的有黃漬的舊白蕾絲茶托，又像一個淺淺的白碟子，心子上沾了一圈茶污。（96）：白不白，玷污、陳舊的白。還稱得上是「白」嗎？

庚、煙鸝穿著一身黑，燈光下看得出憂傷的臉上略有皺紋，但仍有一種沉著的美。（97）：有守寡的女巫的味道。

辛、煙鸝的一雙繡花鞋，微帶八字式，一隻前些，一隻後些，
像一個不敢現形的鬼怯怯的向他走來，央求著。(97)：
以「鞋」諧音「諧」，呈八字型，前後分開象徵不諧。
以鞋借代人，又比況成了鬼。是陰氣森森了。

(2) 自影畫空間的對照觀察：

甲、屬於紅玫瑰的是濃麗繁複（如服裝、食物、飾品），光
度昏暗（如黃昏與陰影），蒸氣朦朧（如熱氣繚繞、柔
焦畫面處理），曲折動盪空間（如上下縷空的電梯，奔
逐曲迴的樓道，踽踽獨行的電車），皆暗示情挑的浪漫
神秘，愛慾的歡縱刺激。隨著紅玫瑰的真情相許，倒讓
他清醒了起來（由上述「外型色澤的描塑」紅玫瑰──
（丁）項振保的想法之例可知）。

乙、屬於白玫瑰的是平白單調（如乏善可陳的過去與沉靜性
格），連外形都了無新意：如白皚皚的肚子，白蠶似的
身軀；其衣著環境光度明亮（如坦亮規矩的屋、衣和靜
面特寫）、行為態度拘謹冷感（如貼手巾、不要再生孩
子了、乏味的「性」趣）；加上空間封閉、活動呆滯（如
白浴室、白門，寧可坐在馬桶上聽無線電、吃東西，不
斷的嘮叨訴苦），皆暗示婚姻生活的呆板無趣，空洞透
明。同時參照上述「外型色澤的描塑」白玫瑰──（己）、
（庚）、（辛）項的敘述對比，一併伴隨著白玫瑰的外
遇被揭露，益發引起振保的輕蔑、嫌惡與疏遠。

在張愛玲的筆下，振保的扇子是一片空白，而且筆醮墨飽，窗明
几淨，正等著他落筆。「由於現代人多是疲倦的，現代婚姻制度又是
不合理的，所以有沉默的夫妻關係，有害怕負責，但求輕鬆一下的高

等調情，有回復到動物的性慾的嫖妓。」[106]在〈紅玫瑰與白玫瑰〉裡，振保這樣的一個洋場的惡少，所遇到的幾名女子：包括巴黎妓女、歐亞混血的姑娘、新加坡的妖女、上海傳統女子，相處對待的過程裡無非正反映了這樣的一個放肆的男女關係。而他亦復自有其拿捏的以植物玫瑰指涉父權社會下女性的對立分類：紅代表熱情與妖冶（妖女形象），白代表純潔與嫻雅（聖女形象），其隱寓意涵甚至可以延引到土與洋，傳統與現代的緊張對峙，形成多層次符號系統（巴黎妓女——歐亞女童——新加坡的妖女——上海傳統女子）。起初，振保處於一個封閉的、未成熟的處男情結中，遵守著社會成規倫理道德，他壓抑著自己的熱情，拒絕作出符合真實慾望的承諾。然而，到頭來其所建構的妖女與聖女的價值系統卻極脆弱的被翻轉，瓦解了，生命因此變得荒謬可笑，充滿了諷刺。於是，張愛玲以事不關己的姿態嘲諷了振保以及他背後的傳統。

（三）結語

無論是經由文字的刻劃，或是藉由影象揣摩；似乎都宛轉訴說著這樣一個故事：「游戲人間的女子，終被捨棄；從夫如天的女子，終受冷落。這兩者竟都是一種屈抑的愛情。而好男人的口碑便這樣心心虛虛的建立；顫顫危危的支撐著……。」事實上，在這場意志與愛慾的交手過程裡，點明的當是：人的生存不該僅僅是一種盲目意志推動的結果，而應做一種自主性的選擇。故事裡的佟振保、王嬌蕊、孟煙鸝……分別在道德與愛慾中安置自我的秩序與快活。倘若借用楊格的怪獸（Bad Animals）說牽聯愛慾（libido）：這隱藏的、盲目的慾念

---

[106] 參見張愛玲：〈自己的文章〉《流言》（台北：皇冠文化出版有限公司，1968年），頁22。

本能正如看守金蘋果的怪獸，就在人類無可避免的追逐與拉拒、陷溺與取捨中，光明與黑暗、正直與邪惡、建設與破壞、圓滿與缺損等種種衝突形成。於是，應對著美國批評家史坦那（George Steiner）的問題：「這個作品對人下了什麼定義？」[107]〈紅玫瑰與白玫瑰〉的小說與電影是提供了這樣的解答：作品向現實人生中借火取材，而當下人物又化身入戲，在這幾度翻騰的符號演繹、藝術承轉中，各人獨特的生命觀點：醜陋也好，聖潔也好，皆各自尋得自我原始的真面目。

---

[107] 美國批評家史坦那（George Steiner）在〈人的文學〉（Human Literacy）一文中提出這樣一個的觀點：這個作品對人下了什麼定義？以此觀點他重新評定沙林傑的《麥田捕手》的價值，認為任何作品首重深刻而誠懇的描繪出人的形象，否則即流於浮淺。此說迴響極大。

三、從電影『不了情』到小說〈多少恨〉

（一）電影與小說

　　張愛玲的才華洋溢，在現代都市文學裡異軍突起。從評論到創作，從英語到華文，她自由地出入小說、散文與劇本之間，還親自將自己的小說改編為劇本，又依據自己的劇本敷衍成小說。前者如 1943年在《雜誌》月刊連載的《傾城之戀》，1944 年 12 月 16 日隨即改編成為劇本搬上舞台，由大中劇藝公司在上海新光大戲院獻演。這部張愛玲的處女劇作被稱為「高乘喜劇」，共四幕八場，演員都是一時之選，演出時盛況空前。後者如 1947 年，張愛玲的電影劇本『不了情』，上映之後亦大獲成功。因為這個曲終人散、纏綿蒼涼的愛情故事深深牽動著張愛玲，隨之改編為中篇小說〈多少恨〉。當時張愛玲因為被列為「文化漢奸」之一，受到議論攻擊，被迫擱筆年餘，四〇年代末期，張愛玲選擇在電影劇本的編寫上復出，此番獲得鼓舞，再接再勵又編寫了另一部電影劇本『太太萬歲』，亦獲好評，這兩部片子都由桑弧導演，上海文華影業公司製作。於是，張愛玲為自己的創作領域開了另一扇窗[108]。

---

[108] 陳子善指出：「當時張愛玲因為與胡蘭成的特殊關係，以及發表作品的刊物背景複雜受到各方面的指責質疑。張愛玲被迫擱筆，甚至有人斷言張愛玲的時代已經結束。」後張愛玲以電影編劇在上海文壇復起，當時上海評論界與觀眾反應不同，張愛玲並在洪深所主編的《大公報·戲劇與電影》第 59 期刊登了《『太太萬歲』題記》自解，洪深並在其後附加一段《編後記》表示推崇，卻引發了一連串的倒張貶張的聲浪。參見陳氏著：〈圍繞張愛玲《太太萬歲》的一場論爭〉《說不盡的張愛玲》（台北：遠景出版有限公司，2001年），頁 77-105。

1. 電影劇本『不了情』

1946 年，張愛玲應桑弧之邀編寫『不了情』，這是張愛玲第一部電影劇本。1947 年 2 月開拍，4 月在上海卡爾登與滬光兩戲院首輪，片中演男主角宗豫的是當時最紅的男星劉瓊，陳燕燕飾演虞家茵，扮演姚媽的是潑旦路珊，演虞父的是一個老牌反派，都是硬裡子。當時打出的廣告詞是「情近乎癡，愛入於真」，「謹以此片獻給多情的男女」，上映時反應相當熱烈，被譽為「勝利以後國產影片最適合觀眾理想之巨片」。當時『不了情』的文字劇本未能保存下來，電影帶子也一度下落不明。直到廣州俏佳人文化傳播公司出版《早期中國電影（1927-1949）經典收藏》，電影『不了情』才得以重現。如今根據重新拷貝的電影上映本整理還原出『不了情』的文字劇本，收錄於陳子善主編、皇冠文化出版的《張愛玲全集 18》《沉香》之中。[109]

2. 小說文本〈多少恨〉

由於小說與劇本間的相互轉換是通俗文學的文類慣例，張愛玲根據電影『不了情』敷寫成的電影小說〈多少恨〉，刊登在上海出版的《大家》月刊第二期、第三期），時間是 1947 年的 5 月、6 月。[110]因為根據名片寫的小說，狀似書而實非，所以被歸入「非書」（non-book）之列。[111]張愛玲從大陸出來的時候沒把小說文本帶出來，之後，根據瘂弦的朋友在香港影印了圖書館裡舊雜誌的這篇舊作，寄給張愛玲，

---

[109] 參見張愛玲：〈不了情〉《沉香》（台北：皇冠文化出版有限公司，2005 年），頁 66-127。

[110] 參見「張愛玲作品繫年」附錄，收入唐文標主編：《張愛玲資料大全集》（台北：時報出版公司，1984 年），頁 371。

[111] 參見張愛玲：〈多少恨〉前言，收入《惘然記》（台北：皇冠文化出版有限公司，1983 年），頁 96-97。

當時張以為影片湮沒了，慶幸「非書」倒還頑健。於是張愛玲在「搶救破碎」以及避免他人盜用導致「古物出土」的心情下，改寫了其中兩段太軟弱的對白，然後與其餘作品一起收在皇冠雜誌社出版的《張愛玲全集》第十二《惘然記》中發表，時間是 1983 年。[112]

3. 劇本對文本的影響：

李歐梵在《張愛玲與電影》中認為張愛玲把對電影的癡迷表現在小說中，她屢屢以電影技巧進行描情述事，文字影像化，並由此做為介面展演情節，可以說張愛玲的小說文本是在電影和文學之間架起了溝通的橋樑。[113]

觀諸〈多少恨〉，小說中屢屢使用電影手法來描繪人物、調度場景、刻畫心理。多處文字轉成視象的電影語言，比如：

甲、近鏡頭特寫：「家茵聽到這裡，突然掉過頭來望著她父親。她頭上那盞燈拉的很低，那荷葉邊的白瓷燈罩如同一朵淡黃白的大花，簪在她頭髮上，陰影深得在她臉上無情地刻畫著，她像一個早衰的熱帶女人一般，顯得異常憔悴。」

乙、移鏡與淡出：「家茵倒出兩杯茶，她坐下來，兩手籠在玻璃杯上搗著。燭光怯怯的創出一個世界。男女兩個人在幽暗中只現出一部分的面目，金色的，如同未完成的古老的畫像，那神情是悲是喜都難說。」又如結尾處：宗豫去送家茵上船，她已經走了。「……宗豫掏出手卷子來擦眼淚，忽然聞到手帕上的香氣，於是他又看見窗台上倚著的一隻破香水瓶，瓶中插著一隻枯萎了的花。他走

---

[112] 參見張愛玲：〈惘然記〉《惘然記》（台北：皇冠文化出版有限公司，1983年），頁 3-5。

[113] 參見李歐梵：〈Eileen Chang and Cinema〉《現代中文文學學報》第二卷第二期，香港，1999 年 1 月。轉引自李今：《海派小說與現代都市文化》（合肥：安徽教育出版社，2000 年）頁 173-180。

去把花拔出來，推開窗擲出去，窗外有許多房屋與屋脊。隔著那灰灰的，嗡嗡的，蠢蠢動著的人海，彷彿有一隻船在天涯叫著，淒清的一兩聲。」張愛玲的筆如同攝影機，經由鏡頭的移動捕捉視象、聲音、氣味、動作，帶給讀者視聞聽觸的通感，刻劃出人物的心理變化。並由遠景淡出，帶出無限遐想的空間。如同中國畫上部不可少的空白，沒有它，圖畫便失去了均衡。

丙、跳接蒙太奇：

124 頁，家茵站在窗邊，撕去一塊貼在玻璃窗上的手帕，目送宗豫離去。「呼吸的氣噴在玻璃窗上，成為障眼的紗，也有一小塊手帕那麼大了。她用手在玻璃窗上一陣抹，正看見她父親從衖堂裡走進來。」此處選擇「障眼的紗」隔成二個畫面：情人出、父親進，都在虞家茵的生命中烙下傷痕。145 頁，夏太太找家茵來家裡進行道德勸說，「家茵突然雙手蒙著臉，道：『你別儘逼著我呀！……』夏太太掙扎著要下床來，道：『虞小姐，我求求你——』家茵道：『不，我不能夠答應。』她把掩著臉的兩隻手拿開，那時候她是在自己的家裡，立在黃昏的窗前，映在玻璃窗裡。……她臉上的表情自己也看不清楚，只是彷彿有一股幽冥的智慧。」

此處，作者熟練的借用文字符號選擇細節、組合意象、進行特寫、遠景、近景的鋪敘，形成一種有秩序的視象，營造了動人的、豐富的視聽效果。無疑地正是運用了電影語言的原理進行操作。

4.劇本與文本的比較

小說文本〈多少恨〉是根據電影劇本『不了情』改寫而成，其間有模擬、也有對照。以下分別討論其趨同與相異之處：

(1) 趨同：

甲、都市愛情的追求與失落

張愛玲曾經提及「女性的作品大都取材於家庭與戀愛，筆調比較嫩弱綺靡，多愁善感，那和個人的環境教育性格有關。」[114]而觀察『不了情』及〈多少恨〉的故事便是取材於都市文化特有的時間和空間的一個愛情傳奇。加上張愛玲的寫作一向致力於日常生活的經營以及真實人性的追求，是儘量求著能夠貼近大眾的心。因之，無論是電影『不了情』或是小說〈多少恨〉皆延續著海派小說特有的綺情盪氣，又彌漫著十里洋場的生活風情。小說中的男女老少在都市大觀園中紛紛追逐情慾利害——接受著愛與恨，真與假，佔有與捨棄，自私與犧牲這些人類生命中最基本的煎熬，卻也是最難全身而過的試煉，整個小說的佈局氛圍由熱烈張狂到淒清孤獨，浪漫追索收束於寂寥失落，展示著一種柔靡感傷的現代性。

乙、到影戲院裡去

電影院作為上海都市娛樂旋律的中心，電影則是令人著迷的最生動的藝術。「到影戲院裡去」原因有許多：有的為要聽浪漫派的故事去，有的為要在那舒服的昏暗裡和身邊的戀人一塊兒享受那快樂的興奮去的，有的要在電影院裡去做白日夢去，然而在電影院裡最有魅力的卻是在閃爍的銀幕上出出沒沒的艷麗的女性的影像。[115]在張愛玲的故事『不了情』或〈多少恨〉的開頭，鏡頭就都拉進了電影院，故事

---

[114] 參見唐文標主編：《張愛玲資料大全集》第三部分跟張愛玲有關的文字〈女作家聚談會〉（台北：時報出版公司，1984年），頁241。

[115] 參用引述劉吶鷗語，參見康來新、許蓁蓁合編：《劉吶鷗全集電影集》（台南縣文化局，2001年），頁248-249。

由此揭開序幕。[116]其中小說的文字是描述出了一個大眾化的潔淨空間，同時也構築了一個幻麗的尋夢園，「現代的電影院本是最大眾化的王宮，全部是玻璃，絲絨，仿雲母石的偉大結構。這一家，一進門地下是淡乳黃的；這地方整個的像一隻黃色玻璃杯放大了千萬倍，特別有那樣一種光閃閃的幻麗潔淨。」「迎面高高豎起了下期預告的五彩廣告牌」，「穿堂裡望過去有很長的一段都是暗昏昏的沉默，有一種魅艷的荒涼。」[117]而電影院外邊呢？是一個真實的生活世界，充滿著你爭我奪：「一出玻璃門，馬上像是天下大亂，人心惶惶。汽車把鼻子貼著地慢慢的一部一部開過來，車縫裡另有許多人與輪子神出鬼沒，驚天動地得吶喊著，簡直等於生死存亡的戰鬥，慘厲到滑稽的程度。」

隨後主角人物的亮相幾疑是電影廣告牌中的人物走入日常的生活。比如對照「廣告牌上湧現出一個剪出的巨大的女像，女人含著眼淚。」女主角是「另有一個較小的悲劇人物，在那廣告底下徘徊著，是虞家茵。小而秀的眼睛露出一種執著的悲苦的神氣。」男主角則是「橫眉豎目的像舞台上的文天祥，經過社會的折磨，蒙上了一重風塵之色。」而電影中這些都由身歷聲的畫面展現。

張愛玲以為：「像我們這樣生長在都市文化中的人，總是先看見海的圖畫，後看見海；先讀到愛情小說，後知道愛；我們對於生活的體驗往往是第二輪的，借助於人為的戲劇，因此在生活與生活的戲劇化之間很難劃界。」[118]這部小說原是電影劇本，張愛玲一方面以其電

---

[116] 『不了情』第 1、2 場就是拍的電影入場以及散場的戲，以電影院為場景共有 3 場；〈多少恨〉中，電影院則是一個重要的場景：男女主角在電影院不期而遇，後來兩人又在這定情地約會了一次。

[117] 參見張愛玲：〈多少恨〉《惘然記》（台北：皇冠文化出版有限公司，1983年），頁 97-98、126。

[118] 參見張愛玲：〈童言無忌〉《流言》（台北：皇冠文化出版有限公司，1968年），頁 12。

影世界／文字世界複製著生活世界；而另一方面人生又何嘗不像是照著劇本演出的生活舞台秀，偶而來段脫稿演出，所以有一些神話的驚奇，出現一些難得的蒼涼悲壯。「戲」「說」人生，這是一種虛實美學，電影院是其間最真實的媒介。

丙、真實與虛構的往復迴環

張愛玲曾說：「寫小說的間或把自己的經驗用進去是常有的事。至於細節套用實事，往往是這種地方最顯出作者對背景的熟悉，增加真實感。作者的個性滲入書中主角的，也是幾乎不可避免的，因為作者大都需要與主角多少有點認同。」[119]嚴格說來，『不了情』與〈多少恨〉所演述的不能算是一篇自傳。但正如同張愛玲創作的劇本『太太萬歲』一樣[120]，讀者閱讀起來發現其中都有許多地方留著作者實際生活和週遭人物的殘影[121]。如果從作者個人生命經驗的投射與變形這一角度觀察，在真實與虛構的傳輸之間，恰是做了摹擬對照：1947 年張愛玲與胡蘭成離婚，主要是因為「胡」蘭成婚外情的背叛。這與〈多少恨〉中，已婚的中年男子「夏」先生角色相當，而且小說中的男主

---

[119] 參見張愛玲：〈三詳紅樓夢〉《紅樓夢魘》（台北：皇冠文化出版有限公司，1977 年），頁 197。

[120] 即便是從《太太萬歲》中，也可以看出一些人物造型取樣於現實的痕跡。陳輝揚指出：「女主角陳思珍的性格和造型有些自傳的成分，而胡蘭成的影子又落在自名為『愛蘭室主』的石揮和女婿張伐身上，一老一少都是不安於室的男人。」參見陳氏著：《夢影集──中國電影印象》（台北：允晨文化出版公司，1990 年），頁 147-148。

[121] 司馬新說：「這篇小說是按著歌德式愛情故事例如經典的《簡愛》、或現代的《蝴蝶夢》的模式寫成的，可是令人吃驚的倒是故事與張愛玲的真實生活十分相似。」參見司馬新著：《張愛玲與賴雅》（台北：大地出版社，1996 年），頁 49。另外周芬伶認為「有人以為這篇小說是描寫她和胡蘭成的故事。但比較可能是在嚴重失落下的自我補償與發洩。」參見周氏著：《豔異》（台北：元尊文化，1999 年），頁 350。

角在氣質上某種程度地保留了胡蘭成吸引人的部份，但在故事中另以原配夏太太的舊派落伍為其感情出軌的爭議開脫。至於女主角虞家茵與張愛玲本名張煐末字同音，在小說中還有一個無賴樣的父親，對照自身無父愛的童年經驗，張愛玲並不陌生。劇中一段男女主角互相呼喚的留戀纏綿，化入《今生今世》的眉言嘴語，一般地驚動三世十方。結尾女主角坐船離開，與張愛玲溫州之行的坐船離開，亦是同樣的繁情撥盡，霧散淒涼。而在一些轉化虛構的情節中，許多關於角色人物的心理描述似乎偷渡了張愛玲個人的心情，其行動也彷彿潛藏著自我救贖[122]：1947 年 6 月 10 日張愛玲有信給出亡中的胡蘭成，說明自己的決絕之意，她說：「我已經不喜歡你了。你是早已不喜歡我了的。」同時還附了三十萬元相贈。胡蘭成在《今生今世》裡也證實了是張愛玲新近寫的劇本『不了情』和『太太萬歲』上映了，才有這些錢。[123]然而，在張愛玲的作品裡，她是將現實生活中的被動分手化為主動，原本水邊佇立涕泣的自己在小說中是投射到了男主角身上。這個故事是不用多加解釋的人物的悲歡離合，裡面潛藏著／複製著張愛玲自我抉擇的矛盾痛苦和躭溺於終將幻滅的期待，「大海就在窗外，海船上的別離，命運性的決裂，冷到人心裏去」[124]，這是她感同身受，戀陷之深、無法自拔。

---

[122] 同註 121，周書，頁 350。小說中夏家的女兒夏小蠻這個角色以及她的家庭關係的維持，除了正暗示著虞家茵的角色複擬，更直指作家自身的童年經驗與對宗法父親交纏錯綜的愛與恨的投射。周芬伶說：「……裡面的人物有張愛玲自身的生命遭遇與自我抉擇和期待：舉如邪惡的父親無所不用其極的利用女兒，和自我壓抑的女子、無望慘怛的別離與情愛盡空的荒涼之感。」

[123] 兩段引文參見胡蘭成：《今生今世》下（台北：三三出版，1990 年），頁 302、473-475。

[124] 參見張愛玲：〈談音樂〉《流言》（台北：皇冠文化出版有限公司，1968 年），頁 221。

(2) 差異：

甲、情節角色的調動

電影劇本『不了情』裏共分 25 場。劇中主要人物是男女主角虞家茵、夏宗豫；次要人物包括夏亭亭（夏宗豫女兒）、夏妻、虞父、夏宗麟、范秀娟夫妻、姚媽、廚子、二房東等十人。小說角色與之大抵相同，僅稍做變動：夏亭亭的名字換成夏小蠻，二房東改成了房東太太。場景大致是家茵寓所 9 場、夏公館 9 場、戲院 3 場、秀娟家 3 場、百貨店 1 場（小說中則換作禮品店）。

在情節安排上，電影中夏、虞二人邂逅，夏宗豫為虞撿起掉在地上的皮包，小說中夏則是為虞攔出一條通路；另外虞家茵先去探病（范秀娟先生夏宗麟）再應徵工作，小說中則次序顛倒；而且虞家茵的父親在電影中是由二房東處得知夏家住址直接找上門，小說中較為迂迴以電話通知虞家茵回家，虞父第二次出現才找上夏家；電影中第 17 場是典型的愛情戲：綜合了看手相、削梨、互相呼喚名字……等，小說中是先擺牌起課後削梨，分開兩回敘述。最大的不同在結尾：虞家茵到決定到廈門教書，留信給好朋友范秀娟，託辦雜事，夏宗豫事先並不知情，係由范轉知，而虞父與二房東還在家茵房裡兀自爭搶著東西，反襯出這端情緣了，空留回憶惆悵。小說中則由虞家茵親自告知即將搭船離去，並將與表哥結婚的消息，第二天夏宗豫仍趕來送行，然而人去樓空，空餘憾恨而已。

乙、戲劇性反諷效果的喪失

張愛玲自己認為這篇由電影劇本『不了情』改寫的小說〈多少恨〉寫的不是太好。因為電影中的視象世界與小說的形式不同，所以小說讀者或許尚不知道的部份，由電影的畫面上卻立即可以呈現，因之可能喪失了『戲劇性的反諷』的效果。比如小說中小女孩向父親呶呶不

休說新老師好，父親不耐煩，在電影中從畫面上可以看到他就是初與女老師邂逅的男子；小說讀者並不知道。──所以不能造成觀眾暗笑，而劇中人矇然的「反諷」效果。

（二）通俗小說《多少恨》

1. 本事

〈多少恨〉是一個鋪寫家庭與愛情的浪漫傳奇：男女主角在電影院偶然的邂逅了，之後十分巧合的，女主角應徵成了男主角女兒的家庭教師，然後發生了愛情。不幸的是這段愛情遭受來自雙方家庭的阻力與破壞：男主角在鄉下還有一個多病的元配，女主角則有一個貪婪自私的父親糾纏不休，導致二人無法結合，女主角最後選擇遠走廈門任教。於是情不了，空留憾恨多少。一般說來，「女性的作品大都取材於家庭與戀愛，筆調比較嫩弱綺靡，多愁善感。」[125]這樣的故事無疑是一個典型的通俗小說。張愛玲認為通俗小說實在難寫，但由於對通俗小說一直有一種難言的愛好，所以她說：〈多少恨〉恐怕是她能力所及的最接近通俗小說的了。[126]

2. 敘事結構

「通俗小說」作為一種小說的類型，主要是「言情」，被視為「大眾文化」。而與「嚴肅文學」所屬的「高雅文化」互呈犄角之勢。事實上自《紅樓夢》以降，從清末民初的鴛鴦蝴蝶到新文學運動高喊入

---

[125] 「女作家聚談會」於 1944 年 3 月 16 日由「新中國報社」舉辦，當時　席者包括汪麗玲、吳嬰之、張愛玲、潘柳黛、譚正璧等人。參見唐文標主編：《張愛玲資料大全集》第三部分跟張愛玲有關的文字〉（台北：時報出版公司，1984 年），頁 241。

[126] 同註 111，頁 96-97。

雲的娜拉出走，愛情、婚姻、家庭一直是小說戲劇經常處理的題材。因此，本文即嘗試解讀「張愛玲現象之入列於大眾文化」，及其以「個人敘事顛覆主流宏觀敘事的反撥書寫策略」。

以下即採用仆芮蒙的「敘述邏輯」進行文本解析：此一「敘述邏輯」主要在檢視一個文學作品中不同元素的組織關係，進而領會故事的發展及意義。仆芮蒙的理論最主要的貢獻在於提出「事綱」（sequence）為敘事的基本單位，他延續溥剌的「事目與事目存在著邏輯關係」，作進一步闡析：認為所有類似的故事結構大都是一系列事綱的各種型態的組合，而每些事件的發展多受制於主角人物意志發揮所表現抉擇或行動。[127]

以〈多少恨〉為例：其基本事綱可分為由三個到四個敘事元素（事目）結合而成：

(1) 情況的形成（引起行動的必要性）——即「主角人物對現實的欠缺或憧憬」。

(2) 採取行動——即「主角人物追求理想或滿足慾望」。

(3) 行動成功或失敗——環境的阻礙或衝突與導致結局產生。

以下表列敘事元素，以女主角虞家茵為主，鋪排文本中相對應的小說情節發展以及顯現的主題意義：

---

[127] 仆芮蒙「基本事綱」的分析可分為「基本事綱邏輯」與「事綱組合型態」。「基本事綱邏輯」中，所謂事綱可看為由三個事目結合而成，在事情邏輯的發展上構成三個不可分的步驟：1 情況的形成（引起行動的必要性），2.採取行動，3 行動成功或失敗。「事綱組合型態」則包括三種：「連結法」、「鑲嵌法」與「兩面法」。其論述參見高辛勇：《形名學與敘事理論》（台北：聯經出版事業公司，1987年），頁145-157。

敘事元素	〈多少恨〉情節發展	主題意義
現實的欠缺或憧憬	* 女主角虞家茵經濟基礎與感情場域的匱乏。 (1) 相對於老同學秀娟，女主角虞家茵經濟窘迫 (2) 女主角出身單親家庭（父母離婚） (3) 女主角獨身未婚	現代女性的獨立生活（幸福）要件：經濟狀況自主自足與感情世界（愛情與親情）的和諧
追求理想或滿足慾望	1. 女主角應徵工作的行動 2. 男女主角看電影的行動 3. 家庭教師與男主人購買生日禮物的行動 4. 男女主角墜入情網 5. 與孩子／學生的相處：由教導、陪伴與關愛培養出的信賴與親愛的感覺。	1. 經濟能力狀況的尋求改善 2. 感情空缺狀況的尋求改善 3. 情緣註定：巧合情節的合理解釋。 4. 家庭教師與男主人的戀愛模式：類似《簡愛》 4-5 社會契約關係的建立與發展： 　* 僱主與員工契約關係→愛情關係 　* 教師與學生契約關係→親情關係
環境的阻礙與衝突	1. 男主人在鄉下養病妻子的重返：可憐與無知的特質。包括生病的無望與被棄的恐懼以及提出二女共事一夫的哀求，引發新的情節急轉。 2. 女主角無賴型父親的「施虐」：需索無度、侵奪公	1. 夏家夫婦婚姻契約關係的惡化與改善： * 惡化：由於夏虞愛情引發外遇與第三者的爭議（法理道德與情感的不相容） * 改善：導生荒唐的妻妾關係的建議

	款、狐假虎威、挑撥離間等惡劣行為不斷。 3. 保姆姚媽的告狀： 家庭教師與保姆的教管方式相左，產生地位被取代的危機感與妒忌心理以及姚媽的護主情結。	2. 人倫契約關係的惡化：即虞家父女關係的惡化（夏家父女與虞家父女形成對照、影響結局） 3. 人際利害關係的衝突：職場角色的對立
結局 （解決與懲罰）	1. 出走分離 (1) 女主角到廈門擔任教職 (2) 女主角拒絕成為姨太太 (3) 女主角排除繼續接受惡父的騷擾 2. 遺恨 （劇本『不了情』） （小說〈多少恨〉）	1. 女性的自覺與抉擇：女主角愛情契約關係中止 女主角親情契約關係破壞 2. 感情世界的荒涼與無望： 天長地久有時盡 此恨綿綿無絕期

　　根據仆氏理論，其故事發展基本上可能有二種可能：或圓滿收束，或悲劇收場。也就是說，一個故事根本上可設想為在某種條件下形成某種「狀況」，狀況形成發展後趨向有二：或是逐漸改善，或是逐漸惡化。而同一事件可從不同的觀點來進行評斷。舉如觀察〈多少恨〉中女主角虞家茵與其情敵夏太太的對立之局，後來夏太太向家茵提出道德勸說，並提出同意男主角收妾納小的請求。此一動作使情節急轉，就夏太太而言正是尋求改善過程的可能，而就虞家茵而言卻正是惡化過程的開始。此外，「事綱」發展中最重要的因素是「抉擇」的可能性：亦即人物意向或意志力量與故事發展的關係密切。這個觀念使得仆氏理論結合了敘事發展的兩個重要現象：敘事型態的必然性與自由性。必然性是小說中人物的抉擇產生取捨得失悲喜離合的結果，而自由性則使得小說中女主角虞家茵最後選擇「出走」的這個動

作，出現深層意義：既顛覆了愛情的浪漫想像，也顛覆了親情的庇護加持，而重新放置了自我。

3. 通俗小說的特性

(1) 情節的戲劇性：

通俗小說往往以情節發展取勝，尤其是十九世紀以來都市通俗小說，鑒於其時空背景中政治經濟、歷史文化、意識經驗、種族階級、生產消費等混亂的角力與複雜的影響，情節發展遂不必然與因果律相關，常有意想不到的鋪排（如偶然與巧合，甚至隱隱指向因緣天定）。它的觀照角度是世界上充滿磨難，試煉接踵而來。它的任務是向觀眾展現著現代社會中充滿了各種衝突，主題中往往出現個人與家庭與社會之間錯雜的緊張的對峙，小說裏的人物善惡分明，且屢屢以糾纏不清的關係以及角色功能的變異，來提升情節的張力，造成閱讀上的緊張與驚詫。而且因為這篇小說是依劇本敷衍而成，所以文本中自然使用著佳構劇（Well-made Play）[128]的結構技巧來展現衝突，情節的戲劇性更加地被強調出來。

甲、主角人物持續受難過程

〈多少恨〉的劇情主線要循著女主角追求經濟獨立、尋求感情寄託這兩項普通人最簡單的願望的滿足而發展。女主角虞家茵的父母親離異，父親早年是個浪子，外面有了女人而遺棄了她們。年老了仍舊混吃濫喝，巧取瞞騙，惡行惡狀的糾纏女兒。因此女主角的職業地位、社會形象、經濟狀況、乃至正常生活都備受干擾不安。統計虞父在小

---

[128] 根據斯蒂芬·斯坦頓（Stephen S. Stanton）「佳構劇」的理論與本處所討論到「情節戲劇性」的表現技巧相關者有：1.一個主要的誤會或巧合，其癥結雖然對旁觀者顯然可見，有關的劇中人卻遲遲不解。2.一連串主角人物（或英雄）因為與敵手衝突而形成的升沉。3.重複顯現的行動或形式組合。

說中一共出場八次（包括一次記憶中的印象），每一次父親的出現都伴隨著索求與算計，以惡父的姿態施虐，不斷的形成女主角的受難過程。[129]根據仆氏事綱敘事邏輯，事綱可以被不同的組合來曲折情節，此處將原本符合讀者期望值的父慈子孝的傳統和諧關係扭轉成善惡對抗，顛覆了家庭愛，使得情節複雜化。而女主角愛上有婦之夫的情節，被視為不為社會道德所接受的愛情更是女主角受苦的源頭。但，歧出的三角關係與好人的受難與犧牲正是通俗小說不可或缺的情節。

乙、家庭危機的形式出現

民國以來，五四浪潮以「救中國、反帝國主義侵略」為主要目標，展開除舊佈新的運動，家天下政治崩毀，個人主義與民主自由是青年們反抗舊社會舊禮教的利器，家族長老制的權威文化則成了進步發展的絆腳石。於是，通俗小說的故事中，往往鎖定家庭生活為焦點（十九世紀以來家庭問題一直是個人主義的障礙），將家庭不幸歸結於舊禮法的壓迫。並伴隨著自由戀愛與家庭安排的婚姻並列，形成民主與專制、自由與威權的對照。以本文所討論的〈多少恨〉為例，男女主角各有所屬的家庭，因為婚外情引發了橫跨三代的家庭問題，及父女關係的緊張：一是不完整的虞家。風流浪子式的父親因為外遇離妻棄女，而後父親落魄了，卻貪婪無饜地一再壓榨自己的女兒。女主角虞家茵不能切斷與父親的血緣關係成為無辜的受難者，由自身的無奈與憔悴（130）到對父親悲憤與恐懼（148），父親於是成為一個舊禮法

---

[129] 同註 117，頁 108、109、111、117、124、128、137、147。其中 108 頁的敘述明顯的感覺到虞家茵的恨父與無奈：「家茵最後一次見到她父親的時候，他還是個風度翩翩的浪子，現在變成一個邋遢老頭子了……她從前太恨他，太『認識他』了。真正的了解一定從愛而來的，但是恨也有它的一種奇異的徹底的瞭解。」109 頁裏，我們讀到虞家茵還是把辛苦省了的五萬塊錢給了父親花用。

附身的巨大魔影，顛覆了「父父子子」的倫常圖影，造成父女關係的緊張對峙。另外一組是岌岌可危的夏家。尷尬的是女主角搖身一變成了入侵家庭的第三者，並且可能把受創的童年經驗過渡給夏家的女兒小蠻。這使得虞家茵在做抉擇時天人交戰，最後顧及不願小蠻像自己一樣恨父，以及不願蒙上第三者破壞的惡名，選擇離開退出，避免了一個完整家庭的破碎。

丙、角色功能的變異

舉例來說，不僅小說中男女主角的角色功能隨著愛情的萌發產生情節離合的變化，比如從雇主與家庭教師的聘雇關係、延伸到戀人關係甚至向婚侶關係邁進、然後到結尾時的分手。一併牽動著女主角虞家茵周遭人物的對待關係：對學生夏小蠻而言，是由老師到新媽媽的轉進。性別鬥爭如：對夏太太而言，由面臨離婚威脅的第三者敵對關係，到共事一夫妻妾關係的妥協談判。對姚媽而言，則有由保母與家庭教師的分庭抗禮到可能轉變成的上下主僕的從屬關係的憂慮。這些人物角色在關係變動或逐漸成形的過程中，不僅利害相關的一方聯手相抗，就連女主角自身在面臨愛情與道德的兩難時也都充滿疑懼，比如女主角就曾經一分為二，借諸超我與本我的對話，進行善惡的角力：這一邊的她是這樣想：「我希望她（夏太太）死！」那一邊卻黯然微笑著望著她：「你怎麼能夠這樣的卑鄙！」[130]更何況是將自身的恨父經驗移轉，使她所愛的人遭受懲罰（包括男主角及小孩），更是女主角痛苦的難題。因此從敘述結構表中，整理其角色人物契約關係的建立與破壞，便可瞭然此一故事之趨於悲劇的必然。[131]

---

[130] 同註 117，頁 145-146。
[131] 即無論女主角虞家茵如何選擇，不是破壞愛情契約，就是破懷社會契約倫理關係。

丁、意想不到的情節

　　小說中男女主角的相遇相識是一連串的「巧合」：男女主角第一次相遇是在一家電影院，就在這座大眾化的王宮裡，漂亮的男女主角邂逅，碰巧女主角約好看電影的朋友臨時有事不能來，而剛好男主角獨自來看電影，多的一張票便順理成章的轉讓出去。男女主角第二次相遇是雙方不約而同都到了同一家禮品店，女主角是為學生採購生日禮物，男主角正在為買東西給女兒傷腦筋。於是男主角要求女主角代為挑選，然後為了答謝女主角的幫忙，便車相送是再自然不過的情節發展。而更機緣湊巧的是：女角打算去的地方正是男主角的家。於是謎底揭曉：女兒與學生為同一人，女主角竟是男主角所聘請的家庭教師。事實上，巧合的情節除了讓人感到驚喜，在背後更有高一層的指涉即是「有緣」（天定、命定說），這當然有助於通俗小說中言情成分的催化。

(2) 浪漫愛的追求

　　浪漫愛的迷離憧憬與熱烈期待是通俗小說中既令人迷惑而又無法抗拒的主場。羅曼蒂克的愛情氣氛營造出浪漫淒清的美感經驗，不僅提供小說裡身陷其中的男女全面的滋潤與保護，甚至讀者也把它當成了生活的視景。舉如宗豫與家茵喫茶說話，無聲勝有聲：「兩人其實什麼話都不想說，心裡靜靜的。講的那些話如同摺給孩子玩的紙船，浮在清深的沉默的水上。」[132]另外，有一段文字描寫兩人互叫名字更是漫掩著「複雜的柔情」[133]：首先是家茵削梨，夏宗豫坐在對面望著她，忽然說：「家茵。」家茵微笑著道：「嗯？」宗豫又道：「家茵。」他彷彿有什麼話說不出口，家茵反倒把頭更低了一低，專心削著梨，

---

[132] 同註 117，頁 108。
[133] 同註 117，頁 136-137。

道：「嗯？」他又說：「家茵。」家茵住了手，道：「啊！怎麼？」宗豫連續呼喚了三次，沒特殊的事，因為他在背地裡是常常這樣叫她的名字的。等夏宗豫回去了，家茵一關門，卻軟靠在門上，低聲叫道：「宗豫！」灩灩的笑不停的從眼睛裡滿出來，必須狹窄了眼睛去含住它。她走到桌子前面，又向蠟燭說道：「宗豫！宗豫！」燭火因為她口中的氣而盪漾著了。在戀愛的時刻，人的感覺特別纖細敏銳，張愛玲筆下的戀人是這樣在艱難的愛情裡煎熬著，她的詮釋方法便是輕輕挽住人情，以安靜素樸的姿態，傳達著痛苦中的歡喜。

(3) 細節的描述與傷感的情調

　　一般而言，通俗小說的讀者總是為著作品中趣味性，娛樂性，與揭露性著迷。張愛玲的《傳奇》向來被認為是提供了雅俗文學創作的典範，主要是因為她以卓越的技巧將通俗小說的結構挪用到嚴肅的文學題材上。[134]她的技巧包括細節的描繪、豐富的意象、靈活的比喻，氣氛的營造以及移覺的修辭手法，既包含著頹廢的華美，也有著洞察的感傷。李歐梵指出張愛玲給自己的挑戰是如何在日常生活的原材料上雕琢藝術「浮雕」，並用他們召喚出蒼涼的景觀。[135]張愛玲自己則是這樣說：「中國文學裡瀰漫著大的悲哀，只有在物質細節上，它得到歡悅，……主題永遠悲觀，一切對人生的籠統觀察都指向虛無。」[136]

　　檢視〈多少恨〉裡一些細節的穿插引人入勝，表現男女的關愛體貼的諸如補手套、送衣料熱水瓶等都是言情小說常見的題材，此外打破香水用來擦拭的手絹，宗豫留著後來擦了自己的眼淚，成了兩人愛

---

[134] 參見張誦聖著、古佳艷譯：〈袁瓊瓊與八〇年代台灣女作家的「張愛玲熱」〉《性別論述與台灣小說》（台北：麥田出版有公司，2000 年），頁 93-116。

[135] 參見李歐梵：《上海摩登》（北京：北京大學出版社；2001 年），頁 299。

[136] 參見張愛玲：〈我看蘇青〉《餘韻》（台北：皇冠文化出版有限公司，1987 年），頁 17。

情的紀念物。當然也不乏小兒女的迷情，比如借用骨牌暗示鏡花水月總成空的徵兆、削梨而不肯分梨（離）的禁忌，都掌握了戀愛中男女小心翼翼維護的忐忑心情。小說中「兩盞紅綠燈像一朵紅花一朵綠花寥落地開在天邊」，「講的那些話如同摺給孩子玩的紙船，浮在清深的沉默的水上。」「屋簷挨近藍天的邊沿上有一條光，極細的一道，像船邊的白浪。」的比喻精釆。移覺的修辭如「儘管兩個人都是很痛苦，蠟燭的嫣紅的火苗卻因為歡喜的緣故顫抖著。」「那裡的燈光永遠像是微醺」，「隔著灰灰的、嗡嗡的，蠢蠢動著的人海，彷彿有一隻船在天涯叫著，淒清的一兩聲。」令人動容。還有許多暗示在小說中埋伏著「悲哀會來的，會來的」消息，似乎對這段類似「簡愛」式的愛情並不看好[137]：因為女主角的眼裡始終露出一種執著的悲苦的神氣；因為女主角房裡的圓形的大鏡子根本就像是通往夢境的月洞門，而昏黃的夢裡發生的什麼都不算數的；因為起課的骨牌早已洩露天機「莫歡喜　總成空　喜樂喜樂　暗中摸索　水月鏡花　空中樓閣」；而破香水瓶裡插了的洋水仙，末尾枯萎了，被擲出窗外。於是整個故事停格在先前的暗示——明朗化之後。

再看夏宗豫與虞家茵每次相處，揮之不去的是悲喜迷離的感傷情調瀰漫。前前後後包括：宗豫第一次夜訪虞家茵，有進了月洞門的恍惚之感（116）。宗豫二次夜訪，家茵的微笑淒迷（122）。二人第二次相約看電影，四周有魅豔的荒涼（126），宗豫第三次夜訪，家茵排起骨牌，得到徵兆不吉，很受震動（127-128）。宗豫第四次夜訪，相對夜坐，燭光怯怯，二人的面目如同未完成古老的畫像（134）。

---

[137] 司馬新說：「這篇小說是按著歌德式愛情故事例如經典的《簡愛》、或現代的《蝴蝶夢》的模式寫成的，可是令人吃驚的倒是故事與張愛玲的真實生活十分相似。」參見司馬新：《張愛玲與賴雅》（台北：大地出版社，1996年），頁49。

宗豫第五次到來，正值家茵天人交戰，兀自心驚肉跳之際（146）。在家茵決定離開的最後一天，與宗豫淒然相對，她不能夠多留他一會兒在這月洞門裡，那鏡子不久就要像月亮裡一般的荒涼了（149-150）。最後一次宗豫來家茵家，人去樓空，推開窗子，隔著屋脊，隔著蠢動著人海，是有船在天涯的淒清（150）。

（三）通俗文學閱讀過程的受容與受阻

通俗文學閱讀過程如同等級鏈，分別滿足著感性層次、理性層次以及潛意識層次，包括有：空閒時的消遣、緊張後的娛樂、情感（友誼、親情、愛情等）的抒發【以上感性層】，獲得知識訊息【理性層】，以及功利慾（包括自主性、征服感、權力欲等）的替代性滿足和性意識的宣洩【潛意識層】。通俗小說藉由虛擬情境的代償效果，喚起了大眾閱讀的受容；另一方面也可能造成受阻，如通俗小說本身兩極化（性、暴力）所帶來的道德壓力，閱讀之後會產生「只此一次，下不為例」的認知，且對既定的規範、視為當然的價值設定重新進行反省。以〈多少恨〉為例：

1.受容

(1) 通俗小說在接受趣味上有期待視野。如小說的篇名「⋯⋯情」、「聚散⋯⋯」等自然會形成鴛蝴愛情、悲歡情史的想像期待，與嚴肅小說不同。此處，無論是小說文本〈多少恨〉或是電影劇本『不了情』，在題名上即勾勒出「哀情恨事」的印象。由此期待自然產生悲劇性感知結構：也就是讀者認為人生就是由許多無解而糾纏不清的人際關係、突發事件所組成──包括「天若有情天亦老、月若無恨月長圓」、紅顏

總遭人妒（或是天妒）、真情必須一再接受考驗，而全面的快樂與和諧是難以企及的。

(2) 就心理學上的觀點來看，通俗小說滿足著人性中的性本能以及鬥爭本能。前者表現在情節上便成情慾的追逐包括墮落與昇華、放任與約束、享受與犧牲；後者則出現英雄主義的發揚：包括成功與失敗、供輸與依賴、光明與黑暗、正義與慈悲。所以英雄美人式的人物組合及建立愛情／功業故事提供給城市小市民的是忘卻現實、短暫休憩、填補空虛、寄託夢想、慰解著孤獨迷失的靈魂。〈多少恨〉中，男女主角算得上俊男美女，而貧富差距的階級以及社會資源分配的問題則是靠愛情來解決。愛情雖然正是造成多少恨的主因，而小市民們即在故事中人物情恨相生的過程中隨之受樂受苦，獲得洗滌。

2. 受阻

(1) 二元對立概念的重新探索

出現在〈多少恨〉的故事裡，愛情／家庭是一組對立敘述元素。相對於從古到今許多愛情故事，真心相愛的情侶經常被家庭倫理、門第階級、禮法權威所阻擋，因此產生衝突，到最後往往結束於兩代的妥協或家庭的重整，舉如分離殉死的《孔雀東南飛》，喜劇收場的《李娃傳》等，愛情的意義多由與家庭衝突的對立找到立足點，其不朽的價值（堅貞、永恆、忍耐、犧牲）由之豁然突顯。但是在〈多少恨〉中所敘述的「愛情」，不全然是那麼神聖無邪，它受制／受困於環境社會的因素，而身陷其中的人們不再逆來順受，也嘗試尋找出路，傳統、男性的價值觀──「愛情婚姻為女性唯一依

歸」不再是萬靈丹,而代之以「不論在藝術裡還是在人生裡,最難得的就是知道什麼時候應當歇手。」[138]於是,愛情與自由取代愛情與家庭成為二元對立概念組,這是種「約束的美」——因為個人主義是在拋棄愛情之後才有了新的契機。

(2) 在通俗文學的市場上,作家、作品與讀者之間存在著一種供需關係,多以迎合大眾口味為依歸,其間讀者的主張往往隨著其立場不同而曲張。譬如對於父權、男權、夫權的批判以及母權的伸張、女權的堅持:當讀者採取閱讀位置時,對女人與女人的敵對,會傾向維護愛情而與女主角同盟,希望男女主角有情人終成眷屬,比如大多讀者認同〈多少恨〉中藉著女主角的獨立與清明,對既有道德觀的壓抑做出最大的反叛;而當讀者採取社會位置時(母親、妻子),則對男性角色(如惡劣的父親、腳踏兩條船的丈夫)的批判程度會提高,同時對情節中的女人為了挽回丈夫的心甘願替他納小的心態行為寄予同情(這也是通俗小說十分常見的手法),這時讀者覺得女主角的離開是正確的選擇。比如有評論者就對其中的男主角不怎麼欣賞:「你不見『不了情』那位男主人公,過得多麼優裕。無聊的時候,他挑逗了一位少女的戀情,然

---

[138] 張愛玲說:「受過教育的中國人認為人活下去,……怎樣處置自己沒多大關係,但是活的好一點是快樂的,所以為了自己享受,還是守規矩的好,在那之外,所以小心的留下了空白——並非懵騰的騷動著神秘的可能性的白霧,而是一切思想懸崖勒馬的絕對停止,有如中國畫上部嚴屬的空白——不可少的空白,沒有它,圖畫便失去了均衡。不論在藝術裡還是在人生裡,最難得的就是知道什麼時候應當歇手,中國人最引以為自傲的就是這種約束的美。」參見張氏著:〈中國人的宗教〉《餘韻》(台北:皇冠文化出版有限公司,1987 年),頁 17-18。

而作者卻寫了他流了眼淚。」[139]這說明著讀者往往被張愛玲小說中的「雙重視鏡」所吸引。

（四）結語

當文藝成為現代都市社會的生產部門中的一環，稿費制度的確立與職業作家的出現，寫作出版進入商品市場，大眾的欣賞趣味取代了說教功能，再加上十八世紀以來歌頌戀愛婚姻自由成為新的擇偶機制，租界品味對於上海的繁榮浮華起著直接的作用，加上處在政局紛亂的時代機緣上，於是，「追逐浪漫愛、建立自我取向」便成為了通俗小說伸張的主軸，而海派小說以現代都會風景的光與色作為背景節奏，環繞著世紀末的感傷，使得傳統與成規一齊解體，這引導著作家作品中新的創作曲線，追逐著商品法則重新做了包裝。

在電影劇本『不了情』與改編的小說〈多少恨〉裡，我們看到的是一對都會男女的歧出的愛，遭受來自四面八方的壓力，包括男女雙方都存有的親情倫理的負擔：女方的上一代與男方的下一代負擔；道德上的譴責：男方外遇行為的高爭議性與女方的第三者角色、破壞別人家庭的指責；個人生命價值的衝突：女方經濟能力的弱勢與依賴，相對於尋求自立更生的願望，以及男方舊式婚姻家庭的桎梏，相對於自由戀愛婚姻的欲望；再加上女方面臨角色轉換的巨大衝擊：由家庭教師到母親，更一併牽涉到極難處理的後母情結與棄兒心理。這些衡諸於社會現象，已不再限於個人的問題，而成為普通人的普遍問題。

一般而言，女性作者經常討論到婚姻或兩性關係，善於描寫心理狀態，以悲情取勝，結局多趨向於不圓滿。此或與性別基因（gene）

---

[139] 參見方嗆：〈所謂「浮世的悲歡」──『太太萬歲』觀後〉，收入陳子善《說不盡的張愛玲》（台北：遠景出版有限公司，2001年），頁94-95。

的差異有關。但是作者一旦被女性生態學所定位，作品主題化的結果
往往與粗糙的文學摹擬論結合（無論其摹擬的對象是外在世界或者是
作者的內在世界），這使得讀者輕易地就把文學素材與創作者身份做
因果或等同關係來看待，產生了混淆。是而，我們可以這樣觀察：張
愛玲小說中現實層面與作品層面並非一種主從關係，而是互相制約的
辯證關係。其性別知識以及作品生產的歷史和社會條件沉默地進入正
文，表面上形成一種矛盾、抗拒父權的過程，但終不可避免的仍然維
持著體制道德及其意識型態。更弔詭的是她以大眾化創作誘導並幫助
讀者來消費這種意識形態，[140]儘管張愛玲自己對這篇通俗小說並不滿
意，[141]但由這個創作基點，她給角色人物、作家自己、乃至讀者都留
下一片天空。

---

[140] 同註 134。張誦聖曾說：「張愛玲期待藉由一群可預期的、忠實的通俗小說讀
　　 者來建立文學聲望。」
[141] 同註 111。

肆、影響與比較

一、毛姆與張愛玲

（一）向毛姆致敬

　　一個作家的成長，往往經過學習與模仿。對心儀的作家作品熟讀愛好，取法借鑑是常有的事。1943 年，張愛玲以標題〈沉香屑〉的兩篇稿子〈第一爐香〉、〈第二爐香〉初試啼聲，得到了紫羅蘭主編周瘦鵑的賞識，他覺得它的風格很像英國名作家 Somerset Maugham（毛姆）的作品，而又受一些《紅樓夢》的影響。當時張愛玲即表示她自己正是毛姆作品的愛好者。[1]後來在新中國報社舉辦的女作家聚談會裡，張愛玲再度提及她喜讀毛姆的小說。而胡蘭成在《今生今世》裡也提及張愛玲把現代西洋文學讀得最多，好像「十八隻抽屜」。她講過的包括「蕭伯納、赫克斯萊、桑茂忒芒，及勞倫斯的作品」。每次

---

[1]　參見周瘦鵑〈寫在紫羅蘭前頭〉一文，收入唐文標主編：《張愛玲資料大全集》（臺北：時報出版公司，1984 年），頁 305-309。以及「女作家聚談會」1944 年 3 月 16 日在新中國報社社宅舉辦，出席的作家包括汪麗玲、吳嬰之、張愛玲、潘柳黛、譚正璧、藍葉珍、關露、蘇青等。被吳江楓詢及平常喜歡讀什麼書？張愛玲回答：「S. Maug ham（毛姆），A. Huxley（赫胥黎）的小說，近代西洋戲劇，唐詩、小報、張恨水。」收入唐文標主編：《張愛玲資料大全集》，頁 242-243。

講完，張愛玲總要補上一句：「可是他們的好處到底有限制。」[2]其中的赫克斯萊是赫胥黎，桑茂忒芒就是薩默塞特·毛姆。應賁曾推崇張愛玲的故事具有如毛罕姆一般膩麗的魅力，通過她（張愛玲），我們聞見了毛罕姆特有的神秘東方性洋味。[3]另外，根據張子靜《我的姊姊張愛玲》中記載：她常常談起的外國文學包括《琥珀》（Forever Ember）、《失去的地平線》（The Lost Horizon）等，受各家的影響都有，其中頂愛看 Somerest Maugham（毛姆）寫的東西。而且提到他的姊姊特別推薦毛姆和奧亨利的小說寫作方法，要張子靜留心學習。[4]可見張愛玲對毛姆作品的用心。

關於《紫羅蘭》編輯周瘦鵑將張愛玲的「二爐香」與毛姆小說相提並論的意見，耿德華（Edward M.Gunn Jr.）說「這個評語很有見地」，但認為張愛玲不局限於毛姆所慣用的主題、且其作品技巧的圓熟及其熱切關懷人類的各種痛楚是高於毛姆的。[5]余斌則進一步指出張愛玲的「二爐香」的確受毛姆以遠東殖民地為背景的小說影響，吸引她的主要是裡面特異的殖民地的情調和氛圍，這應是周瘦鵑所看到的相似點。[6]但也有不同的看法，舉如水晶就指出這是一種順手牽羊的說法，他認為毛姆是道地的犬儒派（Cynic），其小說始終停留在說故事的階段。將之與張愛玲的相比，水晶認為很難使後來者悅服。[7]此外，萬燕

---

[2]　參見胡蘭成：《今生今世》上（台北：三三書坊，1990 年），頁 291。

[3]　參見陳子善編：《張愛玲的風氣》（濟南：山東畫報出版社，2004 年），頁 106。

[4]　張愛玲的弟弟張子靜也承認張愛玲「頂愛看」《紅樓夢》和毛姆，但他認為姐姐兼采眾長，許多作家對張愛玲的影響「多少都有點」。參見張子靜、季季：《我的姊姊張愛玲》（上海：文匯出版社，2003 年），頁 94、129。

[5]　參見耿德華（Edward M.Gunn Jr.）著、王宏志譯：〈抗戰時期的張愛玲小說〉"Unwelcome Muse"（New York: Columbia University Press,1980）收入鄭樹森編選：《張愛玲的世界》（台北：允晨文化股份有限公司，1990 年），頁 49-51。

[6]　參見余斌：《張愛玲傳》（台中：晨星出版社，1997 年），頁 103。

[7]　參見水晶：《張愛玲的小說藝術》（臺北：大地出版社，1973 年），頁 104-105。

在《海上花開又花落——解讀張愛玲》中取毛姆作品《刀鋒》（或譯為《剃刀邊緣》）、《雨》和張愛玲小說〈金鎖記〉、〈心經〉、〈第二爐香〉等為例分作比較，闡述了在創作題材與書寫手法上，毛姆所給予張愛玲的內在影響。[8]

此外，張愛玲小說中的角色人物也有毛姆作品的愛好者。比如〈浮花浪蕊〉裡女主角洛貞搭乘挪威貨輪離開中國大陸，船上有不少西洋客，感覺上彷彿竟似走進了毛姆的領域。而其中情節發展，採用了回憶與現況交叉進行，將文本與現實進行比對，中間不時交錯的是對「毛姆全集」的閱讀記憶，總計通篇毛姆的名字來來回回出現了七次。[9]此外，張愛玲在《張看》自序曾用毛姆筆下的人物作比喻描寫炎櫻父親的一個老朋友；而在批註《海上花》第 33 回「快刀」一事也曾引用1935 年毛姆由法屬圭安那，參觀罪犯流放區，死刑犯斷頭眨眼的例子，正見其學養雅博。[10]由此可以察覺張愛玲對於毛姆以及其作品的浸淫、玩味與喜愛，到個中的體會、察納與內化，在自己的作品中帶有「毛姆」的感覺，也就成為一種「習慣成自然」。

（二）作家的生成

毛姆說：每個人都有點創造本能，每一位作家的作品多多少少是他們基於某些原因壓抑下來的某種本能或潛意識的昇華，但內在驅力的持久與各人的個性才華，則使他們能夠藉著靈魂的自我實現成就偉

8　參見萬燕：《海上花開又花落——解讀張愛玲》（南昌：百花州文藝出版社），頁 29-39，85-89 以及劉鋒杰：《想像張愛玲——關於張愛玲的閱讀研究》（合肥：安徽教育出版社，2004 年），頁 436-456。

9　參見張愛玲：〈浮花浪蕊〉《惘然記》（臺北：皇冠文化出版有限公司，1983年），頁 38-66。

10　參見張愛玲：《張看》「自序」（臺北：皇冠文化出版有限公司，1976 年），頁 6 以及《海上花落》（臺北：皇冠文化出版有限公司，1983 年），頁 392。

大的藝術作品。相對於毛姆不僅僅是二十世紀英國一位流行作家,他的許多書首次出版時就是暢銷書,而且被人們不斷地廣泛閱讀。他的作品體類豐富,包括自傳、小說、戲劇、散文、文學評論以及作品選集,無不趣味盎然,而且他總是以銳利辛辣的諷刺與觀察,善於製造懸疑氣氛,傳達著對人性深刻的洞察。張愛玲則是中國現代文學史上傑出的女作家,她中英文俱佳,作品包括散文、小說、劇本甚至繪畫都各擅勝場。她的文字書寫是針對世俗的情愛表現著一種「通常的人生回聲」,語言的運用尖新潑辣,是以蒼涼華麗的風格造就了她無比的魅惑力。二者都在當代社會通俗小說的場域中引領風騷。其中值得注意的是,這兩位作家的成長過程以及對待周遭事物的看法多有相似,而這些分別地影響了他們日後的寫作。

1. 作家的成長

觀察張愛玲與毛姆的童年記憶都並不愉快,包括二人個性內向敏感,欠缺完整家庭之愛,人際關係相處冷淡,都有著罹患大病的隔離經驗以及分別經歷過戰爭的洗禮,成長過程中時時感應著孤獨與無望。有人說毛姆生性涼薄,也有人批評張愛玲自私冷漠,不圓融於世情。而就在相對封閉的心靈世界裡,張愛玲與毛姆各自從寫作的途徑尋得了出口,分別在小說和劇本方面展現了驚人的爆發力。正如毛姆所言:「身體的缺陷或童年不幸的遭遇,會影響作家作品的性格,因為身體或精神的殘障使他與同伴格格不入,使他神經過敏不自在,所以他會從某種不尋常的觀點,⋯⋯往往過份悲觀,⋯⋯來看待世界與人生,而這種內省的特質正與創作本能牢牢連結,形成作家獨特的風格。」[11]

---

[11] 參見毛姆著、宋碧雲譯:《世界十大小說家及其代表作》(Great Novelists and Their Novels)(臺北:志文出版社,新潮文庫 436,2001 年),頁 253-257。

(1) 毛姆的慘澹少年[12]

威廉·薩默塞特·毛姆（Wiliam Somerset Maugham, 1874-1965），出生於巴黎，父母因病早逝，是由住在南英格蘭肯特郡的牧師叔叔收養，毛姆身材瘦小，體力不佳。自小在法語環境生長，帶有法國腔的英語不太靈光，又因為口吃的毛病深感自卑，學校生活中屢受同學嘲弄，所以他的少年時代並不快樂。十五歲時，這位憂鬱少年因為肋膜炎在里維拉療養，日後他把療養院視為他的人生大學，或許正是因為這樣的不幸而且孤獨的經驗，讓他選擇以文字寫作為傾洩管道，他的一篇短篇小說〈肺病療養院〉便可窺得這段慘淡生活的縮影。毛姆個性畏縮，不喜歡與人群交際，他的人格發展、求學與就業大致可分為研究神學、醫學到專事寫作這三階段，期間還經歷了兩次大戰，他努力地想為生活創造出一種型式，想在自身之內發現某些東西，所以無論是實際人生或是作品裡的人物都不斷在探索人生、追尋人性的真相。比如《剃刀邊緣》中的主角萊雷，還有他的自傳性小說《人性枷鎖》中的跛腳少年菲力普都表現出這樣的追索。而童年的家庭生活記憶裡，母親不在的缺陷，更在毛姆心中留下了難以癒合的傷痕。[13]

---

[12] 有關毛姆的生平紀事之整理撰寫，參見毛姆著、陳蒼多譯：《毛姆寫作回憶錄》（Summing up）（臺北：志文出版社，新潮文庫 19，1975 年），頁 1-277。

[13] 毛姆雙親早逝，所以毛姆對他們所知不多，父親大母親二十多歲，父親貌醜母親氣質高雅，溫柔美麗，聽說當時在巴黎被形容作一對「美人和野獸」。童年的記憶中對唯美的母親印象深刻，毛姆在《人性枷鎖》中描寫菲力浦母子情深，篇首以母親辭世的一幕開場，毛姆的母親因肺結核早逝，母親在病危時還強忍病痛到照相館拍下遺照，以免九歲的孩子將來忘掉自己的母親。這樣的一份遺物所留給毛姆的是無盡的思念與傷痛。而母親辭世後，年幼的菲力浦（毛姆）打開衣櫃，埋在母親的衣香裡，覺得母親只是去散步了。以上資料整理參見前註《毛姆寫作回憶錄》，頁 22-25。以及毛姆著、宋樹涼譯：《人性枷鎖》（Of Human Bondage）（臺北：志文出版社，新潮文庫，2001 年），頁 1-738。

(2) 早慧的張愛玲[14]

　　張愛玲（1920-1995）出身於官宦世家，父親是典型的封建遺少，母親也系出名門，是一個秀外慧中，具有西洋淑女風度的新女性。但是這樣的天作之合卻因為張父的生活墮落（吸食鴉片、納妾）而出現裂痕，張母因而出洋留學。十歲那年父母離婚，她與繼母孫用藩相處不睦，後因「外宿生母家未曾稟報」與繼母發生重大爭執，張愛玲遭到拘禁，然後又得了痢疾，幾乎沒了性命，1938 年張愛玲逃出麥根路她出生的家，正式與家庭（父系傳統）決裂。這段被軟禁的經過，張愛玲曾以英文在《大美晚報》（Evening Post）發表，標題十分聳動："What a Life! What a girl's Life!"[15]而她的散文〈私語〉以及小說《半生緣》中的女主角曼楨的囚禁情節都是這段經歷的縮影。張愛玲一生特異獨行，不與人親。她提及自己的中學生活是不愉快的，也很少交朋友。成長生命中幾個重要的親近的人無非是姑姑、母親、何干（母親代理人）、炎櫻和在聖瑪利亞女校的一兩個同學。香港陷落時，她在港大讀書，有圍城的經驗，有死裡逃生的驚心動魄，張愛玲在〈燼餘錄〉裡說到：戰時香港所見所聞……對於我有切身的、劇烈的影響。[16]對於家和母親，張愛玲這樣地總結著記憶：對家的感覺十分「遙遠」，最初的家沒有母親這個人，後來的家（與姑姑同住）又覺得自己總是在裡面撞來撞去打碎東西。就這樣寄住在舊夢裡，做著新的夢，而對母親，始終是抱著一種羅曼蒂克式的愛。[17]

14　同註 4，頁 11-60。張愛玲是滿清重臣李鴻章的外曾孫女，父親是典型的封建遺少，母親系出名門，祖父長江水師提督黃翼升是湘軍勇將，繼母孫用蕃也家世顯赫，父親是孫寶琦，曾任袁世凱內閣國務總理。

15　同註 4，頁 77。

16　張愛玲在〈童言無忌〉提及：她十二歲時，曾經對一位同學說：「我是……除了我的母親，就只有你了。」參見張愛玲：〈童言無忌〉、〈燼餘錄〉《流言》（臺北：皇冠文化出版有限公司，1968 年），頁 13、41。。

17　同註 16，頁 8 以及 153-168。

2. 作家的閱讀

譚正璧說讀書是一種嶄新而動人的冒險。作家創作固需經驗，但學問也不可少。而知識的建立在多讀名作，外國的、本國、現代的、古代的都應該讀。[18]張愛玲與毛姆都屬於愛閱眾，常常從圖書館借書來讀，他們都認為養成閱讀的習慣等於為自己築起一個避難所，幾乎可以避開生命中所有的災難。毛姆的讀書則是隨自己的興趣來讀；由於人們無法每一天都保有不變的心情，他善於選取最適合自己的書籍，從科學、哲學、歷史、散文、評論與傳記以及小說。有時還同時讀五、六本書，而在注意力不能集中的時候，他的法寶就是跳讀。所以，對他而言，讀書是一件很快樂的事。張愛玲則對閱讀一向是充滿好奇與熱情，她的興趣廣泛，從人類學、史學到社會言情小說都看，因為這些材料所涉及的是人類的日常生活，有世俗的情趣，也有社會的真實性，她覺得可親。

(1) 毛姆的閱讀[19]

毛姆認為閱讀是一種休息，甚至是一種必需品，是不可被剝奪的權利。由於毛姆懂得法語、德語、義大利語、英語，閱讀範圍極廣，包括莎士比亞的劇本、摩生（Mammsen）的羅馬史、但丁《神曲》以及易卜生的劇本，法國文學蘭松（Lanson）、斯湯達爾、巴爾札克、福祿貝爾、莫泊桑和法郎士，他曾說：「古代的希臘令人驚心動魄，而義大利的文藝復興令人沉迷。」在聖湯馬斯醫學院期間，他曾有系統的閱讀英國、義大利和拉丁文學，此外，他特別欣賞亨利・費爾丁的《湯姆・瓊斯》、雪萊的《饗宴》、一本又一本的讀著梅雷狄斯的小說，並特別學習俄語去閱讀契訶夫的戲劇。他說他生命中最興奮激

---

[18] 同註 1，頁 245。
[19] 同註 12，頁 82-83、203-205。

動的時刻是開始讀哥德的「浮士德」的時候,哲學書是他閱讀材料中最富於變化且豐富的,而坐下來寫作時,最影響他的是莫泊桑的長篇和短篇小說。至於當代作家佛斯特(E. M. Foster)、勞倫斯(D. H. Lawrence)、吳爾芙(V. Woolf)的作品,自然有著與古典文學不同的生動性。毛姆聲稱自己早早就養成一種為閱讀而閱讀的習慣:清晨他總要讀一會兒書,來開啟一天。書的內容不是科學就是哲學,因為這類書需要清新而且注意力集中的頭腦。當一天的工作完畢,心情輕鬆,又不想再從事激烈的心智活動時,就讀歷史、散文、評論與傳記;晚間則看小說。此外,他手邊總有一本詩集,在床頭,總放一本可以隨時取看,也能在任何段落停止,心情一點不受影響的書,但他從來不受脅迫去讀那些令人覺得厭倦的書。此外,毛姆認為他的寫作可觀,還要歸功於有機會到處旅行。總之,閱讀讓他得以釋放,旅行則使他發現了自由。

(2) 張看

張愛玲家學淵源,父親的舊學根底極深,是她研究《紅樓夢》的啟蒙師。母親相對偏於西化,堅持送她接受西式教育,加上張愛玲求學期間曾經發奮苦學英文[20],所以中英文學養俱佳。她自幼喜歡讀書,尤其是小說,雖然她說舊小說好的不多,就是幾個長篇。但根據她自己提到看過的以及張子靜的記述中所論及,中國文學方面,包括《詩經》、樂府詩、唐詩(李義山等)、《紅樓夢》、《三國演義》、《西遊記》、《水滸傳》、《金瓶梅》、《閒情偶寄》、《浮生六記》、《聊齋誌異》、《閱微草堂》、《夜雨秋燈錄》、《老殘遊記》、《儒林外史》、《官場現形記》、《醒世姻緣》、《兒女英雄傳》、《鏡花緣》、《海上花列傳》等,還有平襟亞《人心大變》、朱瘦菊《歇

---

[20]　同註 16,頁 132。

浦潮》、李涵秋的《廣陵潮》、張恨水的作品如《秦淮世家》、《春明外史》、畢倚虹的《人間地獄》等社會言情小說。五四以後的新文學作家包括自言視之如神明的《胡適文存》，魯迅《死魂靈》、《阿Q正傳》，周作人的日詩譯作，劉半農、徐志摩和朱湘的詩、充滿「感傷主義」的郁達夫，與母親影響因而接觸喜愛的老舍名作《二馬》、《離婚》、《火車》以及《牛天賜傳》，此外，穆時英的《南北極》與巴金的《滅亡》，曹禺的《日出》、《雷雨》，林語堂的幽默小品，還有解放區作家趙樹理的小說《小二黑結婚》等都曾涉獵，至於女作家群，張愛玲最喜愛的是李清照與蘇青，另外對冰心與丁玲有褒貶文字，自然也是看過的。[21]

西洋文學方面，張愛玲曾說：我們都是在英美的思想空氣裏面長大的。[22]她在學校裡就讀過「莎士比亞」，但對古典作品的興致不大，比較喜歡莫泊桑、契訶夫、奧亨利，還有赫克斯萊（赫胥黎）、桑茂忒芒（毛姆），及勞倫斯的作品，他們都以詼諧尖刻的世態小說著名，此外在她的《流言》以及《張看》的文集裡引述到的西洋名家作品，包括了劇作家易卜生的《娜拉》和蕭伯納的《長生》、大仲馬的《三劍客》《基督山恩仇記》、托爾斯泰《戰爭與和平》[23]、格林童話、《葛利伐遊記》、《魯賓遜漂流記》以及賽珍珠的小說。宗教類舊約聖經、史學類佩奴德（Regine Pernoud）的《艾蓮娜王后傳》、心理學類「佛洛伊德、榮通信集」等，興趣廣泛。[24]外國女作家裡，她偏愛

---

[21] 同註1，頁240。

[22] 張愛玲在《雙聲》與炎櫻對談時曾說過：「至於外國，像我們都是在英美的思想空氣裏面長大的，有很多的機會看出他們的破綻。就連我所喜歡的赫克斯萊，現在也漸漸的不喜歡了。」參見張氏著：〈雙聲〉《餘韻》（臺北：皇冠文化出版有限公司，1987年），頁59。

[23] 同註16，頁12、21、85、87、144、166、184、191。

[24] 有關張愛玲的閱讀書籍，參見張愛玲的散文〈談看書〉、〈談看書後記〉、

Stella Benson[25]，後來她為美國之音廣播節目時，曾將幾部西方名家包括莫泊桑、亨利·詹姆斯以及蘇聯小說家索爾士肯尼頓的小說改寫成劇本，[26]1952 年，在美國新聞處工作期間，從事了海明威（Ernest Hemingway）、華盛頓·歐文（Washington Irving）的小說翻譯。[27]2004 年，張愛玲的遺稿《同學年少都不賤》出版，其中一併收入了愛默森、梭羅、海明威等譯述四種。[28]這些閱讀的陶鍊厚實了她的學養，溶入了她的寫作。

3. 作家之路

　　兩位作家都似乎擁有天生的創作慾；第一部小說問世使他們正式進入文壇的時間都是二十三歲；他們縱橫於文本與劇本之間，分別得到很好的成績。二者對金錢敏感度高，寫作時掌握人情，隨機取材，他們作品的題材多聚焦在「平凡人生與普通生活」，因為平凡允許作者以較大的忠實性去描寫環境，而普通則得到更真實的生活圖像。書寫的手法就大處著眼，俱以「剔透的觀察人性、語含機鋒、意涵雋永」自成特色，在社會通俗小說中崛起。

　　〈談跳舞〉、〈私語〉、〈更衣記〉、〈論寫作〉、〈天才夢〉，收入張氏著：《張看》（臺北：皇冠文化出版有限公司，1976 年），頁 184-191、232-242。以及張子靜、季季：《我的姊姊張愛玲》（上海：文匯出版社，2003 年），頁 94、129。

25　同註 1。

26　在水晶的《蟬——夜訪張愛玲》裡，紀錄張愛玲的話：「至於西洋作家，她謙虛地說看得不多。只看過蕭伯納，而且不是劇本，是前面的序。還有赫胥黎、威爾斯。至於亨利·詹姆斯、奧斯丁、馬克吐溫則從來沒有看過。」但根據司馬新的《張愛玲在美國——婚姻與晚年》第八章以及《流言》、《張看》中的引證書名，可窺其在西洋文學方面的閱讀涉獵。

27　參見司馬新：《張愛玲與賴雅》（台北：大地出版社，1996 年），頁 69-71。

28　參見張愛玲：《同學少年多不賤》（臺北：皇冠文化出版有限公司，2004 年），頁 72-220。

(1) 寫作的天份

甲、寫作就像呼吸的毛姆

　　毛姆第一次寫小說的時候，就像從事這個世界上最自然不過的事情那樣地握起了筆，宛如鴨子游水那般。毛姆說：「對我而言，寫作就像呼吸，是非常自然的本能。」[29]1897 年，毛姆 23 歲，第一部小說《蘭貝斯的麗莎》問世，直到 1907 年，劇作《佛雷德麗克女士》的公演佳評如潮，毛姆受到矚目，自此在文壇劇壇一帆風順。

　　毛姆喜愛旅行，他小說中的風景描寫遍及世界各地，旅行經驗不但擴展了他的視野，更有助於激發靈感，與他的創作相得益彰。1920 年毛姆到中國旅行，寫成了《中國屏風》，1929 年到馬來半島等地旅行，寫成了《頭等艙上的紳士》，至於《唐‧菲爾南多》則是他拜訪西班牙後的結晶。另外在帕戈轉船意外停留的時光，短篇小說壓卷之作〈雨〉誕生。1936 年印度之行，更為《剃刀邊緣》故事中男主角青年萊雷的一連串靈魂探索與人生意義的追求，最後皈依於東方的神祕主義，找到安息之所。而以法國畫家高更一生為藍本的《月亮與六便士》，毛姆更親至大溪地蒐集材料，創下驚人的銷售量。當然，世界大戰間毛姆曾經從事情報員工作的的經驗也自然地轉陳為〈秘密情報員〉的故事情節，收入《阿星頓》短篇集。最令人注意的是在四十一歲的盛年（1914）出版了自傳性的長篇《人性的枷鎖》。此外風俗喜劇的傑作有《偉大人物》、《圓圈》，而包含〈雨〉、〈紅毛〉的《葉之震顫》則是令人印象深刻的短篇小說集。毛姆是個說故事高手，他說他從不需要「題目」這個東西，他頭腦裡的故事多的沒時間一一寫

---

[29]　參見毛姆著、秭佩譯：《剃刀邊緣》（The Razor's Edge）（臺北：志文出版社，新潮文庫 369，1995 年），頁 4。

出，他不管跟誰消磨一個鐘頭的時間，都可以從他身上取的材料寫出一篇可讀的故事來。

乙、生來就是寫小說的張愛玲

　　張愛玲對色彩、音符和字眼極為敏感，又有著驚人的想像力。她自認為生來就是一個寫小說的人[30]，九歲時就開始向編輯先生進攻，『理想中的理想村』是她十二、三歲時的文稿，1932 年起，在校刊《鳳藻》上發表的〈不幸的她〉、〈遲暮〉和〈秋雨〉都是她的少作[31]，〈天才夢〉更是她夫子自道。1943 到 1945 年間中日戰事正酣，張愛玲以「傳奇」、「流言」走紅。她是從上海人的觀點來看待世界，上海與香港成為她創作的雙城。第一篇小說〈第一爐香〉在上海嶄露頭角時，她年僅 23 歲。其間張愛玲曾親自將自己的風行小說〈傾城之戀〉改編成為劇本，1944 年被搬上舞臺，盛況空前。其後她的小說〈金鎖記〉、〈紅玫瑰與白玫瑰〉、〈封鎖〉更將她推向寫作的高峰。抗戰勝利後，因受到「海上文妖」的嚴厲指責，創作活動一度趨於沉寂。直到 1947 年，她的電影劇本「不了情」、「太太萬歲」再度獲得廣大觀眾的熱烈迴響，於是她重新以劇作家的身分回到創作舞臺。1951 年後，她從上海、香港到了美國，長篇鉅作《半生緣》、《秧歌》、《赤地之戀》、《怨女》陸續出版。張愛玲認為：「文人該是園裡的一顆樹，天生在那裡的，根深蒂固，越往上長，眼界越寬，看的更遠。由於張愛玲並沒有太多機會像高爾基那樣到處流浪，所以她寫她所能

---

[30]　參見張愛玲：〈童言無忌〉《流言》（臺北：皇冠文化出版有限公司，1968 年），頁 13；以及張愛玲：〈天才夢〉《張看》（臺北：皇冠文化出版有限公司，1976 年），頁 240-242。

[31]　參見陳子善：《說不盡的張愛玲》（臺北：遠景出版事業有限公司，2001 年），頁 1-28。

夠寫的，只要題材不專門性，像戀愛結婚，生老病死，這一類普遍現象，都可以從無數不同的觀點來寫，一輩子也寫不完。」[32]

(2) 世俗的進取心

甲、毛姆寫作可以攫取金錢的小說

毛姆先後進入牛津大學、德國海德堡大學、又轉入倫敦的聖湯瑪斯醫院就讀，然後到貧民區蘭貝斯從事醫療實習，第一部小說《蘭貝斯的麗莎》是他的醫事經驗的寫實，毛姆由此正式踏上了作家生活。當時周圍的人對毛姆放棄醫師資格選擇從事寫作一途都不贊成，但毛姆不為所動，初期毛姆的創作乏人問津，窮困的經驗刻骨銘心，後來才以戲劇贏取名聲與金錢。因此對毛姆而言，金錢的意義非比尋常，他曾這樣說：「金錢就有如第六感，沒有第六感，其他的五種感覺也不能充分地發揮力量。」因為讀者通常只關心作品的結果，跟作者寫作的動機無甚相關，何況世界上大部分的偉大畫像都是人家付錢給畫家而畫出的。這樣的觀念使他終生秉持「藝術即生活」的態度，提供人們有趣的故事，而得到金錢，讓自己能過舒適快樂的生活，所以他把「成功」當作正當報酬，對「名聲」感到高興，對「金錢」小心看待。雖然在十九世紀末，英國文學思潮產生無數變遷之際，這位英國作家仍然以自己的方式寫作「可以攫取金錢的小說」，豎立起通俗派的招牌。[33]

---

[32] 同註 16，頁 133-135。
[33] 同註 12，頁 3-8、150-154。

乙、拜金主義者張愛玲

張愛玲自小就喜歡錢，「不知道錢的壞處，只知道錢的好處。」[34]
她親眼目睹家道中落，有一個時期她在後母治下生活著，揀她穿剩的
衣服穿，一襲碎牛肉的顏色的薄棉袍，穿不完地穿著，就像渾身都生
了凍瘡，令她永遠不能忘記；而從聖約翰輟學主要的原因也就是缺錢
的困擾。在時代與環境一齊發生著巨大的變化的當下，舊的事物終將
一去不回，她深刻地瞭解到錢就是錢，可以買到各種想要的東西。張
愛玲一直願意做一個自食其力的人，因為她極不願意看人眼色，與人
交往一借一還，亦從不欠賬。她直陳用別人的錢，即使是父母的遺產，
也不如用自己賺的錢來得自由自在。她生平第一次賺錢，是在中學時
代，畫了一張漫畫投到英文《大美晚報》上，得到五塊錢，她立刻去
買了一支小號的丹琪唇膏。接著她寫稿謀生，起初她賣的是洋文，為
上海《泰晤士報》（The Times）以及英文月刊《二十世紀》（The XXth
Century）寫些散文小品和影評。其後她的小說《第一爐香》在《紫羅
蘭》雜誌刊登，從此青雲直上，成為上海灘最紅的小說家，並陸續在
《萬象》、《天地》、《苦竹》、《大家》、《亦報》等雜誌月刊發
表作品。當時，她有著強烈的慾望：努力賺錢、渴望名氣與掌聲。她
說：「出名要趁早呀！」她努力地描寫人類在一切時代生活下來的記
憶，以及平凡男女的恩怨爾汝來去，隱然成為通俗小說的新教主。她
說：「她要最喜歡的藍綠封面給報攤子上開一扇夜藍的小窗戶，好讓
人們可以在窗口看月亮，看熱鬧。」[35]

---

[34] 同註 16，頁 6-9。其中張愛玲提及週歲在『抓週』的時候，拿的是錢——一個小
金鎊，她喜歡錢，亦不做清高，堅持自己是一個拜金主義者。

[35] 參見張愛玲：〈再版自序〉《傾城之戀》（臺北：皇冠文化出版有限公司，
1968 年），頁 6-8。

（三）作家的創作態度：

作家們往往在他們寫作中建立一個遺外的精神堡壘，作烏托邦式的寄託，暫時棲身；或意圖以進行藝術創造的自我（而非現實社會實踐中的），藉由多重情緒欲望的喚起、傾洩，尋找一種精神價值的平衡，進行生命與生命的對話。就在實際生活的洗禮與閱讀的啟示下，張愛玲與毛姆這兩位作家把他們對生活的感知、人性的審視，以文字紀錄時代，提供了普通市民雅俗共賞的趣味，他們的創作主張與藝術品調，在當時的文學市場上自成一格。以下便分從二者的文學主張包括：理論與創作、書寫的題材、寫作的態度、書寫的技巧、文藝的功能、作者與讀者的關係等六方面綜合整理，觀察其同步關係與差異視角，進而了解其如何代表了社會大眾的聲音。

1.毛姆的文學論

(1) 理論與創作：

歷來，對於文學的藝術性和流行性的矛盾始終爭論不斷，現代主義者看重深奧和實驗性的藝術，其評論家自然接受其審美觀的影響。另一方面，當然也出現著一些反現代主義思潮的聲音，主張流行是偉大作品的唯一標誌。比如毛姆便認為「小說是為了消遣用的」，「流行的需要並不排斥藝術價值」。作家的書寫應是一種「靈魂冒險的表白」，作品除了表現生活，還要能批評生活。寫作不完全源於本能，需要勤勉學習，作家應當一面要能自省，一面要能引導讀者習慣於所創發的「新奇」。如今，這個調子成為了暢銷書市場遵循的信條。

(2) 書寫的題材

毛姆極接近他寫作的原料，他寫那些處於常人中的常人。他說：任何事件的人、景、物都可能是你的材料，但一個作家僅能處理與你

自己性情相關某種秘密之泉那些事物。他舉了安諾德・本奈特（Arnold Bennett）為例，說明「只有在處理他所熟悉的五個城市的生活時，作家的作品才顯得有性格。」[36]長期以來，毛姆是跟未經加工的人生接觸，並謝絕模仿。他一直選擇站在自己所熟悉的文壇和劇壇為舞臺，盡情演出，所以筆致特別絢爛。[37]

(3) 寫作的態度：勤勉、親近與自省

對毛姆而言，寫作是一種全天候的職業，是作家生活主要的目的。他說每件他所看到的和感覺到的都對他有意義，知覺或不知覺的他都一一儲存，並隨時進行印象改造。在動筆之前，毛姆總是喜歡把材料存在心中蘊釀一段時間，因為跟幻想的人物生活二、三個禮拜以後，他們便無不熟稔可親。此外，他對業餘文人的寫作態度觀感不佳，認為他們和職業文人最大的不同是缺乏自省的能力，所以不能進步，而一個國家的文學決不是由少數幾本暢銷書造成，而是由龐大的作品組成的。[38]

(4) 書寫的技巧

甲、三項創作要則：清晰、簡單、諧和

如果以一句話勾勒毛姆的小說：那就是「清楚明白、直截了當地講故事」。在當時充滿著令人艷羨的華麗的文學空氣裡，他批評裝金

---

[36]　同註 12，頁 151、156。

[37]　參見毛姆著、傳惟慈譯：《月亮與六便士》（The moon and sixpence）（臺北：志文出版社，新潮文庫 368，1995 年），頁 11。

[38]　同註 12，頁 153-154。毛姆對業餘作家的批評相當犀利：「寫作的技術並不比其他藝術容易，如今寫作似乎是人類偏愛的休養活動，女人會藉寫小說以消磨掉她們的懷孕期，倦厭了的貴人、退休的文官、削減經費的官員會奔向筆墨，就像人們飛奔像酒瓶一樣。業餘作家可能有時產生一本優秀的作品。他們聰明的不再去試運氣，他的第二本書一定是沒價值的。」

嵌玉的片語和奇異的形容詞是生硬而貧血的，缺乏新鮮的空氣和行動
的力量，他認為成功寫作的三個特質依其重要性排列為：清晰、簡單
和諧和。第一、清晰的標記是平易和自然，而準則便是「堅持要點」。
作家本身必須有邏輯的觀念，藉著可見性質的呈現而獲得實質，清晰
表現精巧的思想並非不可能，要注意避免掉書袋，因為作品晦澀將使
得讀者感到不耐。第二：從《格列佛遊記》的作者史威夫特那裡，毛
姆學到「簡單」原則：即不論何時，只要可能的話，立即「加以裁減」。
他主張以簡潔對抗華美，而冷靜則足以用來控制誇大。[39]第三、和諧
是訴求聽覺的美感，自然的活潑才能真正達到生動的效果，幽默使得
句子的表情豐富，且耐尋味。而沒有一句贅言的率直文體被公認是「形
式明確」最好的樣本。毛姆這樣說：「禿頭比帶著鬈曲的假髮要好
得多。」[40]

乙、創造性想像

另一方面，他主張幻想是藝術家的特權，這種創造性想像的基礎
工事正是藝術家依從現實的一種手段。小說家是要以故事去思想的，
他在一部以法國印象派著名畫家高更為原型的作品《月亮與六便士》
中，便實踐了這樣的創意，利用所擁有的斷簡殘篇，如同生物學家般
地由手中所有的一片骨頭，不但把已經滅絕的動物姿態形體，就連習
性也重現了出來。但他強調作家並不抄襲他們的原型，作家是自其中
獲取一些特質，點燃他們的想像力，如此構成具有特性的角色。

---

[39] 同註 12，頁 34-46、110-111。毛姆說：「形式對於詩人而言，是馬銜與韁繩，
缺少了便不能騎馬。而對散文家而言，形式是車身底盤，沒有它車就不存在。
所以最好的散文使用的是適度與優雅的語言。」
[40] 同註 12，頁 28。名劇作家亨利・瓊斯（Henry Jones）曾讚美毛姆的小說成功
處即在一種直截了當的語言。

(5) 文藝的功能

毛姆是這樣界定「文藝創作」：一種藉著文字為媒介的人生表現，是人類在人生所見到、經驗到、想到，和感覺的生活記錄；它給予全人類最直接最永久的興趣。作家的創作除了忠實的表現，還要嘲諷深刻而筆調有趣。他在選取「世界十大小說」時，所用的的標準就是「一件作品的誕生過程，是使讀者興起閱讀興趣，主動地想去接觸。」他堅信：這種知性的樂趣便是文藝最大的功能。

(6) 作者與讀者的關係

毛姆跟讀者是建立著一種親密的關係的。他說：我嚮往小說的自由，愉快的想到孤獨的讀者，他們傾聽著我要說的話。他以莎士比亞的戲劇為例，說明作家應該知道觀眾期求什麼，沒有他們的合作，創作者是無能為力的。[41]尤其更現實的是職業作家必須討好大眾讀者，因為除非有足夠數目的人要讀他的作品，否則他是會餓死的。做為一個小說家，雖然他認為文學世界並不完全看重他的作品[42]，但他一再公然宣稱「小說就是講故事」，因為「因為聽故事的欲望在人類身上，就像對財富的欲望一樣根深蒂固」。而他說故事的才華是舉世公認的，尤其在短篇小說中發揮得淋漓盡致。

2. 張愛玲的文藝主張

(1) 理論與創作：

張愛玲以為文學理論是出在文學作品之後的，在文學的發展過程中作品與理論乃如馬之兩驂，或前或後，互相推進。理論並非是高高

---

41 同註 12，頁 135。
42 同註 12，頁 261-277。毛姆一生共著有長篇小說 20 部、短篇小說 100 多篇，劇本 30 個，另外還有遊記、文學評論和回憶錄等多種。

坐在上面、手執鞭子的御者。[43]所以五四以來感時憂國的主題、揭示問題、改造國民性的啟蒙文學，或是「時代的紀念碑」那樣的主流價值以及寫作框架，並未指導張愛玲的寫作方向，將之收編。她的想法是寫小說應當讓故事自身去說明，比擬定了主題去編故事要好些。許多留到現在的偉大作品，原來的主題往往不再被讀者注意，因為事過境遷便不再引起人們感覺興趣，倒是隨時從故事本身發現了新的啟示，使得作品永生。[44]

(2) 書寫的題材

張愛玲的小說書寫多是些男女間的小事情，背景是傳統步入現代，而以實事做為原料，極力刻劃戀愛的放恣，既沒有戰爭的煙硝，也沒有革命的窮獨。因為人是為了要求和諧才鬥爭的，素樸地歌詠人生的安穩的作品正可足以做為人生的飛揚的底子，她以為「軟弱的凡人，放恣的愛，素樸地歌詠，俱滲透于人生的全面，恰如其實的代表這時代的總量。」而這些都是她所熟悉的，也是感觸最深的。她認為「倘若作者一旦離開了最熟悉的材料，題材就會流於機械化。」[45]

(3) 寫作的態度：鄭重、真實與同情

張愛玲認為寫作不過是發表意見，有的人沒有話找話說，有的人有話沒處說。一般活過半輩子的人，大都有一點真切的生活經驗，但事過境遷就湮沒了。而張愛玲就像撿垃圾一般的撿了回來。她寫文章

43　參見張愛玲：〈自己的文章〉《流言》（臺北：皇冠文化出版有限公司，1968年），頁 17-22。

44　同前註，頁 19-21。張愛玲曾提及：「通常作家創作時，向來是注重人生飛揚的一面，而忽視人生安穩的一面。他們多是注重人生的鬥爭，而忽略和諧的一面。」又說「戰爭是被驅使的，而革命則有時候多少有點強迫自己。」

45　同註 43，頁 19-21。張愛玲曾以《金瓶梅》採用《水滸傳》的武松殺嫂故事舉例，倘若作者一旦離開了他最悉的材料，回到水滸傳故事的框架，題材就會流於機械化。

的態度是鄭重的,她認為職業文人「自我表現」過度,往往造成無病呻吟。而對現實的殘酷、人性的自私和身不由己等種種境況,則是抱持著「同情的了解,了解的同情」,她只求自己能夠寫的真實些。[46]寫作,對於張愛玲來說是一種滿足。她這樣說:我寫的很慢,寫的時候全心全意的浸在裡面,像個懷胎的婦人,走到那兒就帶到那兒,即使不去想它,它也還在那裡。但寫完之後就不大去留意了。[47]

(4) 書寫的技巧

甲、參差對照的手法:

　　處在一個新舊變動、華洋交雜的動點,張愛玲理解到斬釘截鐵的事物是極少的例外。她的書寫是以素樸作底子,並不贊成唯美派,她常用的是參差的對照的寫法,即是不採取善與惡,靈與肉的斬釘截鐵的衝突那種古典的寫法。因為比較接近事實的緣故。[48]比如〈傾城之戀〉她寫著現代人的虛偽之中有真實,浮華之中有素樸;比如〈花凋〉與〈年輕的時候〉寫著回憶與現實交織的不和諧;比如〈鴻鸞禧〉,〈第一爐香〉寫著傳統與現代的衝突,西方與中國奇異色彩的混雜與對照;比如〈紅玫瑰與白玫瑰〉寫著道德倫理的屈從與原欲飛揚的鬥爭。

---

[46]　同註 43,頁 21。
[47]　參見殷允芃:〈訪張愛玲女士〉,收入金宏達主編《昨夜月色》(北京:文化藝術出版社,2003 年),頁 314-315。
[48]　同註 43,頁 18-21。張愛玲說:我喜歡素樸,可是我只能從描寫現代人的機智與裝飾中去襯出人生素樸的底子,因此我的文章容易被看作過於華靡。……我也並不贊成唯美派,……唯美派的缺點在於它的美沒有底子。

乙、進入人物的內心[49]：

　　在文字的溝通上，小說是兩點之間最短的距離。只有小說可以不尊重隱私權。但是並不是窺視別人，而是像演員沉浸在一個角色裏，成為自身的一次經驗。由於善惡美醜是並存的，磨難中有快樂，美中包含著悲哀，因此她即便是寫反面人物，寫敵人，也要知己知彼，進入他們的內心，由各種角度來描畫。

(5) 文藝的功能

　　張愛玲說文藝讓我們能接近否則無法接近的人。文藝作品的功能便是描寫人類在一切時代之中生活下來的記憶，進而以此給予周圍的現實一個啟示。她認為好的文藝裡，是非黑白不是沒有，但是包含在整個效果內。現代小說無論或是趨向於平白直述的歷史紀錄；或是抽象難懂的詩；如果可能的話，小說應避免過分的晦澀或抽象。一個小說的故事性還是要保留。好的作品是深入而淺出的，使人在有興趣的往下看時，自然而然地要停下來深思。除了盡量表現力與美，希望能達成這樣的文藝功能：「滿足大眾的憧憬，溝通人類的心靈，觸及另一個時代的質地。」[50]

(6) 作者與讀者的關係

　　做為一個作者，張愛玲是要爭取眾多的讀者的。因為文章是寫給大家看的，作者要懂得將自己歸入讀者群中去，他們要什麼，就給他們什麼。至於如何迎合讀者的心理。張愛玲的辦法有兩個：（一）說人家所要說的，（二）說人家所要聽的。前者是代群眾訴冤出氣；而後者說人所要聽的，但也並非越軟性越好，因為低級趣味雖存在，但

---

[49]　參見張愛玲：〈憫然記序〉《張看》（臺北：皇冠文化出版有限公司，1976年），頁4。

[50]　參見張愛玲：〈憫然記序〉、〈談看書〉《張看》（臺北：皇冠文化出版有限公司，1976年），頁3、184-190。

畢竟不得與色情趣味混作一談。作者能給，讀者儘量拿。自古以來，李笠翁《閒情偶寄》裏「場中作文」之法[51]，《紅樓夢》的「要一奉十」都是如此穩住讀者的。

（四）作品的形成

作品的形成除了與作家的生長背景相關，作家的人生體驗與潛文本之間的共生關係也提供我們極重要的觀察線索，前者包括作家的實際經驗或是聽聞閱歷往往擴大認知的寬度與感知的密度，而後者潛文本的點化啟示則藉著跨時空的共鳴，引發深邃神秘的生命探索，而這二者的關係正是互相作用的。

1. 作品（小說）與真人實事的映射

二者關係的重疊分合可分從兩方面觀察：一是內容情節，一是腳色人物。無論是張愛玲或是毛姆，他們常把自己所熟知的東西當成寫作的材料，又放進了自我的成分，所以故事情節中往往出現真實人生的改版，有貼近的趣味。有的甚至複製生命經驗，形同自傳小說；有的則放置了一己深刻的傷痛或記憶，成為筆下小說情節發展中的高點。而在角色人物的塑造上，因為從活著的人群中去描繪角色是世界性的習俗[52]，兩位作家都習慣或不經意地把周遭認識或聽過的人物當

---

[51] 參見張愛玲：〈自己的文章〉《張看》（臺北：皇冠文化出版有限公司，19763年），頁234-236。

[52] 同註12，頁181-182。舉如福樓拜說：「包法利夫人就是我。」屠格涅夫說：「除非他（作家）能把他的想像力固定在一個活著的人物上，否則他就不能創造出一個角色來。」托爾斯泰的《戰爭與和平》中浪漫成性的伯爵是由他祖父的言行構思出來，瑪麗亞公主像他的母親，尼科來·羅斯托夫是照自己的父親，男主角彼埃爾以及安德雷王子是以托爾斯泰自己為藍本：分裂出自己的人格創造出對比的人物。毛姆則強調作家的想像與人物腳色常虛實相雜，他認為作家「我」往往暗示著角色的產生。

做模特兒，一旦作家的想像力發揮在他們的身上，他們就變成自己所創造的人物了。

(1) 把自己經歷的事取作一篇作品的主題

毛姆在《寫作回憶錄》裡提及：「我曾用種種方式把一生間發生的各色各樣事情表現在我的著作中。有時把自己經歷的事取作一篇作品的主題，……而採用偶爾相識或一直親近交往的人們作為我作品中角色的底子，更是常有的事。」他的膾炙人口的自傳性小說《人性枷鎖》，原名為《灰燼裡的美》，宛如是作者現身說法：母親的逝世、家庭的破毀、在法國渡過的無法適應的童年，以及所遭遇的學校初期悲慘的境遇，在海德堡第一次走進知識生活的興奮與喜悅，在倫敦的思索……這些苦悶或甜美的負荷正透過書寫一一抒解。他如《蘭貝斯的麗莎》、《秘密情報員》都收納了他的婦產科醫生的經驗和偵探的經歷。毛姆的感情世界裡曾有多位女性駐足，而演員羅琪是他一生中最鍾愛的女人。1930 年發表了小說《餅與酒》，其中女主角正是羅琪的化身。另外以著名人物為原型的幾部有名作品，舉如：《尋歡作樂》中的湯瑪斯哈代；《剃刀邊緣》中的維特根斯坦；《月亮與六便士》中的高更；都是作家極接近他們的原料，或以那些處於常人中的常人為素材的作品。[53]此外，他也十分善於把自己的形象分植於不同的角色做巧妙的溶合，比如《剃刀邊緣》故事中男主角青年萊雷，就從維特根斯坦這個人物延伸出去，而成為毛姆自身的寄託身影。[54]1938 年，毛姆總結自己創作的心路歷程發表自傳隨筆集《毛姆寫作回憶錄》，

---

[53] 關於《人生的枷鎖》這部小說被視為帶有濃厚的自傳性質，個人色彩表現得最為明顯。但其中有一部分被認為有畫家勞特雷克的原型。

[54] 比如《剃刀邊緣》故事中男主角青年萊雷少年時代就想離開世俗的種種騷亂與煩惱，夢想著退隱到一個孤獨、可以自求改善的地方。這點正與毛姆的心路歷程發展相同。

在憶往的過程裡，一併談論了人生與文學。毛姆從二十三歲到七十四歲的最後長篇《卡塔莉那》，經歷五十多年的寫作生涯，產量豐富，在他的作品中，一己的家庭以及生活經歷屢被影射改編，因此被歸類為「傳記作家」。他以為「寫自己知道的事情要比寫自己所不知道的事情容易」，在事實與虛構交錯糾結中，「唯一千真萬確的是不變的感情是屬於作家自己的」。

(2) 一切好的文藝都是傳記性的

張愛玲喜歡看紀錄體（documentaries）的書，她說事實有它的客觀的存在，比較耐看，有回味。她曾引用西方人的一句話：「一切好的文藝都是傳記性的。」進一步她這樣解釋：「當然實事不過是原料，我是對創作苛求，而對原料非常愛好，並不是『尊重事實』，是偏嗜它特有的一種韻味，其實也就是人生味。」[55]她的祖父張佩綸與李鴻章女兒的佳話也在晚清小說《孽海花》中被影射為莊倫樵的韻事，形成作家的「野史情意結」。[56]綜而論之，張愛玲成長的時空背景，宛如從古老中國的紅樓舊夢走出，然後進入了摩登上海的新大觀園，而這些經驗材料一一過濾沉澱到她的小說裡，成為一個個傳奇。她曾說她寫的這些故事都是有所本的[57]，與她的家族與週遭的人物事密切相關。

---

[55] 參見張愛玲：〈談看書〉《張看》（臺北：皇冠文化出版有限公司，1976 年），頁 189。

[56] 張愛玲在〈憶胡適之〉中說：「一看到關於祖父的野史就馬上記得，一歸入正史就毫無印象。」見張氏著：《張看》（臺北：皇冠文化出版有限公司，1991 年），頁 173。

[57] 1971 年，張愛玲在舊金山接受水晶的訪問，曾表示：「傳奇」裡的故事集人物差不多都是各有所本的。參見水晶：〈蟬〉《張愛玲的小說藝術》（臺北：大地出版社，1973 年），頁 18。

　　根據張子靜的說法，「各有其本」的例子包括〈金鎖記〉和〈花凋〉。[58]張愛玲的最美的傑作〈金鎖記〉是以外曾祖父李鴻章的次子李經述一家的生活為背景，曹七巧是影射李經述第三子——身有殘疾的李國煦的媳婦「三媽媽」。長安與長白直指現實生活中的康表姊和琳表哥。〈花凋〉則是以張愛玲舅舅黃定柱的第三個女兒黃家漪的愛情悲劇。二篇小說的情節都纏繞著癆病、鴉片、家敗與絕望的愛情。還有〈創世紀〉寫張愛玲的祖姨母，〈茉莉香片〉中的聶傳慶幾疑是弟弟張子靜的描影，而中文教授言子夜被推測為張愛玲在香港大學受業的老師許地山。張愛玲有兩次婚姻，前一段與胡蘭成的婚約只維持三年，用情深，受傷亦深。後一段與賴雅的異國婚姻十二年，除了年齡懸殊，經濟壓力也不輕。關於個人的感情生活，她從未和盤細述，但是珠珠璣璣的也滲入小說成為情節片段，舉如〈多少恨〉、〈色戒〉和《半生緣》中纏綿哀傷的愛情，與中年男子的殘緣恨事，以及被囚禁的不堪的經驗，都將作家個人的痛苦通過變形，昇華成為藝術作品。陳輝揚更認為〈色，戒〉的材料來自胡蘭成，故事是以女間諜鄭蘋如謀刺汪政權七十六號特工總部頭子丁默邨為藍本。[59]另外，張愛玲自己談及小說與實事相關的則有〈紅玫瑰與白玫瑰〉[60]，〈相見歡〉裡的伍太太實有其人[61]，〈連環套〉的霓喜是炎櫻父親老朋友麥唐納太太母女和帕西人故事的翻版[62]。《秧歌》裏王同志愛人的描述是來

58　見註 4，頁 191-218。
59　參見陳輝揚：《說〈餘韻〉》《夢影錄》（香港：三聯書出版社，1992 年）頁 51；王一心：《驚世才女張愛玲》（四川：四川文藝出版社，1992 年），頁 147-150；萬燕：《海上花開又花落——讀解張愛玲》（江西：百花洲文藝，1996），頁 129-131；以及張愛玲在《續集》自序中的澄清文字。
60　同註 6，頁 18。
61　參見張愛玲：〈表姨細姨及其他〉《續集》（臺北：皇冠文化出版有限公司，1988 年），頁 29-32。
62　參見張愛玲：〈自序〉《張看》（臺北：皇冠文化出版有限公司，1976 年），頁 6-9。

自報紙上連載的共軍女幹部自傳[63]，〈殷寶灩送花樓會〉明講了是寫高她兩班學姊的愛情故事。由此可知張愛玲的書寫一方面是溶合了真人真事的口味，一方面她鋪張普通人物的傳奇，但她也強調「藝術並不模仿人生，只有人生模仿藝術」[64]，而且因為像這一類的故事世間多有，讀者看的時候自然也可以聯想到自己所認識的人，所見到聽到的事情。所以她意圖傳達的是另一種「如得其情，哀矜而勿喜」的文字質地。[65]

2. 潛文本的繫聯：

張愛玲對西洋與中國文學作品的熱愛已如前述，這些她所愛好的作品成為「潛文本」，無論是無形的學習，或是有形的取法，經過她的閱讀及想像，與之感知共鳴，這大大幫助了張愛玲開創了多重視野、溶鑄出自己的風格。隨拈一例，談到對於古典中國的嚮往，張愛玲的〈傾城之戀〉的背景即是取材于《柏舟》那首詩，隱隱帶著「如匪浣衣」的那種無奈與悲哀。倘若論及與作家心意相通的題材，比如〈沉香屑第一爐香〉與亨利・詹姆斯長篇名著《仕女圖》，水晶以為二者類似；而詹姆斯的《華盛頓廣場》中寫少女、情人與家族的三角結構放進清末民初那個時間的漩流裡，像極了〈金鎖記〉中的長安、世舫與七巧。在夏志清看來，張愛玲與詹姆斯雖是不太相像的作家，但二人都是別具匠心、洞察人心世情的藝術家，他們選擇了類似的題

---

[63] 參見張愛玲：跋《秧歌》（臺北：皇冠文化出版有限公司，1968 年），頁 195。

[64] 參見張愛玲：自序《續集》（臺北：皇冠文化出版有限公司，1988 年），頁 7。

[65] 清末民初是社會小說、內幕小說的全盛時代，其書寫閱讀對張愛玲的實事小說的書寫自然相關。本段文字整理參見張愛玲：〈談看書〉《張看》（臺北：皇冠文化出版有限公司，1976 年），頁 184-191，以及張愛玲：〈自序〉《傾城之戀》（臺北：皇冠文化出版有限公司，1968 年），頁 5。

材，在故事的發展、人物的刻畫上自然會有些不約而同的地方。[66]至
於毛姆，既是張愛玲「頂愛看」的小說家，參較二者的作品，或在創
作的題材；或在書寫的手法上；都對張氏的寫作產生著相當程度的影
響。以下分從人生的探索、人性的刻劃、嘲諷的手法、描述生動、人
物的塑造、異國情調的文字敘述各方面進行評析。

(1) 人生的探索

　　毛姆是第一次世界大戰後極活躍的西方作家，他的創作背景面臨
時代的變動和戰爭的威脅籠罩，上帝已死，而科學物質並不能解決人
類生命中種種神秘與對人生信仰的許多懷疑。針對這一點，他以小說
審視人生，是從「對正統的人生價值觀提出反思，以及通過主角人物
的精神追尋歷程來探討人生的意義」的角度切入，所以深深觸動著現
代人面臨世代承傳、文明解體、價值顛覆的徬徨與脆弱的心靈。他的
小說主題總是觸及人生的虛無性與人世的畸情性。毛姆觀察到：「這
個世界是無情的、殘酷的。人們生到世間沒人知道是為了什麼，死後
沒人知道何處去。」生活總是環繞在「家園、錢、女人、流浪」之中，
這樣循環的週期幾佔據毛姆作品的主要版面。其中「家園幻夢」、「流
浪的孤獨」更是毛姆經常處理的主題。這兩個互為矛盾的訴求不斷的
使人們受苦，而且這些受苦並不能使人高貴，反而使人墮落、自私、
卑鄙、懷疑和可憐。「唯有真正超脫這些糾葛，才能重建安寧。」[67]這
種體現著現代家園幻滅的痛苦，並藉著流浪放逐，尋求精神上的歸屬
感，重建自我的價值系統的故事，在《人性的枷鎖》、《月亮和六便
士》以及《剃刀邊緣》中許多主角人物的身上體現，他們都不斷在懷

---

[66]　參見夏志清：水晶《張愛玲的小說藝術》序，收入水晶：《替張愛玲補妝》
　　（濟南：山東畫報出版社，2004 年），頁 6-7。
[67]　同註 37，頁 202。毛姆說：「人們必須看到冷清寂寥的美妙，……保持沉默
　　滿足於自己的小天地，這就是生活的智慧。」

疑與求索中擺盪，且其過程充滿衝突與磨難。[68]譬如《月亮和六便士》裡男主角的自白：「一直在尋找一個地方，希望到達那裏可以使自己從折磨著的精靈手裡解放出來。就像一個終生跋涉的香客，不停地尋找一做可能根本不存在的神廟。或許是不可思議的涅槃，或許是真理與自由。為了達到這個目的，把生活的基礎完全打翻，也在所不惜。」但當主角遭受批評攻擊時，文中敘述者──「我」說話了：「做自己最想做的事，生活在自己喜愛的環境裏，淡泊寧靜、與世無爭，這難道是糟蹋自己嗎？與此相反，做一個著名的外科醫生，年薪一萬鎊，娶一位美麗的妻子，就是成功嗎？我想這一切都取決於一個人如何看待生活的意義，取決於他認為對社會應盡什麼義務，對自己有什麼要求。」這無啻是毛姆內心真實的聲音。由此讀者隨其文字亦步亦趨，獲得啟迪。

張愛玲與毛姆有相似的生存、活動的環境：面臨戰爭的殘酷[69]、時間的浪潮巨不可擋、新舊文明又隨時在崩毀之中，因此深覺生命脆

---

68 同註 29，例如毛姆《剃刀邊緣》中的萊雷，這個參加過一次大戰的飛行員被戰爭中屠戮的場面震驚，從此不斷的思索人生的意義，又盡散家產，浪跡天涯，最後在印度悟道。他執著探索人生形而上意義，一生的境遇具有哲學意義上的無奈和悲壯感。而《月亮和六便士》是以法國印象派著名畫家高更為原型創作的傳記式小說，描述一個原是平凡的股票仲介商拋妻別子，放棄金錢地位專心投入繪畫，隻身到巴黎奮鬥，意圖探索新奇神祕，尋找自己，卻病困潦倒，幸賴好心的畫家朋友濟助，期間竟與其妻發生戀情，後又棄之不顧，導致其妻自殺。他一生追求理想，渴望接近自然，晚年遠赴大溪地，留下許多不朽的畫作，彷彿是畫家的精神脫離了軀體到處漫遊，最後終於在遙遠的土地上找到寄宿。然而物質生活的貧瘠，侵蝕了他的生命，最後感染上痲瘋病，悲慘的孤絕而死。
69 毛姆與赫胥黎都是經歷了第一次世界大戰的英國作家，他們的作品對人類的文明充滿了懷疑。其中赫胥黎作品充滿了淵博的智慧，又積極嘗試各種形式，是在一般早期作品中表現了懷疑精神的作家的佼佼者。而 1937 年抗日戰爭爆發，上海進入孤島時期，到 1941 年太平洋戰爭，上海淪陷，這些背景都影響著張愛玲的創作，在《流言》（頁 168、184）裡，可以見到張愛玲的對理想缺乏信心，對人世抱持懷疑及疏離的態度。

弱、人生無常。一如毛姆在短篇小說〈紅毛〉中闡釋的「愛情的悲劇不在於生離死別而是冷淡。」[70]張愛玲的小說從短篇到長篇，舉如〈金鎖記〉、〈心經〉、〈第二爐香〉、〈紅玫瑰與白玫瑰〉、〈封鎖〉、〈傾城之戀〉、〈花凋〉、《半生緣》等所強調的亦是「生命虛無、愛情空洞」，而「破壞→虛無」的結構關係，更是她基本的敘述模式。而觀察張愛玲的《傳奇》在情節的發展上一如毛姆小說中的畸情性，其氛圍亦出現著怪異的美感以及令人窒息的荒涼。比如特異的父女、母子、叔嫂、姑姪、姐妹關係，以及扭曲的性對待、甚至末尾主角人物的自殺毀滅等，氣氛較毛姆更為冷峻。從毛姆〈不可征服的〉被強暴的婦女親手掐死無辜的私生子的血淋淋的場景到〈金鎖記〉陰森的老太婆親自扼殺了自己女兒最初也是最後的愛，一級級地走入沒有光的所在；從毛姆筆下的〈母親〉卡拉齊將自己的愛子之情異化成變態的佔有，到張愛玲筆下的母親曹七巧對自己兒子狎邪的曖昧到不可理喻的嫉妒，這種人性的瘋狂因子，這種對時代悲劇刻骨銘心的體認，被放置在通常的人生、基本的食色情欲上，一併纏繞交織著沒落豪門的孤寂苦悶與現世男女的情慾張狂，所呈現的是一個缺陷與頹廢的世界，是一個凋零與無望的世界，其間人物不是心理有病，就是身體有病，或許其中也有過冒險與對抗，但是巨大的毀滅的陰影一直存在。這樣的悲劇美學，所喚起的是讀者對於你我都可能遭受的突如其來的厄運以及因為無知與慾望犯下的過失所引起的憐憫與恐懼；而這樣的敘述書寫，所謂「一襲華美的袍爬滿了蚤子」這一款，自形成了獨特的「張腔」。

---

[70] 參見毛姆著、周行之譯：《十二個太太》（The Round Dozen）（臺北：志文出版社，新潮文庫 133，1976 年），頁 21-51。

(2) 人性的刻劃

　　毛姆對人性著迷的感興趣，有醫學背景的他在解剖學的課程裡發現：「正常才是不尋常」。而在人性方面亦然，正常只是一個理想。自私與仁慈、羞怯與勇氣、廉正與虛榮、懶惰與勤奮都可能存在於單獨一個人裡而形成一種似真的調和。「人歸根究底是充滿矛盾和不可解的」，他把這樣的哲學用講故事的方法傳達出來[71]，人性是複雜多變的：吝嗇鬼可能浮華，吝嗇鬼可能可憐，吝嗇鬼也可能是正人君子。在敘述中，毛姆是透過著普通事物甚至細節的描摩看到更深邃的意義。比如他列舉主人公一件冷酷無情或卑鄙自私的例證，同時他的心也增加著一分同情。[72]他既是一個藝術研究者，又是一個心理／病理分析家。他的小說是以情欲、非理性解釋悲劇、人性與行為動機。[73]而且他並不像道德家取決表面的價值來判斷人性的本質[74]，是正視人性醜陋一面的寫法。舉如《剃刀邊緣》中的伊莎貝爾在非理性的本能的支配下，在結婚後對初戀情人萊雷仍存有無法控制的情慾，乃至於對愛慕萊雷的少女索菲暗設圈套、誘使其墮落，都顯示著「情欲的不計代價」。[75]又如短篇小說〈露易絲〉中一個自私而怪異的女人以驚人的心理恐嚇毀了她的兩個男人，又繼續要毀了自己女兒的命。〈夢〉

---

[71] 同註 12，頁 5。

[72] 同註 37，頁 32、102。比如他描寫畫家拋妻棄子到巴黎畫畫，私通友妻、玩弄女性，又不屑一顧、毫無愧意的自私殘酷。又如從思特里克蘭德太太的報復心，作者（我）認識到一個人的性格是極其複雜的：卑鄙與偉大、惡毒與善良、仇恨與熱愛是可以互不排斥地並存在同一顆心裡的。

[73] 同註 12，頁 186。毛姆認為精神分析學對小說家貢獻良多，一篇小說的成功多少得力於作家將自己所杜撰的人物勾畫出一幅想像的潛意識圖，俾能把人性挖掘的更透徹。

[74] 同註 12，頁 56-57。毛姆看到好人的缺點或罪惡時感到好笑，看到壞人的「善」時，受到感動，也願意寬容他們的錯誤。

[75] 同註 29，頁 264。

中一個肥胖而遲鈍的男人一步步如他妻子所作的惡夢情節那般的驚悚地謀殺了他的妻子。[76]〈女佣〉中官員查德‧哈倫傑的體面偽善，〈奇妙的愛情〉裡的雷德由純潔正直變得冷酷粗俗，〈那封信〉裡的克勞斯比太太的虛禮矯飾等都直指人性的黑暗面。而在描繪原欲的衝突時，他總是從心理、潛意識的角度去開發情節，例如《佛羅倫斯月光下》[77]描寫女主角面臨婚姻與自由的兩難，受困於曖昧混沌中的思路中，最後終於選擇追求自我。還有《雨》是借用夢的現象來傳達主角人物內心深層的壓抑挫折，或作為潛藏著小說人物災難性行徑的前奏，一如〈第二爐香〉懍細的夢境。由於他的小說不刻意去做艱澀的社會問題或人性分析，而是一面將讀者引進精彩的故事情節，一面辛辣的描繪出人性複雜的一面、不可能的一面，所以他的作品通俗易讀、精采迷人。

　　觀諸張愛玲的作品從短篇到長篇，從四〇年代到五〇年代，一個共同的特徵就是對時代悲劇刻骨銘心的體認，以及對箝制的凡俗的人性本能——尤其是女性的情欲解放。張愛玲更冷靜的將之與時代中已經發生和將要發生的「破壞」的巨大壓力連結，由此張揚出個人的情感世界。她與毛姆一樣重視情欲支配人性的力量，小說中描述受到壓抑的摧殘與反撲的人物情節各有不堪不忍、甚至令人不寒而慄。尤其是內心深處的掙扎與鬥爭，更是她所擅長的。舉如〈金鎖記〉的中曹七巧、〈第一爐香〉的葛薇龍、梁太太、〈心經〉裡的許小寒所背負的正是沉重的情欲枷鎖。〈連環套〉中的霓喜更是被情欲物化，被寫濫的一個角色。但不同於毛姆最終嘗試透過哲學的精神力量來克服惡

---

[76] 參見毛姆著、陳蒼多譯：《非道德小故事》（The Ant and the Grasshopper and other stories）（臺北：新雨出版社，2001 年），頁 75-85 以及頁 135-141。

[77] 參見毛姆著、盧玉譯：《佛羅倫斯月光下》（Up at the Villa）（台北：皇冠文化出版，2001 年），頁 1-175。

的本性，以求得平和來解決這場性本能與理智的決鬥。張愛玲在鋪展情節時，主要是從小人物的慾望（心理）世界進行解剖，她一點一滴寫出他們的渴望、掙扎、覺醒與荒涼，她是將人性逼到一個死角來進行揭露的，無處可逃，所以怵目驚心。小說的主角們中尤其是女主人翁都曾多次出現幻覺或幾疑在夢境之中，做了悲劇或致命性的決定，舉如《怨女》中的大姑娘銀娣、〈不了情〉中的家教老師，〈色，戒〉中的女間諜。還有〈第二爐香〉的男主角更掉入「結婚即是進入墳墓」的可怕夢境，這些幾乎都由虛擬幻境中隱約察覺了自己的命運。到小說結束時，作者又若無其事的冷冷地嘲弄了亂世男女不可靠的愛情和註定無望、不能實現的欲求。她筆下的人性交織著自私與虛榮，而深入意識底層，張愛玲不止於悲憫，根本上和他們是一同的。

(3) 善於諷刺，機鋒敏利

毛姆認為創作（戲劇或小說）的目的並不僅是忠實的表現生活，寫出一種悲劇事物；而是嘲諷的、有趣地批評生活。應自嚴肅的現實解救出來，置於另一水平線上，而與現實生活保持距離。其中，毛姆與張愛玲都曾使用了「反高潮」的主題、寫法。比如毛姆認為：女人的解放和她們新贏得的性自由，已經改變了男人對「貞潔」重要性的觀點，以致嫉妒不再是悲劇的主題，而成為喜劇的主題。而張愛玲在〈傾城之戀〉中基本上寫得便是一場愛情「戰爭」，而最後竟然讓實際的戰爭給成全了，這場愛情開花結了果──是一種「反高潮」的方式作結。毛姆的文字一般大致可以歸入批判現實的諷刺通俗劇這一類型，但是不含教訓的。舉如短篇小說〈午飯〉、〈珠鍊〉、〈減肥〉等[78]都表現著善於諷刺，機鋒敏利的特質。他以「第三者」的角度出

---

[78] 參見毛姆著、沉櫻譯：《毛姆小說選集》（臺北：大地出版社，2000 年），頁 1-250。其中收錄了十個短篇：〈療養院裡〉、〈生活的事實〉、〈冬季旅

現，敘述「我」的所見所聞，表面上趣談輕鬆嘲諷，其中另藏深意，有時雖不免有些尖酸刻薄，但浮雕人物刻畫精準，有細微的觀察，有辛辣的比喻，感覺是痛快淋漓的。在中國現代文學作家中，令人想到的無非是林語堂、老舍、錢鍾書與張愛玲。他們在人情世故上的練達和在語言文字上尖銳都給人留下深刻印象。以下試舉例比較毛姆的機鋒生動與張愛玲的譏誚冷冽：

甲、語鋒犀利痛快

二位作家都語鋒銳利，作品讀來快意淋漓。舉如毛姆對「婚姻」的名言：「婚姻對男人來說是賭他的自由，對女人而言則是賭她的幸福。」相對張愛玲藉范柳原之口也語出驚人：「婚姻就是長期的賣淫。」而在《月亮與六便士》中好好先生施特略夫的婚姻像一場荒謬劇。施特略夫好心腸的救了懷孕而被人拋棄的女子，而且同她結了婚。可是卻沒得著好報，後來施特略夫太太有了外遇，竟是因為「女人可以原諒男人對她的傷害，但是永遠不能原諒他對她的犧牲。」（頁 220）對照〈傾城之戀〉裡，白家的冷言風語：「一個女人上了男人的當，就該死；女人給當給男人上，那更是淫婦；如果一個女人想給當給男人上而失敗了，反而上了人家的當，那是雙料的淫惡，殺了她也還污了刀。」（頁216、218）這些形容無不警醒銳利。此外，毛姆對「女人」迭有妙論[79]：「女人們總是喜歡在他們所愛又所恨的人臨終時表現她的寬宏大量，有時候我覺得她們不願意男人壽命太長，就是怕演出這幕好戲的機會拖得太晚。」（《月亮與六便士》，頁 102）張愛玲〈談女人〉也毫不遜色：「正經女人雖然痛恨蕩婦，其實若有機會

行〉、〈家〉、〈午飯〉、〈珠鍊〉、〈臉上有疤的人〉、〈落魄者〉、〈藝人〉、〈減肥〉。

[79] 同前註，頁 3。有人說這是他偏見頗深，對女性譏諷過甚。

扮個妖婦的角色的話，沒有一個不躍躍欲試的。」（《流言》，頁84）
另有機敏的口吻，如毛姆：「藝術是感情的表露，使用著一種人人都
能理解的語言。門外漢要表示對藝術的鑑賞最好的方法就是免開尊
口，大大方方地掏出支票簿。」（《月亮與六便士》，頁27）張愛玲：
「只有年輕人是自由的。知識一開，初發現他們的自由是件稀罕的東
西，便守不住它了。就因為自由是可珍貴的，它彷彿燙手似的——自
由的人到處磕頭禮拜求人家收下他的自由。」（〈年輕的時候〉《第
一爐香》，頁195）諸如此類，妙語如珠，力道十足。

乙、冷眼萬象，細膩精悍

毛姆的描述觀察入微：「我對她們那種總是戴著手套吃黃油吐司
的怪毛病常常感到十分好笑；她們在認為沒有人看見的時候就偷偷在
椅子上揩手指頭，這讓我看著也十分佩服——這對主人的傢俱肯定不
是件好事，但隨即我想在輪到主人到這些人家裏作客的時候，肯定也
會在她朋友的傢俱上進行報復。」（《剃刀邊緣》，頁119）張愛玲
的〈桂花蒸阿小悲秋〉在揣摩人性上也透亮分明：「她進去收拾房間，
走到浴室裏一看，不由得咬牙切齒恨了一聲。哥兒達先生把被單枕套
襯衫褲子大小毛巾一齊泡在洗澡缸裏，不然不放心，怕她不當天統統
洗掉它。今天又沒有太陽，洗了怎麼得乾？她還要出去買菜，公寓裏
每天只有一個鐘頭有自來水，浴缸被佔據，就誤了放水的時間，而他
每天要洗澡的。」（《頁128》）

連為人取名字這種輕便的、小規模的創造，二位作家的看法都直
指時俗，有令人會心的莞爾之語。如《剃刀邊緣》中：「一年後，伊
莎貝爾生了一個女兒，根據當時的風氣，她給她取名叫瓊；隔了兩年，
又生了一個女兒，又根據當時的風氣，取名普麗西拉。」（頁171）
張愛玲在〈必也正名乎〉提到：「舊時代的祖父，……為新添的孫兒

取名字，叫他什麼他就是什麼。叫他光楣，他就得努力光大門楣；叫他祖蔭，叫他承祖，他就得常常記起祖父；叫他荷生，他的命裏就多了一點六月的池塘的顏色。……小孩該叫毛頭，二毛頭，三毛頭，丫頭該叫如意，舞女該叫曼娜。……一個人翻遍了聖經，想找一個別致些的名字。他得意揚揚告訴牧師，決定用一個從來沒人用過的名字——撒旦（魔鬼）。」（《流言》，頁36）他們的文字乍讀之下初有些被說中的難堪不自在，但細細品味，自有一份觀察人性曲微的犀利練達以及照亮人情炎涼的玲瓏剔透。

(4) 用語生動、色澤活潑

毛姆對空間的描繪充滿了活潑的色澤。如：「餐室是按照當時的藝術風尚佈置的，白色護牆版很高，綠色的糊牆紙上掛著嵌在精緻的黑鏡框裡的惠斯勒的蝕刻畫。地毯也是綠色的，地毯上白色小兔在濃鬱樹蔭裡嬉戲的圖畫使人想到市售了威廉莫利斯的影響。壁爐架上擺著白釉藍彩陶器。當時的倫敦一定有五百間餐廳的裝潢同這裡一模一樣，淡雅別致卻有些沉悶。」（《月亮與六便士》，頁43）

張愛玲出手照例是色澤豐富：「山腰裏這座白房子是流線型的，……屋頂上卻蓋了一層仿古的碧色琉璃瓦。玻璃窗也是綠的，配上雞油黃嵌一道窄紅邊的框。窗上安著雕花鐵柵欄，噴上雞油黃的漆。屋子四周繞著寬綽的走廊，當地鋪著紅磚，支著巍峨的兩三丈高一排白石圓柱，那卻是美國南部早期建築的遺風。從走廊上的玻璃門裏進去是客室，裏面是立體化的西式佈置，但是也有幾件雅俗共賞的中國擺設，爐臺上陳列著翡翠鼻煙壺與象牙觀音像，沙發前圍著斑竹小屏風，……這裏的中國，是西方人心目中的中國，荒誕，精巧，滑稽。」（〈第一爐香〉，頁33）

除了色澤的對照,二位作家都喜將視覺印象擴大,引進感覺世界,似乎都著意從特殊的感情解讀,進而足以產生微妙的牽掛。以二者都曾對高更畫作發表的意見為例:毛姆在「托擬畫家高更的男主角在作畫女子的裸體時」的一段:「那肉體被畫得帶有一種奇妙的慾情,不只是因為它給人的實體感,使你幾乎奇異地感覺到那肉體的重量,還有一種使你感到不安新奇的精神,把你的幻想引向前所未經的路途,……你感到自己的靈魂一無牽掛,正經歷各種恐怖的冒險。」[80]另外,毛姆強調高更的著色的手法是「怪異的讓人心神不寧」:「濃濁的藍色是不透明的,又顫動著閃閃光澤,紫色像腐肉似的讓人感到嫌惡,但又勾起一種熾熱的欲望,紅色鮮豔刺目,深黃色有些突兀的轉呈綠色,給人帶來春天的芳香和山泉的明淨,誰知道是什麼痛苦的幻想創造出這些呢?」[81]而張愛玲對她永遠忘不了的是高更名畫『永遠不再』(NEVERMORE)的描繪是「這幅畫意圖只表現一個願望,就是一個大溪地女伴單純的裸體。畫中女人臉大而粗俗,一手托腮,把眼睛推上去成了吊梢眼,有一種橫潑的風情。她以為這女人想必曾經結結實實戀愛過,現在呢,『永遠不再』了,而這裡面有一種原始的悲愴。」[82]同時她也注意著畫中的色澤、質地與細節:「一個夏威夷女人裸體躺在沙發上,身子是木頭的金棕色,棕黑的沙發卻畫得像古銅,沙發套子上現出青白的小花,戶外天氣是彩色玻璃,藍天,紅藍的樹,門外男女的細語,背景中如童話裡稚拙的大鳥,……似乎玻璃、銅與木,棕、黃、紅、藍包括了人所摸得到的世界的全部,是切實的。」[83]這裏不單是色彩的強烈對照給予觀者一種眩暈的不真實的感覺──處處都

---

[80] 同註 37,頁 210。
[81] 同註 37,頁 316。
[82] 同註 16,頁 169-170。
[83] 同註 16,頁 169。

是對照；地方背景，時代氣氛，全是硬生生地給攪揉在一起，造成一種奇幻的境界。

(5) 毛姆式人物

甲、在人物塑造上，毛姆認為人無法區分出善惡，善人心中也有惡意，惡人心中也有善意。他獨特地將人分為有趣的人和無趣的人兩種，成為毛姆短篇小說中吸引人的最主要的特色。他認為一個作家更關心的應該是瞭解人性，而不是判斷人性。所以他在描繪人物時多從心理刻劃用力，角色不拘男女常常都為性欲所驅使，且並不墨守道德規範。他說：「一個作家把一個惡棍的性格刻畫的完美而又合乎邏輯，是最具魅惑力的。」他認為作家在創作惡棍時，實際上是在滿足他內心深處的一種天性，因為在文明社會中，風俗禮儀迫使這種天性隱匿到潛意識的最隱密的底層下，因之給予他虛構的人物以血肉之軀，也就是使他那一部份無法表露的自我有了生命，他得到的滿足將是一種自由解放的快感。張愛玲曾說毛姆筆下的異族通婚都是心甘情願觸犯教條而沉淪，要不然至少有一方是狂戀。[84]這種種凡人的劣根性以及人類身上無法去除的枷鎖，落在毛姆小說的角色身上，如《人性的枷鎖》的菲力浦、《剃刀邊緣》的伊莎貝爾與萊雷、《月亮與六便士》的思特裏克蘭德等等，像浮雕一般，無不形象鮮明，個性突出。

張愛玲看待人物與毛姆大抵相同：不喜歡採取善與惡，靈與肉的斬釘截鐵的衝突那種古典的寫法，因為實生活裏其實很少黑白分明，斬釘截鐵的事物不過是例外。基本上，張愛玲是一個「對人生充滿悲劇感的人」，小說特別指向亂世男女孤注一擲的愛情和註定要被冷酷的現實所嘲弄的欲求。所以其中人物角色的婦人性、瑣屑性、庸俗性、悲劇性處處可見，舉如：〈第一爐香〉的葛薇龍、梁太太、喬琪喬、

---

[84] 同註9，頁57。

〈第二爐香〉的愫細母女、〈茉莉香片〉中的聶傳慶、〈心經〉中的許小寒、〈連環套〉中的霓喜都可說是典型的毛姆式人物，其中有的也被認為不甚成功[85]，特別是〈連環套〉，後來張愛玲也表示自己的不滿。[86]可見後期的張愛玲已逐漸否定了英國小說對她的浮面影響。而如果從社會及心理層面進一步探討張愛玲小說中所嘲諷的香港的華人及歐亞混血兒的社會，更可以發覺張氏也與毛姆小說中那批在遠東工作的英籍人員的閉鎖怪異心理行為的形象塑造不同。

　　乙、在描述的手法上，除從心理的角度，顯露人性，來烘托人物的特質已如上述。毛姆引介人物的手法是不落俗套的，舉如平凡普通的思特裏克蘭德夫婦：「這兩個人好像是一幅古舊掛毯上的兩個人形，同背景很難分辨出來，如果從遠處看，那就連輪廓也辨別不出，只剩下一團花花綠綠的顏色了。」而對施特略夫這一對的描寫則是「一幅叫你思念不置的圖畫，而從某方面來看又像是一首牧歌。至於施特略夫的一言一行必然表現出的荒誕滑稽，給這首牧歌添上了一個奇怪的調子，但是這反而使這首曲子更加現代化，更富於人情味。」[87]毛姆式的人物總是充滿著喜感，他不放過細節，又大剌剌的開你的玩笑。比如他描寫在宴會中所觀察到的各色人物，簡短的一兩句就描摹得極為傳神：「在瘦乾細小的法國公爵身上看到了跟隨聖路易士遠征

85　迅雨（傅雷）批評《連環套》是個壞作品，唐文標也認為《連環套》以及《心經》等作品拙劣、輕佻無味。參見迅雨（傅雷）〈論張愛玲的小說〉，以及唐文標〈又熱又熟又清又濕—張愛玲小說：『連環套』〉分別收入唐氏著：《張愛玲研究》（臺北：聯經出版事業公司，1983 年），頁 113-136，頁 67-104。

86　1976 年，張愛玲為《張看》寫序，自己談及校〈連環套〉：「三十年不見，儘管自以為壞，也沒有想到這樣惡劣，通篇胡扯，不禁駭笑。……連牙齒都寒颼颼起來，這才嘗到「齒冷」的滋味。……表示這些年來沒寫出更多的〈連環套〉，始終視為消極的成績。」參見張愛玲：〈自序〉《張看》（臺北：皇冠文化出版有限公司，1976 年），頁 9-10。

87　同註 37，頁 139-140。

聖地的那位十字軍戰士，在那胡亂喊叫獵捕狐狸的英國伯爵身上則看到了追隨亨利第八奔赴金布戰場的祖先。和這些人在一起他覺得自己生活在廣闊而英武的過去。」[88]

人物的出場，張愛玲自不落人後。〈封鎖〉中亂世兒女的相逢：「街上一陣亂，轟隆轟隆來了兩輛卡車，載滿了兵。翠遠與宗楨同時探頭出去張望；出其不意地，兩人的面龐異常接近。在極短的距離內，任何人的臉都和尋常不同，像銀幕上特寫鏡頭一般的緊張。宗楨和翠遠突然覺得他們倆還是第一次見面。在宗楨的眼中，她的臉像一朵淡淡幾筆的白描牡丹花，額角上兩三根吹亂的短髮便是風中的花蕊。」[89]又如葛薇龍「在玻璃門裏瞥見她自己的影子──她自身也是殖民地所特有的東方色彩的一部分，她穿著……翠藍竹布衫，長齊膝蓋，下面是窄窄的褲腳管，還是滿清末年的款式；把女學生打扮得像賽金花模樣，那也是香港當局取悅于歐美遊客的種種設施之一。」[90]以服裝暗藏命運的玄機，一如赫胥黎說：「是何等樣人，就會遇見何等樣事。」[91]

再看二位作家對年華老去的女人的描摩，毛姆寫布萊德雷夫人「從座椅上站了起來，……她年輕時候一定長的漂亮。兩隻眼睛仍很好看，但是她發黃的面龐已經鬆弛，可以看出她與中年發胖的鬥爭已經失敗了。」（《剃刀邊緣》，頁38）張愛玲寫梁太太「薇龍這才看見她的臉，畢竟上了年紀，白膩中略透青蒼，……薇龍卻認識那一雙似睡非睡的的眼睛。……美人老去了，眼睛卻沒老。」（〈第一爐香〉，頁37）刻劃細膩中透露的是時光催人老，對美人是加倍無情。此外，

88　同註29，頁35。
89　參見張愛玲：〈封鎖〉《第一爐香》（臺北：皇冠文化出版有限公司，1968年），頁233。
90　參見張愛玲：〈第一爐香〉《第一爐香》（臺北：皇冠文化出版有限公司，1968年），頁33。
91　同註16，頁85。張愛玲引用愛爾德斯‧赫胥黎在《針鋒相對》一書中語。

將食色相連，張愛玲也有趣語妙喻：「如果湘粵一帶深目削頰的美人是糖醋排骨，上海女人就是粉蒸肉。」（〈第一爐香〉，頁 34）

(6) 特異的殖民地的情調和氛圍

毛姆的小說多以異國為背景，描寫異鄉人身處異地的困境和內心的掙扎。他處理情節的技巧十分精練，善於營造懸疑氣氛[92]。而張愛玲小說中關於熱帶情景的描述文字，以景託情，亦見毛姆小說中的南洋風情。以下便以二者以遠東殖民地為背景的描述文字相較，影響痕跡可見。舉如：

甲、「大溪地風光」與「香港海景」：

毛姆筆下的「大溪地像一個美麗的婦人，既嫻雅又浪漫地向你展示她的全部美貌和魅力。特別是在船隻剛剛進入帕皮堤港口的時候，你簡直感到心醉神馳。海灣環抱著這座小城潔白文雅，而法國火焰式建築物在蔚藍的天空下卻紅的刺目，像激情的呼喊一般，極力炫耀自己鮮豔的色彩。它們是肉感的。……當輪船靠近碼頭時，蜂湧到岸邊的人興高采烈……一片笑語喧嘩，……你會感到炎炎碧空下，色彩在眩目的旋轉移動。……天氣非常燠熱，絢爛的顏色耀的你睜不開眼睛。」（《月亮與六便士》，頁 246）

張愛玲筆下的香港海景是「……那是個火辣辣的下午，望過去最觸目的便是碼頭上圍列著的巨型廣告牌，紅的、橘紅的、粉紅的、倒映在綠油油的海水裡，一條條，一抹抹刺激性的犯沖的色素，竄上落下，在水底廝殺的異常熱鬧。流蘇想著，在這誇張的城市裡，就是跌個跟斗，只怕也比別處痛些，心裡不由得七上八下起來。……上了岸，叫了兩部汽車到淺水灣飯店。……翻山越嶺，走了多時，一路只見黃

---

[92] 舉如《月亮與六便士》、〈佛羅倫斯月光下〉。

土崖，紅土崖，土崖缺口處露出森森綠樹，露出藍綠色的海，進了淺水灣，一樣是土崖與叢林，卻漸漸地明媚起來。許多遊了山回來的人，……一汽車一汽車載滿了花，風裡吹落了零亂的笑聲。」（〈傾城之戀〉，頁203）

乙、夜景描述：

《月亮與六便士》中的包莫圖斯島，毛姆的明寫：「夜晚從來沒有這麼悄無聲息，海濱有一千種小動物發出窸窸窣窣的聲響，各式各樣帶甲殼的小東西到處爬動，螃蟹嚓嚓地橫爬過去，有時你可以聽到鹹水湖裡魚兒跳躍的聲音，……但是壓倒這一切聲響的還是海水拍打礁石的隆隆聲，永不終止。……空氣中充滿了夜間開放的白花的香氣，這裡的夜這麼美，你的靈魂好像都無法忍受肉體的桎梏了。靈魂隨時飄升到飄渺的空際，死神的面貌就像你親愛的朋友那樣熟悉。」（頁287）

〈第二爐香〉於男女主角新婚之夜，張愛玲如實地描摹了南洋風景：「那時候，夜深了，月光照得地上碧清，鐵欄干外，挨挨擠擠長著墨綠的木瑾樹；地底下噴出來的熱氣，凝結成一朵朵多大的緋紅的花，木瑾花是南洋種，充滿了熱帶森林中的回憶──回憶裡有眼睛亮晶晶的黑色的怪獸，也有半開化的人們的愛。木瑾樹上面，枝枝葉葉，不多的空隙裡，生著各種的草花，都是毒辣的黃色、紫色、深粉紅──火山的涎沫。還有一種背對背開得並蒂蓮花，白的，上面有老虎的斑紋。在這些花木之間，又有無數的昆蟲，蠕蠕地爬動，唧唧地叫喚著，再加上銀色的小四腳蛇，閣閣作聲的青蛙，造成一片怔忡不寧的龐大而不徹底的寂靜。」張愛玲這一段景語即情語：月光下植物色彩誇張「毒辣」，昆蟲爬蟲蠢蠢欲動，在深夜中潛伏著危機，暗示新婚夫婦洞房中衝突即將爆發，龐大的不寧靜隨之即至。（頁100）

（五）批評與影響

在他們的時代，毛姆與張愛玲都以通俗作家享譽文壇，他們的作品流行一時，自然也毀譽俱隨。

1. 他的冷酷值得尊重

無論是讀書與寫作，毛姆都強調趣味性，連筆下人物亦不以善惡，而以有趣和無趣區分。他的短篇小說多針對複雜的人性為主要題材發揮，再加上文筆流暢、從各種不同的角度、用快刀斬亂麻的銳筆、出人意外的作結、犀利雋永的諷刺風格、將人生的另一面呈現出來，使人拍案叫絕，很多人拿他和莫泊桑相提並論。同時他也是一位優秀的劇作家，他的人生態度是精神至上的理想主義，這對後來很多作家產生了很大的影響。其中包括喬治・奧威爾、奈保爾以及安東尼伯吉斯[93]。其中奧威爾對毛姆的故事中強大、正直而毫不虛飾的力量非常欽佩，公開宣稱毛姆是對他本人影響最大的現代作家。此外，英國設置了「毛姆文學獎」不但獎勵新進，對毛姆本人也是一項推崇。

由於毛姆從不把自己的作品包裝得道貌岸然，也無意以教條影響讀者，他只在無數細節裏不動聲色的表達立場，而許多發人深省的哲學命題在他筆下顯得舉重若輕。加上批評家各有所好，對他的評譽意見不一。有人說毛姆的小說過於通俗，不足以擔當文學自身應負擔的使命；有人說毛姆個性自私，他在作品裡的表現看似深諳世故，實際上是個刻薄狡猾的旁觀者；也有人強調毛姆對二十世紀文學的貢獻的廣泛性，希望人們能夠公正評價毛姆的文學價值。倒是他自己歸納了別人對他的的評介：「較受歡迎的機關雜誌讚美我機智、輕快和戲劇

---

[93] 傑佛瑞・梅耶斯在他寫的毛姆的最新傳記《他的冷酷值得尊重》中，也指出了毛姆對奈保爾以及安東尼伯吉斯等作家的影響。

效果，但對其中的犬儒主義挑毛病，甚至批評我朝著眾人方向寫作，把靈魂賣給了財神。尤其認為我的劇本無價值、微不足道。在我 20 到 30 歲的階段裡，批評家說我魯莽，在我 30 到 40 歲的階段裡，批評家說我輕率，在我 40 到 50 歲間，他們說我玩世不恭，在我 50 到 60 歲間，他們說我有能力，而我現在正邁向 70 歲，他們說我膚淺。」[94]這樣的文字正再度實踐了他的創作理念：極佳的趣味性。

2. 跨世紀的風華

張愛玲是以上海人的觀點來看待世界，她喜歡現代西洋的平民精神，她的「傳奇」與「流言」，製造著小市民神話，譏誚荒涼人生，以蒼涼美學成就了跨世紀的風華。這可以說是浪漫精神對平凡虛無生活的一種抗議，自然成為作家通往流行與邁向不朽的護照。

張愛玲的敘述模式在當代可以找到許多直接受其影響或客觀上與之不謀而合的作品[95]。自夏志清以來開啟研究「張學」，後起之秀踵武「張風」，但是也有異議的聲音與作家本身的行事風格、爭議的愛情婚姻糾纏不斷。許多評論家把重點放在了張愛玲的作品中的局限性上。在他們眼中，張愛玲毫無顧忌地張揚了被壓抑的人類凡俗的一面，但僅在戀愛與婚姻的題材中打轉，是缺乏著「深度實質」與「戰鬥精神」；有批評她文學遺產的記憶過於清楚，充其量也只能製造一些小骨董；有批評她華彩勝過了骨幹，有些人物勾勒不夠深刻，與現實出現落差，是因為對人物思索得不夠深刻，生活得不夠深刻；但張愛玲的我行我素，「張腔」至今果爾成為她的形式風流，組構了張愛玲小說的「實質」。

---

[94] 同註 12，頁 106、191。
[95] 參見王德威：〈「女」作家的現代「鬼」話─從張愛玲到蘇偉貞〉《眾聲喧嘩》（台北：遠流出版公司，1988 年），頁 223-238。

（六）總結

　　毛姆與張愛玲本身各自就是一個讓人著迷的主題。

　　令人同情地，作家們都經歷過一個匱乏愛的童年，在毛姆似乎很世俗、甚至玩世不恭的外表之下，隱藏著成長的痛苦、羞怯和不安全感，毛姆對人生態度是「一切都取決於一個人如何看待生活的意義，取決於他認為對社會應盡什麼義務、對自己有什麼要求。」這種無私的利他主義，反映在實際生活中，在第一次世界大戰期間，他志願當了一名救護車駕駛員，而第二次世界大戰中，毛姆不支薪為英國情報部門工作，只因為他感到那是對國家的責任。折射進作品，毛姆既冷靜客觀又充滿同情，他解析了沒有情感的情感，他毫不同情地操縱著一個在他眼中沒有憐憫的世界，他的故事不合善惡有報，筆鋒精悍淋漓，文字批判力量像一把冷冽利刃，令人震驚。但可以感受到他的作品正是在掙脫枷鎖，航向心靈的自由。

　　上海出生的張愛玲，雖不滿意她父親的家[96]，但她父親卻是張愛玲研究《紅樓夢》的啟蒙師[97]，古典文學的閱讀與薰陶對她日後典雅流利的文字品味深植厚基。另一方面，幼年家庭生活的變動不安以及乖張冷漠的氣氛養成了張愛玲纖細早熟的性格，而西方知識的教育訓練，使她獨立思考，逕行以庸俗反當代。那「步步留心、處處在意」的謹慎與對時代人生虛無懷疑的態度，反映在創作中便出現活脫真切的人物刻劃以及洞察世事的機鋒警醒，尤其在冷靜尖刻的諷喻背後掩抑的是自我疏離與孤獨的荒涼。

---

[96]　參見張愛玲：〈私語〉《流言》（臺北：皇冠文化出版有限公司，1968 年），頁 162。

[97]　見註 4，頁 2。

　　做為一個作家，毛姆與張愛玲不僅都熟悉本國文學，同時也勤勉學習他國的當代文學，因為如此方能清楚的看到文學在進化過程中的趨程與方位，進而可以指導本國文學的發展與方向。他們都認知到：傳統是一個國家文學的特性所在。毛姆體認著「傳統」是一個嚮導，而不是獄卒；張愛玲則掌握著「傳統」這個利器，鼓舞著自身所存有的傳統因子，在自然世界中從事「創作」的冒險。

　　如果為他們的作品畫像，他們都選擇著廣泛符合人性，男女老少都覺得有趣的主題：愛與恨、善與惡、金錢、野心、驕傲、忌妒與死亡；並且直接處理你我都有的激情、本能和慾望。他們極擅長以自己的活力為書中人開光點眼，小說中的人物以及一件件插曲由故事中衍生出來，與主題互相呼應。[98]在揭示人性的廣度上，毛姆表現順手；而在人性深度的探索上，張愛玲情有獨鍾。尤其十九世紀以來新的出版方法產生，小說家受到了新的誘惑，以大量篇幅刊登所謂輕巧文學的月刊銷路極佳，使作家有機會用連載的方式將作品呈現在大眾面前，自己也獲利頗豐。所以他們在小說中描述人生、判斷人生，也嘗試道出著真相；他們眼光獨到、洞悉世情，又都懂得討好讀者，當然也有媚俗的劣作。而當讀者大眾的數目快速增加，尤其在新興城市，使得閱讀變成就是在發表觀點，學得一些東西，於是，他們小說中出現的愛慾情節，更使讀者接受到的顯得美味可口。

---

[98] 毛姆說：「小說家創造出來人物應以個別特性來觀察，它們的行動應由個性產生。絕不讓讀者說：某某和某某不會有這樣的舉動。反之讀者不得不說：我就預料某某主題和某某的言行會是如此。」參見毛姆著、陳蒼多譯：《毛姆寫作回憶錄》（Summing up）（臺北：志文出版社，新潮文庫 19，1975 年），頁 19。張愛玲有類似的意見：「題材也有是很普通的事，而能道人所未道，看了使人想著：是這樣的。再不然是很少見的事，而使人看過之後悄然說：是有這樣的。我覺得文藝溝通心靈的作用不外這兩種。二者都是在人類經驗的邊疆上開發探索，邊疆上有它自己的法律。」參見張愛玲：〈談看書〉《張看》（臺北：皇冠文化出版有限公司，1968 年），頁 184。

　　毛姆與張愛玲，作為人類他們夠複雜，作為作家他們卻單純而又固執。他們的小說是以原創性令人震驚，套句毛姆自己的話作結：「流行的也可以是好的」。

二、論胡蘭成論張愛玲

（一）時代弄潮兒——胡蘭成

胡蘭成（1906-1981）本名胡蕊生，浙江嵊縣下北鄉胡村人。家中務農早先以養蠶採茶打桐油維生，直到外銷受挫因而衰敗貧窮。自言從小就接受詩教——詩書易春秋，讀詩經因而曉得什麼是興，讀易經及宋儒之書曉得什麼是理氣，讀史因而知道什麼是天意。[99]由此陶練出他的天然妙韻。胡蘭成後來考進紹興師範附小，繼而在蕙蘭中學時因為校刊一篇稿子的刊登問題，與教務主任方同源衝突被開除[100]。18歲議親，娶了玉鳳，是他的第一任妻子。1927 年，胡蘭成 21 歲，在燕京大學當了一年旁聽學生，幫忙抄寫文書，所以胡蘭成說自己學無師承，做事時既拿不出學歷，亦無同學援引，而在燕大沒有學到一點東西，卻感受到了學問的朝氣，不是學問的結果，而是學問之始。[101]

胡蘭成是一個蕩子。[102]天生即有名士派的逍遙，他的情感是氾濫放肆，無法聚集於固定的人事物處，大而對祖國民族大眾，小而對婚姻家庭情人，甚至對他自己亦復如是。胡蘭成一生「永結無情遊」，《今生今世》中知名可數的就有八名女子。[103]感情世界浪漫，多情更

---

[99] 參見胡蘭成：《今生今世》（台北：三三書坊出版，1990 年）上冊，頁 17。

[100] 同前註，頁 106。當時胡蘭成是校刊英文總編輯，因為一篇投稿記帳目問題被革職事，方同源以為有關教會名譽不可登，但胡蘭成說明後仍登了，因此得罪被開除。

[101] 同註 99，頁 136。

[102] 同註 99，頁 18。胡蘭成自言：我不但對於故鄉是蕩子，對於歲月亦是蕩子。

[103] 胡蘭成的第一個妻子唐玉鳳、繼而全慧文、紅歌女應英娣，第四位是張愛玲，後來胡蘭成在武漢又結交了周訓德，張愛玲要胡蘭成在自己與小周中作一選擇被拒而終告分手（1944-1947）。戰後胡蘭成化名逃難，得范秀美伴隨，還

轉無情。胡蘭成曾以「時代弄潮兒」自嘲，他曾說對於怎樣天崩地裂的災難，與人世的割恩斷愛，要我流一滴淚總也不能了。[104]其中胡蘭成 38 歲與 24 歲的張愛玲簽訂終身，結為夫婦是在 1944 年。然而現世不曾安穩，「靜好」的歲月僅僅維持三年，是偶然出現的「清澄的、使人心酸眼亮的一剎那」[105]。

在燕大一年，後北伐軍攻克武漢，胡蘭成南歸，到南寧一中任教。然後又輾轉到百色第五中學、柳州四中，前後教了五年，這段期間，年少氣盛的胡蘭成一方面因為國勢貧弱，馬克思主義的功利觀合意；二來因為馬克思主義主張掃清空虛不實，且敢於平視西洋的權威，令人可喜；所以專心研究馬克思主義，但也正因如此，哀樂過人的胡蘭成終究沒有加入共產黨。1936 年，第七軍長廖磊聘胡蘭成辦《柳州日報》，一篇政論主張「對日抗戰，不可被利用為地方軍人對中央相爭的手段」惹下麻煩，被桂系第四集團軍總司令部監禁了三十三天，後來向白崇禧求救，才獲釋放。

上海淪陷以後，有的人不甘心在淪陷區受制噤聲，紛紛逃離；有的人隱姓埋名，韜光養晦。胡蘭成自許才華滿腹以及一手漂亮的文章，又有著年輕人的銳利與機警，常在報上發表對時局的評論。1937

有日本女人一枝的服侍，最後是 1954 年，與曾在上海灘不可一世的女人佘愛珍結成夫婦。胡蘭成一生有許多女人，借用胡蘭成寫張愛玲的句子來形容他自己：是願意世上的女子都喜歡自己。

[104] 同註 99，頁 58。記胡蘭成對自己父母的遺照遺筆只覺得什麼都在，亦沒想到要保存。因他覺得天道悠悠，皆是人世無盡。頁 140 記回家接抱啟兒，好生不慣而且不喜，是不得不抱。胡蘭成認為父子天性，性可是不能即刻變出來適當的情。頁 157 記髮妻玉鳳在家病重，胡蘭成到俞家庶母處借錢不得，乾脆把心一橫，住在外面不回。胡蘭成自解之詞是回去亦是惘然，自己是把自己還給了天地，得了解脫像個個無事人，且是個最最無情的人。頁 163 則說他幼年時的啼哭還母，成年後的號泣還妻，此心已回到了如天地不仁。

[105] 參見張愛玲：〈爐餘錄〉《流言》（臺北：皇冠文化出版有限公司，1968 年），頁 41。

年胡蘭成進入《中華日報》擔任主筆，一方面是昔日同事古泳今邀稿，一方面因為胡蘭成的稿件〈論中國的手工業〉以及一篇分析關稅數字的文章，發表後迅速獲得日本大陸新報譯載且被轉載於經濟學論文拔萃月刊。[106]其後轉調香港《南華日報》擔任總主筆，筆名流沙。1938年汪精衛留書蔣介石「今後兄為其易，而弟為其難」脫離重慶到河內，響應近衛聲明，12月29日發表艷電，主張媾和。當時和平運動初起成員十一人裡即有胡蘭成。自1937年3月胡蘭成進入汪精衛系的喉舌報《中華日報》社論委員會擔任總主筆，當時這份親日派最重要的報紙的社論大都出自其手，胡蘭成文筆犀利，又多言人所不敢言，他曾經自負的說：「報紙版面有「空窗」，正是胡某報刊的特色。」[107]並出版了〈戰難和亦不易〉言論集。後來出任汪政府宣傳部政務次長、法制局長，成為偽政府的要員。

　　根據朱子家在《汪政權的開場與收場》中憶述：汪政權由越南抵滬以前，初以為日本既陷於泥淖，應該認識中華民族決不可以武力屈服，……但一經實際接觸，誰知竟大謬不然。在這一時期中，汪氏等心境是沉重的、沮喪的、與焦慮的。他們想到：假如抗戰不勝利，而和平又無成就，不但國家將陷於萬劫不復，連自己也將成為民族的千古罪人。[108]計汪政府在南京建都五年，汪集團與附汪文人多以持「不憚煩之勇」與日周旋的主和人士自居，認為與「不畏死之勇」的抗戰人士同為革命英雄。胡蘭成且說蔣與汪不過「一個是正冊，一個是副

---

[106] 同註99，頁181。

[107] 胡蘭成親自執筆社論，以其犀利敢言，以致常使報紙社論的版面常出現空白，社中同人有規勸其稍事隱譚，以免觸當道忌，胡答以「空窗為報刊特色」。參見古之紅：〈往事那堪回味——《張愛玲傳奇》觀後〉收入陳子善編《記憶張愛玲》（濟南：山東畫報出版社，2006年），頁24。

[108] 「今後兄為其易，而弟為其難」之語與此段文字分別參見朱子家（金雄白）：《汪政權的開場與收場》（香港：吳興記書報社，1974年）第一冊，頁17、91。

冊」[109]。但史上公斷畢竟多視汪政權以偽政權，而胡蘭成一身合江湖氣與名士氣而成策士氣，近於戰國縱橫，是談不上什麼氣節的[110]，終被列入漢奸之流。

胡蘭成在偽政權中縱橫擺闔，先與吳四寶交好，並與日本軍人政要相交，更聯手熊劍東除去李士群，後又與周佛海有嫌隙，胡蘭成曾自言有三鬥：鬥周佛海、鬥李士群、鬥汪先生（精衛）。[111]1943年，因為一篇文字直言「日本帝國主義必敗，而南京政府亦將覆沒」成為導火線，招罪被拘押，後得日本友人向偽政權施壓搭救脫險，自此與南京政府緣盡而離。獲釋後1944年2月胡蘭成到上海，結識張愛玲，後又自辦「苦竹」月刊，繼而得日人池田篤紀薦助與沈啟無到漢口接收《大楚報》，發動所謂「人民和平運動」，要求「撤軍、和平、統一」，並籌備開辦政治軍事學校，意圖謀一根據地。可惜時不我與，汪精衛去世後不但南京官吏落於窮途末日，即是日軍敗象已露，不可逆轉。1945年抗戰勝利，胡蘭成意與重慶一別苗頭，打算做一個現代孫權，而武漢據天下之中，足可以左右逢源。於是與二十九軍軍長鄒平凡宣佈武漢獨立。不想鄒軍長生變，神鷹一擊不中，大勢已去，惟有遠颺。

抗戰勝利，胡蘭成化名張嘉儀，成了重慶政府的漏網之魚。他想法子結交新人以謀出路，曾與梁漱溟通信論學。解放軍取得政權後，胡蘭成因憂懼共產黨「有他沒有我」的作法，於是取道香港輾轉流亡日本，胡蘭成自言與日本有共患難之情，與日本上層社會交游[112]，被

109 同註99，頁186。
110 參見江弱水：〈胡蘭成的人格與文體──讀《今生今世》〉《讀書人‧書海縱橫》第24期（香港：藝文社，1997年2月），頁54-59。
111 同註99，頁257。
112 胡蘭成的交友面涉及日本的財政界、文化藝術界，包括福田糾夫、賀屋興軒、石井光次郎、尾崎士郎、水野成夫、湯川秀樹等名人，在日本生活以著述和

稱為「亡命的革命家」，《今生今世》即是來日本後所寫。1974 年來
台在文化大學講學[113]，在台期間與小說家朱西甯、朱天文、朱天心父
女相交，影響三三作家群創作。[114]1976 年因其爭議性為輿論圍剿，返
回日本。1981 年 7 月 25 日，生時意圖喚取「四方風動」的胡蘭成去
世，安眠在日本清岩院，墓碑上刻「幽蘭」二字，幽取深思靜謐，「幽
蘭」意謂著「蘭成安息之地」。

　　除了他的書法自成一品，其中、日文著作亦受矚目，舉如《山河
歲月》、《今生今世》、《中國文學史話》、《禪是一枝花》等，大
談桃花明月、詩禮江山，並以生活戲劇化的姿態，演繹自成一套的天
人哲學。他在亂世裡的作為、對紅塵中的情愛，是濁行者，是薄情人。
後世對他的批評不一，有謂漢奸是戰爭刺激下肌體所產生的癌變，視
其文章為「詭道之詭」；亦有謂其人可廢，其文不可廢。美言者謂其
文章內容思想自成體系，他總能把芝麻爛事弄成個公案絕唱，筆下言
語運用清嘉婉媚，[115]書寫人事如雲影水流、自在輝映。其「胡言胡語」
是傷逝歡情，讀來有一種喜悅，一種悽涼。使人看了他的書，欣賞他

　　講演為主。參見大沼秀伍著、胡之明譯：〈亡命的革命家胡蘭成〉《印刻文
　　學生活誌》第 11 期，2004 年 7 月，頁 86-92。

[113] 根據文化大學當時文藝系主任金榮華教授的憶述：當時國民黨因中日斷交
　　（1972），為加強與日本新聞界之溝通聯繫，胡蘭成因與日政界關係良好故，
　　受邀返台講學，住在陽明山文化大學。金主任與其暨朱西甯等人往來，不以
　　人廢文，有開課之議，後趙滋蕃以漢奸之名反對，胡蘭成得悉，主動作罷。
　　繼而胡蘭成與朱西甯父女交往，催生了另一群歌唱青春之歌的「三三集團」，
　　其中朱天文、朱天心、蕭麗紅、袁瓊瓊等人後來都成為台灣重要的小說家。

[114] 參見朱天文：〈花憶前身：回憶張愛玲和胡蘭成〉，收入劉紹銘等編《再讀
　　張愛玲》（香港：牛津大學出版社，2002 年），頁 275。

[115] 參見余光中〈山河歲月話漁樵〉《書評書目》1975 年 7 月，頁 6-11。王德威
　　亦說胡派學說講的是天人革命，詩禮中國、儒釋兼備，卻又透露著嫵媚嬌嬈
　　之氣。參見王氏著：《落地的麥子不死——張愛玲與「張派」傳人》（濟南：
　　山東畫報出版社，2004 年），頁 43。

的才。[116]批評者則質疑其如何能一方面毫無保留的推崇中國文化,但在國家危急存亡之秋徹底的背叛?而其寫鐵蹄下的武漢亦是一片筆調嫵媚,叫人噁心,連惡名昭著的上海極司斐爾路 76 號特工機關的「血腥氣」,在他筆下都變成梁山泊忠義堂的「陽氣」。[117]「胡說」被斥為塗脂抹粉的無賴狡辯,充滿著一片匪氣與輕薄氣,讀之益加鄙薄他的人。[118]評論是這樣兩極,正如同人說三國曹操:「是非功罪非兩人,遺臭流芳本一身」。

(二)胡蘭成與張愛玲的情緣──《今生今世》

1. 逃走的女奴──張愛玲

《雜誌》上刊登的這張張愛玲的照片,胡蘭成題名為「逃走的女奴」。[119]說她坐在池塘邊,眼睛裡有一種驚惶。看著前面,又怕後頭有什麼東西追來似的。但是,就逃走的女奴而言,是生命的開始,世界於她是新鮮的,她自個兒有一種叛逆的喜悅。

張愛玲從遺老家庭中叛逃,進入上海文壇,成為「民國世界的臨水照花人」。[120]一切彷彿都有定數,1943 年胡蘭成因文章得罪,為汪偽政權收押。張愛玲聽說胡在南京下獄,動了憐才之念,和蘇青曾經

---

[116] 同註 114,頁 278-281。如朱天心將胡蘭成的架構論述與李維史陀相比,說他自覺自省處像班雅明,知識份子的部分似薩伊德。

[117] 同註 110。

[118] 蔣芸說:「一隻跳蚤(胡蘭成),跳來跳去還是一隻跳蚤。」參見蔣芸:〈為張愛玲叫屈〉收入劉紹銘等編:《再讀張愛玲》(香港:牛津大學出版社,2002 年),頁 292。另見尹麗川:〈人亂如世〉《印刻文學生活誌》第 11 期,2004 年 7 月,頁 104-106。

[119] 參見胡蘭成:〈論張愛玲〉《中國文學史話》(台北:遠流出版事業股份有限公司,1991 年),頁 215。

[120] 同註 99,頁 293。

去過周佛海家（胡蘭成因為和蘇青早就認識），看有甚麼法子可以相救。[121]後來胡蘭成得到日本友人的援救，1944 年初被放出，暫時在南京賦閒養病。一天，在家中的院子草地上，胡蘭成搬過一把藤椅，躺著曬太陽一邊閱讀蘇青從上海給他寄來的《天地》月刊，上面有張愛玲的一篇小說《封鎖》，大為激賞，由此生發了對張愛玲的好奇與追求。1944 年 2 月胡、張兩人相見後，很快就成為戀人。胡蘭成說他每隔一天必去看張愛玲，常就在她的房裡講理論、講生平，而張愛玲只管會聽。就像張愛玲在〈封鎖〉裡寫的：「戀愛的男子向來是喜歡說，戀愛著的女子向來是喜歡聽，戀愛著的女人破例不大愛說話，因為下意識地她知道：男人徹底懂得了一個女人之後，是不會愛她的。」就張愛玲而言，這是她的初戀，充滿著真情與激情。張愛玲有一首詩是這樣寫：他的過去裡沒有我，／曲折的流年，／深深的庭院，／空房裡曬著太陽，／已經成為古代的太陽了。／我要一直跑進去，／大喊：「我在這兒！／我在這兒呀！」同年 4 月張愛玲發表在《雜誌》上的〈愛〉，這篇小品原是胡蘭成養母（俞家庶母）的故事的翻寫。[122]〈愛〉在張愛玲筆下是一片蕩氣迴腸：「於千萬人之中遇見你所遇見的人，於千萬年之中，時間的無涯的荒野裡，沒有早一步，也沒有晚一步，剛巧趕上了，那也沒有別的話可說，唯有輕輕的問一聲：『噢，你也在這裡嗎？』」其字裡行間流露著盡是生在女心的悽涼喜悅，只是張愛玲那時尚未自覺，亦不知有悽涼。

　　張愛玲在文字裡，與胡蘭成的戀情同步留下相關殘影的，除了《不了情》與《半生緣》外，還有〈華麗緣〉[123]。這篇 1947 年 4 月發表，

---

[121] 同註 99，頁 277。胡蘭成聽了這段事，覺得張愛玲幼稚可笑，一種詫異卻還比感激更好，卻沒有去比當年張佩綸。

[122] 同註 99，頁 98-101。

[123] 參見張愛玲：〈華麗緣〉《餘韻》（臺北：皇冠文化出版有限公司，1987 年），

是張愛玲與胡蘭成斷情後復出第一篇作品。[124]張愛玲藉著看一齣「表哥小生因近水樓臺搭上表妹小姐，後來小生又看上了另一家小姐，賣身上門投靠，……但有朝一日，功成名就，奉旨完婚的時候，自會一路娶過來，不會漏掉一個」的紹興戲影射了自古以來男人的偷情離異，其間胡蘭成的身影宛然浮現，末了看戲的人了解自己是沒有地位的一塊，於是一路跌跌衝衝、跟跟蹌蹌的走了出去。這些作品文字裡，其藝術與現實之間有一塊地方疊印著，悠悠忽忽的，變得恍惚起來。

2. 今生今世已惘然

《今生今世》是張愛玲取的書名，簡體中文版的書影上寫的是「今生今世已惘然，山河歲月空惆悵」。1954 年開始寫到 1959 年完成，用的是散文紀實，亦是依照張愛玲說的。胡蘭成在這本書裡，寫自己半生周折，其中寫到與張愛玲的文緣與張愛玲的情緣，除《民國女子》一章外，尚有《漢皋解珮》、《天涯道路》、《永嘉佳日》、《雁蕩兵氣》和《瀛海三淺》裡的個別片斷，把張胡之戀寫得纏綿浪漫，是非到他這裡全然顛覆。而即在《漢皋解珮》中，就出現了漢陽醫院女護士周訓德的相庭抗禮，《天涯道路》裡也有范秀美相伴，《瀛海三淺》的前段有日本少婦一枝，後段是佘愛珍當家。惟獨在《民國女子》裡張愛玲擔綱演出：從胡蘭成寫初見了張愛玲的震動，繼而每次與張愛玲相見談話，似舞似鬥，然後佳人送照好像季札贈劍，宛若自塵埃裡開出的花。後來胡蘭成自辦《苦竹》月刊，只出了四期，卻有張愛

---

124 1945 年 12 月胡蘭成到溫州，身旁有范秀美相伴，1946 年 2 月張愛玲前往探視，1947 年 4 月〈華麗緣〉發表在《大家》月刊創刊號，6 月張與胡離婚。其中所描述的紹興戲正是與胡蘭成在《今生今世》所談到的溫州廟戲，張說台上的故事也與胡蘭成〈十八相送〉戲逗范秀美的答話口氣幾近一致。參見陳輝揚：〈說《餘韻》〉《夢影錄》（香港：三聯書店，1992 年），頁 52-53。

頁 99-111。

玲三篇文章〈談音樂〉、〈談圖畫〉、〈桂花蒸阿小悲秋〉，唐文標說胡蘭成與張愛玲像是淪陷區時期的兩個極端，也是典型，他們結合起來辦「苦竹」，由這本內容的極不統一和其他雜誌的文藝消閒性亦有分別，或許可窺知活在四○年代早期的人是挫折和希望交迸、矛盾與放肆共存的。[125]1944 年 8 月，炎櫻為媒證，胡張簽定終身，只是現世不安，蕩子不定，浮花浪蕊不盡。胡蘭成在《禪是一枝花》裡曾詳解《碧巖錄》裏「至道無難，惟嫌揀擇」，他將「揀擇」細分五種：一是絕對的東西，無可比較。二是樣樣東西都是好的，不生差別觀。三是有差別也不可揀擇。四是要揀擇也不許。五是謙虛的緣故不作揀擇。觀察他的感情世界，所抱持的正是樣樣都好的不生差別觀。當胡蘭成面對張、周這兩個選項，胡蘭成是選擇了不選擇，而這不選擇，正就是一種選擇。這使得張愛玲垂淚無語。

　　日本戰敗後，胡蘭成匿名逃亡，與張愛玲溫州相別，1947 年 6 月，二人離異。在這兵荒馬亂中，張愛玲以為個人主義是無處容身的，她冷眼觀世，在她的小說中將世間男女之情的華麗外衣盡皆剝去，還其本來的霧散淒涼；而在實生活中，金童玉女亦是作不得人世夫妻，惟留得「我與她如花開流水兩無情」。[126]

　　後來，胡張二人分別再婚，各自憶往，在張愛玲所著《對照記》中，絲毫未見關於胡蘭成片影隻字。胡蘭成則寫了《今生今世》受到關注，出版後胡蘭成還折花贈遠，想要以此牽動張愛玲，並有意與她一較文采。張愛玲對此心思平正、不甚搭理。觀察她日後致夏志清的幾封信中，提到：「胡蘭成書講我的部分纏夾得奇怪，他也不至於老到這樣。不知從哪來的 quote 我姑姑的話，幸而她看不到，不然要氣

125 參見唐文標主編：《張愛玲資料大全集》（台北：時報出版公司，1984 年），頁 380。
126 參見胡蘭成：《今生今世》（台北：三三書坊出版，1990 年）下冊，頁 498。

死了。後來來過許多信，我要是回信勢必『出惡聲』。」（1966 年
11 月 4 日）又說：「中國時報那封公開信寄來了……三十年不見，大
家都老了──胡蘭成會把說成他的妾之一，大概是報復，因為寫過許
多信來我沒回信。」張愛玲還因為沈登恩「利用我的名字推銷胡蘭成
的書，不能不避點嫌疑。」所以回絕了他要替張愛玲出書的要求。（1977
年 7 月 12 日）。[127] 可見張前後態度一致，並未改變。

　　《今生今世》這部書，套句內文引用的基督的話，是教人「屬於
凱撒的歸凱撒，屬於上帝的歸上帝。」胡蘭成曾說：「世上但凡有一
句話，一件事，是關於張愛玲的，便皆成為好。……但這好竟是叫人
覺得稍稍不安。」對張迷和張愛玲研究者來說，儘管並不相信胡蘭成
真心反思生平，同時覺得其文字或許諸般不宜，但這些材料是有著實
感的，是今天我們一睹張胡公案的重要參考資料。

（三）胡蘭成與張愛玲的文緣

1. 四○年代張愛玲小說散文綜評

　　四○年代上海淪陷時期張愛玲是最為上海文藝界（讀書界）所注
意的作者，關於張愛玲作品（小說、散文為主）的評說綜論包括有：
周瘦鵑、譚惟翰、迅雨、張子靜、譚正璧、馬博良、胡蘭成、沈啟無、
許季木、應賈、東方蠛蝻（李君維）等等[128]，分別針對了張愛玲的作
品作了不同的褒貶評價。

---

[127] 「中國時報那封公開信」應是指朱西寧於 1974 年發表於《中國時報·人間副
　　刊》題為〈遲復已夠無理──致張愛玲先生〉，裡面提及五餅二魚說。參見
　　夏志清：〈張愛玲給我的信（10 則）〉，收入金宏達主編：《昨夜月色》（北
　　京：文化藝術出版社，2003 年），頁 409-426。

[128] 評論文字經作者整理，包括周瘦鵑：〈寫在《紫羅蘭》前頭（二則）〉《紫
　　羅蘭》（5）1943 年 8 月；《萬象》編輯室短介三則：「關於《心經》」1943

一般的推崇多在其藝術修養及文字技巧的成就，舉如：譚惟翰就認為「用詞新鮮、色彩濃厚、比喻巧妙」是張愛玲作品的三大特色；譚正璧是覺得張愛玲極擅於使用象徵的手法製造氣氛，又精於心理描寫；堯洛川說她的對白寫法特別，有西洋作風，而以中國固有文法寫出。[129]胡蘭成在〈皂隸、清客與來者〉中則特別提到〈封鎖〉這篇驚豔之作簡直是寫的一篇詩，但也顧慮它的太精緻，並提出考量「書寫巨幅作品如時代紀念碑」的可能性。[130]而一般對其小說的批評則在「張

年 8 月；「關於迅雨的論張文字」1944 年 5 月；「關於《連環套》」1944 年7 月；迅雨：〈論張愛玲小說〉《萬象》（3：11）1944 年 5 月；張子靜：〈我的姊姊張愛玲〉《颱》創刊號 1944 年 9 月；汪宏聲：〈記張愛玲〉《語林》1944 年 12 月；《傳奇》集評茶會記 1944 年 8 月 26 日《雜誌》社主辦、刊於《雜誌》（13：6）1944 年 9 月；顧樂水（章品鎮）：〈《傳奇》的印象〉南通《北極》（5：1）1944 年 9 月；柳雨生（柳存仁）：〈說張愛玲〉《風雨談》（15）1944 年 10 月；譚正璧：〈蘇青與張愛玲〉《風雨談》（16）1944年 11 月；馬博良：〈張愛玲的兩篇小說評介——《傾城之戀》、《琉璃瓦》〉《文潮》創刊號「每月小說評介」1944 年 1 月；胡蘭成：〈論張愛玲〉《雜誌》（13：2、3）1944 年 5、6 月；《張愛玲與左派》《天地》（21）1945年 6 月（筆名胡覽乘）；沈啟無：〈南來隨筆〉《苦竹》（2）1944 年 12 月；蘇青：「評張愛玲小說散文四則」分別見於 1944 年 1 月、2 月《天地》4、5期「編者的話」、1944 年 11 月《天地》14 期「編輯後記」以及 1945 年 2 月《天地》17 期「《流言》再版預告」；許季木：〈評張愛玲的《流言》〉《雜誌》（14：4）1945 年 1 月；應貴：〈劇壇巡禮：傾城之戀〉《雜誌》（14：4）1945 年 1 月；諤广：〈《流言》管窺——讀張愛玲散文集後作〉《春秋》（2：3）1945 年 2 月 12 日；東方蟫蛛（李君維）：〈張愛玲的風氣〉1947年 12 月上海《〈太太萬歲〉上演特刊》以及吳小如：〈讀張愛玲《傳奇》〉天津《益世報・文學副刊》1947 年，具體月日不詳。以上諸文參見陳子善編：《張愛玲的風氣——1949 年前張愛玲評說》（濟南：山東畫報出版社，2004年），頁 1-100 以及金宏達主編：《昨夜月色》（北京：文化藝術出版社，2003年），頁 3-86。

[129] 參見〈「傳奇」集評茶會記〉收入唐文標主編：《張愛玲資料大全集》（臺北：時報文化出版有限公司，1984 年），頁 246-251。

[130] 參見胡蘭成：〈皂隸、清客與來者〉原載 1944 年 3 月 15 日上海《新東方》第九卷第三期收入《印刻文學生活誌》第 21 期，2005 年 5 月，頁 100-103。

愛玲的一隻筆千姣百媚，可惜意識不準確。」[131]其中譚正璧正是以為「意識是作品不可少的生命，張愛玲小說中的人物處處為情欲所主宰，只喊出了個人偏方面的苦悶。」[132]而迅雨一面從心理分巧妙、省略手法的運用、新舊文字意境的交融三項特點盛讚《金鎖記》是文壇最美的收穫；另一方面，更嚴詞批評了《連環套》的惡俗與貧乏。最大的微詞是指出：對張愛玲而言，技巧是最危險的誘惑、文學遺產過於清楚則是一項危機。而選材要嚴、開掘要深、小說家深刻的人生觀以及真實的生活體驗才是服侍藝術的忠實態度。[133]

胡蘭成在《今生今世》裡曾提及張愛玲對報章雜誌上這些批評或崇拜，她都剪存，但不聽、不答，也不作參考。她的態度是抱著「但凡人家說我好，說得不對我亦高興。」[134]但當人詢問她對《萬象》（迅雨文）和《雜誌》（胡文）的批評時，她卻無法開心好玩，也不能等閒事之，在《新東方》五月號刊登了一篇〈自己的文章〉，張愛玲在這篇答覆裡說明了自己創作的路。[135]有論者認為張愛玲此篇即是不服迅雨的觀點，為自己做的辯護。[136]另有邵迎建的論證，認為是針對胡蘭成〈皂隸、清客與來者〉的評論裡指稱「時代紀念碑的作品」所作的回應。[137]陳子善認為這是當時左翼文壇創作的一個比較普遍的觀

---

[131] 同註 99，頁 288。

[132] 譚正璧：〈論蘇青與張愛玲〉收入唐文標主編：《張愛玲資料大全集》（臺北：時報文化出版有限公司，1984 年），頁 329-333。

[133] 迅雨：〈論張愛玲的小說〉，收入金宏達主編：《華麗影沉》（北京：文化藝術出版社，2003 年），頁 3-17。

[134] 同註 99，頁 296。

[135] 同註 129，頁 251。

[136] 舉如唐文標：〈關於連環套〉《張愛玲資料大全集》（臺北：時報文化出版有限公司，1984 年），頁 360。柯靈：〈遙寄張愛玲〉，收入金宏達主編：《昨夜月色》（北京：文化藝術出版社，2003 年），頁 436。

[137] 參見邵迎建：〈張愛玲與《新東方》〉，收入金宏達主編：《昨夜月色》（北京：文化藝術出版社，2003 年），頁 154-160。

點，張愛玲的陳述應是一個廣泛的回覆。古蒼梧則注意到同一篇文章在 1944 年 12 月《苦竹》第 2 期重刊一次，可能是針對譚正璧對其有關『意識覺醒』的批評再度解釋。綜觀張愛玲是這樣回應這些批評的：「一般所說『時代紀念碑』那樣的作品，我是寫不出來的，也不打算嘗試。……我的作品裡沒有戰爭，也沒有革命。我以為人在戀愛的時候，是比在戰爭或革命的時候更樸素、也更放恣的。……弄文學的人向來是注重人生飛揚的一面，而忽視人生安穩的一面。其實後者正是前者的底子。……好的作品還是在於它是以人生的安穩作底子來描寫人生的飛揚的。沒有這底子，飛揚只能是浮沫，……只能與人以興奮，不能與人以啟示。」

2. 胡蘭成論張愛玲

在這些評介諸家中，對張愛玲作品既作了評論，又得了影響的應是胡蘭成。包括 1944 年《雜誌》（13：2、3）刊登胡蘭成作〈論張愛玲〉，1945 年《天地》（21）月刊裡的〈張愛玲與左派〉，筆名胡覽乘；1944 年 3 月〈皂隸、清客與來者〉《新東方》（9：3）中對〈封鎖〉的二段評論[138]以及《今生今世》中與張愛玲談論西洋精神與中國文明，向她批評今時流行的作品，又說她的文章好在哪裡，……等等文字俱見月旦。王德威曾提及「胡蘭成是崇拜張愛玲的讀者」，[139]古蒼梧則認為胡蘭成一生基本上是專業政客，他的寫作大部分為其所攀附的政治服務。但他的評論張愛玲、蘇青，是由於個人因緣以及特殊的歷史機遇，其動機較為單純、也不失真誠，其評論文字有獨到的見

---

[138] 同前註。

[139] 參見王德威：《落地的麥子不死──張愛玲與「張派」傳人》（濟南：山東畫報出版社，2004 年），頁 62。

解，可稱是張愛玲的「同代的知音」。[140]胡蘭成本人亦坦言自己諸多事物受到張愛玲的指點影響，與張愛玲是「同緣同相、同見同知」[141]。以下即從胡蘭成對張愛玲的評論文字及其所接受張愛玲的影響兩方面進行分析。

(1) 評論[142]

甲、柔和明淨的個人主義

胡蘭成是從個人主義發現張愛玲，探討她的作品世界。

在胡蘭成心目中「個人主義」是一種自我的超越，一種生命的昇華。他指出：所謂「個人主義」是舊時代的抗議者，新時代的立法者，它可以是冷淡的，也可以是叛逆的。它可以走向新生，或者破滅，卻是不會走向腐敗。個人主義可以在新時代的和諧中融解，卻不是什麼紀律或克制自己所能消滅的。歷史上的蘇格拉底、盧騷都是個人主義者，只是前者是無依靠的，後者是跋扈的。由於中國近代一直處在連續的革命與反動裡，個人主義壓縮到文學上，從諷刺發展到譴責，再發展到新事物的追求。時代在解體中，張愛玲是把事事物物養在水盂裡，拆卸戲劇化的裝飾，把人類的感情揩拭乾淨。她所表現的個人主義是柔和而明淨的。到了她手上，文學從政治走回人間，因而也成為更親切的。是綜結胡評所述：張愛玲的文章不革命、不鬥爭、沒有左派的習氣。在她的筆下，人是要重新發現自己，發現世界。她是個尋求者，尋求的是自由，真實而安穩的人生。

---

[140] 參見古蒼梧：《今生此時今世此地——張愛玲、蘇青、胡蘭成的上海》（香港：牛津大學出版社，2002 年），頁 65、84。

[141] 同註 99，頁 290。

[142] 參見〈論張愛玲〉與〈張愛玲與左派〉，收入胡蘭成：《中國文學史話》（台北：遠流出版事業股份有限公司，1991 年），頁 203-227。

　　就從這個人主義的立場，我們檢驗張愛玲的文字，可以發現：她所謂的安穩不是逃避、非關隱逸、也絕不是閉鎖，而是在髒與亂與憂傷之中，發現珍貴的東西。[143]置身在這世界（包括現實與書寫世界）中的人物的行徑並不是什麼好榜樣，也不見得到什麼善有善報惡有惡報的正義結局；而是以本來面目，沖刷掉人類的歷史與責任，依賴著自己個人的紀律，從不可避免的失敗中去面對人生，學得孤獨地忍受痛苦的勇氣。所以她的小說中〈封鎖〉裡的翠遠、〈傾城之戀〉的流蘇、甚至〈連環套〉的霓喜幾乎都退到原始的生存競爭：現實裏的享樂、膩與刺激、然後上癮變成麻痺，充滿壅塞的憂傷，最後所有的故事都剩下愴然的告誡：「無論什麼事，都不可以大意；無論什麼事，都不能稱自己的心願的。」這一課是無關於時代英雄的故事、意識正確的文學使命的。她有自己的判斷，自己的完整，形成了自己的天地，全與旁人無干。因此她不避嫌地與親日文人一同參加納涼會，卻又在「大東亞文學者大會」裡缺席。而她借由作品是這樣與讀者對話：「不那麼強調主題，卻是讓故事自身給它所能給的，而讓讀者取得他所能取的觀點。」她這種嚴肅的處理一種「觀點／態度」的寫法，正是脫離大集團的個人主義的表現。

乙、生的哲學──作家的愛悅與慈悲

　　胡蘭成又從作家的本心切入，來說明張愛玲的創作觀。

　　說到張愛玲的為人，胡蘭成以為「她的個性非常自私，不同情誰，是一種自己的存在分外分明。連她看書也只是她自己，不與書中人同哀樂，清潔到不染紅塵。她不迎合別人、也不受人迎合，她不受一點

---

[143] 參見張愛玲：〈詩與胡說〉《流言》（臺北：皇冠文化出版有限公司，1968年），頁149。

委屈，卻又常順從，順從在她是心甘情願的喜悅。」[144]「和她相處，總覺得她是貴族。但她顯現出來的貴族氣氛不是因為她有著傳統的貴族血液，而是她放恣的才華與愛悅自己所作成。」[145]貴族氣氛本來是排他的，是因為張愛玲懂得人世，所以她慈悲；而愛悅自己本來是執著的，但她有一種忘我的境界。所以在各種地方乃至小處，張愛玲看得清清楚楚，她知道悲劇多由好人作成，好的東西只見其紛紛毀滅，原來是有限的。因此，胡蘭成評論她的作品，說她「寫人生的恐怖與罪惡，殘酷與委曲」，而「讀她的作品的時候，有一種悲哀，同時是歡喜的，因為你和作者一同饒恕了他們，並且撫愛那受委曲的。」印證〈金鎖記〉裡的曹七巧，作者是把她的故事編成了一隻歌，讓世人知道愛。而〈花凋〉裡的川嫦，一生委屈到死，作者把她寫成一個殉道者。當看穿人世的強者的軟弱，而給予人世的弱者以康健與喜悅。作者是將人世的恐怖與柔和，罪惡與善良，殘酷與委屈，提高到頂點，然後結合為一。

此外，胡蘭成還談到「張愛玲的文章裡，對於現代社會裡有敏銳的彈劾，但她是喜歡現代社會的，她於是非極分明，但根底還是無差別的善意。」[146]幾千年來無數的平凡的人失敗了，但他們培養了人類的存在與前進。這平凡的生死搏鬥，不是浪費的，而和英雄一樣是可敬的。故而張愛玲作品的題材裡有著許多跌倒的人物，比如范柳原，作者描寫他的無誠意，卻不自覺的揭露了他抑制著的誠意、愛與煩惱。比如姜長安的最初也是最後的愛，是這樣深的苦痛，而臉上顯出稀有的柔和。這些人物的委屈正是最強的抗議，因為張愛玲的愛有

---

[144] 同註99，頁279-283。
[145] 同註99，頁205-206。
[146] 同註119，頁141。

餘，生命力有餘，所以能看出弱者的愛與生命的力的掙扎。而當生之
悲哀與生之喜悅一齊融合了，所以使人感動。

此處，胡蘭成標出「失敗的平凡人」這樣的角色，我們理解到這
正是張愛玲自言「在小說裡盡量表現人物的力」所直指的「軟弱的凡
人」、「不徹底的人物」、「小奸小壞性格」、「廣大時代的負荷者」
的人物總代表。[147]而更值得注意的是胡蘭成是從張愛玲的性格心理談
到張愛玲的文風筆力。他看出張愛玲的超然決絕，對自己堅持，一點
都不放過；但又由於她對人世荒涼的理解與必然破壞的直覺，所以在
文學上出現不忍、平等與寬容。這感情的清平就像基督說得：人子沒
有棲身的地方。[148]正因為張愛玲的「自我」不屬於誰，所以是理性的。
不似黃老的無為，又非儒家的慎獨，或者稍趨於六朝的任性，但又從
容不失於狂野。復以其「忘我」，她可以化作故事的旁觀者，設身處
地的想天想地，而毫不關己。王國維曾說：「苟吾人能忘物與我之關
係而觀物，則夫自然界之山明水媚，鳥飛花落，固無往而非華胥之國，
極樂之土也。豈獨自然界而已，人之語言動作，悲歡啼笑，孰非美之
對象乎？」[149]張愛玲的個性既謙遜而放恣，但謙遜而不拘謹，放恣也
不是驕傲。她是人的發現與物的發現者，因為兼有基督的女性美與希
臘英雄式的男性美，她的調子裡有著陰暗而又有明亮。沈啟無也說張
愛玲「『眾生有情』，所以她的文章是溫暖的，有莊嚴的華麗，也有
悲哀，但不是慘傷的淒厲。」這樣說法無疑是揚發了胡文所指「對人
間有著廣大的愛悅」的基調。

---

[147] 參見張愛玲：〈自己的文章〉《流言》（臺北：皇冠文化出版有限公司，1968
年），頁 18-19。
[148] 同註 99，頁 16。
[149] 參見王國維：〈紅樓夢評論〉《王國維先生三種》（台北：育民出版社，1973
年），頁 4-5。

丙、興的感發——情真與意新的底子

胡蘭成復以感發的潛能為依據，申述自張愛玲文本中發掘某些質素所引生的聯想，是屬於一種「興」的方式。[150]

他是屢屢以「青春」這個詞彙，評說了張愛玲其人其文。胡蘭成說：青春自身可以是一種德性，像楊柳發新枝時自然不染埃塵。[151]而她（張愛玲）不是以孩子的天真，不是以中年人的執著，不是以老年人的智慧，而是以洋溢的青春之旖旎，照亮了人生。她由於青春的力的奔放，往往不能抑止自己去尊重外界的事物，甚至還加以蹂躪。然而她並不因此貧乏，她自身就是生命的泉源。但她煩惱於語言文字的貧乏，所以她選取古典的東西作材料，而以圖案畫的手法來表現。因為前者離現實遠，乃有創造美麗幻想的自由；後者因為手法抽象，所以能放恣她的才氣。胡蘭成將張愛玲比喻為「一株新生的苗」，這新鮮的苗帶給人間以健康與明朗的、不可摧毀的生命力。[152]他說張愛玲的小說散文也如同她的繪畫，有種古典的，同時又有一種熱帶的新鮮氣息，而讀她的作品更是出現著一種青春的美，如同在一架鋼琴上行走，每一步都發出音樂，創造了生之和諧。

這段批評意見，有人覺得十足是頌讚文字，余斌就說讀來令人如不覺牛頭不對馬嘴，也會如墜五里霧中。[153]劉鋒杰則標出「青春視角」[154]這

---

[150] 葉嘉瑩提出評論家詮釋的重點在依據一些已有文化定位的語碼來指稱作者作品的原意之所在，是屬於一種「比」的方式；若依據文本中某些質素所引生的感發與聯想是屬於一種「興」的方式；若在其文本本意的敘寫中，尋索蘊含的美感，是一種「賦」的方式。參見葉氏著：《中國詞學的現代觀》（台北：大安出版社，1988 年），頁 52-53。

[151] 同註 99，頁 27。

[152] 同註 99，頁 204、217。

[153] 參見余斌：《張愛玲傳》（台中：晨星文學館，1998 年），頁 109。

[154] 參見劉鋒杰：〈畢竟是『半個』知音——讀胡蘭成《評張愛玲》〉《想像張愛玲》（合肥：安徽教育出版社，2004 年），頁 37-113。

一觀點，認為胡蘭成是從個體發生學的角度解讀張愛玲，即抓住張愛玲的心理及生理特徵來看張愛玲的個性特徵，並探討張愛玲由此發展出其作品出現的二重性：飛揚與安穩、美麗與素樸、希臘與基督⋯⋯等。並推崇胡文是首次觸及張愛玲的身體與其寫作關係的文章。

　　相對於使用「青春視角」來分析胡〈論張愛玲〉，是著重在作品所表現的一種意識形態，本文係採用「情真」與「意新」為綱目，來論述張愛玲作品的底子。所謂「情真」，用王國維語即是「不獨對人事，即對一草木皆有忠實之意」。所謂「意新」則指「貴新警、去淺俗、求奇變」，因為青春期是個體生命的反逆期，可以不假外力而自己生出新的表現。[155]胡文所言張愛玲生命青春之源泉不盡，使她尊重外物復至蹂躪外物。細究這「青春的力的奔放」實是湧生於「情真」之基，所謂「有輕視外物之意，故能以奴僕命風月；而有重視外物之意，故能與花鳥共憂樂。」而胡蘭成又特別將音樂、繪畫與張愛玲文字創作並舉，強調其文字有如色彩與旋律一般同起同落，互相匹敵。並注意到她是憑藉著古典的距離得以騰挪出創造美麗幻想的自由空間，而由抽象的手法得以縱容她書寫的不羈。如此印證張愛玲作品中的審美情操是壯美又是素樸的、其氛圍是蒼涼而華麗的，即便寫須臾之物、短暫之情亦皆是好，而好中又帶著不安。這正是一種「意新」。再加上自然界是有與無同在，文明的造形亦是空與色同在，凡物都有著時間與空間，對張愛玲而言，生活對於她不是一個牢籠而是活水源頭。她走進一切生命裡，由情真、意真、景真，以致於諸事無隔，有情無情各得其正，人身即如來身。[156]如此出入自得，參差美學的創造完成，生之和諧的風景乃現。

---

[155] 同註 119，頁 137。

[156] 同註 142，頁 97。胡蘭成提及張愛玲看戲說戲台下的鄉下人彷彿是幾何學的點，不佔面積的存在。這是說的「人身即如來身」。又說西洋人的隔像月光

丁、對左翼文藝的反省

戰爭爆發前以左翼文藝為主流的上海文壇,個人主義是受到批判的。胡蘭成並不反對革命,但肯定個人主義。在〈張愛玲與左派〉等文中,胡蘭成針對左翼文藝的反映論與政治使命進行了新的思考。他認為馬克思主義者至今只發現了藝術的背景,不懂得藝術還有它自身。他們把藝術看作事物的反映,時代的鈐記,然而鈐記並不能給時代加添一點什麼的,事物沒有鏡子,也無損於它的完全。而文學一旦跟政治中心接近,可以作成文學與時代的息息相關,但也使文學成為粗淺。上海方面作者因為與政治關係太直接的緣故,往往把政治描寫得太誇張,而忽略了人生。這樣一種誇張法倘用來描寫戀愛就成了才子佳人的鴛鴦蝴蝶派,用來描寫政治,就成為騎士式革命家的報告文學,作品不只粗淺而且粗暴。[157]

接著,他批評了左派的階級論。他說左派理論家只說要提倡集團主義,要描寫群眾,但他們不了解群眾是平常人,是日常生活的感情使他們面對毀滅而活得下來,不會輕易地走到感情的尖端。他說左派有很深的習氣,因為他們充滿禁忌,雖然強調農民市民,怒吼起來也只是時代的解體,而不是新生。而左派文藝是用俄國的神話、美國的電影故事、山東人走江湖的切口、構成他們的作品風格,而每一種風格都是階級性的狹隘。充其量藝術不過是無產階級的工具。

胡蘭成對左翼文藝的評論與反省,文理俱見。尤其是他說「人與人的關係應當是人的展開」,到左派手裡,「人卻被人與人的關係淹沒」。因此,張愛玲的文章不是無產階級的也罷。

下一隻蝴蝶停在戴白手套的手臂上,隔得叫人難受。
[157] 同註119,頁232-233。

戊、將張愛玲與魯迅並提

最早將張愛玲與魯迅並提的是傅雷,他指出張的〈金鎖記〉「頗有〈狂人日記〉中某些故事的風味」[158]。胡蘭成在〈論張愛玲〉裡再度提及:「魯迅之後有她。……和魯迅不同的地方是,魯迅經過十年來的幾次革命和反動,他的尋求是戰場上受傷的衛士的淒厲呼喚,張愛玲則是一枝新生的苗,尋求著陽光和空氣。……這新鮮的苗帶給了人間以健康與明朗的、不可摧毀的生命力。」他並認為張愛玲與魯迅都是(或曾是)個人主義者,但魯迅的個人主義是悽厲的,並且過早放棄。由於魯迅是尖銳地面對著政治的,所以是諷刺,是譴責。而張愛玲的個人主義則是柔和明淨。到了她手上,文學從政治走回人間,因而也成為更親切的。古蒼梧認為胡文比較的魯迅與張愛玲,前者追尋的是人生飛揚的一面,後者則是人生安穩的一面,與張愛玲在〈自己的文章〉裡的意見如出一轍。[159]

在胡蘭成之後,于青《張愛玲傳》、邵迎建《傳奇文學與流言人生》、王富仁〈中國現代主義文學論〉、楊澤《閱讀張愛玲‧序》、靈真〈海內外張愛玲研究述評〉等都對張魯論述作了演申。他們追隨胡蘭成的說法,這樣看待張愛玲與魯迅:張與魯都擅長刻劃人性,而魯迅寫的是國民性——落後迷信、愚昧無知、還虛張聲勢,張愛玲則寫人性的自私、懦怯、虛榮與賣弄取巧;魯迅切入文化層,遇到人生困厄選擇奮起戰鬥,探索的價值標的在真與偽,是超人性、男性之美、陽剛氣的,是其開創「啟蒙者文學」,故在樂觀中顯現著怨憤與頑強。而張愛玲則居於生活層,覺察人生不安選擇屈從忍耐,探索的價值標

---

[158] 同註 133,頁 9。
[159] 同註 140,頁 65-68。古蒼梧以為魯迅的個人主義追尋人生飛揚的一面,是受到政治和時代的局限,張愛玲的個人主義追尋人生安穩的一面,故有超越時代的永恆意味。

的在真與好，是凡人性、母性之美、陰柔氣的，紀錄的是「生存者文學」，故在悲觀中有著歡喜與平和。

(2) 影響

王德威說：張愛玲與胡蘭的情緣雖只是曇花一現，但張卻成為胡創作的重要繆思。……其（胡蘭成）大書特殊的江山日月、王道正氣，終於九九還原，盡行流落到張愛玲式的、猥瑣荒涼的市井慾望中。[160]對受到張愛玲的影響極深，胡蘭成自己都不否認。在沒有認識張愛玲之前的胡蘭成是先從日本的定型的東西學起的，在與張愛玲結緣之後才有了改變，他在《今生今世・民國女子》中，直述其重生的秘密：我是受過思想訓練的人，對於凡百東西皆要在理論上通過了才能承認。我給愛玲看我的論文，她卻說這樣體系嚴密，不如解散的好，我亦果然把來解散了，驅使萬物如軍隊，原來不如讓萬物解甲歸田，一路有言笑。[161]

是張愛玲開了胡蘭成的聰明，胡蘭成聽張愛玲講現代西洋文學、中國古典文學、連京戲、紹興戲、流行歌亦是得她指點，至於「日本版畫、浮世繪、朝鮮的瓷器、古印度的壁畫，我（胡）都伺候看她的臉色，聽她說哪一幅好，即使只是片言隻語的指點，我才也能懂得它果然是非常好的。」[162]胡蘭成說：在愛玲這裡，是重新看見了我自己與天地萬物，……亦有看見自己的屍身的驚。我若沒有她，後來亦寫不成《山河歲月》。[163]而在〈永嘉佳日〉裡，他再度提到：我每日寫《山河歲月》這部書，寫到有些句子竟像是愛玲之筆，自己笑起來道：

---

[160] 同註 138，頁 43、44、71。王德威談到「胡說張腔」說：儘管胡蘭成寫得天花亂墜，總有個呼之欲出的張愛玲權充他的繆思。
[161] 同註 99，頁 278-280。
[162] 同註 99，頁 291-294。
[163] 同註 99，頁 290。

「我真是吃了你的瀺唾水了。」[164]後來胡蘭成到了日本，寫《今生今世‧瀛海三淺》裡還是覺得：我讀自己的文章時，以為已經比她（張愛玲）好了，及讀她的，還是覺得不可及。[165]胡蘭成是凡所做的及所寫的，都為的是從愛玲受記。即便對現代都市相思亦是因為愛玲。[166]他曾說「池田給他典型，而愛玲給他新意，有相知的喜氣。」[167]難怪胡蘭成在《張愛玲畫傳》中留下了「平生知己乃在敵人與婦人」的書幅。

張愛玲對胡蘭成果然是一個極大的文化衝擊。他盡棄以前的文筆從新學起，觀察在《今生今世》之前的著作，幾乎都是政論文章，如《戰難和亦不易》（1940）、《爭取解放》（1943）、《中國人的聲音》（1945）等等，是邏輯演繹條理清楚、體系嚴明，和《山河歲月》（1954）、《今生今世》（1959）以後的文字出以直觀、詩的興感、清靈宛轉不同。比如胡蘭成談「竹子」：「竹子的好處是一個『疏』字，太陽照進竹林裡，真個是疏疏斜陽疏疏竹，千竿萬竿皆是人世的悠遠。」[168]比較張愛玲談「琴」：「我最怕的是凡啞林，水一般地流著，將人生緊緊把握貼戀著的一切東西都流了去了。胡琴就好得多，雖然也蒼涼，到臨了總像著北方人的『話又說回來了，遠兜遠轉，依然回到人間。』」[169]一個從物的形色談，一個從物的音聲論。有了個顏色，就有在那裏了，使人安心。不像音聲，永遠是到哪裡，似乎誰都不能確定，而且才到就已經過去了，跟著又是尋尋覓覓，冷冷清清。這樣的文字描摹清揚乾淨，俱見物語如畫，又盡是情語，又如胡說「人

---

[164] 同註 126，頁 472。

[165] 同註 126，頁 643。

[166] 同註 126，頁 497。

[167] 同註 99，頁 308。

[168] 同註 99，頁 81。

[169] 參見張愛玲：〈談音樂〉《流言》（臺北：皇冠文化出版有限公司，1968 年），頁 212-213。

世的貞親」，不可以有奇蹟與夢想，尋常的歲月亦有著梅花的消息：
「人世因是這樣的安定的，故特別覺得秋天的斜陽流水與舨上禪聲有
一種遠意，那禪聲就像道路漫漫，行人只管駸駸去不已，但不是出門
人的傷情，而是閨中人的愁念。想著他此刻在陸上，長亭短亭，漸去
漸遠漸無信，可是被裏餘溫，他動身吃過的茶碗，及自己早晨起來給
他送行忙忙梳頭打開的鏡奩，都這樣在著。她要把家裡弄得好好的，
連她自己的人，等他回來。秋天的漫漫遠意裡，溪澗池塘的白蘋紅蓼，
也於人有這樣一種貞親。」[170]比較張愛玲的文字：「那裏面的世界是
笨重的，卻又得心應手；小木屋裏，牆上的掛鐘滴搭搖擺；從木碗裏
喝羊奶；女人牽著裙子請安；綠草原上有思想著的牛羊與沒有思想的
白雲彩；沉甸甸的喜悅大聲敲動像金色的結婚的鐘。如同勃郎寧的詩
裏所說的：上帝在他的天庭裏，世間一切都好了。」[171]這是「笨重的
世界」裡有著安定與祥和。此外，亂世中的成敗荒涼，張、胡二人豈
能無感？張愛玲寫道：「……我一個人站在黃昏的陽台上，……元宵
的月亮紅紅的升起來了，我想：『這是亂世。』晚煙裡，上海的邊疆
微微起伏，雖沒有山也像是層巒疊嶂。我想到許多人的命運，連我在
內的，有一種鬱鬱蒼蒼的身世之感。……」（《我看蘇青》）胡蘭成
則是：「夏天的一個傍晚，兩人（張胡）在陽台上眺望紅塵靄靄的上
海，西邊天上餘暉未盡，有一道雲隙清森遙遠，我與她說時局要翻，
來日大難，她聽了很震動。」[172]這兩段文字儼然俱見「我瞻四方，蹙
蹙靡所騁」（《詩·小雅·節南山》）的憂生憂世。上述例舉皆是借

---

[170] 同註 99，頁 41、57。

[171] 同註 169，頁 217。

[172] 同註 99，頁 296-297、302-303。胡蘭成又說：「我們所處的時局亦是這樣實
感的，有朝一日，夫妻亦要大限來時各自飛。但我必定逃得過，惟頭兩年裡
要改姓換名，將來與你雖隔了銀河亦必定得見。」張愛玲道：「那時你變姓
名，可叫張牽，又或叫張招，天涯地角有我在牽你招你。」

景容身，以「自狀無可奈何之情，謂思之無益，留之不得，不如且顧目前，而目前無人，止有此物。」如此，二者皆以直觀待物，在神而不在貌，「物之哀感」的氣息淡淡，縈繞不去，而底子是「了解、謙卑與順從」。

相對的，胡蘭成對張愛玲自然也不是全無影響。二人相識於《封鎖》發表後，除了張愛玲的小品〈愛〉取材於胡蘭成養母（俞家庶母）的故事，二人都有「談蘇青」、「談路易士的詩」以及「談女人」的文章發表[173]。而感情的淬練、人事浮沉的相處相待，使得張愛玲的作品如〈花凋〉、〈年青的時候〉以及《傳奇》增訂本新收〈鴻鸞禧〉等五篇，更多採用了一種更親近世情、呈現真相的手法態度去表現：相對於時光流逝，美好的事物生出、成長、分裂、毀滅……一種深沉的譜律循環，而惟當下的掌握，剎那的震動成為記憶中的不滅。如是突顯了人生的蒼涼，展現了虛偽中有真實，浮華中有素樸的質地，進入了張氏作品的沉澱平穩時期。綜較張胡二人散文是屢屢晉用淒涼的氛圍，以纏綿悲壯表現一種電光石火，其字裡行間俱見照眼驚人之美。

（四）評胡文字

對胡蘭成的評說張愛玲，讀者多半是抱著愛恨交加、不大想理又不得不理會的態度去接受它的。一來胡與張的親近關係使得他對張愛玲的描述記載成為理解與研究張愛玲的第一手資料，引發極大的關注與興趣。一來因為胡蘭成品格上的爭議，而產生排拒的態度：或因為

---

[173] 張胡文字標題內容文字可互相參看者包括如「談蘇青」：胡蘭成：〈談談蘇青〉《小天地》第 1 期（1944 年 9 月）、張愛玲：〈我看蘇青〉《小天地》第 1 期（1944 年 9 月）；「談路易士的詩」：胡蘭成：〈路易士〉《天地》第 1 期（1944 年 9 月）、張愛玲：〈詩與胡說〉《雜誌》13 卷 5 期（1944 年 8 月）；以及「談女人」：胡蘭成：〈女人論〉《三三集刊》27 輯（1981 年 1 月）、張愛玲：〈談女人〉《天地》第 6 期（1944 年 3 月）。

胡的失節薄倖，從而廢其人、廢其文；或由於對張愛玲的痛惜，轉而對胡說的挑剔；或洞察其愛嗔情迷的陷溺，懷疑其不能客觀。舉如潘柳黛、顧樂水、余斌都未對胡說作全面的界定，也不持正面的評價。

在《記張愛玲》一文裡，潘柳黛提到曾發表了一篇〈論胡蘭成論張愛玲〉的遊戲文章，所謂「請看論人者，人亦論其人」，在裡頭大大調侃了胡張二人，並說胡文是一篇神魂顛倒的軟綿綿的捧場文章，是較早的評胡文字。[174]而顧樂水（章品鎮）在〈《傳奇》的印象〉中也提及胡蘭成的「論張」，評論其文字如一快飛速轉動著的七色板，多彩流利。然而其論列是立論在靈感的狩獵上，無不是嘆感的遊戲，並批評胡文中關於「個人主義者」的歸類是一種背道、是炫示著一個虛幻的啟示，因此整篇評論落得零亂、支離、不成體系。[175]余斌認為由於當時胡張二人正處於熱戀中，所以胡蘭成這篇評論與其說是「論」，不如說是「頌」，頌其人亦頌其文，滿是讚辭華靡濃麗，缺乏理論上的說服力，其形容張愛玲直如生手拉古琴，道不著正字腔。[176]

沈啟無是胡蘭成的朋友，也認識張。他在〈南來隨筆〉裡有一段話與眾不同：「蘭成說她（張愛玲）的文章背景闊大，才華深厚，要佔有一個時代，也將在一切時代裡存在。這話我並不以為過譽。」[177]他又從胡蘭成說張愛玲「青春能常在，自由能常在，才華能常在」的論點延伸，談到「張愛玲把感覺寫繪成感情，因之一切有情無情都納

---

[174] 由於潘文未對胡評文字中的論點作具體評析，後人以為失於情緒化。參見潘柳黛：〈記張愛玲〉，收入金宏達主編：《昨夜月色》（北京：文化藝術出版社，2003 年），頁 36。

[175] 顧樂水（章品鎮）：〈《傳奇》的印象〉南通《北極》第五卷第一期，1944年 9 月。收入陳子善編：《張愛玲的風氣──1949 年前張愛玲評說》（濟南：山東畫報出版社，2004 年），頁 35-37。

[176] 同註 153，頁 109。

[177] 參見沈啟無：〈南來隨筆〉收入金宏達主編：《華麗影沉》（北京：文化藝術出版社，2003 年），頁 53。

入她的作品裡『各正性命』，得到一個完全的安靜。」這些意見在當時可能被認為是黨同的辯護，如今看來卻也是持平。

自萬燕開始將胡蘭成視作張愛玲的知音，但她認為是限於戀愛上、情感上的，而不是認知上的知音。她說：通部《今生今世》，胡蘭成處處標榜自己。胡蘭成是個才子，可又只是個風流才子，他並不真正懂得張愛玲，他愛過張愛玲，這是真，可絕對不及張愛玲對他的一半。[178]

靈真在〈海內外張愛玲研究述評〉中認為胡評對其（張愛玲）作品的分析很空泛。在張魯論述上，靈真認為胡蘭成有「未說到點子上之弊」。他進一步闡析：張魯二人都十分注重對國民性弱點的挖掘，而魯迅是個思想家，是以文學為改造國民性的利器，所以有典型啟蒙主義作家風範；張愛玲則是純粹的文學家，帶有自由主義作家的氣息，所以風貌不同。[179]

直到劉鋒杰在《想像張愛玲》裡對〈胡《論張愛玲》〉作了透徹的評析，並認為這篇文章在批評態度及方法上有很大的啟示，是成功之作。他認為胡評對張愛玲的評價是超乎時賢的。比如胡蘭成避過傅雷對張愛玲批評所陷入的限制，在基本態度上胡蘭成已經有意無意地逸出了流行意識形態以及個人成見的批評陰影中來觀看張愛玲，所以張愛玲在胡評中的面相較為積極。[180]而且由於張胡相戀，有更多的機會交流溝通，有可能更貼近確切地掌握張愛玲的文學世界（當然也可能因情感陷溺而過份主觀產生蒙蔽）。而其評價中有三個觀點最值得

---

[178] 參見萬燕：《海上花開又花落》（南昌：百花洲文藝出版社，1996 年），頁 163。

[179] 參見靈真：〈海內外張愛玲研究述評〉，原載《華文文學》1996 年第 1 期。收入金宏達主編：《鏡像繽紛》（北京：文化藝術出版社，2003 年），頁 440-442。

[180] 同註 154，頁 37-113。劉鋒杰指出：其一傅雷是陷入了反對宗教至少是輕視宗教的視角來看張愛玲，其二、傅雷的現實主義實則浪漫主義的文學理想的選擇，使其無法認同非現實主義非浪漫主義的文學理想選擇。

重視:一是從青春的視角研究了張愛玲的創作個性;這「新苗說」的
提出,是以個體發生學的角度解讀張愛玲,說明張愛玲創造的是生之
和諧,而且是在其悲涼冷峻作品之後所深深埋藏的正是青春的熱情與
對愛、美不倦的追求。二是通過張愛玲思想複雜性的分析與陳述,揭
示了張愛玲獨特的思想境界;這是通過雙重/二元的尺度去解析張愛
玲的創作,比如:行文的華麗與素樸、人生的飛揚面與安穩面、不僅
是希臘的而且是基督的。其中劉氏特別分析了胡蘭成談及張愛玲與基
督的關係──包括基督的慈愛、末日審判說、如宗教般的虔誠的美的
追求。三是肯定了張愛玲在中國現代文學史上的轉型意義。這篇〈胡
《論張愛玲》〉,在他看來是「胡評的基礎也許並不紮實,但其枝節
腳架足以構建一個有效的價值平台」。因此,他認為「胡評不僅是認
識張愛玲的一個『起點』,更是一個『觸發點』。」

(五)結論

柯靈曾說:「中國新文學運動從來就和政治浪潮配合在一起,因
果難分。……抗戰時期──同仇敵愾,抗日救亡,理所當然是主流,
除此之外,就都看作是離譜,旁門左道,既為正統所不容,也引不起
讀者的注意。」[181]不意張愛玲是個異數,就在這樣的文學氛圍中崛起,
又在這樣的文學領地裡立足。四〇年代是其創作生涯(小說、散文、
影劇)的巔峰時期,而她的起點正是她的高點(1943-1945);同時這
個期間也是她的感情世界極執著與極纏綿的階段──她與胡蘭成清
堅決絕的愛戀、驚天動地的婚姻始終(1944-1947),這兩段人生重要
經歷有大部分的重合。因此,早期對胡蘭成評述說論張愛玲文字的觀

---

[181] 柯靈:〈遙寄張愛玲〉,收入于青、金宏達編:《張愛玲研究資料》(福州:
海峽文藝出版社,1994年),頁10-11。

察研究，一般認為胡蘭成的主觀愛悅成分太重，多直覺性的讚嘆而非理性的分析，嚴謹性不夠，傳記資料方面的貢獻較大。

如今胡張俱逝，研究方向思考已然不同。四〇年代關於張愛玲的論說，要約以傅雷、譚正璧、胡蘭成的評論各具特色，為人所注意。其後的論述文字大抵都由此延伸，或補或正，或揚棄或吸納，比如夏志清即更張創發了張學的闡釋模式。根據捷克結構主義學者莫卡洛夫斯基（Jan Mukarovsky）的主張，認為一切藝術品一定要經過讀者或欣賞者的再創造來加以完成，然後才離開藝術成品，而成為一種美學的客體。而胡蘭成的評論是以其特殊的身分──既是作家作品的闡釋者，又是作家作品的接受者，是綜合著理解而尊重，發揚而又競爭的複雜態度進行書寫，留下了一個既貼近而又可能相對受限的批評面貌。貼近的是胡文的接受美學將作者（張愛玲）經由文本賦予讀者的「發掘潛能」得以發揮實踐。比如上文所述胡蘭成所引領的柔和明淨的個人主義、作家的愛悅與慈悲的觀點都與張愛玲的基本創作理念非常接近；而興的感發──情真意新的創作底子的發現與張愛玲與魯迅的相提並較，更開啟了後續研究張學的蹊徑。而受限的即是因為胡蘭成對於張愛玲其人其文的出以直觀的審視，可能形成一種創造性的背離，或亦如王德威所言「胡蘭成出入文字障間，不黏不滯，也許真是參透一切。但有心讀者也不免懷疑他滑溜溜的文字戲法，才是他不空不寂的托詞。」[182]然而李健吾曾說：我們欣賞一件作品，應當先行接受它的存在，這也就是說，它帶來的限制。尤其是像張愛玲、胡蘭成這樣的作家，他們循著自己的創作觀點，發揮個人的才華，他們的情緣與文緣互相生發，他們的創作與評論互相授受，其欣賞與限制竟是同步存在的。

三、淪陷城市中的女作家：蘇青與張愛玲

（一）上海女性書寫

父系社會與母系社會的一場性別之戰，正如資本主義社會政治制度與封建專制文明的交手，是在反覆較量中誕生而日趨完備。從農業社會中「男耕女織」的生產分工的主輔結構，到《禮記·郊特牲》中明訂：「婦人，從人者也，幼從父兄，嫁從夫，夫死從子」衍伸出其生存處境：經濟上的寄食與人格心理上的從服。而《禮記·內則》「夫受命於朝，妻受命於家」則清楚地規範了女性的活動範圍以及她的家庭職能。傳統文化中寫作是男性的特權，「妻與己齊」的陳述更進一步標示著以己（男子）為主位的話語語境：說明著妻子必須認同於男性，必須使用並配合其所規定認可的符號概念發言。至於「父子相繼」的繼承法規無疑是宣告宗法系統、陽性秩序的大局底定。於是，七出中的「無子」成為了女性生殖過程中最大的夢魘。一直到二十世紀初，東西方的接觸帶動辛亥革命以及五四新文化運動，現代文明瓦解了專制宗法，進步革新動搖了腐敗封建，而作為先前文明的殘片的女性脫卸枷鎖，終於浮出了歷史地表。[183]

其中，作為中國婦女解放的話語表達，從五四時代的盧隱、馮沅君、冰心、凌淑華等「叛逆女兒」以爭取自由重新審視自己的靈魂，三〇年代的丁玲、白薇、蕭紅一面延續、也一面結束了娜拉出走的特定結構，提供以「成長女人」的女性社會生存經驗，體現著時代的洪流。進入四〇年代，中國文學的調門與民族聖戰同步，無論在國統區

---

[183] 參見孟悅、戴錦華：《浮出歷史地表—中國現代女性文學研究》（台北：時報文化出版公司，1993 年），頁 2-5。

（大後方）、共黨統治區（解放區）、淪陷區，愛國抗侮、民族救亡成為人民集體的心聲與話語表達。

在上海淪陷區，從摩登上海步入孤島上海，在戰亂的背景下，這個城市的發展變動劇烈，但隨之鎮靜逾恆地的運作出了自己的文化環境，包括現代化的出版、傳播業，以及海派，[184]其間從「國家」到「個人」、由「政治」到「民生」的平民商業文化的建構過程卻給予了女性作家一個大展身手的機會，因為她們寫的正是她們所熟悉的東西，她們本身就是不折不扣的現代女性，感同身受，因此對女性的內心與身體的掌握更為精確。舉如蘇青《結婚十年正續》、潘柳黛《退職夫人自傳》、汪麗玲《婚事》、張愛玲〈傾城之戀〉、〈第一爐香〉、〈紅玫瑰與白玫瑰〉等抵「聖戰主流」女作家的「女性涉世」模式小說，俱是以「他者」到「自我」的敘述建立自我感知主體，以日常生活細節化的的描寫開創了女性言說空間，一方面轉換了男性敘事慣例，宣告結束「女性弱者」的階段，一方面也為女性文學賦予以現代城市的品質。

1.由「敘述他者」到「自我言說」

戰時人們普遍對前途未卜、世事難料以及生命蜉蝣感到焦慮無力，在上海淪陷區，對原處於書寫邊緣帶，又長期緘默無聲的女作家而言，戰爭侵略所帶來的混亂無序，卻不意帶來了話語解放與寫作隙

---

[184] 參見姚玳玫：《想像女性》（北京：中國社會科學出版社，2004 年），頁 1-16。其中提及：自從鴉片戰爭後，1843 年上海開埠以來，拉開十里洋場的序幕。半個世紀間，上海擁有全國對外貿易的半數，和全中國機械化工廠的半數，四百萬人口使它名列全球六大都市之一。在文化事業上，從 1872 年的《申報》創刊，報刊雜誌的開辦每年呈倍數的成長。另關於「海派」的界定與論述，參見姚書，頁 18-26。

縫，這其實是一種「牢獄中的自由」。[185]西蘇說：「婦女必須把自己寫進文本——就像通過自己的奮鬥嵌入世界和歷史一樣。」[186]當女性拿起手中的筆，自己寫自己，而不是被別人書寫時，女性才能獲得自己的歷史，而不是在「他的故事」（history）中做著一名無名而沈默的「他者」（the other）。於是女性穿出層層歷史布幔，她們毫無顧忌的寫自己、寫男人、寫女人，由「敘述他者」到「言說自我」，她們自真實的面對現實與痛苦中，清醒的認識自我，建立自我感知主體，並公開進行理想主張的完成。當時，上海文壇女作家不少，創作品類各有觸及，作品水準也很高。舉如：在沈起予編的《光明》半月刊發表第一首新詩的女詩人關露、以《生男與育女》稿投林語堂主辦的刊物《論語》稿的小說家蘇青、以英文在《大美晚報》（Evening Post）發表描寫驚險經驗實錄、標題為："What a Life! What a girl's Life!" 的張愛玲[187]、發表創作〈變〉於《大眾》月刊又兼善翻譯的汪麗玲、初以應徵「中秋」徵文中選後寫小說〈夢〉的潘柳黛、東吳女作家施濟美……等等。此外，她們更進一步參與刊物雜誌的編輯出版等實務工作，除了蘇青集作家、編輯、發行人於一身，他如關露也曾擔任女性雜誌《女聲》的主編，潘柳黛則是《平報社》記者兼副刊編輯。[188]總之，她們或以筆來創造世界，或以生活來創造世界；或寫她們所體驗的，或寫她們所追求的；一起走出了「女人說女人、自己寫自己」的新階段。[189]

---

185 同註 183，頁 292。
186 埃萊娜·西蘇：《美杜莎的笑聲》，收入張京媛主編：《當代女性主義文學批評》（北京：北京大學出版社，1992 年），頁 188。
187 參見張子靜、季季：《我的姊姊張愛玲》（上海：文匯出版社，2003 年），頁 77。
188 參見邵迎建：《傳奇文學與流言人生》（北京：三聯書店，1998 年），頁 19-25。
189 比如潘柳黛說小時喜歡冰心的作品，上了中學則對黃廬隱和丁玲的作品感興

2. 告別新舊父兄的身影

向來主流意識形態的主導掌控，文學典範的慣習遵循，形成了後續創作者的摹本。如今文化心理結構轉移，無論是對古典傳統朝拜，或向現代西潮取經，都被打斷。尤其上海女作家們自五四以來的反封建、反傳統的論述臍帶斷落，從新文學主導的社會剖析的寫實模式中轉向，又從當時烽火顛沛的時代苦難與國族聖戰的主流書寫游離出來，產生了與新文學種種慣例主張相異其趣的語彙以及表意方式：舉如內心私密的告白、女性複數的聲音、言情的社會通俗劇、細節化的描寫與充滿不斷的抱怨、嘮叨等重情離理的絮語雜言等等。再加上戰爭中的繁華都市上海，原來就一向是怪異新奇的溫床，充滿了另類的思考和變動的價值觀，如今空氣中醞釀著更大的動盪，生命成為一種嶄新又刺激的冒險。此種特異氣氛的傳導，極容易地便產生了特別的人物和特別的作品，這批女性的作家作品嶄露頭角，瓦解男性觀賞角度與倫理觀點的敘事慣例，挑戰正統單一的言說，告別了新舊父兄的身影。

3. 實用主義的生存觀

在現代社會裡，除了婚姻問題以外，還有經濟問題、教育問題與就業問題都是女性一生中所面對的難題負荷，而這些又都是環環相扣互相影響的。[190]四〇年代的上海，現實社會的競爭激烈，戰亂使謀生更為不易。較諸傳統女性的賣唱、賣藝、賣色、賣身是體制內小而美

趣，因為前者的作品內容是她所體驗到的，而後者正是她所要追求的。參見新中國報社舉辦「女作家聚談會」（1944 年 3 月 16 日），收入唐文標主編：《張愛玲資料大全集》（臺北：時報文化出版有限公司，1984 年），頁 237-245。

[190] 比如相對於外表容色的出眾，知識與能力的具備，使得女子在適婚與就業市場上的競爭力提升。

的賺錢謀生、養家餬口的方法，蘇青等女作家別開文化生產——『賣文』一途，張愛玲說：以美好的身體取悅於人，是世界上最古老的職業，也是極普遍的婦女職業。為了謀生而結婚的女人全可以歸在這一項下。……而有美的身體，以身體悅人；有美的思想，以思想悅人；其實也沒有多大分別。[191]對當時上海市民來說，女子寫作、兼辦刊物，除了直接挑戰宗法傳統和五四新傳統所形成的發聲系統，更重要的意義是開發了女性自立自足的空間，使得女性得以享受自給的快樂。對這一點，蘇青是相當自傲的，她的女作家的身分像是文學歷史家，寫著城市女性個體生活史。她的女發行人的身分又像是社會運動工作者，除了不遺餘力地為女性爭取著自己書寫以及書寫自己的權利，更提出進步觀念，為兩性平權而努力。當時的職業婦女其實是面對許多威脅與苦悶的，比如張愛玲就認為：現代婚姻制度是不合理的，到頭來終歸是婚姻無愛、生命蒼涼。[192]蘇青亦批評男子對女子的有欲無愛以及金錢買樂的霸道無理，在《結婚十年》裡，她更以三種男女關係（婚外戀、獨身、非婚同居）組構情節，並以此暗示對婚姻束縛的抵抗。而觀諸實際生活，這些女性作家中，蘇青及張愛玲都曾經配偶婚外戀的痛苦，施濟美則終生獨身，但她們力求與男子平心對話，她們講求快樂原則、利益導向，她們保持最大的彈性，可接受屈抑性的快樂，她們的主張是：無論堅持與妥協俱以生存為最終目的，這才是真正的強者。

---

[191] 參見張愛玲：〈談女人〉《流言》（臺北：皇冠文化出版有限公司，1968 年），頁 91。

[192] 參見張愛玲：〈自己的文章〉《流言》（臺北：皇冠文化出版有限公司，1968 年），頁 22-23。

4. 女性涉世小說

市民體小說承接了原有的鴛蝴派小說的通俗味，又參酌新感覺派的現代性，加上上海城市特殊的洋氣，裡面有著小市民的卑瑣無奈，也有著小市民的理直氣壯，是海派發展的重要的一環。其中女性涉世小說透過男女兩性的關係及情愛、家庭等私密生活的描寫，探討女性自身的位置與覺醒。這些女性作家包括張愛玲、潘柳黛、施濟美、汪麗玲等在開放的表達空間中自由表述、賣文謀生、獲得聲譽地位。儘管她們小說中的市民趣味高下有別，透過文字所闡述的接受模式與應對態度也不盡相同，但多以實用主義的女性觀來關注、書寫著女性的問題。比如：張愛玲的〈封鎖〉、〈紅玫瑰與白玫瑰〉、蘇青的〈蛾〉、潘柳黛的〈夢〉、關露的〈新舊時代〉、汪麗玲的〈變〉等等都是毫無保留、坦蕩地將女性身體和精神欲望表達出來：寫女子的禁錮與清醒，寫女子的寂寞與鬥爭。他們透過女性的題材書寫、女性角色的塑造，所建立的一個女性位置是不僅是對自身生存的清醒、更是對自我生活的認識。

（二）亂世裡的盛世的人──蘇青

上海，一直都是充滿傳奇的地方，海派女性敘事充滿了想像，這樣的色調除了從張愛玲的小說中可以看到，還有蘇青。站在東方與西方的交會點，面對現代與傳統的碰撞，蘇青在那個時代裡大起大落。她的作品發表最為有名的是《結婚十年正續》，內容是描寫一個現代女性婚姻生活的點點滴滴，一方面追求著自由與獨立的生存，一方面不放棄女性對婚姻家庭的責任。其中一併展示了市民生活的細節，同時也觸及了戰爭時期現實層面下的人性。藉著直接平實的展現一個女人不幸的婚姻，蘇青寫的是「自己」，也代表了淪陷區「一般女性」

生存狀況的發露。張愛玲曾論及蘇青文章最傑出的地方在於：「她能夠做到一種『天涯若比鄰』的廣大親切，喚醒往古來今無所不在的妻性母性的回憶，個個人都熟悉，而容易忽略的。」[193]

1. 熱辣的寧波人

蘇青（1914-1982），本名馮允莊，發表作品時曾署名馮和儀，出身於浙江寧波的書香門第。蘇青、馮和儀這兩個名字，胡蘭成都十分喜歡。因為蘇字靈透，青字又俊雅，讓人想到兩句詩來：「姑蘇城外離人柳，別夢青青到徐家」。又叫人想起《詩經》裏『昔我往矣，楊柳依依。今我來兮，雨雪霏霏』的意境。而馮和儀這個名字，古雅大氣，又堂皇，合著『有鳳來儀』之意。至於『寧波』這個地方，根據《定海縣志》的記載是「地狹人稠，生活維艱」。因此寧波人「迫而向外，航海梯山，視若戶庭」，自然養成了不畏艱苦、勇於開拓的精神。由於寧波鄰近上海，是浙東物流到上海的門戶，貿易繁忙，中國商場上就有句話：「無寧不成市」。是而，寧波這個城市面貌是旺盛而熱鬧的，寧波人給人的印象是充滿著自信與羅曼蒂克的氣息，帶有一種新興的市民氣象。蘇青在這個環境中長大，性格坦白直率，是一個熱辣的寧波人。蘇青的祖父是清末舉人，父親是庚子賠款的留美學生，母親曾當過老師。胡蘭成說蘇青家庭富有，屬於這個城市裏新興的市民群。據她自己描述她的生長地——「浣錦的家」是這樣子的：「……我家的房子很大，走出大門不遠處有一石橋曰浣錦橋。在幼小的時候，我常常隨著父親到橋邊去。」[194]由於「浣錦」的記憶伴隨著

---

[193] 參見張愛玲：〈我看蘇青〉《餘韻》（臺北：皇冠文化出版有限公司，1987年），頁 78-79。

[194] 原文出自蘇青《浣錦集》後記，轉引自蔡登山：〈結婚十年原是夢〉，台北《國文天地》15 卷 1 期，1999 年 6 月號，頁 77-82。

她的童年，後來自然地成了蘇青散文集的名字——並不是為了媲美浣紗等惺惺作態的。由於父親負笈在外的關係，蘇青自幼被寄養在外婆家，此時，她的外公已經別世，外婆家是清一色的女性。由於她目睹種種女性慘痛的生命經歷[195]，在她成長過程中留下深刻的印象，而這些觀察和體悟，不但在她日後親身面臨難題時，激發出不同的思考，也成為她後來把女性作為寫作焦點的機緣。

2. 新式女學生

胡蘭成在〈談談蘇青〉裡描述蘇青的模樣長的結實利落，有一種男孩的俊俏。在看書寫字的時候，側面在檯燈的光裏，有一種新的圓熟與完成的美，是那樣的幽沉的熱鬧，有如守歲燭旁天竹子的紅珠。張愛玲也說蘇青的美是一個「俊」字。[196]她在寧波中學讀書的時候接觸到許多新事物，而浙江籍的名人如陳布雷、張其昀、陳果夫等的到校講學，更拓開她的眼界。蘇青是喜歡說話的，她滔滔不絕的說，但

---

[195] 蘇青的祖父與一個唱戲的女子有染，祖母生氣卻不敢吭聲，怕給人笑話她吃醋。最後祖母是認可男人三妻四妾是正經，更表示大度把她娶進門來，落得讓人家稱讚一聲賢慧。而自己只好自怨命苦，念經拜佛以修來世。蘇青的母親雖是女子師範畢業生，父親並未納妾，可是玩嫖姘居的把戲層出不窮，讓母親十分灰心。後來母親銳意做孝順媳婦，然而一輩子「始終沒有孝順出祖母的良心來」。蘇青的姨夫是娶妾的，姨母過著隔夜輪宿的婚姻生活，獨自傷心。蘇青的五姑母十七歲結婚，兩年後守寡，婆婆是個屬害兇狠的角色，五姑母的日子自然不好過。蘇青的姊夫也有外遇，大姐毅然離了婚，抱獨身主義，但不斷地想念孩子，感到寂寞。還被人暗地叫做「活寡婦」。蘇青自己也遇人不淑，婚後沒多久就發現丈夫與表嫂之間曖昧不清，陷入妒忌和痛苦之中。

[196] 胡蘭成說：「蘇青的模樣長的結實利落；頂真的鼻子，鼻子是鼻子，嘴是嘴；無可批評的鵝蛋臉，俊眼修眉，有一種男孩的俊俏。」參見胡蘭成：〈談談蘇青〉原載《小天地》第1卷第1期，1948年8月。收入錢理群編：《二十世紀中國小說理論資料》（第四卷）（北京：北京大學出版社，1997年），頁270-273。張愛玲的評語，參見胡蘭成：《今生今世》（台北：三三出版，1990年），頁298。

並不嘮叨。她也會說俏皮話,但她的俏皮話沒有一句不是認真的。她在校期間就常在校刊上發表作品,畢業後,進入南京中央大學西洋文學系。1934 年她與李欽後結婚,她自稱這是一場「新舊合璧的婚禮」——婚約雖是母親做主訂下,但是交友、通信都是男女雙方在同一個學校讀書時自由進行的。1935 年,蘇青因懷孕產女中途輟學,與丈夫移居上海。初為人母的喜悅迅速被養兒育女的勞苦與慌亂所淹沒,而婆家重男輕女觀念的巨大壓力更帶來了難堪與鬱悶,於是,她寫下了其中的感慨〈產女〉,署名「馮和儀」,稿投林語堂主辦的刊物《論語》,沒想到這段別有憂愁暗恨生的歷程成為她人生重要的轉捩點。後來編輯把題目改成《生男與育女》刊登於 1935 年 6 月 16 日出版的《論語》半月刊第六十七期,稿費五元,這是蘇青初登文壇之作。

3. 大膽女作家

四〇年代,蘇青經歷了時代戰亂的流離失所、生活的貧困失意、生命脆弱無憑以及人事的變動不安,這段期間,她努力地嘗試以筆名「蘇青」賣文貼補家用,卻不為根深蒂固的傳統觀念(女子無才便是德)、父權結構(男主女輔、男外女內)所容,與丈夫李欽後各執異見、疑怨日深,終於分手。離婚之後,要強的蘇青走上職業寫作的道路,這時她已結婚十年,有三個兒女。她的作品主要發表於《宇宙風》、《逸經》、《古今》、《風雨談》、《天地》等雜誌。1943 年,她接受柳雨生約稿,以女性、婚姻為主題,大膽的寫下自己的委屈與不平,這部題名為《結婚十年》在《風雨談》連載,十分轟動。1947 年,《續結婚十年》接著出版。正續合刊成為當時的暢銷小說,一兩年內,就印了幾十版。如同張愛玲所說,她進行離婚,初出來找事的時候,她的處境是代表了一般的女人的。《結婚十年》便是以這份切身的真情實意贏得好感,解構了父權的愛情神話。當時許多人對於文藝本來不

感興趣的，也要買一本《結婚十年》來看看。[197]之後，她的長篇小說《歧途佳人》以及《朦朧月》的女主角符小眉、藍因似乎仍是蘇懷青的延伸，而且故事中都有個作家身分的敘述者，主題鎖定著女性的命運，提供著實錄性的通俗故事，但都不如《結婚十年》暢銷，吳福輝曾談及她缺乏創造文體的能力，故事裡女人永遠離不開男人，或許造成了限制。[198]

此外，她的作品還有散文和小說的合集《濤》，裡面收了她的短篇小說〈蛾〉、〈胸前的秘密〉，一系列的雜文隨寫也分別結集出版，包括有《浣錦集》、《飲食男女》、《逝水集》等，其散文風格正如她的為人是世俗平實的，沒有禁忌、亦不做作，尤其耐讀。[199]而蘇青在其中暢談母親、孩子、家庭、婚姻與女人，而述及「性」與「道德」的文字坦率直爽，犀利警醒，其在《浣錦集》卷頭刊出更動標點的名句「飲食男，女人之大欲存焉」，在當年更是驚世駭人之語，一時廣為流傳，被稱為「大膽女作家」。

4. 開闢女性發聲管道

上海淪陷時期，蘇青從事寫作甘苦俱嚐，除了寫小說、散文，還自己出書、自己收賬，也曾名利雙收，是當年文化圈裡一個精明能幹、充滿活力的女作家。值得注意的是 1943 年，她創辦《天地》月刊和天地出版社，身兼作者、編輯、發行數職，把刊物辦得風生水起。這個刊物特別呼籲女性投稿，初創刊時，蘇青便邀約了女作家聚談，並各自書寫其職業生活，譚正璧曾說這種題材親切深刻，勝過談愛文章

---

[197] 同註 193，頁 78-79。
[198] 參見吳福輝：《都市漩流中的海派小說》（長沙：湖南教育出版社，1994 年），頁 98-99。
[199] 分別參見註 193，頁 78 以及註 194，頁 273。

萬倍。[200]《天地》月刊特別關心家庭、婦女、兒童的問題,並製作系列專刊,例如第六期的婦女專輯(1944 年 3 月)、第七期的生育問題專輯,皆是直接的面對女性具體的生存問題發聲,而雜誌的女性給稿作家群成為主要的發言團體,她們無視女性寫作常被定位為主題膚淺、技巧瑣碎的批評、不忌諱指涉自身情慾的隱射以及身體禁區題材的觸犯,清晰地表達著女性的自覺,不但觸引了社會論議,造成迴響,也建構了四〇年代以實用主義出發的女性觀。

其中,《天地》月刊第二期同時刊登有胡蘭成的隨筆〈「言語不通」之故〉與張愛玲的〈封鎖〉,由此牽連張胡相識,而蘇青與張愛玲更是相交相知,聲氣相求,互有賞譽[201],都成了「亂世裡的盛世的人」[202]。

5. 紅泥小火爐[203]

由於天生豪爽,謀生之外也謀愛,蘇青與汪偽組織的要員周佛海、陳公博往來無嫌,包括周作人也都成為《天地》撰稿作家。因之樹大招風,毀譽並起。張愛玲〈論蘇青〉裡有一段十分傳神的勾勒:「蘇青是個紅泥小火爐,有它自己獨立的,看得見紅焰焰的火,聽得見嗶嗶剝剝的爆炸。可是難伺候,是要添煤添材,煙氣嗆人的。」又說「她就是女人」,「不過是個直接的女人」。蘇青與張愛玲都是淪陷時期「上海文壇上最負盛譽的女作家」[204],戰後,她們兩人也都因

---

200 同註 189,頁 241。
201 同註 189,頁 237-245。蘇青在「女作家聚談會」裡直言目前女作家裡只看張愛玲的文章。張愛玲則盛讚蘇青作品的特點是「偉大的單純」。
202 同註 193,頁 88。
203 同註 193,頁 93。
204 參見《蘇青張愛玲對談記》,原刊 1945 年 3 月《雜誌》月刊第 14 卷第 6 號,收入唐文標主編:《張愛玲資料大全集》(臺北:時報文化出版有限公司,1984 年),頁 266-272。

為忠奸問題受到質疑。蘇青素來秉性強悍，她對這些批評是這樣予以直接回擊的：「是的，我在上海淪陷期間賣過文，但我那時適逢其時，不是故意選定這個黃道吉期才動筆的。我沒有高喊打倒什麼帝國主義，那是我怕進憲兵隊受苦刑，而且即使無甚危險，我也向來不大高興喊口號的。我以為我的問題不在賣不賣文，而在於所賣的文是否危害國民。否則正如米商也賣過米，黃包車也拉過任何客人一樣，假使國家不否認我們淪陷區的人民也有苟延殘喘的權利的話，我心中並不覺愧怍。」她更進一步地撕下那些所謂正義文人和地下工作者的遮羞布：「雖然在筆名的掩護下，我們也略能窺到他們的真面目。考察他們的工作成績，除了鑽過防空洞外，也並未作過其他的什麼地下工作。」這樣高姿態的反撻伐，仍然不脫其一向標榜的個人主義，風格獨特。後來，有朋友勸蘇青換個筆名寫作，換取生活費，蘇青卻寧可不寫文章，也不改名。[205]

6. 穿上女式人民裝

雖然受到「落水作家」的非難，不同於張愛玲流浪海外，蘇青仍然留在上海。一則因為兒女之累，二則還是個性使然。一如胡蘭成說她「以命運為賭博那樣的事，她是連想都不敢想。」再加上蘇青始終認為自己是屬於上海的，當她脫下旗袍，穿上女式的人民裝，以為新的生活仍會接納她。然而時代的浪潮一去不返，穿上人民裝的她卻顯得裝模作樣、不倫不類，悽涼的晚景竟是可以預期的了。

五〇年代初，為了溫飽餬口，蘇青和越劇尹派創始人尹桂芳合作，擔任越劇團編劇戲，她編寫的歷史劇《屈原》轟動上海灘，但不

---

[205] 參見蘇青：〈關於我──《續結婚十年》代序〉收入方銘編：《蘇青散文集》（安徽文藝出版社，1997 年），頁 472 以及謝蔚明：〈一代才女的沉浮─憶蘇青〉臺北《大雅》創刊號，頁 13-16。

復署名蘇青。接著,她又著手編寫《司馬遷》,期間為了探討司馬遷生平的資料,曾寫信向復旦大學教授賈植芳請教。不料後來因為賈植芳捲入「胡風事件」,受到整肅,抄出了蘇青給他的信,雖然蘇青和胡風素無瓜葛,卻受到牽連,在上海提籃橋監獄被關了一年半才獲釋放。

7. 花落人亡兩不知

《司馬遷》一劇自然是流產了,名聲和生活同時陷入絕境。隨即而來的十年文革動亂,蘇青備受折磨。至親骨肉都與她劃清界線,斷絕往來。晚年貧病交加、境況堪憐。她在給當年《女聲》半月刊的主編王伊蔚寫的信件裡,這樣寫著:「成天臥床,什麼也吃不下,改請中醫,出診上門,每次收費一元,不能報銷。我病很苦,只求早死,死了什麼人也不通知了。」又說:「……我的朋友都不大來了(有的老,有的忙,有的勢利),寂寞慣了,心境很舒服。」她晚年留給後世最後的文字淒惻,竟是「人生一世,草木一秋,『花落人亡兩不知』的時期也不遠了。」這樣一個「興興轟轟火燒似」的蘇青,她為生計、為家庭、為婚姻、為子女,甚至為那些相干與不相干的人付出許多,結局卻是滿身傷痕,繁華落盡後,餘得孤單暮年。1982 年 12 月 7 日,蘇青大口吐血,昏迷過去,再也沒有醒來。

(三) 蘇青的「天地」

1.《天地》雜誌的創辦

(1) 與日偽有染的文學刊物

中日戰爭爆發之後,戰亂使得紙張印刷成本提高,作家、文化人流離失所,讀者購買意願低落,出版業景氣不振。再加上意識型態主導文學話語,使得文壇趨於荒涼。以淪陷區上海為例,1941 年到 1942

年一年間，其出版的文藝期刊由二十多種剩下不過五、六種。[206]而後，
異族統治者復對文化業進行控管，出資與檢查並施，意圖建立出一套
侵略者的文化書寫模式[207]。當時上海的文化刊物中，凡其出版經費得
到日偽直接資助；或其內容積極為日偽統治張目或粉飾、得到日偽支
持；或其主辦人為和平文學運動積極份子者大抵被歸類為「與日偽有
染的文學刊物」。而蘇青的《天地》便名列其中。[208]主要應該是因為
蘇青與當時汪政權的往來，當時《天地》的邀稿作家群中除胡蘭成，
還有周佛海、陳公博和朱樸，以上皆在汪政權中擔任要職；再加上《天
地》雜誌所收錄的文欄種類與文章性質與號稱汪偽政權鳴聲器的《古
今》雜誌多有相似之處[209]。而陳存仁、劉心皇在論及淪陷時期上海文
壇時，曾提及蘇青與當時上海市長陳公博關係匪淺[210]，另外，可能也
根據蘇青自己在《續結婚十年》第六、七、八章裡，[211]記寫著金總理
（隱射陳公博）曾出資十萬元幫忙辦雜誌的一段情誼，推想蘇青與偽

---

[206] 參見陳青生：〈淪陷時期的上海文學期刊〉《抗戰時期的上海文學》（上海：人民出版社，1995 年），頁 194-202。

[207] 在這種氣氛籠罩下，包括《大眾》、《萬象》、《風雨談》、《天地》、《雜誌》、《苦竹》等雜誌有的復刊、有的新創。

[208] 同註 206，以此界定出發，陳青生將《古今》、《雜誌》、《風雨談》、《天地》都歸類為「與日偽有染的文學刊物」。另，劉心皇則以其曾經在敵偽的報章雜誌書店發表文章、出版書籍，受其保障、參與其文藝活動，歸類為「落水作家」。參見劉氏著：《抗戰時期淪陷區文學史》（台北：成文出版社，1980 年），頁 1-2。

[209] 除了小說這個體類，《天地》的內容包括書評、人物誌、風俗誌、掌故、雜考、雜文……等文欄以及所徵錄的文章性質與《古今》幾乎一樣。參見古蒼梧：《今生此時今世此地——張愛玲、蘇青、胡蘭成的上海》（香港：牛津大學出版社，2002 年），頁 27。

[210] 參見陳存仁：〈抗戰時代生活史——淪陷時期生活記錄〉與劉心皇：〈南方偽組織的文藝作家〉俱收入劉氏著：《抗戰時期淪陷區文學史》（台北：成文出版社，1980 年），頁 120、134。

[211] 參見蘇青：《結婚十年正續》（綏化：黑龍江人民出版社、北方人民出版社，1999 年），頁 233-248。

政權關係友好。如此一來,這個被認為與汪政權有關的刊物,它的創辦人蘇青及其投稿作家、作品便難免與「落水文人」、「漢奸文學」產生聯想指涉。

(2) 婦女發表的園地

甲、提倡女性寫作

蘇青的《天地》月刊大力提倡女性寫作,可以說是把三〇年代《良友》雜誌上「摩登女性圖像的被動展示」轉入了「普通女性親身主動言說」的「天地」裡。1943 年《天地》的〈發刊辭〉正式向女性邀稿:「執筆者不管是農工商學官也好,是農工商學官的太太也好,只要他們(或她們)肯投稿,便無不歡迎。」[212]《蘇青十年續集》裡說的更明白:「我的雜誌得多找些女人來執筆,不論富貴貧賤。」[213]唯一的限制是:「只要檢察處可以通過的話,便無不可說。」在當時的社會女人的地位還是處在比男人低下的劣勢,蘇青始終認為女人是個受害者。女人無法完全的與男人平等,就連感情也是一樣。所以把一個女人活生生的遭遇寫出來沒有什麼不對,她的想法是:就算是在怎麼樣的社會裡也是有人要吃飯,因此就會有人賣米;相同的賣文並沒有什麼不對。她還從十分實際的角度舉出了女子適合寫作的五大理由來鼓勵女子寫作投稿[214]。當時網羅的婦女寫作群,包括有周佛海妻楊淑慧、梁鴻志女梁文若、劉半農女劉曼湖、女法官周文璣、女醫師蘇曾祥、女作家施濟美、張愛玲等,仍以貴婦名媛為主。其中張愛玲不但

---

[212] 參見蘇青:〈《天地》發刊辭〉《天地》創刊號(1943 年 10 月),頁 2。
[213] 同註 211,頁 252。
[214] 同註 212。五大理由為一、文章以情感為主,而女子最重情感。二、文章無時地限制,不妨礙女子家庭工作。三、文章最忌虛偽,而女子率真。四、文章乃是筆談,而女子喜談長論短。五、女子負擔較輕,無強迫謀生之痛苦。

提供文稿，還為之設計封面以及插圖。這在當時報業興隆的年頭，是在長篇正文的邊角，開闢了一個小論壇，帶有「婦女樂園」的意思。[215]

乙、討論女性議題

《天地》的稿件文章的內容是直接挑明女性出路的問題，以女性話題打開市場，被認為是一份「婦女的發聲筒」。蘇青在〈做編輯的滋味〉[216]裡明白地說明她辦刊物初是為了賺錢，接著便是有意的反映個人意志了。因為她身為女性，特別感受到婦女問題的急迫性，蘇青要把她所遇到的種種束縛與不合理寫出來。所以她的女性議題文章前衛鋒利、直指問題的核心。《天地》初創刊的時候蘇青就曾邀約女作家各寫一己的職業生活，用語親切、內容深刻，比時下談愛文章勝過許多。最有份量的是《天地》第七、八期（1944 年 5 月）合刊的「生育問題特輯」，還邀得當時著名的男作家柳雨生、譚惟翰、陶亢德、予且等助陣寫稿，聲勢不小。後來，《雜誌》在 1945 年 2 月 27 日邀請了上海這兩位當紅的女作家蘇青與張愛玲對談，主題是關於「婦女、家庭、婚姻諸問題」，發表後引起讀者們很大的反響，《雜誌》於第 15 卷第 1 期、第 2 期都做了特輯。[217]陸續更有一系列活動的規劃：邀集當時聚集或來訪的滬上藝文界人士：有如著名舞蹈家崔承喜、名伶梅蘭芳、名作家譚正璧、張愛玲、蘇青、潘柳黛、施濟美、汪文玲、關露、吳嬰之、藍業珍等舉辦聚談會、納涼會、訪談會，出

---

[215] 參見王安憶：〈尋找蘇青〉《結婚十年》（台北：時報出版社，2001 年），頁 1-3。

[216] 參見蘇青：〈做編輯的滋味〉，原載《濤》（上海：天地出版社，1945 年），原文引自亦清等編：《蘇青散文精編》（杭州：浙江文藝出版社，1995 年），頁 507。

[217] 同註 204，頁 273-284。

版女作家特輯，召開作品討論會，以及製作婦女專輯，廣收普通市民的心聲，當時讀者們來函踴躍，討論熱烈，文化氣氛蓬勃。

丙、小報文字的趣味

　　上海的大報與小報主要的差別是大報因為著立場的關係需要顧及到每一方面，出言用字中規中矩，與實生活離得較遠。而小報喜歡惡評名人，用的是激將法，要對方因為辯正寫稿；加上小道新聞多，擺出自娛娛人的調子，報格不高。但其所強調的是普遍的上海市民濃厚的生活情趣，以及時尚進步的都市風，業績表現並不弱[218]。當時三〇年代至四〇年代上海報刊雜誌界如《論語》、《宇宙風》、《文藝》、《古今》、《風雨談》、《雜誌》、《天地》等多少都受到小報的影響。其中《天地》月刊強調各階層都要有文人，所登文章也不限於文藝作品，而是以人對人的資格來暢談社會人生的作品。[219]所以它的作者群不限於文人，而是把達官顯宦、貴婦名媛、文人學士等都打成一片，消除身份地位觀念；加上刊物刊登文欄類目甚多，有：雜文雜考、書評隨感、人物傳記、地方風俗、人文掌故等，因此被認為是上海淪陷時期最有代表性的散文專刊之一。[220]尤其在情調上模仿著《人間世》、《太白》，提供了輕鬆清淺、自在隨意的趣味性，這是最像小報文字的地方。[221]

[218] 參見新中國報社舉辦「納涼會記」（1944 年 7 月 21 日），收入唐文標主編：《張愛玲資料大全集》（臺北：時報文化出版有限公司，1984 年），頁 292-293、367。
[219] 同註 212，頁 2。
[220] 比對《天地》雜誌在 1943 年 10 月創刊時打出得廣告詞即是「散文小說月刊」、16 開本。觀察編類目錄，包括天文地理、禽獸草木、金石書畫、詩詞歌賦……等兼容並蓄。
[221] 參見許道明：《海派文學論》（上海：復旦大學出版社，1999 年），頁 381-383。

這個號稱是「女界足以自豪的刊物」[222]，就在蘇青自創品牌，提供伸展舞台的帶領下，一群女性撰稿人聚焦於「女性自覺」的女性書寫，鋒頭甚健。於是，便自然帶有一種「婦女天地」的氣氛。吳福輝認為這個現象無非是利用社會對「女人」感覺興味的商業價值和欲從女人寫的小說中窺探女人秘密的小市民心理使然。[223]但總的觀察：從1943 到 1945 年，《天地》成為上海文壇唯一女性主持的平面媒體，活動將近兩年。一方面其編輯態度是實事求是的，並不標榜著什麼高調，也不要求什麼激進的意識形態，對於婦女寫作確實起了極大的鼓舞作用；另一方面透過世態人情描寫，強調市民趣味，形成了通俗文學風潮，則是不爭的事實。

2.蘇青的小說與散文

(1) 女性私體小說：《結婚十年正續》[224]

《結婚十年》及其續集先後出版，由此蘇青文名大噪。《結婚十年》正集共計 24 節，是以一張喜帖開場的，從蘇懷青嫁作人婦初始，到離婚獲得自由為止。其中女主角所經歷的屈抑不平可說是集歷來女性問題於一身。舉如：丈夫的外遇問題、婚後大家庭相處的問題以及父權思想的桎梏。尤其是重男輕女的壓力、生殖功能導向的性行為、女子就業問題的障礙和女子接受教育觀念的偏頗。前者使得女子成了生產的機器、物化的犧牲品；後者使得女子限於經濟問題的依賴與壓制的窘境。在「正集」中，這個單純的女子，即使最艱難的日子裡，

---

[222] 同註 184，頁 239。此語為梁文若《談〈天地〉》中語，發表在《天地》第六期，1944 年 2 月 1 日。
[223] 同註 198，頁 270。
[224] 同註 211，頁 1-371。另有台北：時報出版社於 2001 年亦出版《結婚十年》，計 272 頁。

在她的心中始終點燃一盞心燈，保留著她對生活無限美好的期望，她也曾憧憬愛情的長久、婚姻的幸福，但終歸淪於幻滅，其中女主角也發生了婚外戀，有過痛苦的掙扎。於是她將這種種內在的、外在的卑屈、苦悶寄託在獨自寫作裏。寫作是她發洩不平、傾訴委屈的管道，卻也使她的生活有了保障，讓她堅強自立。《結婚十年》續集則有 21 節：離婚後的靈魂是自由了，卻立即面臨了獨身女子的重重難題：包括經濟危機、職場風險與情慾的迷失。她發現到獨立入世之不易以及在社會上終究是寄人（男人）籬下的悲哀。小說中再度觸及女性的身體論述，作者是進一步遂以節制生育為女子解放的基本條件，掙脫了以傳宗接代作為女性身體被投資，乃至於被掌控的枷鎖。更由於大時代的背景，作者尚須面對「賣文無罪？」的檢討以及指責。[225]綜觀整部小說可以從以下二個角度進行探討：一為「女性題材小說」，二為自傳體小說。[226]作家藉著「重寫自己」、進而寫出「切身的生命需要與哀求」，並且繪製了「蘇懷青」塑像，並以文字敘說，開闢「自己的房間」。這是一個生活在傳統家庭處處受壓抑的女子在生活逆境中，去觀察、感受、思考週遭的一切，後來時空環境驟變，執筆寫作讓她翻了個身，站上了不同的生命舞台。蘇青寫活了這樣一個與現實糾結的矛盾人物：既要新式女人的自由，也要舊式女人的權利；在謀生之外也謀愛；既充當著權威母親，又出現著反權威話語；末了「以

---

[225] 楊義提及：由於蘇青企圖在自傳體小說和家庭小說的交叉中規避政治風波（舉如：蘇青在《續結婚十年》的扉頁題詞是「衣沾何足惜，但使願無違」），所以《結婚十年》續集失去了正集中那種嫵媚而自然的神韻。參見楊氏著：《楊義文存》第二卷，《中國現代小說史》（北京：人民出版社，1998 年）下，頁 411。

[226] 參見嚴紀華：〈來自己房間的聲音——論蘇青《結婚十年正續》〉《2005海兩岸華文文學學術研討會論文集》（台北：秀威資訊科技股份有限公司，2005 年），頁 255-296。

結婚為職業的女性」換成了「以母親為職業的女性」，質疑了愛情神話的完美，也反照出娜拉出走的荒誕與絕望。蘇青說：「我只說我要說的話，寫我所要寫的故事，說出寫出了，就死也甘心。」[227]她果然以簡單平實而不花俏的手法，記述一個早早出嫁的女子的「花樣年華」，她的一生並不如理想中的單純平順幸福，而是被迫通過戰亂與情欲的關卡試煉，走過了充滿著辛酸與艱苦的煙塵歲月。她那些談婚姻、談女人、談孩子以及談女性性心理的真實描寫，在當年是「大膽」而驚世駭俗的，尤其蘇青在描寫一個女子所蒙受著愛與被愛的痛苦、狂喜、期待、狠心與執著的部份，是最令人著魔的文字。由於人類需要一些能讓人暫時全神貫注的東西，也需要一些脫出常規能讓人瞠目結舌的東西。偉大的藝術並不能和樂趣截然分開，而是從中去追尋超越舊時自我的價值。蘇青的《結婚十年》就是一些脫出常規，有樂趣存在，讓人瞠目結舌的東西。沈啟無讚揚蘇青的《結婚十年》是熱情的，寫作時能夠忘掉自己，彷彿寫第三者的事似的沒有禁忌；胡蘭成也說它無論在形式或內容上都不受傳統的束縛，無做作之語，作者的心地是乾淨的。而讀者們則從閱讀中發現自己的苦境並非單獨，透過蘇青沒有過人的理性的書寫，讀者們也宣洩了煩惱與委屈，進而將自我放置。於是，從家庭到社會，從主婦到作家，這張《結婚十年》的大紅龍鳳帖式的封面終於在上海女性文壇裡，成為了一幅上品的圖畫。[228]

(2) 沒有禁忌的散文：《浣錦集》的發行

從 1935 年到 1944 年她的散文分別發表於《論語》、《宇宙風》、《中華周報》、《古今》、《風雨談》、《雜誌》等，包括有〈談女

---

[227] 同註 211，頁 267。
[228] 同註 193，頁 87。張愛玲提到蘇青在一個過年前，錢不湊手，性急慌忙在大雪中坐了輛黃包車，載了一車的書，各處兜售。書掉下來，《結婚十年》龍鳳帖式的封面紛紛滾在雪地裏，成為一幅上品的圖畫。

人〉、〈自己的房間〉、〈我的手〉等共收文 53 篇，計二十餘萬字，
收入了《浣錦集》，分一、二兩輯，再版交由天地出版社發行。她的
散文文字充滿著一貫的清醒、直率與實在。對問題的剖析是大膽、誠
懇而理性的。舉如她特別注重婦幼議題，而且深入了女性生活的各個
角落，她〈談女人〉、談〈真情善意和美容〉，從經驗、了解到書寫
著她們生活的困惱與困境，成為代言人。她關注各行各業的婦女，如
〈寫字間的女性〉、〈賭徒與蕩婦〉、〈交際花〉、〈看護小姐〉，
又以小兒女的姿態她描繪了〈女生宿舍〉、〈我的女友們〉及《錢大
姐》的生活；以母親為題材的文章如〈母親的希望〉、〈現代母性〉、
〈生男與育女〉、〈科學育兒經驗談〉、〈揀奶媽〉、〈小天使〉、
〈戀愛結婚養孩子的職業化〉、〈組織里弄託兒所〉、〈救救孩子〉
等，寫出母親育兒養子的甘苦。

　　其他議論文字有〈我國的女子教育〉、〈第十一等人〉、〈論離
婚〉、〈論夫妻吵架〉、〈諫夫〉、〈做媳婦的經驗〉、〈婦人之道〉、
〈夫妻打官司〉、〈為殺夫者辯〉[229]等，題材都沾著生活的油煙味，
而見解卻是走在時潮的前端。比如她談「女子教育」：並不以女子可
以上學了就高興滿足。她認為女生應該接受她們所需要的女子教育，
這才叫平等。不是只讀男人的書。否則在思想上還是男人的附庸，女
人還是無法說出她們自己想要說的話的。（〈我國的女子教育〉）在
「兩性關係」上：過去那種以父母之命媒妁之言造成的婚姻，理論上
是難得美滿了。現在的摩登男女，口口聲聲婚姻應該以愛情為基礎，
自己卻不肯拿出愛來，至少是不肯先拿出愛來，……結婚反倒難了。
（〈論離婚〉）至於「婦人生育」，她主張：女人生孩子，男人不生

---

[229] 蘇青〈為殺夫者辯〉發表於《雜誌》1945 年 6 月，是針對同年 3 月 20 日上海
　　新昌路所發生的詹周氏殺夫這一社會事件提出質疑，後來作家李昂據此事件
　　為題材寫成女性主義小說《殺夫》。

孩子，這是男女頂不平等的地方；女人是要求與男人平等，大家都不
生孩子呢？還是希望生孩子的時候能夠得到比男人更好的待遇？我
敢說一個女人需要選舉權、罷免權的程度，決不比她需要月經期的休
息權更深切……。（〈第十一等人〉）她甚至提出「婚姻取消，同居
自由」的觀點，因為男人是壞的，他們愛情不專一，不永久，但其實
這可能是他們生理上的本能，他們至少是真實的。他們喜歡年輕美貌
的女人，因為年輕美貌直接引起性的刺激，那就是真實。女人口口聲
聲說是喜歡某男人的道德，某男人的學問，或者內心卻是暗自估計他
的地位金錢。（〈婦人之道〉）所以，生命的本身是要多一點明瞭與愛
悅的。

　　蘇青是一個以思考二十世紀初中葉中國婦女，以至世界婦女，歷
史上婦女問題為作品總主題的散文家。她寫了一系列討論婦女問題的
文章和敘述身世、回憶往事的散文。她的思考與論述，純粹藉個人經
歷的體會與生命的直覺。她的文字流利，直言無礙，文風坦率明快。
陶亢德讚美她的文章是以女人談女人事而無哀哀切切的女人氣，而是
浩浩蕩蕩的。胡蘭成說蘇青是一位有活力的散文作家，他以為《浣錦
集》是五四以來寫婦女生活最好也最完整的散文，那麼理性，又那麼
真實。[230]而張愛玲也認為《結婚十年》要比《浣錦集》差一點，蘇青
自己在〈《浣錦集》與《結婚十年》〉一文裡是這樣說：「我愛《浣
錦集》，因為這裡的東西篇篇都是我的，沒有掩飾，沒有誇張，……
愛讀《結婚十年》的人我是只把他們當作讀者看，而對喜歡《浣錦集》
者，卻有不勝知己之感。」或許是因為蘇青只是一個平凡的女人，儘
管她經歷一切，也看透一切，但她始終企圖保持著自己那份可貴的單
純。譬如她的一篇散文〈我的手〉，是通過描述自己手的變化，寫出

[230] 同註196，頁273。

了自謀生路的過程，也刻劃了自己的心情。最後，這位母親是將自己粗糙的手樣印在紙上，寄給了她的孩子們；這位母親是將身後的烏雲吹向一邊，而把燦爛的陽光留給她的孩子們。但另一方面，或許也正是因為蘇青「對於人生有著太基本的愛好，以至於不能發展到刻骨的諷刺。」[231]總結而言，在上海文化界中，《結婚十年》讓蘇青在消費市場上勝出，也正是有了「結婚十年」的經驗，才漸次形成蘇青散文所能涉及的範圍，而後《天地》的創辦，更促成了她的散文奇花修成正果。

（四）蘇青與張愛玲：各人住在各人的衣服裡

在政治混亂期間，人們沒有能力改良他們的生活情形，他們只能夠創造他們貼身的環境。觀察四〇年代的上海，蘇青張與愛玲一時瑜亮。人們提到張愛玲，接著就會帶出蘇青，蘇青是明朗熱烈的，張愛玲則清冷艷異，但她們都站上一個現代的立場找尋靈感，並不同於五四以進的書寫，在她們的「傳奇」「天地」裡，我們依稀可見上海的風華，可以試出三〇、四〇年代上海的涼熱。

1. 二人的交往

蘇青與張愛玲的結識是因為《天地》月刊，由於稿件業務上的需求互有拉抬往來。張愛玲曾經多次給稿《天地》，總計其出刊的十九期月刊中，張愛玲只有三期缺席。同時還為其設計封面以及繪製插畫，舉以蘇青〈女像陳列所〉的第一女像：「咭咭呱呱的二房東太太」為例，配合著蘇青的文字：「第一個使我瞧著吃驚的，就是側著張瘦削的淡黃臉孔，下巴尖尖的二房東太太。……祇不過她的細瞇眼一張

---

[231] 同註 193，頁 78、89。張愛玲說：「把我同冰心、白薇她們來比較，我實在不能引以為榮，只有和蘇青相提並論我是甘心情願的。」

開，就變成三角形，惡狠狠地愛瞪人了。我看著實在有些心悸。」[232]
我們看張愛玲的插圖，畫面上是簡練的線條：三角圖形的臉，腦後一
撮髮糾兒，勾勒出一付精刮算計的神態，真是畫傳文神。當時，她們
的「雙劍合璧」——張愛玲的作品發表與蘇青的編輯出版對《天地》
的發行是非常重要的。[233]

此外，張愛玲與蘇青在 1944 年 3 月《天地》第 6 期都發表了同
為〈談女人〉的散文，同年 12 月張愛玲把《傾城之戀》改編成舞台
劇之前，蘇青也為文〈讀《傾城之戀》〉推薦。[234]另外，蘇青在 1944
到 1945 年間《天地》第 4 期、5 期、14 期、17 期都以編者的立場推
介張愛玲的小說與散文，且為《傳奇》與《流言》的出版促銷。當時
這兩位上海有名的女作家自然成為文壇批評比較的焦點，比如專門研
究的女作家的譚正璧就寫了一篇文章〈論蘇青與張愛玲〉[235]。另外她
們共同參加了《新中國報社》舉辦的「女作家聚談會」（1944 年 3 月
16 日）以及「《傳奇》集評茶會記」（同年 8 月 26 日），又在 1945
年 2 月 27 日一同出席了《雜誌》安排的「蘇青張愛玲對談記」。而
在「女作家聚談會」裡，蘇青更直言在目前女作家裡，自己只看張愛
玲的文章，說她「思想巧妙、文筆幽麗，如月下梵和琳獨奏淒迷動人」，
又說她的「附畫構思奇絕」；[236]張愛玲則言在近代女作家裡最喜歡蘇

---

[232] 參見蘇青：〈女像陳列所〉，收入唐文標主編：《張愛玲資料大全集》（臺
　　北：時報文化出版有限公司，1984 年），頁 346。

[233] 同註 209，頁 30。

[234] 參見蘇青：〈讀《傾城之戀》〉原載於 1944 年 12 月 10 日《海報》，收入金
　　宏達主編：《昨夜月色》（北京：文化藝術出版社，2003 年），頁 181-182。

[235] 參見譚正璧：〈論蘇青與張愛玲〉，原為《當代女作家小說選‧序言》，收
　　入金宏達主編：《昨夜月色》（北京：文化藝術出版社，2003 年），頁 44-49。

[236] 參見蘇青：上海《天地》第 17 期《流言》再版預告，1945 年 2 月。收入陳子
　　善編：《張愛玲的風氣——1949 年前張愛玲評說》（濟南：山東畫報出版社，
　　2004 年），頁 96-97。

青,盛讚其作品的特點是「偉大的單純」。[237]至於私交,張愛玲性情孤僻,難與人相處,除了她姑姑外,最常與她交往提及的也只有炎櫻與蘇青兩人。炎櫻是張愛玲香港大學的同學,後來成為最好的朋友。蘇青則是同行女作家中與她聲氣最相投的一位。張愛玲自己說她們除了業務上的關係,不能說一點感情也沒有。而且張愛玲自認為知道蘇青比較深的緣故,所以喜歡對方的程度相對而言應該比較大。蘇青的女兒也曾回憶說,有段時間蘇青與張愛玲經常相伴出入,如影隨形,甚至常常交換衣服穿著,不分彼此。可見二人的關係是存在著一種「惺惺相惜的對立」。張愛玲曾這樣說:「只有和蘇青相提並論我是甘心情願的」。[238]

2. 出身與性格

　　張愛玲出生於遺老家庭,身上流著貴族血液,是個聰慧的上海人,自小在父母離異的生活陰影中長大,早熟而缺乏安全感,後與胡蘭成結婚;蘇青則出生於書香世家,帶著新興的市民氣息,是個熱辣的寧波人,與丈夫離婚是她生命中重要的轉折點。在求學履歷上,張愛玲就讀香港大學、蘇青在南京中央大學,皆為大學肄業。而與人相處,張愛玲對於人世的繁文縟節始終保持著距離,而蘇青則是不甘寂寞的。相對於張愛玲離滬赴美、孤單無子,蘇青有兒有女、留在上海,二者最後的選擇不同。身為文人,兩人都出書賺錢,自力救濟,其散文、小說俱足以觀;在文字表現上,她們的寫作亦皆如其為人,都自

---

237 同註 189,頁 237-245。

238 以作家看作家,張愛玲清高自負,卻對蘇青謙讓有禮、惺惺相惜。參見張愛玲:〈蘇青與我〉《餘韻》(臺北:皇冠文化出版有限公司,1968 年),頁 77-80。而冰心後來為《人民日報》海外版介紹中國女作家的文章〈才女入世燦若花〉從凌淑華到楊沫,對張愛玲不置一詞,可見她們不是同類。參見朱碧:〈借張光〉《浙江月刊》28 卷 12 期(332 期),1996 年 7-12 月。

由地出入世俗，而前者好的使人稍稍不安，後者是平實熱鬧而沒有禁忌。此外，在張愛玲的小說裡生動地描畫了無數周邊的小人物，就是沒有一個人是像蘇青的。或許是因為蘇青心內的東西和張愛玲相通（比如世俗的進取心），張愛玲是如同「當心我自己」一般地看待，所以不在她冷靜透析之內。

性格方面二人性情不同、動見分明：胡蘭成說張愛玲只是她自己，不與人同哀樂，清潔到好像不染紅塵。她個性非常自私，臨事心狠手辣，從不悲天憫人、不同情誰，慈悲佈施全無，對好人小人、好東西與普通東西一律平等。潘柳黛認為張愛玲的脾氣有點怪，除了自標高格外，更受美國噱頭主義的影響，喜歡抓住機會表現自己；不像蘇青的人情味那麼濃厚[239]。張愛玲自己則這樣說：「一個人假使沒有什麼特長，最好是做的特別，可以引人注意。我認為與其作一個平庸的人過一輩子清閒的生活，終其身，默默無聞，不如做一個特別的人，做點特別的事。大家都曉得有這麼一個人，不管他人是好是壞，但名氣總歸有了。」[240]這樣「特別」的做人哲學，相應於她的奇裝異服、不欠人情、成名要趁早、與一錢如命等種種行徑實屬相當。

相對於張愛玲的愛看電影看櫥窗，閱讀興趣上是戲劇文學，入手古今、中西通吃。蘇青喜歡看戲聊天，平常喜歡讀哲學類和中國舊詩詞。她本心忠厚，熱情而不做作，有種女兒家天真；她豪爽直截，但怕吃苦，不能忍受生活的空白。胡蘭成說她是一匹不羈之馬[241]；張愛玲則說她是高等調情的理想對象。蘇青走在上海馬路上亦是我行我

---

[239] 參見潘柳黛：〈記張愛玲〉，收入金宏達主編：《昨夜月色》(北京：文化藝術出版社，2003 年)，頁 36。

[240] 張子靜說張愛玲的脾氣就是喜歡「特別」。參見張子靜：〈我的姊姊張愛玲〉，收入金宏達主編：《昨夜月色》(北京：文化藝術出版社，2003 年)，頁 4。

[241] 同註 196，頁 271-272。

素、敢作敢當的。炎櫻說蘇青最大的吸引力是是「男人總覺得他們不欠她什麼，同她在一起很安心。」[242]她喜歡說話，微笑的眼睛裡有一種藐視的風情，一如她的文字一樣全無虛矯遮掩，直抵人心。但也許由於她對於人生有著太基本的愛好，所以不能發展到刻骨的諷刺，而且她是不作興寸步留心的，又沒有過人的理性，在理論上往往不能跳出流行思想的圈子。可見二人心思不同，文章路數自然相異。王安憶在比較張愛玲與蘇青時說：蘇青麻利，是實在的，躍然眼前；而張愛玲虛無，是遠著的，須掩起來看。古蒼梧則認為張愛玲對蘇青及其作品的了解是「以心會心」，而蘇青的直覺的思考與不自覺的藝術技巧，正符合一種「平淡與自然」，所以深受張愛玲的欣賞。[243]

但在某些象限上，她們仍是有交集的：蘇青與張愛玲一般敏銳善感，她們玲瓏剔透，洞察人性。在生活經驗上，所遭受的苦難也許不全相同，但心靈上所延伸出的感觸卻極為相似。[244]她們對於錢，比一般文人要爽直得多，也有人說她們是斤斤計較。巧的是兩人賣文謀生的過程裡都與書商報社發生金錢糾紛，又不約而同地都投稿為文辯正。[245]另外，由於蘇青與張愛玲同為敵偽時期在上海走紅的女作家，

---

[242] 同註 193，頁 89。

[243] 同註 209，頁 76-80。

[244] 同註 193，頁 86。張愛玲說看蘇青文章的紀錄，她有一個時期困苦的情形雖然與之不同，但感情上受影響的程度是相仿的。

[245] 替蘇青出書的人僅想賺她一個 35%的折扣都不容易，她可以自己把書拿到馬路上去販賣，甚至不惜與書報小販在馬路上講斤頭、談批發價。蘇青在《光化日報》一稿〈談折扣〉中提及自己作品在文匯書報社遭到剝削，後與周楞柳先生打起筆墨官司，事見周允中：〈蘇青為何被稱為「猶太作家」？〉《中山風雨》2004 年第一期。而張愛玲的節儉不吃虧也是有名的，包括她從家裡逃出來，招車時還跟包車夫還價錢以及在路上遭搶，手裡的小饅頭一半落地，一半仍被拿了回來。後來寫稿時，因為替《萬象》雜誌寫《連環套》小說，為了一千元稿費問題，在「海報」上與秋翁（平襟亞）爭論，各說各話，引文見唐文標書，頁 260-265。

因此戰後她們兩人都受到非難，也曾為文表白。而對身處於戰亂的時代，她們對戰爭大破壞的無情到統統一點痕跡都沒留下，都心中有數。雖然感同身受，心情非常難過，然而終究是一天又一天過著這末日似的日子。[246]顯然這二人都認清著現實、能看得穿，都要對付生活，但相對於一身俗骨的張愛玲所表現的自覺、明瞭與透徹的應世風格，蘇青卻是在努力的周轉著，玩世而世故。[247]

3. 談女人與婚姻

張愛玲談女人的時候，是把婚姻與職業放在一起來看的。她的一貫調子是：以美好的身體取悅於人，是世界上最古老的職業，也是極普遍的婦女職業，為了謀生而結婚的女人全可以歸在這一項下。……有美的身體，以身體悅人；有美的思想，以思想悅人，其實也沒有多大分別。對於『貓』的作者所說：「現代婚姻是一種保險，由女人發明的。」她有驚人之語：「婚姻就是長期的賣淫。」而對於「女人們所受全部的教育無非是教她們意志堅強，抵抗外界的誘惑──但是她們耗費畢生的精力去挑撥外界的誘惑。」的意見，張愛玲更有：「完美的女人比完美的男人更完美，同時，一個壞女人比一個壞男人壞得更徹底。」互相呼應。（〈談女人〉）而且正因為對於大多數的女人，「愛」的意思就是「被愛」。所以現代職業女性須時時注意自己的體格容貌，因為有幾個女人是為了她靈魂的美而被愛？心裡不安定，所以導致她駐顏有術。

蘇青對婚姻制度亦不信任，她揭示女子的奴性和惰性造成女性自身的悲劇：女子太過依賴婚姻、依賴男子，一結婚放棄事業、放棄娛樂、放棄友誼、什麼都自動放棄了。她們想用婚姻箝制男人，最終男

子還是掙脫「管束」，自尋聲色犬馬之樂趣了。女人只得把精力消耗在孩子身上，靠了孩子打發自己空落的光陰，也藉孩子給自己以地位。事實上，她們是用婚姻囚禁了自己。所以女子最怕「失嫁」。同時由於男子期待女子以貌示人，女子為了討男子歡心，忽略了自身的修養，以無知為可愛，假裝天真，養成虛偽的品性，最終落得紅顏薄命的慘局。（〈論女子與交友〉）

對男人，蘇青說「飲食男，女人之大欲存焉。」張愛玲則是：「女人一輩子講的是男人，怨的是男人，永遠永遠。」[248]二者都是道出女人對男人的愛恨情結，又有恨不成器的味道。至於擇偶，雖然不是什麼高深的學問，卻與人類前途的休戚大大有關。張愛玲說「男子挑選妻房，純粹以貌取人。面貌體格在優生學上也是不可不講究的。女人擇夫，何嘗不留心到相貌，只是不似男子那麼偏頗，同時也注意到智慧健康談吐風度自給的力量等項，相貌倒列在次要。」蘇青的五項標準丈夫的條件十分明白：「一、本性忠厚，二、學識財產不在女方之下，能高一等更好，三、體格強壯，有男性的氣魄，面目不要可憎，也不要像小旦，四、要有生活情趣，不要言語無味，五、年齡應比女方大五歲至十歲。」張愛玲認為蘇青的理想生活──丈夫有男子氣概、又有點落拓不羈，住在自己的房子裡，常常請客，職業是常常要有點短期旅行的……並不是過分的要求，但那種安定的感情在現在亂世中已經沒有了。

蘇青與張愛玲俱為現代女性，蘇青有許多議論文字，主題多集中婦女問題，其中帶有強烈的時代色彩，例如蘇青曾大力推行戀愛結婚養孩子的職業化，對女性的期待與要求是更積極的。胡蘭成在《今生

---

[248] 參見張愛玲：〈有女同車〉《流言》（臺北：皇冠文化出版有限公司，1968年），頁152。

今世》裡曾經提到：有一次，蘇、張二人與胡蘭成同遊蘇州靈巖寺，
看見印光法師的字：「極樂世界，無有女人，女人到此，化童男身。」
蘇青看了很氣，張愛玲卻絲毫沒有反感。[249]張思考問題常憑主觀直
覺，卻不單循女性角度論述，比較就事論事，對男性有所體諒，對女
性亦有所批判，而蘇青承認自己是思想中庸，她所主張的「女性解放」
是有差異的男女平等：她認為用丈夫的錢是一種快活，女人如果失去
被屈抑的快樂，是有失陰陽互濟之道的。而且她們都深深地了解到所
謂女性的全人格其實並不能兩全。1944 年 3 月出刊的《天地》第 6 期
她們都曾經〈談女人〉：蘇青認為「上流女人是痛苦的，因為男子只
對她們尊敬，尊敬有什麼用？要是賣淫而能夠自由取捨物件的話，這
在上流女人的心目中，也許倒認為是一種最能夠勝任而且愉快的職
業。」張愛玲則說「正經女人雖然痛恨蕩婦，其實若有機會扮個妖婦
的角色的話，沒有不躍躍欲試的。」從這個角度來看，長久以來，女
人心裏是明白的：要讓男人瞭解和尊重女人，爭取女人的權利，遠不
如女人學習利用自身來控制他們達到目的容易，所以她們選擇沈默。
因此，張愛玲筆下的「紅玫瑰與白玫瑰」實際上是一而二、二而一的，
至於《連環套》中的霓喜既要男性的愛也要安全，到頭來落得人財兩
空。而蘇青口中所謂的「女強人」，小說裡的「蘇懷青」始終是陷於
母性與情慾間的掙扎。倘若檢視作者的實生活，人前的表相是：「我
就是死也要轟轟烈烈的，我要先成名了，然後再死。」[250]人後卻是一
片況味蒼涼：「我（蘇青）自己看看，房間裡每一樣東西，連一粒釘，
都是我自己買的，可是，這又有什麼快樂可言呢？」[251]因此，若自「驚

---

[249] 同註 196，頁 296。

[250] 同註 211，頁 266-67。

[251] 對於蘇青的話，張愛玲回味幾遍後，方才覺得其中的蒼涼。參見張愛玲：〈童
言無忌〉《流言》（臺北：皇冠文化出版有限公司，1968 年），頁 8。

世駭俗地道出一個赤裸的真相」這個層次來觀察，二者還真有著驚人的雷同。

4. 小說與散文

蘇青與張愛玲的作品包括小說與散文都十分精采，她們都以自己周圍的題材從事寫作，書寫著切身的生命需要與哀求。[252]正因為生命經驗是那樣傷感獨特，所以紀錄下來以免遺忘，正由於心理潛壓巨大難以承受，所以藉著訴說以舒緩或解決人生困境。但在男性中心社會裡，儘管女子漸漸爭得平等的名義，但女作家寫文章困難的地方還是存在的，蘇青就指出女作家的生活範圍較狹，所以取材受限，且所寫的內容容易被人猜想附會，所以又多忌諱。由於她們二人剛巧都生活於那樣的一個時代，而又都堅持活出自我，所以敢以命運一擲，做出人家看來是大膽冒險的行徑。有近代學者選取了二者的代表作〈金鎖記〉與《結婚十年》做一比較，分析曹七巧近乎自虐虐人的人生態度相對於蘇懷青的被虐式的逆來順受，分別代表著女性抵抗形象的顯型與隱型。[253]但無論是〈金鎖記〉紀錄了女子駭人的一生或是《結婚十年》裡所節取的一段充滿委屈不堪的時光；乃至〈傾城之戀〉裡張風作致的男女調情；女作家們在描寫其生活經驗、所見所聞，是以女性個人的、利益的角度進行觀察與言說的，這樣的書寫令人耳目一新，不但標示著自大時代的主述系統的脫離轉向，並逕與男性書寫模式分道揚鑣。因而，在四〇年代女性角色認同與發掘自我的層面上，分別取得了代表性的發言位置。

二者在文字風格上是不同的。譚正璧曾這樣評論二人：張愛玲是專寫小說的，因此她的思想不及蘇青明朗；⋯⋯張愛玲始終是女性

---

[252] 舉如蘇青的〈生兒育女〉，張愛玲的 "What a Life! What a girl's Life!"。
[253] 同註183，頁 296-299。

的，而蘇青含有男性的豪放。蘇青是個散文作家，論意識，蘇青高過
於張愛玲。論技巧張愛玲下著極深的功夫，而蘇青大膽吐露著驚人豪
語，對於技巧似乎不十分注意。[254]張愛玲的文字以「蒼涼的華麗」聞
名，王安憶說「張愛玲和她的小說，甚至也和她的散文，都隔著距離，
將自己藏的很嚴。」應該就是以這樣的距離感與傳奇色彩的魅惑力，
張愛玲成功的征服了讀者。而蘇青作品的特點是「偉大的單純」，脫
離了愛情故事的纏綿悱惻，是一份平淡寫實的──純粹只是為了生活
所創造出來的作品，使得大家樂於親近。正如實齋在《記蘇青》一文
裏所說的：「除掉蘇青的爽直以外，其文字的另一特點是坦白，那是
赤裸裸的直言談相，絕無忌諱。」有些讀者覺得蘇青文筆的好處就在
嫵媚可愛、天真，有些人卻覺得有些粗魯俚俗的感覺。或許蘇青是象
徵了物質生活──是一種奢侈享受。張愛玲曾說：「刺激性的享樂如
同浴缸裡淺淺地放了水，坐在裡面，熱氣上騰，也感到昏濛的愉快，
然而終究淺，即使躺下去，也沒法子淹沒全身。思想複雜一點的人，
再荒唐，也難求得整個的沉湎。」[255]這或許是蘇青後來在上海文壇未
能像張愛玲再度走紅的原因。

　　大抵而言，張愛玲的上海故事，是一樁樁「普通人的傳奇」，對
照著現實，也有著自己，有著如火如荼的浪漫情懷，也有著對人生的
真實的如泣如訴；而蘇青的女性小說，環繞著作者為軸心，週遭的人
物各自代表著時代、環境、想法與生活態度的種種樣貌，是一部實錄，
也是一種論述。在文學創作觀方面，蘇青跟張愛玲一樣都有〈自己的
文章〉[256]等談論自己的作品，但不似張愛玲對自己創作理念所做的分

---

[254] 同註235，頁44-45。
[255] 同註193，頁82。
[256] 參見張愛玲：〈自己的文章〉發表於1944年5月上海《新東方》雜誌第4、5
　　期合刊，今收入《流言》（臺北：皇冠文化出版有限公司，1968年），頁17-24。

析,蘇青大都在說明自己賣文謀生的動機。總之,她們是分別以自己發明的言說方式完成了女性在臥室、廚房、工作間、育嬰室以及書房的日常編年史與個案研究。她們皆以寫稿為生,蘇青的作品往往有一得之見,但有些文字較為粗糙,意見容易受人挑剔。而張愛玲的驚艷之作固然令人難忘,然也有因惡評而腰斬的比如《連環套》。

人物設色上,蘇青以「本色作家」的姿態建構女性本色[257],她不贊成女子無止盡的犧牲,認為「母愛在女子原是天性,但一半也是女人別無其他可寄託的地方」(〈女性的將來〉),而且過於神聖化母愛,只有將女性禁錮更深。她的短篇〈蛾〉中的明珠就是比莎菲女士更火熱的看待性欲的。所以,她筆下的女性雖然勇於突破現狀,但是還是受制於傳統思想之下。反對太新也反對太舊,只主張維持現狀而加以改良。而張愛玲認為好的作品應當有男性美與女性美的調和,所以她逸出嫩弱綺靡、多愁善感之姿,發展出華麗之外別見蒼涼的風格;另一方面她形塑「繃繃戲花旦」圖像。這樣的女性有著雙重特質:一方面是精於計算、心地狹窄、爭多道少,但另一方面又由於這些負面的特質讓她久居社會壓抑、身處劣勢,卻仍能夷然的活下去,舉如〈傾城之戀〉裡的白流蘇。[258]

在寫作這個行業裡,蘇青與張愛玲都是當時最負盛譽的女作家,兩人惺惺相惜,而且對於婦女問題的看法有很多相同之點。她們一起走出一條「非主流」的寫作路線,以個性化、女性化的特殊調子一起紅遍上海灘;在那個大時代裡,二人身處於新舊之際,在不斷的銜接

蘇青:〈自己的文章〉發表於 1943 年 10 月《風雨談》第 6 期,頁 11。

[257] 參見胡蘭成:〈談談蘇青〉原載《小天地》第 1 卷第 1 期,1948 年 8 月。收入錢理群編:《二十世紀中國小說理論資料》(第四卷)(北京:北京大學出版社,1997 年),頁 270。

[258] 參見張愛玲:〈再版自序〉《傾城之戀》(臺北:皇冠文化出版有限公司,1968 年),頁 8。

與斷裂之處，在自己的熱情與頹廢之間，在自己的絕望與希望之中，在閱讀與寫作的領地裡，她們大起大落，歷經歲月洪流的洗鍊，都曾受到忠奸的檢驗與批判。她們的作品裡，沒有冠冕堂皇、文以載道的偉大情操，有的是市井小民周圍都接觸到的小事的書寫。是不唱高調，亦無狎邪氣；是以個人感性體驗的特點，無視於戰亂與道德、無涉於媚俗與乞巧，展現了城市邊緣女性多元身分的複數聲音。就創作主題而言，她們描寫人生的安穩與飛揚，從而探討人類在一個時代但又超越一切時代的共性與普遍處境。她們從不刻意求同趨異，但亦是溝通無礙的。

（五）結論

在那個低氣壓的時代，在那個水土特別不相宜的地方，有的以一種新興市民的氣象為著生活而寫作，如蘇青、潘柳黛等；有的視文學為精神的鄉土，以寫作作為反抗現實的方式，如袁犀、關永吉等；有的在古老的記憶與現代的體驗之間嘗試抓住一些真實而基本的東西，如張愛玲。可以說，正是這樣一個特殊的生存環境造就了作家們，尤其是張愛玲、蘇青這樣特殊的女作家以及她們彗星一般的文學生命。張愛玲如此，蘇青亦然，她趁時而起，在四〇年代與張愛玲一時俊彥。雖然蘇青的家庭、個性、才情與張愛玲並不盡相同，在文學史上的地位也有差距。但是她們的文學命運卻大抵類似：一樣的「時代」、一樣的「上海」、一樣的「驚起的光亮」。儘管那個倉促的時代已經遠離，這兩個各具特色的女作家，俱已成為「被懷舊的舊人」，而在一個時代裡看來否定的東西，在一切時代之中卻有它的肯定。如今，人們回頭看上海這個城市的演進，追憶的風景中有一大部分是要留給上海的女作家的。如果忽略了蘇青、張愛玲，便沒有看全上海；如果低估了蘇青、張愛玲的文章價值，就是低估了上海的文化水準。

她們的寫作：不論是坦誠描述自己、反覆用各種方式解剖自己，而引發共鳴的蘇青；或是迷戀於文字的韻味，書寫軟弱凡人的實際人生與共同記憶的張愛玲，都代表著來自「自己房間」中最珍貴的聲音！

四、張愛玲與白先勇──
論〈第一爐香〉與〈永遠的尹雪豔〉

（一）城市故事

　　城市是近代人類生活的一個主要空間，是潮流英雄競逐的舞台，也是文明新生的溫床。城市的歷史構成複雜；城市的生活充滿變動性；城市人懷抱著偉大的夢想，城市人也在現實的卑微中生存。人是如何與城市溝通，又如何理解一個城市，這些問題讓人思索。而掌握城市情境、追憶城市歲月的方式除對城市建築、結構發展進行憑弔或重建；亦復以文字圖像從事追憶探索，藉由重新敘述描繪或見證、或還原其城市時空。其中城市小說文本往往是一方面記錄城市人物的活動，呈現城市人物所在客觀的環境；一方面刻劃了主體人物的存在情境，描寫他們在時空轉變中日常生活的體驗與切身的喜樂與哀愁。如此體察城市現實，再現社會脈動，並藉由該城市的特質表露（舉如新奇與限制、負載與建構）直逼其城市靈魂。正如布拉格之於卡夫卡、都柏林之於喬伊斯，巴黎之於波特萊爾，許多作家們被一座城市吸引，而我們為他們的城市作品著迷。[259]

---

[259] 王德威說：「許多現代的小說家……或對其居住之所無甚好感，卻又將其發展成為作品的核心場景。」參見王氏著：〈從海派到張派──張愛玲小說的淵源與傳承〉《如何現代，怎樣文學？》（台北：麥田出版有限公司，1998 年）頁 320。另廖咸浩中也提到：「彼此相似不一定會互相吸引，極不相似往往更具吸引力。」參見廖氏著：〈迷蝶：張愛玲傳奇在台灣〉《當代》147 期（1999 年 11 月）頁 99-113。

　　張愛玲〈沉香屑·第一爐香〉及白先勇〈永遠的尹雪豔〉這兩篇小說的背景俱存屬於一種新局勢的變動中的特有的城市景觀。[260]——亦即因為時代環境的變動，人員流動湧進城市，造成所謂的城鄉「流離」癥候。[261]觀諸近代中國社會的變遷與城市轉型，往往是經濟活動與戰爭行為交遞中的產物，比如三、四〇年代的上海、香港，五、六〇年代的台北，前者與帝國主義、資本主義的入侵有關，其是以租借區以至殖民地型的城市型態挾帶著現代性步出傳統；後者面臨戰後國共分裂，且正逐步邁入產業轉型，作為一個流亡中心點的城市意圖在現實困境中尋求出口。故而包括著適應與融合、模仿與發展，產生的是一種混雜的、多變的城市生活方式與應對態度。而在變遷的時代、變遷的社會中，對於一個城市的了解，便不僅僅興趣於對該城市磚瓦樑柱的空間建置，進而對其城市人的思維活動以至價值觀的養成皆感關心。其中「文字城市」[262]即是藉由通過文學手法如轉化或隱喻的過程以傳達作者某些經驗或概念中的城市意象，這項重寫的工作延展著城市的歷史與現實，使「真實的城市」與「文字的城市」互為文本。[263]

---

[260] 「新局勢的變動」包括現代文明的發展諸如人口、物資、技術、價值的快速移動、交換與擴張，還有便利的交通，以及戰爭災害的發生。其城市景觀顯現為城市（空間）的流離與失所的人群。

[261] 城鄉「流離」癥候，從人物主體性言或稱為「出走」情意結。參見柯慶明：〈情慾與流離——論白先勇小說的戲劇張力〉《中外文學》第 30 卷第 2 期，2001 年 7 月，頁 23-58。

[262] 參見林以青：〈文學經驗中的都會情境——以七〇年代的台北為例〉，收入鄭名娳主編：《當代台灣都市文學論》（台北：時報文化出版有限公司，1995 年），頁 61-129。

[263] 江柏煒說：「實質空間（real space）與文本（text）之間有一種『互為文本』（ietertext）的理論作用，都市本身與都市文學不在是『誰反應誰』之簡化的機械論，都市同時也被視為一種正文，被諸多歷史力量所實踐，所閱讀。並在現代與後現代的歷史情境，糾結成城市迷宮的複合體，等待解祕。」參見江氏著：〈殖民的都市再現：「張愛玲」文本的空間閱讀〉下《空間雜誌》第 90 期（台北，1997 年 1 月），頁 144。

尤其當作家與城市的關係密切（舉如張愛玲與上海、香港，白先勇與
上海、台北），流動的城市經驗（包括原住城市的記憶與新棲城市的
印象）匯聚成創作資源，融貫於作家的創作想像中，「生活經驗」與
「創作經驗」乃成呼應對照。[264]且對於處於因為變動所造成的流離情
境中的都會小市民而言，慾望的舒張實現在其短暫渺小的生命中具有
舉足輕重的意義，是以文本中的女主人翁葛薇龍、梁姑媽與尹雪艷等
城市尤物，在「空間流離」的結構佈置中是如何舒張其「個人慾望」
遂成為一觀察焦點。前者包括經由所特寫的城市風景、所描繪的城市
生活、所紀錄的城市活動，以掌握都會變異的特質；後者則透過其「出
走」的城市經驗，了解環境的制衡與人性慾望的消長，及其各自依賴
操作的生存法則。並從作家們的輕重落款，廓約二者的衍異傳同。

1. 文字城市：《第一爐香》中的香港與《永遠的尹雪艷》中的台北

(1) 香港是一座華美而悲哀的城[265]

〈第一爐香〉這篇小說的場景主要選定在香港。故事是紀錄著一
個年輕女性（葛薇龍）如何面對城市文明誘惑的過程，張愛玲一面鋪
張愛恨悲歡，一面演義墮落與繁華。這是篇以上海人的觀點寫的一個
香港傳奇[266]，也是一個極貼近近代化城市市民的文本。由於城市現代
化和生活物質導向，商業環境的生產也創造了新的人性，城市的閃光

---

[264] 江柏煒引用梁秉鈞〈都市文化與香港文學〉中的說法：「生活在都市裡，是
都市的浪蕩人，也往往比較敏感地發現都市的新奇與限制。」參見江氏著：
〈殖民的都市再現：「張愛玲」文本的空間閱讀〉上《空間雜誌》第 88 期（台
北，1996 年 11 月），頁 40。

[265] 參見張愛玲：〈茉莉香片〉《第一爐香》（台北：皇冠文化出版有限公司，
1968 年），頁 6。

[266] 參見張愛玲：〈到底是上海人〉《流言》（台北：皇冠文化出版有限公司，
1968 年），頁 57。

炫影極其容易地便與人性的虛榮慾望迅速結合。傾向世俗生活的結果，城市人的觀點難免「務實、不避俗、不避『形而下』的一切」[267]，這使得城市面貌瀰漫著一種「不對」的奇異，甚至到恐怖的程度。[268]小說中的香港便是充滿著荒誕的華美，給人一種奇幻而悲哀的感覺。

甲、荒誕的華美

在〈第一爐香〉裡，所呈現香港這個城市的情調是殖民者本身的洋氣派頭與其心目中所認定的東方中國色彩的奇異混合體。就從一個上海女孩葛薇龍的眼光出發，城市的時尚幾乎都濃縮在一幢豪華大宅院內外進行刻劃。[269]這座在香港半山上的豪宅是充滿著華洋錯綜、荒誕而華美的氣息：

> 山腰裡這座白色房子是流線形的，幾何圖案式的構造，類似最摩登的電影院。屋頂上蓋了一層仿古的碧色琉璃瓦，玻璃窗是綠色的，窄紅邊框，窗上是雕花鐵柵欄，噴上雞油黃的漆，屋子四周繞著寬綽的走廊，地下鋪著紅磚，支著巍峨的白石圓柱，是一派美國南部早期的建築遺風。走廊進門的會客室是立體化的西式佈置，也有幾件雅俗共賞的中國擺設，爐台上陳列著翡翠鼻煙壺，與象牙觀音像，沙發圍著斑竹小屏風，這一點東方色彩的存在，正是西方朋友眼中一直想瞧瞧的中國顏色：

---

[267] 參見吳福輝：《都市漩流中的海派小說》（長沙：湖南教育出版社，1995 年），頁 24。

[268] 張愛玲說：「這時代中舊的東西在崩壞，新的在滋長中……，斬釘截鐵的事物不過是例外。人們只是感覺日常的一切都有點不對，不對到恐怖的程度。」參見張氏著：〈自己的文章〉《流言》（台北：皇冠文化出版有限公司，1968 年），頁 17。

[269] 李歐梵說：「張愛玲的小說中，許多以旅館為重心的故事多發生在香港，是否暗示著從上海人眼中看來，香港本身就是一家豪華旅館？」參見李氏著：〈香港：張愛玲筆下的「她者」〉香港《明報月刊》1998 年 4 月號，頁 22-23。

荒誕、精巧、滑稽。[270]

相較於客廳與書房，裝潢內外有別：

> 客廳裡鋼琴上面寶藍磁盤裡的一棵仙人掌，含苞欲放，蒼綠色
> 的葉子四下探著頭，像一窠清蛇。那枝頭的一捻紅，便像吐出
> 的蛇信子。進入小書房，景觀驟然一變：中國舊式佈置，白粉
> 牆，石青漆地，金漆几案，大紅綾子椅墊，大紅綾子窗帘，……
> 地上擱著一隻二尺來高的景泰藍方罇，插的是只有華南住久才
> 認識的淡巴菰花。

鍾阿城曾說：「有用的東西是空間陳設，沒有用的東西是生活的痕跡。」
為了要鋪陳上海生活的質感和密度，葛薇龍所居住的莊園正是「以中
為體，以西為用」，透過霸氣大膽的雜種化西洋、東洋等外來文化，
包容著可觸及的感官享受與蠢蠢欲動的情慾，雜陳拼湊出一片物慾橫流。

　　豪宅裡頭必要有著些社交應酬，包括著中、西式的娛樂活動，舉
如打麻將、打網球、舞會、音樂會、野宴……等。舉行的遊園會裡留
存著英國十九世紀的遺風，外加如同好萊塢拍攝「清宮祕史」般的道
具場景，賓客中仕紳名媛、牧師唱詩少年、丫頭老媽子穿梭遊走，有
的白膚黃髮碧眼，有的拖著油鬆大辮，中英法葡語聲此起彼落，草地
上是高福字大燈籠與海灘遮陽傘並立，「夏天裡最後的玫瑰」樂聲悠
揚，交織成一種「不倫不類」的奇異。[271]甚至女主角葛薇龍的裝扮也
都為應景配合穿成賽金花的模樣，顯得非驢非馬。[272]這些場景佈置正

---

[270] 參見張愛玲：〈第一爐香〉《第一爐香》（台北：皇冠文化出版有限公司，
　　1968 年）頁 32-33。

[271] 同註 270，頁 58。

[272] 同註 270，頁 33。張愛玲對葛薇龍的描述是：「……葛薇龍穿的是翠藍竹布
　　衫，長齊膝蓋，下面是窄窄褲腳管，還是滿清末年的款式。把女學生打扮像
　　賽金花模樣，那也是香港當局取悅於歐美遊客的種種設施之一。」另張愛玲

是以犯沖的事物、鮮明對比的色彩、刺激興奮官感經驗建構出一種本土與外來（華洋）、傳統與現代對照揉雜的特有的城市景觀：一種荒誕的華美。[273]張健曾說：「張愛玲所注視的是一個變化中的社會，以及那些置身於這個社會中的人──他們的生活以及對生活的態度當然也就不可避免地觸及新、舊的不調和。」[274]

乙、奇幻而悲哀

　　香港的時空豪華耀眼，甚且精緻到了荒誕的地步，再加上快速變動的節奏，於是組構出一個不可思議的奇幻空間，不由得使人產生一種不真實虛飄飄的感覺，懷疑多了、久了，在繁華熱鬧中益發興起著恐怖與悲涼。〈第一爐香〉的薇龍在整個生命定調的過程中，是逐步與她的城市經驗一起建構的：她初到香港，面對不調和的中西土洋揉雜的時空背景相對於她所來自的舊上海古中國，延伸出的是強烈的異地感，感覺奇幻不真，[275]而後置身都市塵俗，當走入村野眺望自然時又感覺景色朦朧陌生，一片模糊不實。[276]末了逛進了夜市賣場，沿路有招客的女子，與自己的出賣青春虛實對照，真假好壞便令人暗自心驚：

自身也曾以一身大宅老戶的裝扮出席白紗西裝的西式婚禮。參見張氏著：《對照記》（台北：皇冠文化出版有限公司，1994 年），頁 68-69。

[273] 參見張愛玲：〈傾城之戀〉《傾城之戀》（台北：皇冠文化出版有限公司，1968 年），頁 201-203。

[274] 參見張健：〈評介張愛玲短篇小說集〉《張愛玲的小說世界》（台北：臺灣學生書局，1984 年），頁 33。

[275] 同註 270，頁 32-33。當葛薇龍從上海到香港初次拜訪梁姑媽，不知道自己的命運如何，站在香港半山上梁家大宅園的廊邊遠望，一路看過去，直到海邊，眼前是各種的不調和：「……杜鵑花外面，就是那濃藍的海，海裡泊著白色的大船。這裡不單是色彩的強烈對照給予觀者一種眩暈的不真實的感覺……處處都是對照，各種不調和的地方背景，時代氣氛，全是硬生生地給參揉合在一起造成一種奇幻的境界。」

[276] 同註 270，頁 67-80。等到薇龍住進豪宅，愛上喬琪喬，但卻是一段不牢靠沒有把握的愛情，所以當她從山頂下看香港田園風景，不清晰的山景：「山峰

> 她在人堆裡擠著，有一種奇異的感覺。頭上是紫黝黝的藍天，
> 天盡頭是紫黝黝的冬天的海，但是海灣裡有這麼一個地方，有
> 的是密密層層的人，密密層層的燈，密密層層的耀眼的貨
> 品……然而就在這燈與人與貨之外，還有那淒清的天與海——
> 無邊的荒涼與無邊的恐怖。她的未來也是如此——不能想，想
> 起來只有無邊的恐怖。[277]

作者一方面由女學生葛薇龍身處於香港所遊憩的都市空間，進行都市景觀的描繪；一方面藉著所接收的視覺風景刻露其內心世界。文字中呈現出香港這個西方人心目中的中國其實並不是真正的中國，是這樣的一個華美而悲哀的城，充滿著奇幻、不真實，甚至帶著頹廢、恐怖與悲哀。

而這恐怖與悲哀的感覺應是來自一方面對於客體奇幻世界所造成的眩暈不真實的感覺，卻奇異的促成了人們肉體欲望的實現，且這慾望由壓抑到爆發，是無可收拾地造成悲劇；一方面則是主體人物對於一旦正式進入了香港這個自由買賣的市場，便很難全身而退的狀況的瞭然，因而充滿無可如何的驚悸、無奈與荒涼。無怪乎王德威說：「荒涼與頹廢畢竟得有城市作襯景，才能寫得有聲有色。」[278]

在白霧中冒出一點青頂兒……望下看過去，在一片空白間，隱隱現出一帶山麓，有兩三個藍衣村婦，戴著草帽在那裡撿樹枝。……薇龍有一種虛飄飄的不真實的感覺，……恍恍惚惚，似乎在夢境中。」後來薇龍吃了虧，在慾望取捨、前途去留舉棋不定之時，她覺得所置身的世界「天黑時……像是一張灰色的耶誕卡片，一切都是影影綽綽的。」

[277] 同註270，頁83。
[278] 參見王德威：〈從海派到張派——張愛玲小說的淵源與傳承〉《如何現代，怎樣文學？》（台北：麥田出版有限公司，1998年），頁332。

(2) 台北重現上海霞飛路的排場[279]

白先勇曾稱自己的創作是「為逝去的美造像」。在〈永遠的尹雪艷〉裡，仁愛路的尹公館幾乎便是昔日上海霞飛路的舊址移師台北，是多少流離客重溫京滬繁華的一個小型歡場。[280]在這裡，到了台北的上海人氣勢依舊排場：

> 尹雪艷的新公館落在仁愛路四段的高級住宅區裡，是一幢嶄新的西式洋房，有個十分寬敞的客廳，容得下兩三桌酒席。……客廳的傢俱是一色的桃花心紅木桌椅。幾張老式大靠背的沙發，塞滿了黑絲面子鴛鴦戲水的湘繡靠枕，人一坐下去就陷進了一半，倚在柔軟的絲枕上，十分舒適。……打麻將有特別設計的麻將間，……冬天有暖爐，夏天有冷氣，坐在尹公館裡，很容易忘記外面台北市的陰寒及溽暑。客廳案頭的古玩花瓶，四時都供著鮮花。……整個夏天，尹雪艷的客廳中都細細的透著一股又甜又膩的晚香玉。

而一桌桌牌局之後，尹公館的餐席上天天轉出一道道口味地道的精緻菜牌：金銀腿、貴妃雞、搶蝦、醉蟹、寧波年糕、湖州粽子……這些原都是京滬有名的菜餚。而一群太太們與尹雪艷遊逛在台北街頭，地點包括：有名的鴻祥綢緞莊、賣繡花鞋的小花園、紅樓的紹興戲、三

---

[279] 白先勇提及：「尹雪艷的公館一向維持她的氣派，尹雪艷從來不肯把它降低於上海霞飛路的排場。出入的人士，縱然有些是過了時的，但是他們有他們的身分，……因此一進到尹公館，大家都覺得自己重要，……至於一般新知，尹公館更是建立社交的好所在了。」見白氏著：〈永遠的尹雪艷〉《台北人》（台北：晨鐘出版社，1980 年），頁 39。

[280] 同前註，頁 36。白先勇寫著：「尹雪艷的新公館很快便成為她舊雨新知的聚會所，老朋友來時談談老話，大家都有一腔懷古的幽情，想一會兒當年，在尹雪艷面前發發牢騷，好像尹雪艷便是上海百樂門時代永恆的象徵，京滬繁華的佐證一般。」

六九裡的桂花湯糰……這些在西門町的種種遊樂活動，無不仿擬著上海大千世界的種種榮華，而在這些台北人身上所察覺到的彷彿是往日上海人的魂靈蠢蠢欲動。如此鎖定著這群人活動的處所——「尹公館」為基點，白先勇藉著這些逃避現實的流離客對於過去的虛擬再現，延伸出了五、六〇年代台北城市特有的「遷移景觀」（settler sight）。然而儘管如何複製上海的繁華，神似故國終究不是故國。尹公館（隱公館？）畢竟成為台北城中一個被框定的一角，框定了這些流離客，也框定了負載著其自身流離的夢土、流離的情感，終究這些流離客成為了「永遠的」異鄉人。

如此，觀察城市傳奇的建構係與城市圖像與時俱進，而城市圖像又往往藉由新舊空間的對比而具體鮮明。故而無論是香港傳奇〈第一爐香〉，或是台北人的故事〈永遠的尹雪豔〉，都可以感受到城市上海的背景籠罩。而二位作家所採取的城市空間的現代性書寫：無論是比較於離開老家上海，香港城市所披露的華美不安；或是對照於離開原鄉上海，台北城市所再現的繁華複製；不約而同的均是以一種正與城市地位起落相反的視角：暴露著城市的陰暗、墮落、封閉或是即將被淹沒的部分進行觀察書寫。由於張愛玲認為「現代的東西縱有千般的不是，它到底是我們的，於我們親。」[281]所以城市中或被鄙夷的部分，或被陷溺的部分到她筆下卻發展出一種媚惑；陰暗的也自成一種色澤。[282]而白先勇的台北城的書寫則是用著一種反城市發展的基調：

---

[281] 參見胡蘭成：〈民國女子〉《今生今世》下（台北：三三書坊，1990 年），頁 293 以及陳思和：〈張愛玲現象與現代都市文學——對五四情結的叛逆〉、王曉明：〈張愛玲文學模式的意義及其影響〉，俱見香港《明報月刊》358 期，1995 年 10 月號，頁 14-18。

[282] 范伯群：〈論張愛玲的前期小說創作〉中提及張愛玲特別擅於製造「夢魘的氛圍」。見台北：《中國現代文學理論季刊》第 10 期，頁 206-209。

取代市民對一個城市的光榮與遠景的編織，他所呈現的是他們在一個城市的隔離與困境，框罩住的是台北都會中的失落的一角。[283]

2. 流動的城市經驗：「出走」與「流亡」

(1) 出走：〈第一爐香〉從上海到香港

《第一爐香》中，在香港讀書的葛薇龍老家原住在上海，屬於中產家庭。近年來因為戰事，家中從上海遷到香港，手頭日漸拮据。爸爸是個名士派的書獃子，原看不起嫁人作小的梁姑媽，後來梁姑媽繼承了一大筆財產成了闊人，所以成了投靠的對象。故事一開始葛薇龍因為張羅學費離家依附梁姑媽，相對於香港新居住地深宅大院的不同氣象，上海老家是房間緊湊而空間經濟的。[284]成了梁姑媽口裡的「破落戶」，連僱傭的陳媽都傖俗不堪。於是，「家」的印象便在繁華城市中被覆蓋蒙塵，一直到離家的主角在城市中遭受挫折，久違的家的印象才重新被喚起，出現庇護的作用。[285]

這個「出走」的經驗，包含著兩個層面：一則是葛薇龍離開上海的時空記憶進入香港的時空活動，意圖實現自我的理想；[286]二則是葛薇龍離開「家」這個熟悉的環境，進入社會交際圈這個陌生的環境，

---

[283] 參見歐陽子：〈白先勇的小說世界——「台北人」的主題探討〉，收入白先勇：《台北人》（台北：晨鐘出版社，1976 年），頁 5-28。

[284] 同註 270，頁 45。

[285] 同註 270，頁 78-79。小說中寫葛薇龍情感受騙，復遇風寒發燒生病，病中思念起老家父親桌上用來鎮紙的「玻璃球」，扁扁的玻璃球裡面嵌著細碎的紅的藍的紫的花，排出俗氣的齊整的圖案。抓在手上很沉，那種感覺使她連帶想起人生一切厚實的，靠得住的東西，包括黑鐵床、舊式梳妝台、甚至裝著爽身粉的磁缸、以及牆上釘著的美女月份牌……等，想快快回去的念頭頓時高漲。在此處，小物件往往變成作家日後回憶園鄉風景的重要意象，因為這是她們所能曾經掌握過具體而厚實的東西，因而印象深刻。

[286] 雖然葛薇龍的理想由想完成學業到想嫁人，又由想求得愛情到只願求得快樂，最後情願「賣身」替人弄錢弄人，節節敗退。

意圖建立自我的主體性。這種「女性出走」的經驗驗諸作者張愛玲本身以至於上溯五四以來娜拉的示範，自是脈絡可循。[287] 而主角人物在居家與遊園的辨證之中，對於置身所在，往往又多是在認同與困惑中進行，[288] 套用李歐梵的話：「如果上海是張愛玲的『自身』（self）的話，香港就是她的『她者』（other）」[289]。是而對上海人葛薇龍而言，自身正是在她者的提供對照之下，成就了流離與情慾傳奇。亦即葛薇龍的出走經由「離家→遊園→驚夢」的過程完成，而其出走的經驗卻始料未及的是另一個幽禁的開始。

(2) 流亡：〈永遠的尹雪艷〉從上海到台北

在〈永遠的尹雪艷〉中，出入棲聚於尹公館、由尹雪艷所管轄的這一批人，是從上海遷移到台北的流離客，由於戰爭失利、離鄉背井的失落以及處變換新的不適應，這些人無力抗拒時空的變動，迅速地在凋零沒落中，只有藉著沉溺於過去以逃避現有的困境，無疑是大時代的失落者。我們檢索小說文本時，赫然發現：這是一個複本，現實人生彷彿是故事的不斷迴旋衍生。不論原因是歸咎於時代、戰爭或命運，這些流離客居住在台北，但是回憶與想像的夢土卻在上海。他們或複製舊有的故居風景，以聊解鄉情；或臨摹往昔的生活行止，以重溫舊日情懷。他們的流亡經驗即在不得不離家與歸鄉不得的情結下積

---

[287] 陳芳明提及：她（張愛玲）最後選擇了出走流亡的道路，如同當年白流蘇離開上海，到達香港。……最後也告別了香港十年，全然浮沉於陌生的美國社會。參見陳氏著：〈毀滅與永恆——張愛玲的文學精神〉《危樓夜讀》（台北：聯合文學 125，1997 年），頁 30-37。

[288] 〈第一爐香〉裡的少女葛薇龍是在紙醉金迷的物化社會裡失了心竅，復對愛認了輸，於是甘願賣了青春，成為交際花。另張愛玲曾說：「以美好的身體取悅於人，是世界上最古老的職業，也是極普遍的婦女職業。」參見張氏著：〈年輕的時候〉《流言》（台北：皇冠文化出版有限公司，1968 年），頁 90-91。

[289] 同註 269，頁 22-24。

澱，而在想像回家的夢境中完成。於是，「繁華夜上海」成為他們「剪不斷的鄉愁」唯一所繫。而同樣由中國大陸來到台灣，被稱為「可憐身是眼中人」[290]的白先勇著力描繪他們，筆下人物的逃離正是自身的逃離，於是書寫「流亡」，以至於「流亡」本身俱成為一種回歸。

3. 環境的書寫

(1) 慾望樂園的建構

小說中將主角人物置身環境的移動，以及對其所佔領空間中的細節事物，以巧喻精描的方式與其心理感情世界的變化作靈活的結合，正是作家們鋪排情節的一個技巧。在〈第一爐香〉、〈永遠的尹雪豔〉裡，人物的思維活動與行為態度往往隨著其周遭環境場所的調動做不同的喻況書寫，並充滿了豐富的暗示意象。其中一個顯明的例子是：這些以都會為背景的小說中都出現著一個「慾望樂園」[291]：前者是梁宅，後者是尹公館。豪宅中少不得精巧講究的佈置與享受，而小說裡的人群無論男女老少就在這裡來往出入、嬉戲漫遊，隱然成為他們慾望實踐或意識自覺的關鍵場域。而在繁華市容中這個歡樂場所相對地也隔絕出一個封閉空間，生命在此輪迴演出。

---

[290] 高天生提到：「白先勇也曾選擇出走的道路；他離開上海，居住台北而後又前往美國。」見高氏著：〈可憐身是眼中人——討論白先勇的小說〉《台灣小說與小說家》（台北：前衛出版社，1994 年），頁 131-141。

[291] 水晶曾以亨利詹姆斯筆下的「仕女圖」與「第一爐香」相較，認為二者都有一個類似「伊甸樂園」這樣一個框框，在其中遇到了毒蛇引誘與惡漢。參見水晶：〈「爐香」裊裊「仕女圖」〉《張愛玲的小說藝術》（台北：大地出版社，1973 年），頁 61-107。另林幸謙亦言：「尹雪艷的新公館，除了代表昔日上海的形象外，在這裡，它更是『慾望空間』或『慾望帝國』的具體象徵。」參見林氏著：《生命情結的反思》（台北：麥田出版有限公司，1994 年），頁 140-141。

甲、梁家豪宅

　　張愛玲一向擅長將靜態的空間借比喻象徵來延展意義，而技巧玲瓏。舉如使用著一些具體的、物化的意象（包括近而實的物器服飾）來描繪較遠而虛的風景，並同步地藉由物象的延伸，不假外求地便由所在的環境（靜態空間）暗示了人物的處境（心理空間）。〈第一爐香〉裡梁家豪宅的描繪就是精彩的例子：四周繞著矮矮的白石卍字闌干的長方形的草坪園子像金漆托盤[292]。就在不同的光度視角下，白色的房子分別出場：太陽偏西，籠罩在豪宅上的是紅紫金絲交錯的山景熱鬧非凡，像雪茄煙盒蓋上的商標畫，而滿山的棕櫚、芭蕉被日頭烘培的乾黃鬆鬈，則像雪茄菸絲。暮色中白房子映著海色，像古代的皇陵。[293]潮濕的春天裡，霧中的白房子像薄荷酒裡的冰塊。[294]天完全黑了，整個的世界就像一張灰色的耶誕卡片。[295]如果這樣的白房子變成了一座墳，將也不使人驚奇，只彷彿是進了聊齋，一個鬼氣森森的世界。[296]而葛薇龍在這幢白房子裡曾經兩次倚著窗臺外望：一次身在霧中，一片濛濛乳白，自覺很有從甲板望海的情致；[297]一次人在月光中浸了

---

[292] 同註 270，頁 32-33。葛薇龍到了香港，投奔姑媽梁太太，就進入了「雕花囚籠」。張愛玲以工筆彩繪進行描摹，包括以下的「金漆托盤」、「皇陵」、「薄荷酒裡的冰塊」、「墳」、「船」、「茶托上的雕花」都是被囚禁、封鎖的喻徵。

[293] 同註 270，頁 44。

[294] 同註 270，頁 45。「而潮濕的春天的晚上，梁家的白房子黏黏的融化在白霧裡，只看見綠玻璃窗晃動著燈光，綠幽幽地，一方一方，像薄荷酒裡的冰塊。霧濃了，燈光消失了，冰塊化成了水。」

[295] 同註 270，頁 80。

[296] 同註 270，頁 44。

[297] 同註 270，頁 47。西方俗諺：「船好比是水中牢房。」此處是以船於海中的搖晃飄蕩象徵置身人物對不可知的未來的迷惘與徬徨。另周芬伶說：葛薇龍住的房間「屋小如舟」……「葛薇龍像啟蒙故事中的女英雄一樣，具有冒險精神卻難敵妖魔鬼怪。」見周芬伶：〈張愛玲小說的女性論述〉，收入鍾慧玲編：《女性主義與中國文學》（台北：里仁書局，1997 年），頁 247。

個透，淹得遍體通明。讓她覺得陽台如果是烏漆小茶托，她就成了茶托上鑲嵌的羅鈿的花。²⁹⁸在張愛玲的筆下，人物一旦被置入這樣的雕花囚籠，²⁹⁹也不禁帶著物化的蒼涼。

　　另外值得注意的，「衣櫥」是這個慾望樂園中的一個重要的機括。小說中分別出現三次，衣櫥的開啟正象徵著慾望的開啟，充滿著噬人的誘惑。第一次，打開薰著丁香花末子的衣櫥裡掛滿了金翠輝煌的衣服，葛薇龍忍不住試了一夜的衣服。此時此刻，一方面葛薇龍有著「長三堂子買進一個人」的自覺，一方面卻正是葛薇龍墜入物質陷阱的開始。³⁰⁰第二次，目睹梁姑媽逐退撒潑的睨睨，薇龍回到自己屋裡，靠在櫥門上，沉浸在黑沉沉衣櫥中使人發暈的丁香末子香裡，彷彿停留在悠久溫雅幽閒的過去的空氣裡，遠離了骯髒複雜不可理喻的現實，是一種掩耳盜鈴的逃避。接下去，葛薇龍就這樣在衣櫥裡一混就混了兩三個月，得到了許多穿衣服的機會。此處葛薇龍一方面沉溺於衣櫥中的「無所謂時間」性，拒絕承認賣淫生活的現實，一方面隱射葛薇龍的華服歲月就在衣櫥開闔中流逝。³⁰¹第三次提到衣櫥，在梁姑媽的舊歡司徒協贈送手鐲之後，葛薇龍也曾在回憶與憧憬、理智與慾望中有所遲疑，但終於由警覺犧牲的不可避免、轉而對現狀上癮的無奈嘆息、最後自願在繁華物化中陷落。³⁰²

---

²⁹⁸ 同註 270，頁 72。此處與頁 45「薄荷酒裡的冰塊」的比喻可以互參。

²⁹⁹ 同註 270，頁 48。其後葛薇龍發現華服滿櫃，猛然省悟這如同被買進長三堂子一樣。

³⁰⁰ 同註 270，頁 47-48。

³⁰¹ 同註 270，頁 51-52。

³⁰² 張小虹提及女人的使用價值以及交換價值，以及女人的身體與商品拜物的論述。參見張小虹：〈戀物張愛玲——性、商品與殖民媚惑〉收入楊澤編《閱讀張愛玲》（台北：麥田出版股份有限公司，1999 年），頁 177-210。

乙、尹公館

　　尹公館這個慾望樂園的外部是西式的洋房，寬敞的客廳裡的布置卻是清一色的中式：一色的桃花心紅木桌椅，老式大靠背的沙發裡，塞滿了黑絲面子鴛鴦戲水的湘繡靠枕，每一個客人一坐上去，就陷進了一半，而不論尊卑男女，都有一種賓至如歸、樂不思蜀的親切之感。所以，尹雪艷確實不必發愁，尹公館的車馬從來也未曾斷過。尹公館這個空間被陷溺的鄉愁在俗世中自成一格的被建構出來，彷彿是世外桃源，[303]如同普魯斯特所謂「我們已遺失的樂園才是真正的樂園」。同時，隨著記憶沉緬，尹公館的時間也被人世隔離出去，出現封閉性，坐在尹公館裡，很容易便忘記外面台北市的陰寒及溽暑。其中座上常客吳經理身「陷」其中，當場便票了一齣「坐宮」，自敘其境：「我好比淺水龍，被困在沙灘。」[304]

　　人生場景被濃縮在尹公館裡，人生戰場又被濃縮在麻將桌上。「人生正如一場牌局」是作者安排人物以環境自然為慾望展演場域的一場精采演出，所謂物慾無窮，世事難料，而人無千日好，花無百日紅。一旦牌局筵席開設起來，桌面上彷彿開闢出了戰場供人廝殺，同時又打造出了祭壇供人祈禱與祭祀。……在麻將桌上，一個人的命運往往不受控制，……尹雪艷站在一旁，叼著金嘴子的三個九，徐徐的噴著煙圈，以悲天憫人的眼光看著她這一群得意的、失意的、老年的、壯年的、曾經叱吒風雲的、曾經風華絕代的客人們，狂熱的互相廝殺，互相宰割。[305]打牌的規矩明定是願賭服輸、輸贏自負，所以參加完徐壯圖的喪禮，尹公館當晚牌局照開，還來了兩個新的客人成了牌搭子，尹雪艷則宛若神魔般，依然悄悄站在牌客後笑吟吟的看著牌，笑

---

[303]　同註279，頁41。
[304]　同註279，頁36-40。
[305]　同註279，頁41-42。

吟吟的說：「等我來吃你的紅！」是而，歷經著人事迭換，尹公館平日既是提供享樂的戰場，到頭來也成了收納靈魂的墓園。相較於〈第一爐香〉中，也有牌局的戲碼：葛薇龍初聽洗牌聲，從好奇地想看看也好，直看到睇睇收牌，後來撒潑被梁姑媽打發回鄉的一幕。[306]一副副麻將牌彷彿是命運的象徵物，周轉著新人來、舊人去，裡面不知隱含著多少不測。[307]

此外，白先勇也從事以結合物象感覺的描述，呼應人類的慾望。舉如客廳案頭的古玩花瓶，四時都供著鮮花，一季夏天裡細細的透著就是一股股又甜又膩的晚香玉。這使得雄心勃勃的年輕企業家徐壯圖一踏進這個慾望樂園，就嗅中一陣沁人腦肺的甜香。到了半夜，晚香玉吐出一蓬蓬的濃香，徐壯圖喝的熱花雕，加上牌桌上和了那盤「滿園花」的亢奮，早已使他感覺微醺。在這兒晚香玉的甜膩催化、陷溺了人們的情慾。尹雪艷在鬢髮上簪上的血色鬱金香，更預告著血色的死亡。而追逐尹雪艷的途徑：舉如用金條兒搭成一道天梯，把天上的月牙招下來，插在尹雪艷的髮鬢上；或用鑽石瑪瑙串成一根鍊子，套在尹雪艷的脖子上，把她牽回家去；更是物化了的「禁錮美學」。

於是對應著現代都市的世俗化、交易化，豪華宅園在現代都市中自成一格，不但是提供優越物質生活的消費地，也成為追逐釋放情慾的淵藪。人員在此聚集也出現商品展示的特質，不但睨兒、睇睇、葛薇龍、梁姑媽、尹雪艷等在展示台上上下下，就是盧兆麟、司徒協、喬琪喬、王貴生、洪處長、徐壯圖等買家也不斷換位易手。個個包裝精美，吸引著市場上品頭論足、待價而沽的買賣行為。

---

[306] 同註 270，頁 45、48-51。

[307] 萬燕提及：「張愛玲筆下有一個女性命運的象徵物就是麻將。」參見萬燕：《花開又花落——讀解張愛玲》（南昌：百花洲文藝出版社，1996 年），頁127-131。此處比喻適用範圍擴大，不僅指女性。

(2) 驚夢歷程的探尋

　　小說中資本主義都市的消費性格所顯現的兩重特質正在於一面對物質魔魅的不可抵擋，一面是面對墮落深淵的控訴。隨著情節發展，其間主角人物無論是出走或是流亡，都經由「出園」的歷程達成個人乃致於讀者「驚夢」的體驗：領悟人生空虛荒涼的本質。〈第一爐香〉是強調著物質社會／環境中充滿著華麗新奇與冒險的快樂，游離個體置身其中，註定無能抗衡。葛薇龍正如許多成長小說中的主人翁一樣，由離家到外界打拼／尋找樂園，經過歷劫／漫遊，不能不成長／發生變化，其中過程是不斷地反應著躁動與不安。舉如葛薇龍初次離家進入梁家宅園[308]，以及後來葛薇龍情路受挫，決定回家，出門去定船票[309]，曾對眼見的山景仿如商標，置身的世界仿如畫卡的印象模糊難分，反覆暴露出對己身真實的存在（即現代都市）充滿不真實的感覺，另外還有一段病中對「家」的回憶，在虛浮脆弱中意圖退回家的屏障，期能掌握住人生中一些厚實而靠得住的東西。這些文字描述著葛薇龍的出走經驗，也暗示著其逐步發現自我。而後，園內園外景觀對照，呈現出種種矛盾與不真實，這不但與都市生態中複雜、難測的特質聲息相通，亦顯現出主角自身的進退維谷與徬徨迷惑。

　　最重要的一次「出園」經驗是在結尾薇龍與喬琪喬婚後一起到香港灣仔市場看熱鬧[310]：葛薇龍置身在人堆裡擠著，看著密密層層的

---

[308] 同註 270，頁 44。

[309] 同註 270，頁 80。

[310] 同註 270，頁 44、80。在這之前，葛薇龍曾經兩次出入「慾望樂園」，對環境世界皆有所體認，分別有所盤算：一次是初次出入梁家宅園，另一次葛薇龍出門去定船票，都暴露著對己身真實的存在（即現代都市）充滿不真實的感覺。在第一次，薇龍後來決定住進梁姑媽家，自認為只要潔身自好，雖在染缸中也能行得正立得正。後一次薇龍在走與不走反覆掙扎，最後終於對現實低頭，認真地學習「適應環境」。

人，密密層層的燈，密密層層的耀眼的貨品，由於自覺是不屬於這一類，所以有著一種淒清奇異的感覺：就在這燈與人與貨之外，還有那天與海以及自己不能想的未來，總合歸結著無邊的荒涼與恐怖。這恐怖延長出去，就連喬琪喬也深深感染著。然後是一大群喝醉的水兵的誤認葛薇龍為「目的物」。葛薇龍終於有了這樣的自覺：「我跟她們有什麼分別？……分別在她們是不得已的，我是自願的。」[311]然而，隨即這份如火光似的痛覺在寒夜中一閃即逝，世界復歸於黑暗。上段文字不但說明著葛薇龍情愛模式的「自願性與現實性」[312]，同時呈現著主角人物由不甘黯淡到麻木的快樂，由理想的追尋到理想的幻滅，最後，「囚禁在慾望花園」替自我價值蓋棺論定，葛薇龍與梁姑媽遂有隱然相合之勢。夏志清曾說：「悲劇人物暫時跳出自我的空殼子，看看自己不論是成功還是失敗，都是空虛的。」[313]於是讀者憬然覺察：這一爐香就這樣的燒下去，也就快燒完了。

〈永遠的尹雪豔〉中尹雪豔除了帶姊妹淘出門上西門町逛街吃點心，離開慾望樂園（尹公館）真正走進哀樂人間，應屬到極樂殯儀館弔唁徐壯圖這一節：「……正午的時候，靈堂裡原是眾聲熙攘，尹雪

---

[311] 同註270，頁84-85。一些想要尋歡喝醉的水兵的誤認葛薇龍為「目的物」，喬琪喬也自認自己「可鄙」，因為他與薇龍的權利與義務的分配太不公平，甚至怕薇龍為他犧牲這麼多，一氣起來把他殺了。

[312] 高全之說：「《金瓶梅》的情愛模式有兩項顯著的性質：自願性與現實性。……在〈第一爐香〉中昭然若揭。」因為葛薇龍自願下嫁喬琪喬並非全然純情或無知，她承認「對這裡的生活已經上癮了」。……而且喬琪喬對異性頗具吸引力……嫁給喬琪喬，葛薇龍感到報償性的快樂。參見高全之：〈飛蛾撲火的盲目與清醒〉《當代》第128期（1998年4月），頁134-143。另外，林幸謙認為：張愛玲安排葛薇龍以一個妻子的身分賣淫養夫的寓言性故事，不僅反襯喬琪喬的去勢模擬寫照，亦為女性反撲的另一種啟示。參見林氏著：《張愛玲論述》下卷三（台北：洪葉文化事業有限公司，2001年），頁207-219。

[313] 參見夏志清著、劉紹銘等譯：《中國現代小說史》（台北：傳記文學出版社，1979年），頁420。

艷一身素白，像風一樣閃了進來，款款行了三鞠躬禮，當場的人原先有驚訝的、有怨憤的、有惶惑的、但此時都呆若木雞，被震住了，不敢輕舉妄動。待得慰問了喪家，又踏著像風一樣的步子走出了殯儀館。徐太太昏倒在地，靈堂頓時大亂。當晚，尹公館裡又成上了牌局。」這趟出入的過程，正如同穿梭於晝夜、陰陽、人我、生死、悲喜之間一般，一方面是借尹雪艷這個幽靈化身，以永遠嘲諷不變的言說；另一方面點出尹公館是流離客逃避現實的去處，卻不意被現實世界隔離。而所自以為所寄身的暫時的流亡，卻正是永恆的放逐。「假到真時真亦假」，驚夢的效果瞬間昭顯。[314]

（二）慾望傳奇

1. 尤物造型：梁姑媽、葛薇龍、尹雪艷

尤者異也，甚也。所謂「尤物」，《莊子‧徐无鬼》謂：「夫子，物之尤也」，指「尤異之人物」。[315]《左傳》昭二十八年中：「夫有尤物，足以移人」[316]，則是指色美的女子。相較於《紅樓夢》裡，賈寶玉對「女兒」的看法是：「女人是水做的。」然而清水一旦入了濁世，不免被低估了價，甚或成了禍水。[317]唐人傳奇《鶯鶯傳》中張生

---

[314] 參見歐陽子：〈「永遠的尹雪艷」之語言與語調〉《王謝堂前的燕子》（台北：爾雅出版社，1976 年），頁 31-59。

[315] 許慎《說文解字》：「尤，異也。從乙又聲。」參見段玉裁注：《說文解字注》（台北：黎明文化圖書公司，1974 年），頁 747。莊子語見《莊子‧徐无鬼》篇中說顏成子入見坐忘隱几的南郭子綦一事。譯文參見黃錦鋐：《新譯莊子讀本》（台北：三民書局，1974 年），頁 284。

[316] 《左傳‧昭公廿八年》：「……三代之亡，共子之廢，皆是物也。夫有尤物，足以移人。苟非德義，則必有禍。」參見左丘明註、竹添光鴻會箋：《左傳會箋》（台北：鳳凰出版社，1974 年）第 26，頁 14。

[317] 王德威把潘金蓮、王熙鳳、賽金花、尹雪艷等孽海奇花皆列為「禍水」造型。參見王氏著：〈潘金蓮、賽金花、尹雪艷——中國小說禍水造型的演變〉《想

即有「忍情」之說:「大凡天之所命尤物也,不妖其身,必妖於人⋯⋯吾不知其變化矣。」[318]是而,色麗魅異、風華絕代往往形成「尤物」典型。檢視城市傳奇〈第一爐香〉和〈永遠的尹雪豔〉中堪稱造型豔異尤物者如梁姑媽、葛薇龍、尹雪豔等,宛似「蹦蹦戲的花旦還魂」,[319]回來尋找她自己。[320]

《第一爐香》中,梁姑媽如同老鳳一般,以小型慈禧太后之姿,關起梁家這座白色豪宅如同皇陵的門,挽住了時代的巨輪,留住了滿清淫逸的空氣。而老去的美人,眼睛卻還沒老,認得出一雙似睡非睡的眼睛:「汽車門開了,一個嬌小個子的西裝少婦跨出車來,一身黑,黑草帽沿上垂下綠色的面網,而網上扣著一個指甲大小的綠寶石蜘蛛在日光中閃閃爍爍,正爬在她腮幫子上,一亮一暗,亮的時候像一顆欲墜未墜的淚珠,暗的時候便像一粒青痣。」這是煙視媚行的梁姑媽的出場,「蜘蛛」無疑是梁姑媽個性與命運的顯影。[321]

像中國的方法:歷史、小說、敘事》(北京:三聯書店,1998 年),頁 256-270。

318　〈鶯鶯傳〉:「大凡天之所命尤物也,不妖其身,必妖於人。使崔氏子遇合富貴,乘寵嬌,不為雲為雨,則為蛟為螭,吾不知其變化矣。」參見汪辟彊校錄:《唐人小說》(台北:河洛圖書出版社,1974 年),頁 139。

319　同註 273,頁 8。《傾城之戀·再版自序》:「蠻荒世界裡得勢的女人,其實並不是一般人幻想中的野玫瑰,燥烈的大黑眼睛,比男人還剛強,手裡一根馬鞭子,動不動抽人一下。那不過是城裡人需要新刺激,編造出來的。將來的荒原下,斷瓦頹垣裡,只有蹦蹦戲花旦這樣的女人,她能夠夷然的活下去。」

320　此為炎櫻語,參見張愛玲:〈炎櫻語錄〉《流言》(台北,皇冠文化出版有限公司,1968 年),頁 119。此處,尹雪豔或許可比擬是一朵不凋的花,那麼葛薇龍便是那隻年輕時候的蝶,有了些年紀便成了梁姑媽。每一個蝴蝶都是從前的一朵花的鬼魂,回來尋找它自己。

321　同註 270,頁 36。另許子東言:「張愛玲筆下的人物常以服裝素描出場,最後性情命運又化為衣飾意象。」參見許氏著:〈物化蒼涼:再讀《沉香屑·第一爐香》〉(香港《文學世紀》第九期,2000 年 12 月,頁 63-69。此處〈第一爐香〉中,蜘蛛的亮暗所衍伸的意象──「青痣」、「淚珠」,正象徵梁姑媽的個性與命運的昂揚與下墜。白先勇在〈謫仙記〉裡也曾以碎鑽鑲成的大蜘蛛在女主角李彤的鬢髮上晶光亂轉,暗示其活潑不安。

　　葛薇龍則是園子裡的雛鳳，這位初到香港、清純年少、造型醒目、眉眼尤其風流的上海女子以清於老鳳的姿態秀出：「她的臉是平淡而美麗的小凸臉，……她的眼睛長而媚，雙眼皮的深痕，直掃入鬢角裡去，纖瘦的鼻子，肥圓的小嘴，也許她的面部表情稍顯呆滯，但是惟因這呆滯，更加顯出那溫柔敦厚的古中國情調，對於她那白淨的皮膚，原是引以為憾事的，一心想要曬黑它，使她合於新時代健康美的標準。」[322]身上的衣著則是打扮成賽金花的模樣，成為殖民地中東方色彩的一部份。

　　如此華麗詭魅的世界裡，妖邪冶媚的空氣搖曳而下，到了白先勇筆下，永遠的尹雪豔在《台北人》的卷首脫穎而出[323]：尹雪豔著實迷人，有一身雪白的肌膚，細挑的身材，容長的臉蛋兒配著一付俏麗甜淨的眉眼子，……無論尹雪豔一舉手一投足，總有一份世人不及的風情。尹雪豔喜歡一身素白，像銀白衫子的女祭司，雙手合抱時，像一尊觀世音。她行走輕盈，如同三月微風一般的，不沾人間煙火，像冰雪化成的精靈。而她在舞池子裡，像一毬隨風飄蕩的柳絮，腳下沒有繫根似的。微仰著頭，輕擺著腰，一逕是那麼不慌不忙的起舞著；即使跳著快狐步，尹雪豔從來也沒有失過分寸，仍舊顯著那麼從容，那麼輕盈。正由於尹雪豔這種神秘艷異的特質，白先勇是以一連串譬喻與象徵將之放置在制高點：高於塵俗的神魔人物全力進行刻劃。[324]於是尹雪豔更堂而皇之地結合著歷史上的名女人——褒姒、妲己、飛燕、太真等，並參照著她們「紅顏禍水」的故事一同顯影，成了下凡的妖

---

[322] 同註270，頁33-34。

[323] 參見王德威：〈女作家的現代「鬼」話──從張愛玲到蘇偉貞〉《想像中國的方法：歷史、小說、敘事》（北京：三聯書店，1998年），頁213-224。

[324] 舉如白先勇使用「風」的意象說明尹雪豔神秘莫測；又以「雪白」的色澤蘊釀可怕凜冽死亡的氣息；復以柳絮飄忽不定，言其不可掌握；如此皆累積出「妖魔」意象。

孽。然而不論是神是魔是妖是怪,尹雪豔始終是個沉得住氣的角色,她有她自己的旋律,她有她自己的拍子,絕不因外界的遷異,影響到她的均衡。[325]

尤物造型的演變或可上探《孽海花》和《海上花》。[326]張愛玲筆下的梁姑媽、葛薇龍、白先勇文字中的尹雪豔或和賽金花、趙二寶互有相似之處,她們都身處於歡場,同樣必須善於周旋,因而得以躋身於上流社交場合,而她們也都在亂世之中,各自琢磨出自處之道:梁姑媽、葛薇龍的經歷是附於一段各取所需的情節上,[327]尹雪豔則踏著自己的步伐,吹奏著時代乃至自己的輓歌。如果說梁姑媽(葛薇龍)如同小型慈禧太后,是敗金文化的產物;那麼,尹雪豔是一朵與歷史潮流相濡以沫的孽海奇花,[328]代表一個行將逝去的時代文化。[329]

---

[325] 同註 279,頁 34-48。

[326] 參見王德威〈半生緣,一世情──張愛玲與海派小說傳統〉、〈潘金蓮、賽金花、尹雪豔──中國小說禍水造型的演變〉《想像中國的方法:歷史、小說、敘事》(北京:三聯書店,1998 年),頁 179-186,頁 256-270。

[327] 各取所需的情節是指葛薇龍為梁姑媽弄人,為喬其喬弄錢,而自己在不可理喻的現實的籠罩下,滿足著自己的虛榮與欲望。

[328] 同註 326,頁 256-270。王德威說「白先勇活用了傳統小說的道德架構,反而超越了膚淺的警世勸俗的層次,賦予尹雪豔一個更深刻的象徵意義。」亦即白先勇在描塑尹雪豔時,去除了道德勸懲的功能包袱,把她放置在一個超現實永遠的位階上俯視眾生,所以笑語如花、來去如風,是一朵真正與歷史潮流相濡以沫的孽海奇花。

[329] 參見歐陽子:〈「永遠的尹雪豔」之語言與語調〉《王謝堂前的燕子》(台北:爾雅出版社,1976 年),頁 31-45。

2. 慾望的張馳[330]

(1) 慾望是不計代價的

城市描圖在張愛玲的筆下多出現濃重功利色彩與拜金氣息。因為在畸形的商業社會中，商品價值導向，人情淡薄，都市人的交往多著重於私利目的和個人慾望尤其是情慾與物慾的滿足。舉如〈第一爐香〉中的慾望樂園裡，梁姑媽、葛薇龍與尋芳客（包括喬琪喬、盧兆麟、司徒協等）之間，一個利益慾望角力的場域裡敵我不明，彼此矛盾衝突不斷。以梁姑媽為例，她是精明人，一個徹底的物質主義者，……她先找了一個有錢的老人嫁了，專候他死。……但她也老了，永遠不能填滿她心裡的飢荒；她需要愛——許多人的愛，但是她求愛的方法是多麼可笑！[331]而葛薇龍因為梁太太搶了盧兆麟，正痛恨著。同時也因為喬琪喬是唯一能夠抗拒梁太太魔力的人，所以對喬琪喬自然多了幾份好感。[332]最後，葛薇龍在喬琪喬的黑眼鏡裡看見自己縮小的影子，這個喻況暗示著被慾望之網所箝制的結果：這一爐香將在為梁太太弄人、喬琪喬弄錢中燒盡。

觀察小說中個體慾望的實踐不計代價，往往循著精神與物質雙線發展，在心靈與肉體、理性與本能間衝撞取捨。以葛薇龍的情慾延展為例，張愛玲是直接選擇環境景觀結合人物心理，來淬取情緒。舉如故事一開始，牆外的野杜鵑灼灼的燒下了山坡，一段色彩強烈對照的圖繪文字，不但迤邐出一個雜異的時（新舊虛實）空（中西內外）氛圍，給人（小說中的葛薇龍兼及讀者）一種眩暈不真實的感覺外，野

---

[330] 「慾望的張馳」分從「慾望是不計代價的」以及「慾望是毀滅的」兩面進行討論。參見范伯群：〈論張愛玲的前期小說創作〉台北《中國現代文學理論季刊》第 10 期，頁 222。

[331] 同註 270，頁 67。

[332] 同註 270，頁 58。

杜鵑這個如同「春焰般的情慾」的隱喻頓時成為巨大的魅影,構成這個奇幻的世界的主體。[333]當穿著磁青薄綢旗袍的葛薇龍初次見到喬琪喬,覺得手臂像熱騰騰的牛奶似的,從青色的壺倒出來,管也管不住。[334]接著,「鬼屋傳奇」上演,月亮便是一團藍陰陰的火,緩緩的煮著它,鍋裡水沸了,滑嘟滑嘟的響。[335]先是牛奶滿溢,一轉身「月亮」被借為情慾的象徵,從喬琪喬在「有月亮的晚上我來看你」到葛薇龍「在月光裡浸了透」,葛薇龍是無可救藥似的陷下去了。偏偏喬琪喬是個浪子[336],他的名言是:「我不能答應你結婚,我也不能答應你愛,我只能答應你快樂。」[337]對這樣浮花浪蕊式的浪子之愛,[338]葛薇龍最後終於認了輸。因為喬琪喬既催動著她一種近於母性愛的反應,[339]又點燃著她不可理喻的蠻暴的熱情。[340]她因此得著一種新的力量與自由。

---

[333] 同註270,頁32-33。「金漆托盤的角落栽了一棵小小的杜鵑花,虛映著園裡的春天。誰知牆外的野杜鵑灼灼的燒著,轟轟得閧下了山坡,然後被外層濃藍的海給封堵住了。」

[334] 同註270,頁57-58。「穿著磁青薄綢旗袍的葛薇龍初次見到喬琪喬——這個帶點丫頭氣的雜種男孩,被他的綠眼睛一看,覺得手臂像熱騰騰的牛奶似的,從青色的壺倒出來,管也管不住。喬琪喬在黑壓壓的睫毛與眉毛底下則是把薇龍當成眼中釘,以留作永遠的紀念。」

[335] 同註270,頁44、69。「既是自己睜著眼走進的這鬼氣森森的世界,如果中了邪,我怪誰去?」「叢林裡潮氣未收,又濕又熱,蟲類唧唧地叫著,再加上蛙聲閣閣,整個山窪子像一隻大鍋,那月亮便是一團藍陰陰的火,緩緩的煮著它,鍋裡水沸了,滑嘟滑嘟的響。」

[336] 同註270,頁62-63。睨兒說:喬其喬不學好老愛胡鬧,……除了玩之外,什麼本領都沒有。

[337] 同註270,頁68。

[338] 同註270,故事中喬琪喬拈花惹草,與其有曖昧的女子除葛薇龍外,包括梁姑媽、睇睇、睨兒。

[339] 同註270,頁64。在司徒協的車上,葛薇龍突然聯想到喬琪喬,那小孩似的神氣,引起薇龍一種近於母性愛的反應。薇龍的回憶那可愛的姿勢,感受著冷冷的快樂的逆流,跟車窗外的風雨一樣,緊一陣也緩一陣。

[340] 同註270,頁72、79。另小說中亦說到:葛薇龍是固執的自卑的愛著喬琪喬,那是因為他的吸引力,……是因為他不愛她的緣故。……她很容易就滿足了。

　　至於對物質的沉迷是由眩惑而上癮：打開衣櫥試了一夜的衣服，華服與樂舞齊揚，譜出繁華絢麗的生活內容，這是葛薇龍面臨誘惑的開始，僅僅三個月的功夫，她對這裡的生活已經上了癮。[341]後來梁姑媽舊歡司徒協贈送手鐲，薇龍也曾經過一陣舉棋不定，之後是與梁姑媽分庭抗禮，一人戴上一隻。[342]此處張愛玲是將人物態度逕行置入環境景觀做一關合：[343]先由自然環境如雨景的描繪由驟趨緩、木葉山石所騰挪舞動著的殺氣與腥氣作為前景鋪排，環境氛圍的凝塑由濕黏躁悶到沉澱清透，隨即牽引出主角人物的機心與情慾。於是鍋裡的水沸了，冰塊化成了水，她新生的肌肉深深地嵌入生活的柵欄裡。薇龍隱隱地感到著危機潛伏，但終被自己的物慾與情慾所覆蓋，無法自拔。

(2) 慾望是毀滅性的

　　尹雪艷之所以迷人，是因為任憑她所置身的時空人事環境如何遷動，她始終「永遠」。尹雪豔本是上海百樂門的紅舞女，是紅遍黃浦灘的煞星兒，到了台北仍是永遠的尤物，魅力無窮地轉著檯子。多少五陵年少，如今成了實業中壯，照樣為她傾家蕩產，說連丟了性命也是有的。[344]相對於葛薇龍在異性的追逐與周旋中的陷溺，與情節中「負心漢」的設置；冷艷逼人的尹雪艷是自身成為了慾望的主體，成為仰慕者追逐的對象。包括從願為她築金梯採月牙兒的王老闆、到拋妻棄子的洪處長、再到品貌堂堂、雄心勃勃的企業家徐壯圖；就連女人也為她著迷。招惹尤物的下場果然悽慘：王老闆官商勾結下獄槍斃、洪

今天晚上喬琪喬是愛她的，……她有一種新的安全，新的力量與新的自由。
[341] 同註270，頁48、66。
[342] 同註270，頁63-67。
[343] 張愛玲的小說特點之一即是擅長這種既是環境描寫，也是心理刻劃的技巧。參見呂啟祥：〈金鎖記與紅樓夢〉《張愛玲的世界》（台北：允晨文化，1989年），頁165。
[344] 同註279，王貴生事、洪處長事、徐壯圖事，分別見白書頁33-50。

處長丟官破產、徐壯圖與人口角遭到刺殺；到頭來尹雪艷則是分別以
百樂門休息一宵、悄然帶走私人家當、殯儀館驚鴻一祭，算是致了意。
總觀尹雪艷的永遠傳奇轟轟烈烈，印證著的是這樣殘酷變異的城市生
活內容：競爭慘烈，汰換無情，勝利與失敗快速翻轉，一任時間與空
間、命運與機會沖刷篩洗著戰場上前仆後繼的角逐者。小說中尹雪艷
也曾夫子自道：「人無千日好，花無百日紅。誰又能保持住一輩子享
榮華、受富貴呢？」永遠的尹雪艷真能屹立不倒嗎？倘若尹雪艷真是
「永遠」，或許也只能屬於活在那段凍結的記憶裡。

（三）故事的迴旋與衍生

〈第一爐香〉與〈永遠的尹雪艷〉這兩篇城市慾望傳奇的書寫俱
是處於時代動亂、社會變動的環境籠罩下，環繞著聲色犬馬張狂紛擾
的城市為背景，鎖定城市經濟怪獸的聚落──「華宅」，招募著自甘
沉淪的城市羔羊進場尋歡作樂。故事的迴旋與衍生正鑑借著小說中屢
見主角人物隨著空間的流動置換，情慾不斷被鼓蕩揚發的書寫公式。
張白二人各自選擇香港與台北這兩個在當時分別都是與時代潮流不
相銜接的地方作為「麻痺中心點」[345]，將人物與情節結合空間運作，
做有效的組織。[346]舉如〈第一爐香〉中葛薇龍站在滬港洋場社會的窗
口，走入那座「皇陵」似的豪宅，一直到情孽輪迴的鬼屋傳奇完成。[347]

---

[345] 參見劉紹銘著、黃碧端譯：〈回首話當年──淺論臺北人〉《小說與戲劇》
（台北：洪範書店有限公司，1977）頁 27-59。

[346] 根據巴克（J. J. van Baak）的分類把空間分為三種類型：靜態、動態、與虛構。
第一類的靜態空間指故事人物能夠遊走活動的空間。第二類動態空間指敘事
體本身結構裡情節轉移的空間，用來闡釋人物由某一時空跳躍到另一時空的
特定情況。第三類的虛構空間則涉及了心理上的空間。在此是將靜態空間、
動態空間與虛構空間加以交錯與延伸。參見蔣祥華：〈張愛玲小說中的現代
手法──試析空間〉台北《聯合文學》第 10 卷第 7 期，頁 149-155。

[347] 此處是指「葛薇龍站在滬港洋場社會的窗口，走入那座『皇陵』似的豪宅，

張愛玲是以時空佈景和人物的心理反應交織書寫，不是孤立的寫環境景觀，也不是靜止的抒發情緒，而是隨著時空的變換交錯，細膩的寫人物從對外界刺激所產生感官的迷惑到心情的鼓蕩，又從心理的動搖到行為的改變，最後被環境收編。而白先勇在〈永遠的尹雪艷〉中，場景變遷從上海百樂門舞廳到法租界的花園洋房、再到台北仁愛路的尹公館，每一個空間的變動都在述說一段逝去歲月。尹雪艷的風華輪轉著上海的風華，到了台北的空間做了接收，但並未被完全置換，所以人們仍活在記憶的仿造世界裡，一面咀嚼著懷舊與鄉愁，一面放縱情慾歡樂度日。如此以幻覺結合心理空間來對抗現實空間，企圖以過去反制現在、以記憶構築現實，這使得尹雪艷得以不合情理的超然永遠，也使得流離者陷於「永無止盡的漂泊」。[348]如此，作家通過其「權力之眼」表露著世事人情。小說中的人物逃離了地理情境，拒絕了歷史時間，發展出了一個不是正常的世界。

進入故事內容，〈第一爐香〉一如張愛玲《傳奇》故事中所指向的一貫信念：一切對人生的籠統觀察都指向虛無。[349]小說中的人物命運曲線不斷下墜，而故事圖形則形成一個又一個迴旋的圓周。原本想力爭上游、實踐理想的葛薇龍，卻因為環境的不可理喻，人性的不可抗拒，不斷在縮小自己的願望，終於向命運低了頭，重蹈了梁姑媽的覆轍，甚至更糟。唐文標曾指出〈第一爐香〉根本是篇鬼話。全篇是

在一切事物充滿著奇幻魅惑的都市社交圈裡目眩神搖，內心最深處的欲望毫無預警的被鼓動著，到一發不可收拾，最後是投注了自己的青春，完成情孽輪迴的鬼屋傳奇。」

[348] 《台北人》的故事包括「人生如夢」的主題並擴展到了「放逐」的主題，原因是身陷現實世界的流離客，精神上停留於過去，並試圖製造一個模擬過去的幻覺世界，以重合心靈世界，他們原意圖憑藉慰安取得喘息，但卻在肉體上和現在隔離，於是產生更大的失落感，在大時代的激流滾滾前行中註定是要敗下陣來。

[349] 參見余斌：《張愛玲傳》（台中：晨星文學館，1998年），頁125-172。

說一個少女，如何走進「鬼」屋，被吸血鬼迷上了，做了新鬼。然而鬼只能和鬼交往，因為這個世界既豐富又自足，不能和外界正常人通有無的。[350]王德威更進一步地闡揚了「女鬼」作家傳統：[351]張愛玲初以鬼影幢幢，精心炮製了一則則現代鬼話，也就是這股邪媚之氣後來顛倒了白先勇，淫逸的女鬼於是化身為尹雪艷這樣一個妖女魔星，照樣挽住了時代的巨輪，在聲色場中顛倒眾生、弄錢弄人。如此努力想留住逝去的美以及彌留的文化的努力，恰恰把「人生如夢」的感悟接合起「流離」的傷痛，遙指虛無。如此一來，城市慾望傳奇陰魂不散，不斷的迴旋衍生，就通過對這些城市男女所表現的原始的人性糾葛與慾望掙扎的描述，襯寫了現代城市的迷情與亂世的荒涼。

小說人物的塑造，尹雪艷堪稱典型，白先勇使用著「人物畫」的技巧，[352]把尹雪艷裝扮得風光十足，受人艷羨。在小說虛擬的命題下，似蹦蹦戲的花旦還魂。而在生活間架裡，是被置放在現實空間召喚過去時間。但她自顧自地旋律優雅，步調從容，傲然無視於此種錯置，使得「不可能的永遠」吊詭地變成一種「可能」的嘲諷。由於重視從小說角色中自我的意志去帶動意義，進而召喚美學層面的配套，全文中出現了十一次的白（素白、雪白、銀白）是尹雪艷專屬的色澤，而前後分以約十種不同的人事物（風、柳絮、精靈、晚香玉、萬年青、女祭司、觀世音、褒姒、飛燕、太真等禍水、妖孽）作為譬喻，於是尹雪艷乃從「死亡的暗示」[353]得以直達「永遠的象徵」。如此的「男

---

[350] 參見唐文標：《張愛玲研究》（台北：聯經出版事業公司，1976 年），頁 56。

[351] 同註 323。

[352] 參見佛克馬（Douwe Fokkema）、蟻布思（Elyud Ibsch）合著，袁鶴翔等合譯：《二十世紀文學理論》（台北：書林出版社，1987 年），頁 104-122。

[353] 參見劉紹銘著、黃碧端譯：〈回首話當年——淺論臺北人〉《小說與戲劇》（台北：洪範書店有限公司，1977 年），頁 27-59。

性潛傾」[354]角色經營，相較於〈第一爐香〉中的梁姑媽亦以「陽性女人」[355]的強悍之姿引導葛薇龍亦步亦趨。前者乃產生尹雪艷與「逝去國度」的聯想，進一步解釋為作者本身憑弔前朝的國族傳奇，而後者則借葛薇龍的委曲求全於喬琪喬這個混血雜種陰鬱男人，暗寓殖民地中國的虛張聲勢與空洞無奈。至於張愛玲處理葛薇龍的故事，其對人物的比擬字新意警依舊，[356]且由於其對環境氛圍以及心理活動的描述精緻異常，文字速度緩而媚，引發極強的感受張力。

（四）作家的重疊與覆蓋

雖然白先勇並不喜歡被貼上標籤，他曾說：大凡一個有獨創性的作家都不喜歡被歸類於任何派別，因為任何標籤對作家都是一種限制。[357]但是，張愛玲與白先勇之間的有重疊相似之處，但其後發展，亦成無法彼此覆蓋之局。由於他們皆是處在變遷社會中的作家，對環境空間的變遷十分敏感，屢屢「借助著古老的記憶」[358]，「把心靈的痛楚變成文字」[359]。張愛玲的周遭環境充滿著矛盾的衝突，而到她的

<hr>

[354] 參見袁良駿：《白先勇論》（台北：爾雅出版社，1991 年），頁 218。

[355] 參見劉亮雅：〈張愛玲的世紀末愛情〉收入淡江大學中文系編：《中國女性書寫——國際學術研討會論文集》（台北：臺灣學生書局，1999 年 9 月），頁 328-332。

[356] 同註 270，頁 79。張愛玲在設置譬喻營造意象時如梁姑媽之與青蛇、仙人掌、老虎貓；葛薇龍之與八字腳麻雀、在刀口上刮了一刮似的黑鳥等，常見「譬喻物動態性處理」：即是使用補充性文字來延伸該意象的動作性。舉其中一例如：「中午的太陽煌煌地照著，卻是金屬器的冷冷的白色，像刀子一般割痛了眼睛，秋涼了，一隻鳥向山嶺飛去，黑鳥在白天上，飛到頂高，像在刀口上刮了一刮似的，慘叫了一聲，翻到山那邊去了。」

[357] 參見白先勇：〈花蓮風土人物誌——待序〉，收入高全之：〈張愛玲與王禎和〉《王禎和的小說世界》（台北：三書局股份有限公司，1997 年），頁 20。

[358] 參見張愛玲：〈自己的文章〉《流言》（台北，皇冠文化出版有限公司，1968 年），頁 17。

[359] 參見楊錦郁：〈在洛杉磯和白先勇對話——把心靈的痛楚變成文字〉《幼獅文

書寫文本中做了對照融合：她處在一個舊的正在崩壞，新的正在滋長的時代；現實的世界卻疑心是個荒唐的古代，是陰暗而又明亮的；[360]她的父親是封建沒落的貴族，她的母親、姑姑是留洋的新女性，自己也曾到香港大學讀書；她生活的都市上海與香港是租界文明與洋場生活的大本營，所以她恰恰被放置在一個傳統與現代、東方與西方、士大夫文化與市民文化的旋轉門口。這些奇特的經驗與不對的感覺進入了她的故事，成為一篇篇傳奇。

白先勇的家世顯赫，後因遭逢戰亂的流離歲月，以及罹患肺病的隔離經驗，使他的童年記憶充滿孤獨與哀傷。作為一位「末路英雄」的子弟，面臨著一個大亂之後曙光未明充滿了變數的新世界，《現代文學》的經營與出國留學，是戰後成長的一代站在台灣歷史發展的轉捩點，面臨文化轉型的十字路口上的掙扎與追尋。[361]白先勇一方面有著「認同危機」[362]，一方面是面對被時代潮流所捲沒的傳統與榮耀，滿懷思緬與鄉愁，因此奏出的是一曲曲「沒落貴族的輓歌」[363]。

藝》第 64 卷第 4 期，1986 年 10 月，頁 129。

[360] 同註 358，頁 19-20。

[361] 參見林幸謙：《生命情節的反思》（台北：麥田出版社，1994 年），頁 19-36。

[362] 白先勇曾分析他們的時代處境：「我們都是戰後成長的一代，面臨著一個大亂之後曙光未明充滿了變數的新世界，外省子弟的困境在於：大陸上的歷史功過，我們不負任何責任，因為我們都尚在童年。而大陸失敗的悲劇後果，我們卻必須與我們的父兄輩共同擔當，……我們一方面在父兄的庇蔭下得以成長，另一方面又必須掙脫父兄那一套舊世界帶過來的價值觀以求人格與思想的獨立。……『認同危機』對我們那時是相當嚴重的。……當時我們不甚明瞭，現在看來，其實我們是站在台灣歷史發展的轉捩點，面臨文化轉型的十字路口。」參見白氏著：《第六隻手指》（香港：華漢書局，1988），頁 105-106。

[363] 同註 354，頁 8。

　　幼年時期，張愛玲、白先勇皆受古典小說的浸淫，尤其二人在自述中都言及嗜讀《紅樓夢》，與「中國古典文學傳統」關係密切。[364]踵武《紅樓夢》主要以通俗小說才子佳人的情字為底，上修「情不情」的虛無之境，以及循由「細品感官、抗拒載道」進行人世無常的思索的反襯書寫模式，張愛玲的接納承傳除表現於她所經營的細微格局，以及她所揭示的屬於兒女私情、匹夫匹婦式的、反英雄的日常生活的描寫外，[365]她所擅長的精緻化譬喻，評家多以為其以小物件建構了一個從假想的『完整體系』中剝離的世界，以「以庸俗反當代」引領一代風潮。[366]而白先勇的小說書寫亦以精采語言描寫藝術（包括人物語言個性化、文言白話融合使用、飽滿生動的意象譬喻）不留情面的撥開流離者的流離情境，被認為是呼應著《紅樓夢》世事繁華空滅的書寫蕭索，直指「人生如夢」的主題。[367]於是，三者儼然以「沒落貴族」、「感傷懷舊」、「與大時代相互頡頏的浮世戀曲」、乃至「對閨閣下一番寫實功夫」為介面構成了近三個世紀的迢遞因緣。[368]難怪王德威在論述張愛玲的魅力所及，首及於六〇年代的白先勇。[369]

---

[364] 參見張愛玲：〈論寫作〉《張看》（台北：，皇冠文化出版有限公司，1976年），頁 232-238 以及〈私語〉《流言》（台北：皇冠文化出版有限公司，1998年），頁 153-168。

[365] 參見陳芳明：〈毀滅與永恆——張愛玲的文學精神〉《危樓夜讀》（台北：聯合文學 125，1997 年），頁 30-37。

[366] 參見夏志清：《中國現代小說史》（台北：傳記文學出版社，1979 年），頁 397-439。廖咸浩：〈迷蝶：張愛玲傳奇在台灣〉《當代》147 期，1999 年 11 月，頁 99-113。以及蔡美麗：〈以庸俗反當代〉《當代》14 期，頁 105-113。

[367] 同註 354，頁 102-103。

[368] 參見張大春：〈不厭精細捶殘帖——一則小說的起居注〉《小說稗類》（台北：聯合文學出版社，1998 年），頁 161-162。

[369] 王德威說：「《台北人》寫大陸人流亡台灣的眾生相，極能照應張愛玲的蒼涼史觀。無論是繁華散盡的官場，或一晌貪歡的歡場，白先勇都注入了無限感喟。」參見王氏著：〈從海派到張派——張愛玲小說的淵源與傳承〉《如何現代，怎樣文學？》（台北：麥田出版有限公司，1998 年），頁 327。

由於香港與台北都存在著移民都市的特質，有著可以容納回憶的空間，故而異地回憶自然成為文化經驗的主要構成。[370]但這二位深具歷史感的作家在跨越五四反傳統的文學構建，[371]以及尋視自我的主題下，也出現著無法覆蓋彌合的部分：張愛玲是結合著城市市民的生活細節，抓住亂世動盪與靈魂虛空，表現著人性中情慾的不可理喻與物慾的瘋狂，她迂迴於政治書寫之外，成就了市民通俗文學。[372]她的作品裡一方面享受人生的樂趣，對於七情六慾的描摹觀察細密深刻，一方面對於人生的荒謬與無聊的態度是老練冷靜不動心的，遠的看透了，近的才能徹底享受，所以出現蒼涼的況味。白先勇則將台北都會中背著重重憂患、難忘過去的昔日青壯、今日中老在新舊變遷的時代中所積澱的沉重的時代記憶、所置身於現實環境的困窘以及過去曾有的光輝與歡笑、如今的感傷落寞，一一化成文字，呈現著興滅繼絕的社會意義。[373]白先勇的態度在此是不能置身事外感同身受的同情，於是以流離和回憶作為小說的基調，關切作為本質，遂站上了感時懷舊

---

[370] 參見陳國球：〈詩意與唯情的政治──司馬長風文學史論述的追求與幻滅〉《中外文學》第 28 卷第 10 期，2000 年 3 月，頁 70-129。

[371] 夏志清說：「《台北人》既是一部民國史……白先勇在二十五歲前後被一種『歷史感』所佔有。」參見夏氏著：〈白先勇論〉收入白先勇：《台北人》，頁 291-312。另外，他說：「張愛玲除了運用她的文字技巧，更運用了她對於歷史文化的認識和對於善惡的直覺。尤其短篇小說帶些可資笑謔的諷刺意味。……她是記錄近代中國都市生活的一個忠實而又寬厚的歷史家。」參見夏志清著：《中國現代小說史》，頁 397-437。

[372] 相對三〇年代以來作家如茅盾、老舍對城市浮華的嚴屬批判、以及展現憂國懷鄉的慷慨豪情，張愛玲的書寫與眾不同：她的筆下是以小人物切身慾望的追求與幻滅，與尋常事物的拉扯與絕裂，宣示著人生的空虛與悲哀，並試圖安置自我。因之其故事中的腳色人物，對人生的規劃及處理的態度是現實的，人物主體力行自我實現（常掙脫傳統與家族的束縛，取向於遂行主觀意識成就自我），在社交系統中以各取所需取得和諧互惠的人際關係。正顯示著資本主義霸權社會的自我中心以及物化原則。

[373] 同註 371。夏志清說：「台北都會化發展的過程幾乎是台灣邁進近代化社會的縮影和象徵。」

文學的敘述位置。[374]而不論是面向或是背向歷史書寫，作家在擁抱繁華城市、都會現實的步調上，二位作家雖都採取雙重視野的方式解決人生難題，即接受人生的限制，但未放棄。其脫困的方式卻是各借現世自我安穩與重溫記憶取暖；在俱顯悲劇情調的小說風格上，張愛玲的手勢蒼涼而美麗，而白先勇在嘲諷之餘別加了情懷悲憫，調格乃轉沉厚溫鬱。

（五）結論

隨著文明進步、社會發展，城市建構形成重重壓抑，人類變得消極脆弱、惶惑悲觀。在人生道路上，生命成了死亡的貢品，過去成了現代的主人，精神的創傷即使癒合也會留下傷痕，於是短暫的享樂與慾望滿足成為支配生活、支撐自我的「別無選擇」。這兩篇城市慾望傳奇所紀錄的即是城市高壓生活的寫照：繁華伴隨著腐敗，回憶與現實俱充滿騷動；而種種複雜而矛盾現象（舉如意圖掌控不可知的命運、出賣虛榮的靈魂、計算鬥爭是一種委曲求全）的背後埋伏的正是惘惘的威脅。在經過現實的沖刷，個別生命與城市生活競逐，肉身俗體在面對靈與慾、情與理的取捨中發覺：既無能改變現狀，便只能適應，並成為其中的一個部分去運作。如此人物與慾望相始終，慾望復與悲劇相始終，於是各自選擇了悲傷與虛無。[375]

---

[374] 張大春說：「白先勇在張愛玲竟以小道而不語的鄉愁中國這題目上既不荒誕，也不滑稽，反倒精巧地點染出感時懷舊的溫情。」參見張氏著：〈踩影子找影子——一則小說的腔調譜〉《小說稗類》（台北：聯合文學出版有限公司，1998 年），頁 111-121。

[375] 悲劇非人生中偶然乃屬必然，浮華人世中的變異與無能掌握的命運、無情時間的壓力、不對空間的錯置俱組成人生悲劇的本質，而其悲劇力量的展現正來自於對人生原是充滿哀傷與空無的本質的理解。福克納〈野棕〉裡男主角說：「悲傷與空無，我要選擇悲傷。」參見劉森堯：《天光雲影共徘徊》（台北：爾雅出版社，2001 年），頁 225。而故事中的葛薇龍似乎選擇了悲傷，尹雪艷選擇了空無。

五、張愛玲、王禎和與台灣因緣

張愛玲曾說：台灣對她是 Silent Movie（默片），她一直未以台灣為背景寫小說。[376]但《張愛玲全集》系列在台灣出版發行，成為保存張愛玲小說藝術的重鎮。其中，張愛玲與王禎和同遊花蓮，更是張愛玲親訪台灣時一個重要的行程。[377]

（一）張愛玲與王禎和

1. 王禎和的回憶──與張愛玲遊花蓮

1961 年初秋，張愛玲自舊金山啟程，她到遠東的目的是為香港電懋影業公司撰寫電影劇本《紅樓夢》，其間因應當時美國駐台北新聞處處長理查德‧麥卡錫（Richard M. McCarthy）的邀約順道造訪台灣[378]，時間是十月十三日，這是她唯一一次踏上台灣土地。由於她嚮往王禎和小說〈鬼、北風、人〉[379]中所描繪的台灣人文風俗，因而有了花蓮

---

[376] 參見王禎和：〈張愛玲在台灣〉（丘彥明訪問），原載台灣《現代文學》第 7 期，1961 年 11 月號，收入金宏達主編《回望張愛玲──昨夜月色》（北京：文化藝術出版社，2003 年），頁 248。

[377] 參見高全之：〈張愛玲與王禎和〉《王禎和的小說世界》（台北：三民書局股份有限公司，1997 年），頁 160-161。

[378] 理查德‧麥卡錫是張愛玲與美新處交往的關鍵人物，1950-1956 年派駐香港，1958-1962 年派駐台灣，皆任當地美新處處長。張愛玲 1952 年為香港美新處翻譯《老人與海》、《愛默生選集》等書，1955 年赴美後為香港美新處繼續翻譯，1961 年訪台以及後為「美國之音」翻譯都與麥卡錫有關。參見高全之：〈張愛玲與香港美國新聞處──訪問麥卡錫先生〉《張愛玲學：批評、考證、鉤沉》（台北：一方出版有限公司，2003 年），頁 237-246。

[379] 王禎和（1940-1990）出生台灣花蓮，台大外文系畢業。1972 年參加愛荷華大學的「國際作家創作班」，出版的小說集有《寂寞紅》、《嫁妝一牛車》、《三春記》等。1961 年，張愛玲訪台時王禎和是台大二年級的學生，在《現代文學》已經發表了幾篇小說。其中大一下寫於花蓮的〈鬼、北風、人〉是

之旅，而她的導遊正是王禎和。當時王禎和家開雜貨店，打掃了樓下的一個房間給張愛玲住，鄰居還以為這個喜歡戴大耳環的「時髦女孩」是王禎和的女朋友。王禎和事後回憶：「這些事想起來，真溫暖。」[380]

先在王禎和四舅父安排下，張愛玲參觀了花蓮的酒家和甲級妓女戶「大觀園」，遊完風化區，又搭三輪車上城隍廟看七爺八爺兩邊二根廟柱上的對聯，用心琢磨著其間的意思，路上還看到跌打損傷賣草藥的，但不敢隨便亂買。接著到鄉下四處走走看看，對著台灣路邊到處是松樹和扁柏，張愛玲的感觸是「台灣真富」。後來王禎和帶引張愛玲去花岡山觀賞阿美族豐年祭的山地舞，場面浩大，張愛玲不禁讚嘆著：好喜歡這種原始舞蹈！[381]一路上她儘為不起眼的東西吸引了去，還看上半天，她總是見人所不見，且又那樣忘記所以的處於自我之中。[382]十月十五日，張愛玲和王禎和以及王母蘇招治女士還特別上照相館合影，她花了一個鐘頭以上化妝，留下了「青春的一面」。

離開花蓮之前，張愛玲堅持買禮物送給王禎和的舅舅，那是一枝鋼筆，但王禎和舅舅不是寫文章的人很少寫字，所以把鋼筆又轉送給了王禎和。這趟旅行原本計畫從花蓮到台東，再到屏東去看矮人祭。但車到台東，就傳來張愛玲先生賴雅中風的消息，後因為張愛玲所攜旅費不夠購買返美機票，復以得悉賴雅病情轉趨穩定，乃決定提早赴港去寫電影劇本。王禎和與張愛玲在新生南路上分別，心中感到：「彷彿大家不可能再相見了。」張愛玲回美後，與王禎和仍有聯絡，於1963

他的第一篇小說，發表於1961年3月台北《現代文學》第7期。

[380] 同註376，頁248-249。

[381] 本段文字資料係根據以下兩篇文章整理：王禎和：〈張愛玲在台灣〉（丘彥明訪問）和陳若曦〈張愛玲一瞥〉，二文俱收入金宏達主編：《回望張愛玲——昨夜月色》（北京：文化藝術出版社，2003年），頁243-259。

[382] 參見朱天文：〈花憶前身：回憶張愛玲和胡蘭成〉，收入劉紹銘等編：《再讀張愛玲》（香港：牛津大學出版社，2002年），頁312。

年 2 月 6 日、1969 年 2 月 7 日兩次信件裏還提到花蓮山水時在念中，連在農場吃柚子都記得，未曾忘記王禎和。

後來王禎和有機會到美國，但與張愛玲總是緣慳一面，第一次是錯過了波士頓之約，等到 1972 年王禎和參加愛荷華大學「國際作家創作班」時，張愛玲已經搬到洛杉磯。「後來沒見面是對的」[383]，所以王禎和的記憶裡始終是 1961 年那張合照時的印象，遙遠而美麗。

1990 年 9 月中旬，王禎和因罹癌久病去世，文才盛年凋零，是台灣文學重大的損失，張愛玲聽見噩耗「震動傷感」，後曾去信向王禎和的母親致意。但她亦不急就章趕出悼念文字，因她對世俗人情「永遠遲到」。[384]

2. 張愛玲與王禎和的文字因緣

(1) 張愛玲對王禎和的指導

張愛玲與其他小說家幾乎沒有甚麼往來，由她主動去結識的，王禎和算是絕無僅有，這也算是兩個人的緣分。[385]根據王禎和的憶述，張愛玲對王禎和的影響一是對文字鍛鍊的講究，包括講國語時準確的發音、用字與避免文藝腔。[386]一是對王禎和作品的實際指點：張愛玲十分賞識王禎和的小說〈鬼・北風・人〉，但對這個寫實題材的故事

---

[383] 同註 376，頁 254。

[384] 1979 年，王禎和不幸罹患鼻咽癌，開始與病魔長期奮戰，1990 年 9 月去世。張愛玲曾向蘇偉貞函索王禎和母親花蓮的住址。並在 1990 年 12 月 20 日告知蘇偉貞已去信。參見蘇偉貞：〈張愛玲書信選讀〉，收入金宏達主編：《回望張愛玲──昨夜月色》（北京：文化藝術出版社，2003 年），頁 428-430。陳輝揚提及此事說張愛玲是「至情恍若無情」。參見陳氏著：〈曲中人不見〉香港《明報》月刊，1995 年 10 月號，總 358 期（30：10），頁 27。

[385] 參見白先勇：〈花蓮風土人物誌──代序〉，收入高全之：〈張愛玲與王禎和〉《王禎和的小說世界》（台北：三民書局股份有限公司，1997 年），頁 20。

[386] 同註 376，頁 253。

用鬼魂結尾認為不大妥當。後來王禎和收集此篇成書出版，對這段結尾的刪與不刪之間舉棋不定，所以〈鬼·北風·人〉現存兩種本子。[387]另對王禎和的〈永遠不再〉，張愛玲看過後是這樣說：「你相當有勇氣，這山地生活這麼特殊的背景，你敢用意識流的手法。通常，意識流是用在日常生活、大家熟悉的背景。」後來王禎和把〈永遠不再〉改名為〈夏日〉，且在以後書寫時再也不隨便新潮、前衛了，可見王禎和的在意。而白先勇更以為王禎和這篇〈永遠不再〉描述「一個山地女人懷念她過去一段破碎的愛情」的靈感很可能是來自張愛玲的一篇散文〈忘不了的畫〉中為高更同名的一幅畫所編的一則哀艷的故事。[388]1966年，王禎和撰寫〈嫁妝一牛車〉。這個時間點剛好正是他讀了張愛玲的《怨女》以及 Henry James 的小說之後，他自言對於張愛玲意識流的處理[389]以及 Henry James 的小說觀點很感興趣，其後〈嫁妝一牛車〉中塑造出主角萬發視角與嘲弄者觀點的交錯搭配，一唱一和，成功地寫出了一齣滑稽中襯帶著悲涼的荒謬喜劇。此外，高全之還列舉了張愛玲與王禎和二者在小說的訂題與內容之間的重疊相通，舉如〈來春姨悲秋〉與〈桂花蒸阿小悲秋〉的「悲秋」、〈寂寞紅〉與〈華麗緣〉

---

387 參見王禎和：〈遠景版後記〉《嫁妝一牛車》（台北：洪範書店有限公司，1993年），頁271-272。由於張愛玲認為「這是篇寫實小說，用超自然的物件，是不是有當？」王禎和後來出書時，曾經把結尾整個刪掉。但是英譯的沒刪，因為許多美國朋友讀了特別喜歡鬼的場面。王禎和自己說到底是否要刪掉那些鬼，仍感到困惑。所以〈鬼·北風·人〉現在的兩種本子：1977年爾雅出版歐陽子編的《現代文學小說選集》第一冊（頁63-88）所收的即是1961年原載於《現代文學》第七期的全本；至於1975年遠景版、1993年洪範版的《嫁粧一牛車》（頁1-26）則都是刪節本。

388 同註385，頁18。

389 張愛玲以為：意識流是針對著內心的本來面目，是一動念。一連串半形成的思想是最飄忽的東西，跟不上，抓不住，要想模仿喬哀思的神來之筆，往往套用些心理分析的皮毛。這是寫內心容易犯的毛病。參見張氏著：〈談看書〉《張看》（台北：皇冠文化出版有限公司，1976年），頁195。

中那紙「寂寞紅」、家庭中疏離的親子關係以及作家個人生命經驗的書寫……等等，張愛玲對王禎和創作的啟發鼓勵是脈絡可循的。

(2) 王禎和看張

王禎和看張愛玲的小說是「她的小說真好，每個字都有感情，擲地有聲。乍看她寫的像都是小事，其實是很世界性的，很 Universal。」他推崇「張愛玲的〈金鎖記〉真是了不起，堪稱經典。〈傾城之戀〉也好，是寫到極致的作品。」另外，王禎和對她考證「紅樓」所下的功夫，覺得「不容易、很了不起」；而讀了《秧歌》，對張愛玲的觀察敏銳印象極深，說她應該多留在大陸寫「文革」。尤其盛讚張氏的文字運用技巧極佳，他舉了〈五四遺事〉的例子：「……船只自己漂流，偶爾聽見那湖水噗的一響，彷彿嘴裡含著一塊糖。」這樣的形容鮮活──文字裡呈現的竟是一幕活脫的實景。在訪花途中，張愛玲與王禎和還談到金恒杰、丁玲以及大陸的小說、又討論到西洋劇作、電影、演員，尤其對胡適之表示敬佩。大約在王禎和的印象中，張愛玲對自己的寫作總是輕描淡寫，但對世界文壇的情形很清楚，不是封閉的。[390]

白先勇回憶張王交往這段過程，曾說：「當時王禎和初出道時，對張愛玲的知遇之情一直懷著敬愛與感激。」[391]王禎和雖然對張愛玲用「『我們』的小說都不去分段，都是長長的。」這樣的比況敘述感到受寵若驚，但自己也承認：「我本來很想學她（張愛玲），但學不來，只好放棄。」[392]而根據高全之對張、王小說的觀察研究，以為二者異多於同，有相似處，是各見特色；其中相似的部分應是兩人生命

---

[390] 同註 376，頁 246-250。
[391] 同註 385，頁 17-18。
[392] 同註 376，頁 248、253。

經驗的相似，而非王對張的模仿。[393] 王德威則是這樣作論：六○年代，王禎和雖有幸陪同張愛玲訪游花蓮，在創作脾胃上畢竟另有所好。不如白先勇與施叔青都以雕琢文字、模擬世情著稱。[394]

(3) 〈鬼‧北風‧人〉引起張愛玲注意

〈鬼‧北風‧人〉這個故事是描述一個猥瑣不堪的小人物秦貴福暗戀他的姊姊麗月以及由於這段曖昧感情延伸出極端忌妒與獨佔心理所引發的混亂與恐怖。從題目的名稱來看，三截篇名分別各有實指與虛指。「北風」除了直指實際情境的、空間的北風——故事發生在凜冽冷厲的冬天；更暗示著生命情境的、人生中的北風——故事中的一對姐弟貴福與麗月各自處於寒冷艱難的冬天。至於「人」在故事中可歸納出三組人際關係架構：一是變調的倫常關係（姊弟）——麗月與貴福；二是疏離的倫常關係（母子）——寡母麗月與孤子小金；三是衝突的三角情愛關係——二男一女間又錯雜著姐弟不倫的愛慾以及麗月與木材商的外遇關係。這樣的角色對立使得人際關係破壞失衡，故事情節亦因人情悖理而出現膠著緊張、扣人心弦。因之，貴福的「鬼」模鬼樣，貴福的心中有「鬼」，不但在情節中疑神疑「鬼」，貴福更音諧「鬼浮」，宛若化身為糾纏麗月的「鬼魅」，成為麗月永遠的夢魘。於是，小說的重心落在「潛藏於人類意識底層複雜的情意綜」的揭露，作者是逕以變調的人性描摹製造高度的震撼，復以如此不堪的小人物的掙扎求生存所表現的自私是如此令人可恨可憫來呈現人類的終極困境。這樣的主題對張愛玲並不陌生，因為她的小說中向來不避諱以人性扭曲的情節設計（舉如曹七巧的殘虐子女、聶傳慶的弒父

---

[393] 同註 377，頁 163。

[394] 參見王德威：〈落地的麥子不死——張愛玲的文學影響力與「張派」作家的超越之路〉《落地的麥子不死——張愛玲與『張派』傳人》（濟南：山東畫報出版社，2004 年），頁 41。

戀母以及許小寒的仇母戀父等）來突顯壓制者（或兼受害者）的殘酷無情以及被迫害一方無所逃避的忍恨吞聲，難怪這篇小說會引起張愛玲的注意。

　　小說中的人物角色以花蓮鄉下的一個小人物秦貴福的描摹最為逼真有力，幾處地方都得張愛玲善於取譬、設景、描情——敏銳剔透的神韻。舉如：「他很清秀，有些微像女人。他鬈曲的黑髮，蓬蓬鬆鬆，有好幾綹髮直垂到額角上來，他的臉就這樣平白地給添上一筆兇殘的陰影。」「乍看之下，他的一雙眼活像兩隻小蝌蚪。蝌蚪沒多少時日可就是青蛙嘍！——水裡游，草上跳。然而他的兩隻小蝌蚪，等了三四十年，仍舊是蝌蚪，仍舊是小小的，成得了青蛙？」「他那五尺半高細細瘦瘦的身子像軟骨樣地靠在玻璃窗櫺的木框上。……軟綿綿，扭扭彎彎，好像沒了骨般地——上了太白粉的糯米糕。」[395]這些形象刻劃分別令人想起張愛玲〈第一爐香〉裡形容梁太太嘴邊的光影留痕像「老虎貓的鬚」、《半生緣》中「笑起來像貓，不笑的時候像老鼠」的祝鴻才以及〈留情〉裡穿扮的宛似個「高椿饅頭」的米先生。其中先描繪貴福的偷偷摸摸、沒有骨般地、歪扭身體東靠西貼站立的姿勢正是他畏縮、依賴、無能性格的最佳寫照，後來又敘寫貴福快成一團的矮小身子，在猛急迴旋的大風中前俯後仰，像堤上蘆葦隨風擺盪，則是藉象徵諭示了人物的環境與命運。而破折號之後延伸出反嘲式的補充，更是張腔一貫的技巧。他如變調不倫的慾望透過戀物情結的文字鋪敘：「他最愛撫弄她的頭髮，柔柔軟軟的長髮一握進他掌心裡，他心坎就泛滿了神秘的喜悅。」「貴福把麗月的短呢大衣搭勾在手上，……低低嗟嘆一聲，隨即將手上的衣服提上來，死緊地蒙住他

---

[395] 參見王禎和：〈鬼 · 北風 · 人〉《嫁妝一牛車》（台北：洪範書店有限公司，1993 年），頁 5。

的臉，他的鼻子拼命的嗅聞著如像發狂似地。」[396]又與〈紅玫瑰與白玫瑰〉裡王嬌蕊與佟振保彼此耽溺的愛、無恥的快樂如出一轍。

氛圍情境與心理分析同步，由此更引領情節，預告結局。王禎和也熟練地使用「火光」暗示情慾：「灶裡因新添了柴，沒一會功夫就冒出謅煜的火燄——熊烈熾燃。小小廚房裡幾乎到處都映上飛躍跳動的紅紅火影，……火團裡不時發出嗶嗶剝剝的響聲，——嗶嗶剝剝——斷斷續續、續續斷斷。」[397]而陰森森的暗影一如沒有光的所在：「雲朵遮住了太陽，照進屋裡的日光頓然消失，留下一襲長長暗暗涼涼的身影覆蓋著整個房屋。屋內陰沉一片。……每個人物彷彿都藏躲在白色半透明的紗幕裡。」[398]正反映出貴福內心陰鬱的感情糾結。這些都讓張愛玲覺得熟悉。此外王禎和此篇小說地域色彩甚濃，其間花蓮的風土習俗，比如：木造平房區的街景，賣祭奠用品的雜貨店，花岡山的曠地，還有三太公春秋的拜拜、城隍廟做大戲和香菇魚丸湯、麻油雞絲酒等小吃應是張愛玲陌生的部分，恰好也成為她感興趣的部分，而這些都在後來張愛玲親訪花蓮時探了究竟。

雖然〈鬼‧北風‧人〉中有酷似張愛玲的文字[399]，高全之則從人性的看法、對自私求生的諒解、文字敏銳、文學主張等較全面的申論比對了張王小說的類同，[400]根據王禎和書寫的文獻，高全之謹慎的認

---

[396] 同前註，頁 9、13。

[397] 同註 395，頁 16。

[398] 同註 395，頁 18。

[399] 參見呂正惠：〈小說家的誕生——王禎和的第一篇小說及其相關問題〉《聯合文學》第 74 期，1990 年 12 月。

[400] 同註 377，頁 163-167。高全之的意見是：人性的看法如二人對人性善惡都不採取黑白分明的二分極端立場，對自私求生的諒解：這種人性的缺失在於與謀生的關聯，是可以/可能得到作家的默許的，而文字敏銳部分：比如善用生冷的字、意象、景語寄情，關於文學主張，比如：二人俱不反對作家立傳以及作品合參的閱讀方法，但都企求作家隱私權的維護，不希望身世與作品

為這篇小說並不能確認為受到張愛玲的影響，張愛玲的賞識可能純屬機緣巧合。[401]事實上，在創作的態度乃至人生的觀照上，兩位作家的看法確有異同。比如王禎和最喜歡引用的句子——「生命裡總有一些舒伯特也無聲以對的時候。」這「無聲以對的時候」張愛玲似乎沒有——胡蘭成的《今生今世》裡提到張愛玲曾說：還沒有過任何感覺或意態形是她所不能描寫的，惟要存在心裡過一過，總可以說得明白。而相類之處，比如張愛玲曾說過「個人常被文化圖案所掩，『應當的』色彩太重，反映在文藝上，往往道德觀念太突出，……不觸及人性深不可測的地方。」而「荒原下，斷瓦頹垣裡，只有蹦蹦戲花旦這樣的女人，能夠夷然的活下去，在任何時代，任何社會裡，到處是她的家。」[402]她的角色人物的不徹底性，是虛偽中有真實，浮華中有素樸地參差對照著的。王禎和則是在小說〈鬼·北風·人〉的篇前就直接引用了易卜生的名句：「人須得活下去，這就使人變得自私。」為引言，王禎和並把現代人劃歸是有對也有錯，對對錯錯的中間人。由此可見他們二人面對人性的缺失以及處理自私求生的行徑都是採取著寬容與了解——因為懂得，所以慈悲。

除了高全之所論及張王小說的四項類同，王禎和以台大外文出身廣泛接觸西方現代主義文學，而他的小說卻戀戀於故鄉花蓮的風土；正如同魯迅是二十世紀中國現代小說的開創者，而他的小說多寫道道地地的紹興鄉土。而花蓮之於王禎和，亦如同上海之於張愛玲，「作家們都寫自己最熟悉的東西，只有這樣，他的作品才會有生命，有感

混而一談。同時張王小說風格皆澀。

401 同註 377，頁 162。

402 參見張愛玲：〈談看書〉《張看》（台北：皇冠文化出版有限公司，1976 年），頁 184 以及《傾城之戀》再版自序（台北：皇冠文化出版有限公司，1968 年），頁 8。

情，才會使讀者有親切感，產生共鳴感。」[403]相對於張愛玲的「新舊交錯」締造了其作品特殊的魅力，王禎和的「鄉土與現代」的相輔相成，也成就了他個人的特色。在二人的寫作道路上，他們是分別見證著系統論述──主流與非主流、五四與非五四、新舊華洋、現代與鄉土的重疊糾纏與沖刷磨洗。當評論者逕行將作家作品作單一歸類，張愛玲的「反共」與王禎和的「鄉土」都將形成一種曖昧吊詭。如是回過頭來，我們重新審視六〇年代張愛玲與王禎和的相識相賞，理解到這應是一種識才的惺惺相惜。

（二）張愛玲與台灣

1. 張愛玲文字裡的「台灣」印象

檢索張愛玲的文字，曾經提及對台灣的感覺是如痴如醉的喜歡，她在〈雙聲〉中談到由香港坐船回上海（1941），在船上遠眺台灣：「台灣秀麗的山，浮在海上，像中國的青綠山水畫裡的，那樣的山，想不到，真的有！」[404]另有幾處文字浮光掠影也看到她對台灣的印象：如〈談音樂〉裡她談及夏威夷音樂很單調……彷彿在夏末初秋，……掛在竹竿上曬著，花格子的台灣蓆，黃草蓆，風捲起的邊緣上有一條金黃的日色。〈談看書〉則提到台灣殘存的少數『矮人』可能與馬來亞、澳洲東北角森林的小黑人同種，同是亞洲最早出現的人種之一。[405]1983 年出版的《惘然記》中記載了張愛玲看到北宋的一幅

---

403 胡為美採訪王禎和的紀錄文字。參見胡為美：〈在鄉土上掘根──遠景版五版代序〉收入王禎和：《嫁妝一牛車》（台北：洪範書店有限公司，1993 年），頁 283-284。

404 參見張愛玲：〈雙聲〉《餘韻》（台北：皇冠文化出版有限公司，1987 年），頁 58-59。

405 分別參見張愛玲：〈談音樂〉《流言》（台北：皇冠文化出版有限公司，1968

校書圖，提到圖中老人赤著腳，地下二隻鞋一正一反，顯然是兩腳互相搓抹著褪下來的，立刻使張愛玲想起南台灣的老人脫了鞋拉弦琴的照片。張愛玲還特別解釋「脫鞋這個小動作是文藝性的，這顯示著文藝的功用：讓我們能接近著否則無法接近的人」。[406]另在 1994 年出版的《對照記》裡，張愛玲也曾提及：1960 年初葉到台灣這一趟，看見女學生清一色的草黃制服，認為比美國女童軍的墨綠制服帥氣，有女兵的英姿。後來知道台灣群情激憤要求廢除女生校服，不禁苦笑。這種自己由於後母贈衣所造成對衣服的特殊心態想來令年輕人生厭，而她用的正是台灣報端常用的俗話「你們現在多麼享福，我們從前吃蕃薯籤」來自嘲。[407]這個態度似乎和她 1968 年接受殷允芃的訪問裡談到「我很驚奇，台灣描寫留美的學生，總覺得在美國生活很苦，或許他們是受家庭保護慣了的。」對照「自己很早就沒有了家，在外國更有一種孤獨的藉口」的心情一致。[408]而在小說〈浮花浪蕊〉[409]中，由女主角洛貞的回憶裡提到的則是台灣的美食「芒果」，[410]還有〈同學少年都不賤〉裡趙鈺的前夫萱望的家族背景裡也有著台灣族裔。

年），頁 219，以及張愛玲：〈談看書〉《張看》（台北：皇冠文化出版有限公司，1976 年），頁 158-159。

[406] 參見張愛玲：〈惘然記〉《惘然記》（台北：皇冠文化出版有限公司，1983年），頁 3。

[407] 參見張愛玲：《對照記》（台北：皇冠文化出版有限公司，1993 年），頁 32。

[408] 參見殷允芃：〈訪張愛玲女士〉選自《中國人的光輝及其他》（台北：志文出版社，1977 年），收入金宏達主編：《回望張愛玲—昨夜月色》（北京：文化藝術出版社，2003 年），頁 318。

[409] 研究者提及「女主角洛貞去日本東京投靠老同學謀職」的故事，是自「因為炎櫻在日本，張愛玲於 1952 年 11 月 8 日乘船前往日本，以為是赴美捷徑」的經歷直接攝取。參見子通：〈張愛玲的日本之行〉，收入金宏達主編：《回望張愛玲——昨夜月色》（北京：文化藝術出版社，2003 年），頁 450-452。

[410] 〈浮花浪蕊〉中未有明述台灣景觀的文字，僅二處提及「台灣」一詞。參見張愛玲：〈浮花浪蕊〉《惘然記》（台北：皇冠文化出版有限公司，1983 年），頁 51-52、63。

　　張愛玲對台灣文學的意見不多。六○年代訪台時曾有機會看到《現代文學》，並接觸到《現代文學》這批青年新生作家，後來在書信文稿訪問中，她所提及在美經常收到的台灣出版的雜誌還有《幼獅文藝》、《聯合文學》與《皇冠》雜誌等。她十分喜歡看《幼獅文藝》裡面的翻譯小說[411]，《皇冠》則是每一期從頭看到尾，對裡面的「民俗調查」、「靈異世界」、「笑話」都很感興趣。她認為皇冠在某一層面上反應了海內外中國人的面貌，最新的近影。單評它磨練的眼光，皇冠也會在轉瞬滄海桑田間找到它自己的路，走向更廣闊的地平線。相信再過四十年，也還是有中國人的地方就有皇冠。[412]至於對批評自己作品的回應文字有：如針對 1976 年《書評書目》第 2 期刊登林佩芬〈看張──《相見歡》的探討〉[413]，張愛玲在〈表姨細姨及其他〉[414]一文中表示佩服。又如 1978 年 10 月 1 日《中國時報・人間副刊》上域外人（即張系國）的〈不吃辣的怎麼胡得出辣子？──評「色，戒」〉一文批評〈色，戒〉是一篇歌頌漢奸的文字。張愛玲雖以為應該容許批評的存在──有時還感謝他們，而作家是天生給人誤解的，解釋也沒完沒了。但她仍寫了一篇〈羊毛出在羊身上──談「色，戒」〉

---

[411] 參見水晶：〈尋張愛玲不遇〉《替張愛玲補妝》（濟南：山東畫報出版社，2004 年），頁 21。

[412] 參見張愛玲：〈信〉（按：紀念皇冠三十週年），原載《皇冠》雜誌 1983 年12 月號，收入《沉香》（台北：皇冠文化出版有限公司，2005 年），頁 14-15：〈四十而不惑〉《同學少年多不賤》（台北：皇冠文化出版有限公司，2004年），頁 63 以及〈笑紋〉《對照記》（台北：皇冠文化出版有限公司，1993年），頁 122-125。

[413] 參見林佩芬：〈看張──《相見歡》的探討〉，原載《書評書目》1976 年第 2期，收入金宏達主編：《回望張愛玲─華麗影沉》（北京：文化藝術出版社，2003 年），頁 160-164。

[414] 參見張愛玲：〈表姨細姨及其他〉《續集》（台北：皇冠文化出版有限公司，1988 年），頁 27-32。

做了解釋，但說下不為例。[415]另外她提到過的在台灣的作家作品，包括：曾對水晶提及朱西寧《鐵漿》、康芸薇《新婚之夜》、也知道劉慕沙（朱西寧太太）的名字，在散文集《流言·詩與胡說》中曾專論路易士詩，路易士即為紀弦。訪台時經介紹認識了《現代文學》的年輕作家群，而為舊作重刊出版往來的藝文界人士有王鼎鈞[416]，王拓[417]，瘂弦[418]、唐文標[419]、姚宜瑛[420]，其後與彭歌、桑品載、蘇偉貞等都有書信往來。[421]

2.張愛玲親訪台灣

1961 年張愛玲的遠東之行主要是前往香港為電懋影業公司撰寫電影劇本《紅樓夢》，以覓取新的經濟來源。[422]順道造訪台灣係透過

---

415 張愛玲談到域文「任意割裂原文、予以牽強附會的曲解，又自己預留退步，以便歸之於誤解，實屬不負責任。」參見張愛玲：〈羊毛出在羊身上——談「色，戒」〉《續集》（台北：皇冠文化出版有限公司，1988 年），頁 19-24。

416 參見夏志清：〈張愛玲給我的信（10 則）〉，收入金宏達主編：《回望張愛玲—昨夜月色》（北京：文化藝術出版社，2003 年），頁 418。

417 張愛玲的〈連環套〉〈創世紀〉先後重刊於台北《幼獅文藝》1974 年六月號、《文季》季刊第三期 1974 年 8 月 10 日。當時王拓是《文季》編輯。

418 同註 406，頁 4-5。瘂弦是當時聯合報副刊主編，當時與張通信為的是由香港圖書館發現張愛玲 1940 年間舊作〈華麗緣〉、〈多少恨〉的再版問題。

419 參見張愛玲：〈自序〉，收入《張看》（台北：皇冠文化出版有限公司，1976年），頁 9-10。唐文標為的是由加州大學圖書館發現張愛玲 1940 年間舊作〈創世紀〉、〈連環套〉、〈姑姑語錄〉的再版問題與張愛玲有書信往來。

420 姚宜瑛為台北大地出版社負責人，與張愛玲女士通信數十年，有〈她在藍色的月光中遠去——與張愛玲書信往來〉載於台北《中央日報·副刊》1996 年 5 月 25日以及〈張愛玲拜節〉發表於台北《中國時報·人間副刊》1998 年 7 月 13 日。

421 桑、蘇二人的憶述引錄與張通信的文字分別收入金宏達主編：《回望張愛玲—昨夜月色》（北京：文化藝術出版社，2003 年），頁 361-364，427-432 以及張愛玲：〈致彭歌的信〉，收入子通、亦清編《張愛玲文集·補遺》，（北京：中國華僑出版社，2002 年），頁 286。

422 參見司馬新：《張愛玲與賴雅》（台北：大地出版社，1996 年），頁 146-154以及白先勇〈花蓮風土人物誌——代序〉，收入高全之：《王禎和的小說世

當時美國駐台北新聞處處長理查德‧麥卡錫（Richard M. McCarthy）的安排，《民族晚報》的記者吳漢後來以「悄然來台，赴花蓮探親」報導了這個消息。[423]水晶還戲稱王禎和就是張愛玲的這位親戚。而根據司馬新《張愛玲與賴雅》中的記載，張愛玲此行原曾想對她所計劃的小說《少帥》（Young Marshal）做些資料蒐集研究，但要求訪問張學良被拒，心中失望可以想見。[424]事隔多年伊人已逝，2004 年，張錯提出在美國洛杉磯的南加大東亞圖書館成立「張愛玲特藏」（稿及遺物收藏中心）的構想，後收到宋淇夫人轉來一紙箱張愛玲的遺稿，其中就發現有未完成七十多頁英文小說《少帥》打字稿。[425]原本張愛玲還打算要拜望《荻村傳》的作者陳紀瀅，後因提前去了香港因而作罷。[426]在來台期間，經由麥卡錫的安排，邀約了現代文學社的幾位年輕的作家餐敘，她見到了殷張蘭熙、白先勇、王文興、陳若曦、歐陽子、王禎和、戴天等人，與會之人對張印象不同，有人說她害羞、有點矜持，有人說她親和、親切，陳若曦描述張愛玲很瘦，有立體畫的感覺，但眼光專注，渾身煥發著一種特殊的神采。[427]由於麥卡錫曾將《現代文學》雜誌中一些作家作品譯為英文，選輯為《新聲》"New Voice"。張愛玲大概看到了，曾提及其中的創作令她難忘。尤其她十分喜歡〈鬼、

界》（台北：三書局股份有限公司，1997 年），頁 18-20。

[423] 參見吳漢：〈張愛玲悄然來台──忽聞丈夫得病，又將摒擋返美〉《民族晚報》，1961 年 10 月 26 日，三版。

[424] 參見司馬新：《張愛玲與賴雅》（台北：大地出版社，1996 年），頁 147-150。《少帥》這篇小說計劃以眾所週知的 1936 年西安事變的歷史為背景，少帥指的是事變中的主角年輕的軍閥張學良，而以少帥和他生活中的兩個女人為主線。張愛玲原欲親訪張學良獲得一些細節，但這要求未被接受。

[425] 參見張錯：〈收藏張愛玲〉《聯合報‧聯合副刊》E7，2004 年 9 月 25 日。

[426] 同註 416，頁 418-419。

[427] 同註 378，頁 244-245。另陳若曦語參見陳氏著：〈張愛玲一瞥〉，收入金宏達主編：《回望張愛玲─昨夜月色》（北京：文化藝術出版社，2003 年），頁 257。

北風、人〉，為其中所描繪的台灣人文風俗著迷，簡直以為王禎和自己就住在小說中的古老房子裡，因而有了花蓮之旅。

　　張愛玲返美之後，於 1963 年 3 月 28 日在美國《記者》（The Reporter）英文雜誌發表台港記行〈重回邊疆〉（又譯為〈重返前方〉）"A Return to the Frontier"。文中提及「臭蟲事件」，王禎和後來曾去信抗議。而水晶亦曾對文題 Frontier 意指「邊疆」表示不滿。後劉錚的譯文〈回到前方〉曾刊登在《中國時報・人間副刊》。高全之則將張愛玲與台灣的關係的「一般性示意」分為三個階段：憧憬，冷峻與親切。並以此文視為冷峻時期代表。另外，高文中談到張愛玲在遊記裡提到台灣旅館床單不潔、娼妓行業公開、仍有日本餘風等等，顯示張愛玲一方面對台灣神似舊日中國，存有「恍若夢中」之感；另一方面似乎對當時以台灣代表整個中國的台灣官方立場持保留的態度。綜觀這篇記行文字正是張玲一向的文字風格──直言快語，她認為「自己親身經歷過，才知道它的真實」，所持的態度其實無關討好貶抑。[428] 由於張愛玲一直過慣簡單的生活，一向置自己與文學於生命首位而不願在政治起伏裡選擇，所需要的是 privacy，獨門獨戶，……而台灣有許多好處如風景、服務、人情美都是她所不需要的，她曾自言：「我到台灣去的可能性不大。」[429]幸好張愛玲沒留在中國大陸，也沒有到台灣，這個安全的距離使她免於被無端騷擾，而得以維持冷靜的觀看／被觀看，而不再對歷史亢奮。[430]

---

[428] 參見高全之：〈張愛玲與王禎和〉《王禎和的小說世界》（台北：三書局股份有限公司，1997 年），頁 155-170。以及張愛玲著、劉錚譯：〈回到前方〉《中國時報・人間副刊》39 版，2002 年 12 月 15 日。

[429] 這是 1968 年張愛玲給於梨華信中所言。參見於梨華：〈來也匆匆──憶張愛玲〉原載在香港《明報》月刊 1995 年 10 月號，收入金宏達主編：《回望張愛玲─昨夜月色》（北京：文化藝術出版社，2003 年），頁 261。

[430] 參見南方朔：〈從張愛玲談到漢奸論〉香港《明報》月刊，1995 年 10 月號，

3. 「張愛玲現象」在台灣

對張愛玲作品的引介、傳佈、疑難、論辯、研究與風靡，「張愛玲現象」在台灣首從《文學雜誌》的園地裡植生。[431]

《文學雜誌》是 1956 年 9 月由夏濟安、吳魯芹與劉守宜所創辦，在五〇年代文化場域與權力場域曲折運作的過程中，成為台灣文壇學院派文藝雜誌的代表刊物。[432]1956 年 11 月 20 日《文學雜誌》刊出張愛玲的譯作〈海明威論〉，隨即於 1957 年 1 月 20 日又登出張愛玲的短篇小說〈五四遺事〉[433]，這篇作品與當時台灣的現實情境無關，張愛玲是以比較鬆的態度，委婉的背離「五四經驗」[434]，嘲諷了民國以來浪漫的理想主義者的狂熱與荒謬。然而真正為「張愛玲現象」引燃火種的應屬夏志清「原為介紹張愛玲給美國讀者」[435]的二篇文章——

總 358 期（30：10），頁 9-10。

[431] 根據王鼎鈞的憶述，1955 年王氏原曾力薦張愛玲的《秧歌》在中廣的「廣播小說」節目播出，但因「文壇守門人」對她的質疑、過濾而受阻。參見王鼎鈞：〈如此江山待才人——張愛玲與台灣文壇〉《聯合報・副刊》1996 年 2 月 14 日。

[432] 《文學雜誌》於 1956 年 9 月開辦到 1960 年 8 月停刊，四年共出版 48 期。由夏濟安、吳魯芹與劉守宜（並稱「吳夏劉」）所創辦，三人都從英文系出身，創辦時吳、夏二人均在學院中教書，劉守宜為明華書局老闆，此刊物結合文壇「學術」與「創作」兩界的精英，發表作品與評介論述，在國家文藝政策——反共戰鬥文藝的籠罩下，對文學的傳承與發展貢獻甚大。

[433] 〈五四遺事〉原為英文稿"Stale Mates"刊登於 1956 年 9 月 20 日《記者》雙週刊十五卷四期，寫的是於五四以後，自由與愛情蒞臨中國，一個自許「新式」的文藝青年的走味的戀愛婚姻通俗鬧劇，其中反諷了「男子選擇妻子的自由」。嚴格說來，並不算是張愛玲頂好的作品。收入張愛玲：〈五四遺事〉《續集》（台北：皇冠文化出版有限公司，1988 年），頁 233-245。

[434] 張愛玲認為五四運動是對內的，對外只限於輸入。……只要有民族回憶這樣東西，像五四這種經驗是忘不了的。參見張愛玲：〈憶胡適之〉《張看》（台北：皇冠文化出版有限公司，1976 年），頁 148。

[435] 夏濟安按語。全文參見夏志清著、夏濟安譯：〈張愛玲的短篇小說〉《文學雜誌》第二卷第四期，1957 年 6 月 20 日出版，頁 4-20。

〈張愛玲的短篇小說〉以及〈評《秧歌》〉，原稿英文首由其兄夏濟
安翻譯成中文，在 1957 年 6 月及 8 月的《文學雜誌》2：4、2：6 期
先行披露刊出，此原是夏志清的《中國現代小說史》中章節的一部分，
該書於 1961 年出版。[436]文中高度評價了張愛玲[437]，「使得國人注意
到了張愛玲在中國文學史上地位的重要性」[438]。劉紹銘即以為：五〇
年代文學的取向是以『狀懷激烈』者為上綱，夏志清對張愛玲這個『冷
月情魔』卻另眼相看，不能不說是擇善固執的表現。[439]陳芳明在討論
到〈張愛玲與台灣文學史的撰寫〉時，則認為持反共立場的夏志清的
這兩篇對張愛玲獨具慧眼的評論，使得張愛玲的作品得以通過當時執
政當局反共政策的閘口登陸台灣。[440]自此以後幾十年，張愛玲的魅力
無窮，創作上出現「張派」，研究上出現「張學」，讀者群中出現「張
迷」，無論在文化界、學術界以及商業市場上都吹起了「張風」。

　　六〇年代以後，唐文標的「古墓殘物」系列出土：所挖掘的張愛
玲舊作，於 1974 年到 1982 年間，曾經陸續於《文季》季刊、《幼獅
文藝》以及《聯合副刊》刊登，後編成《張愛玲資料大全集》於 1984
年交由時報文化出版，後因版權問題回收。另外，1968 年張愛玲在《皇

---

[436] 參見夏志清：「原作者序」《中國現代小說史》（台北：傳記文學社，1979
年），頁 15。

[437] 持反共立場的夏志清在文章中將張愛玲與魯迅、沈從文相提並論，並與英美
現代女文豪如曼殊菲兒（Katherine Mansfield）、安泡特（Katherine Ann Portor）、
韋爾蒂（Eudora Welty）、麥克勒斯（Carson McCullers）等以及十九世紀寫實
主義文學大師如福樓拜相比，將其推入世界文學的殿堂中。此外夏氏以新批
評方法以文論文，細品深析，對後來研閱者有引導之功。參見夏志清：第十
五章「張愛玲」《中國現代小說史》（台北：傳記文學社，1979 年），頁 397-438。

[438] 同註 436。

[439] 參見劉紹銘：〈緣起〉，收入劉紹銘、梁秉鈞、許子東等編：《再讀張愛玲》
（濟南：山東畫報出版社，2004 年），頁 3。

[440] 參見陳芳明：〈張愛玲與台灣文學史的撰寫〉《中外文學》第 27 卷第六期，
1998 年 11 月，頁 54-72。

冠》雜誌發表〈紅樓夢未完〉，並於 1973、1975、1976 年接續發表
〈初詳、二詳、三詳紅樓夢〉。而在《中國時報・人間副刊》中則有：
1974 年張愛玲發表〈談看書〉與〈談看書後記〉、1978 年 3 月 15 日
《對現代中文的一點小意見》、1979 年發表小說〈色・戒〉、1994
年 12 月 3 日〈憶《西風》──第十七屆時報文學獎特別成就獎感言〉。
其中惟一委由《皇冠》雜誌社以外出版的著作是 1978 年慧龍出版社
出版的《赤地之戀》刪節本，其後仍由《皇冠》收回，於 1991 年歸
隊重刊。[441]相對於中國大陸在八〇年代對張愛玲作品的研究出版陸續
啟動，大抵而言，張愛玲作品的發表出版權是總交給了《皇冠》雜誌[442]。

　　根據《皇冠》雜誌發行人平鑫濤的憶述：自 1966 年 4 月《怨女》
在《皇冠》雜誌連載而後出版單行本，與張愛玲展開了合作的情誼。[443]
至今共出版《張愛玲全集》十八本──分別為《秧歌》、《赤地之戀》、
《流言》、《怨女》、《傾城之戀──張愛玲短篇小說之一》、《第
一爐香──張愛玲短篇小說之二》、《半生緣》、《張看》、《紅樓
夢魘》、《海上花開》、《海上花落》、《惘然記》、《續集》、《餘
韻》、《對照記》、《愛默森選集》、《同學少年都不賤》、《沉香》。
平鑫濤並提到年輕時的張愛玲與其堂伯平襟亞的《萬象》雜誌結下文
緣，而迢遞數十年，又與平氏家族出版事業再度攜手，這樣的合作過

---

[441] 《赤地之戀》版權原簽給皇冠，但因違禁的問題遲遲未印，張愛玲關心《赤地之
　　戀》絕版，同時不願由出版胡蘭成《山河歲月》的沈登恩（其曾藉著張愛玲名字
　　推銷胡書）代行出版，倉卒之間乃冒險交由唐吉松的慧龍出版公司出版印行。

[442] 《皇冠》雜誌創刊於 1954 年，發行人平鑫濤，原為《聯合報・副刊》編輯，
　　初以西洋小說翻譯與部分中文創作小說為主，如今已發展為一通俗性與大眾
　　化的文學雜誌，許多暢銷作家如張愛玲、三毛、瓊瑤、華嚴、廖輝英、張小
　　嫻都曾與之合作。而皇冠集團亦成為一多元化的出版王國。

[443] 參見彭樹君訪平鑫濤的憶述文字，原題〈瑰美的傳奇・永恆的停格──結緣
　　張愛玲〉，收入陳子善編：《記憶張愛玲》（濟南：山東畫報出版社，2006
　　年），頁 73-79。

程真可視為另一種傳奇。而張曉風則是這樣說：在上海時代，張愛玲作品多發表在通俗雜誌（如《紫羅蘭》）上，旅美後重要作品多刊在《皇冠》雜誌，看來張氏是喜歡在通俗雜誌上發表文章，但如此精緻的稀世之音，是不可能不驚動文學界人士的。[444]

　　隨著張愛玲的作品在台的發表流通，海內外讀者為之風靡，先有朱西寧開頭，水晶更是頭號張迷，[445]「對張愛玲由愛生恨」的唐文標和「與張愛玲愛恨交纏」的胡蘭成也加入了建構「張愛玲現象」的行列。[446]朱西寧、水晶的推崇讚介多在《中國時報・人間副刊》刊出。[447]當然其間也有不同的聲音，舉如同時也在《今日世界》上連載《盲戀》的小說家徐訏對張愛玲曾有負面評價[448]：他批評了美國新聞處，又暗指一些在美教中文賣中國膏藥的學人，竟成了批評界的權威。更評論「某一個作家及作品」，內容沒有新意、題材濫調、人物只是兩三個典型。[449]即便是單一小說，喜惡也有不同：比如《秧歌》這部小說，

444　參見張曉風：〈淡出〉，收入金宏達主編：《回望張愛玲─華麗影沉》（北京：文化藝術出版社，2003 年），頁 231-237。

445　參見夏志清於 2000 年 10 月 24 日-26 日在嶺南大學中文系主辦「張愛玲與現代中文文學國際研討會」中的講評〈張愛玲與魯迅及其他〉，收入劉紹銘、梁秉鈞、許子東等編：《再讀張愛玲》（濟南：山東畫報出版社，2004 年），頁 61-65。

446　參見楊照：〈透過張愛玲看人間──七〇、八〇年代之交台灣小說的浪漫轉向〉，收入楊澤主編：《閱讀張愛玲──國際研討會論文集》（台北：麥田出版，1999 年），頁 467-470。

447　根據當時《中國時報・人間》編輯桑品載的記述，張愛玲一向淡泊，不輕易回信，算是一個「難纏」的作家，當時人間副刊設「海外專欄」有討論張愛玲其人其文的文章刊出，水晶寫得最勤，1970 年〈尋張愛玲不遇〉、1971 年〈蟬──夜訪張愛玲〉都在《中國時報・人間》刊出。參見桑品載：〈張愛玲與《人間》〉原載 1995 年 9 月 13 日《中國時報・人間》，收入金宏達主編：《回望張愛玲─昨夜月色》（北京：文化藝術出版社，2003 年），頁 361-364。

448　同註 377，頁 159。王禎和曾將徐訏罵張愛玲的文章寄給張愛玲，似有勸警之意。

449　徐訏批評推動文化工作的美國新聞處有權選拔文學青年到美國觀摩或留學，有權為中國學生申請美國大學獎學金、以經濟的力量去資助津貼或者用購買的方法來支持台灣出版的刊物，所以美新處的一個普通職員就成為台灣文學

胡適評為「平淡而自然，很有文學學價值」⁴⁵⁰，有人則歸之為「冷戰
文宣」、「美元文化」。又如對《半生緣》的評論，林柏燕、水晶和
王拓的看法也有頗大的距離。⁴⁵¹由七〇進入八〇年代，根據陳芳明的
觀察，在台灣的張愛玲評論分成兩條路線。⁴⁵²一是作家定位的問題—
—懷疑「張愛玲意識淡薄，是否能代表自由中國的文藝成就」？論辯
雙方是以水晶為中心的張愛玲研究與林柏燕的挑戰⁴⁵³；一是殖民地作
家的討論：其中唐文標提出「文學功能論」檢驗張愛玲作品，並批評
張愛玲的言情小說世界是為了封建殖民地上海而產生。⁴⁵⁴這樣的批評
遭到朱西寧、王翟等人的反駁：其以為張愛玲之書寫「上海殖民地」
正是代表了她所置身代表的「時代性與社會性」，並認為「文學家寫

的恩人。……當有人把某反共作品譯成英文，在他一聲稱讚以後，馬上就引
起文壇的附和。不但如此，一些在美教中文賣中國膏藥的學人，因為他們不
曾好好讀過中國大陸的文學作品，……捧挾起來，這就成了批評界的權威。
而那些受美新處提拔的中國青年，到美國幾年後，回到台灣，他們標榜出一
種盲從西洋的文風。……號稱是「橫的移植，不做縱的承繼」。這種文學正
是反映台灣社會之殖民地型態，是不同於五四時代的介紹各國的西洋的哲學
思想文化學術。參見徐氏著：〈外來文風與本位文學〉《現代中國文學過眼
錄》（台北：時報文化出版社，1991 年），頁 140-147。

450 參見張愛玲：〈憶胡適之〉《張看》（台北：皇冠文化出版有限公司，1976
年），頁 142。

451 林柏燕、水晶和王拓的看法分見林柏燕：〈評《半生緣》〉《文季》1974 年
5 月，水晶：〈詳論「半生緣」中「自然主義」的色彩〉《張愛玲的小說藝術》
（台北：大地出版社，1973 年），頁 167-189，王拓：〈談張愛玲《半生緣》〉
《張愛玲與宋江》（台北：藍燈文化出版社，1976 年），頁 1-37。

452 同註 65，頁 62-72。

453 水晶的研究參見《張愛玲的小說藝術》（台北：大地出版，1973 年），林柏
燕的文章〈從張愛玲的小說看作家地位的論定〉、〈大江東去與曉風殘月〉
俱收入《文學探索》（台北：書評書目出版，1973 年）。

454 唐文標一方面努力從張愛玲資料的補遺工作，完成《張愛玲卷》（台北：
遠景出版社，1982 年）、《張愛玲資料大全集》（台北：時報出版，1984 年），
一方面並進行批判，出版《張愛玲雜碎》（台北：聯經出版有限公司，1976
年），後又增訂改名為《張愛玲研究》。

能夠寫的，無所謂應當。」直指唐文標要求張愛玲「應當寫什麼，不應當寫什麼」，是「不覺者」指責「先覺者」，而以功利主義文學觀來看張愛玲，是不切實際，甚或是危險的。[455]但另一方面，唐文標對張愛玲資料佚文的蒐集整理不遺餘力，這個「純為研究一個近代中國作家的狂妄事」而輯印的《張愛玲資料大全集》貢獻頗巨，[456]除了促使張愛玲同意自己的全集完整出版、引發研究張愛玲的各種論著專書出現，更為後來接棒的陳子善的鉤沉發揚奠下了基礎。

　　穿過對於張愛玲其人其作的各種禮敬、批評與流言，《聯合文學》在 1987 年曾為張愛玲作了專輯（1987：3）。進入九〇年代，皇冠出版的《張愛玲全集》十六冊中，包括 1993 年張愛玲以私語方式完成帶有濃厚自傳色彩的《對照記》，讀者在透過結合閱覽張愛玲的照片與文字的過程中完成了「想像張愛玲」的求證。1994 年，張愛玲獲得《中國時報》頒贈文學上的「特別成就獎」。1995 年月沉人逝，但故事未完。相對於香港《明報》月刊 1995 年 10 月號製作了「紀念張愛玲特輯」；台北《聯合文學》以及《印刻文學生活誌》相繼以出版專輯專刊的方式再次蒐集、回顧、紀念了張愛玲，分別是《聯合文學》「張愛玲專號」——1995 年十月號，《印刻文學生活雜誌》第十一期「張愛玲和她的兩個男人」專輯（2004 年 7 月）以及第二十一期「張愛玲與胡蘭成」專輯（2005 年 5 月）。

　　是從文學跨足影劇，從作品改編翻拍到作者本人的傳奇，從學院殿堂研究到通俗消閑娛樂，甚至不能擺脫被視覺化的命運，成為被消

455　朱西寧、王翟等的反駁參見朱西寧：〈先覺者、後覺者、不覺者——談《張愛玲雜碎》〉、王翟：〈看《張愛玲雜碎》〉原載《書評書目》1976 年第 10 期，均收入金宏達主編：《回望張愛玲—華麗影沉》（北京：文化藝術出版社，2003 年），頁 127-141。

456　參見唐文標：《張愛玲資料大全集》〈凡例〉及〈後記〉（台北：時報文化出版有限公司，1984 年），頁 5、383。

費的文化符號，張愛玲與台灣文壇的相互依附性具足可見。除了《張
愛玲全集》在台灣完整出版，帶動海內外愛閱風潮。張愛玲本身就是
一則瑰麗的傳奇，自然引發商業通路、傳媒市場的追逐騷動。溯自夏
氏兄弟文學史正典化張愛玲之後，許多學院的教授學子紛紛以張愛玲
為專題發表研究論文，從作者自傳書寫及其小說、散文、劇本的輯佚
整理，以及論述其作品的意象描摹、結構圖示、心理分析、市場消費
模式、文化導向、時間空間建構以及女性主義視野、社會學觀點、後
張作家生態描圖等研究多元精采、不一而足。其中張愛玲對台灣文學
作家的影響深遠，王德威曾作系譜整理：從白先勇、施叔青到「三三」
青年作家群到林裕翼，族繁不及備載。[457]並帶動了一批女性作家新秀
如蕭麗紅、袁瓊瓊、朱天心、朱天文、蔣曉雲、蘇偉貞等崛起，形成
女性的、自我的敘述聲音。包括「很濃的張愛玲的詠嘆調」這樣的評
語都出現在文壇大報小說獎的評審意見欄中。[458]而觀諸台灣文學史的
撰寫，張愛玲的定位仍舊存有「爭議」。1993 年再版的《台灣文學史
綱》雖將張愛玲列入四〇年代傑出作家之一，並討論了她的反共小說
《秧歌》。[459]但其餘大多數台灣文學史的撰述論著並未錄入。而 1999
年舉行的「台灣文學經典研討會」[460]將張愛玲作品列入評論，更受到

---

[457] 參見王德威：〈落地的麥子不死——張愛玲的文學影響力與「張派」作家的超
越之路，收入金宏達主編：《回望張愛玲—昨夜月色》（北京：文化藝術出
版社，2003 年），頁 393-400。

[458] 1978 年時報小說獎評審委員葉石濤評論李捷金〈窄巷〉：「內容非常豐富」，
但它有「很濃的張愛玲的詠嘆調，……作者還需要突起一種境界。」參見夏
志清：〈二報小說作品選評〉《新文學的傳統》（台北：時報文化出版事業
有限公司，1979 年），頁 295。

[459] 參見葉石濤：《台灣文學史綱》（高雄：文學界雜誌社。1993 年），頁 93-94。

[460] 「台灣文學經典研討會」由行政院文化建設委員會主辦，1999 年 3 月 19 日-21
日在國家圖書館舉行。

抨擊。[461]顯然地，台灣社會對張愛玲的作品從閱讀、評論到模仿，有著極廣的接納度，但對張愛玲作家的屬性仍有著懷疑與排拒。雖然張愛玲本身未必喜歡別人拿她和旁人比，也不一定想有這麼多徒弟。[462]但人在江湖，無法相忘。套句張愛玲自己的話：「在這不可理喻的世界裡，誰知道什麼是因？什麼是果？」而被歸類為張派的作家也有意無意地陸續對張的影響感到焦慮，甚至劃清界線或是叛逃前身，[463]意圖發展出一條超越之路[464]，張學熱潮似有降溫之勢，林俊穎更大膽推定張腔在九〇年代以後的台灣無後繼者。[465]或許，望回看的月色，再好也不免帶點悽涼。然而，文學並不拒絕寂寞，一種作品勢必先為一個時代所接受，才能被每一個時代所接受。張愛玲是存著一個心：描寫人類在一切時代之中生活下來的記憶，而以此給予周圍的現實一個啟示。因之，任是潮漲潮落、任是發燒退燒，閱讀張愛玲的風定花猶香。王禎和曾說：「一個時代就出這樣一個作家。」[466]是無干立碑作傳、亦非關招魂卡位，這句話所召喚的不僅於「盲目學張者死」的自覺，同時再度宣告了張愛玲作品經典的高度。

[461] 參見李魁賢：〈作家的屬性〉《民眾日報·副刊》1999年4月13日。
[462] 同註445，頁65。
[463] 參見許子東：〈張愛玲與現代中文文學國際研討會〉側記，收入劉紹銘、梁秉鈞、許子東等編：《再讀張愛玲》（濟南：山東畫報出版社，2004年），頁380。
[464] 比如白先勇曾說：大凡一個有獨創性的作家都不喜歡被歸類於任何派別，因為任何標籤對作家都是一種限制。同註357。
[465] 參見林俊穎：〈尋找張派在台灣的接棒人〉，收入劉紹銘、梁秉鈞、許子東等編：《再讀張愛玲》（濟南：山東畫報出版社，2004年），頁208-210。
[466] 同註376，頁248。

參考書目

（一）張愛玲著作類

《怨女》台北：皇冠文化出版有限公司，1966 年

《秧歌》台北：皇冠文化出版有限公司，1968 年

《流言》台北：皇冠文化出版有限公司，1968 年

《傾城之戀》台北：皇冠文化出版有限公司，1968 年

《第一爐香》台北：皇冠文化出版有限公司，1968 年

《半生緣》台北：皇皇冠文化出版有限公司，1969 年

《張看》台北：皇冠文化出版有限公司，1976 年

《紅樓夢魘》台北：皇冠文化出版有限公司，1977 年

《海上花開》台北：皇冠文化出版有限公司，1983 年

《海上花落》台北：皇冠文化出版有限公司，1983 年

《惘然記》台北：皇冠文化出版有限公司，1983 年

《餘韻》台北：皇冠文化出版有限公司，1987 年

《續集》台北：皇冠文化出版有限公司，1988 年

《赤地之戀》台北：皇冠文化出版有限公司，1991 年

《愛默森選集》台北：皇冠文化出版有限公司，1992 年

《對照記：看老照相簿》台北：皇冠文化出版有限公司，1994 年

《同學少年都不賤》台北：皇冠文化出版有限公司，2004 年

《沉香》台北：皇冠文化出版有限公司，2005 年

《張愛玲資料大全集》（唐文標主編台北）：時報出版事業有限公司，
　　1984 年
《張愛玲散文全編》杭州：浙江文藝出版社，1992 年
《張愛玲文集》合肥：安徽文藝出版社，1992 年
《張愛胡說》（張愛玲、胡蘭成著）上海：文匯出版社，2003 年

（二）張愛玲相關研究類

子通、亦清《張愛玲文集・補遺》北京：中國華僑出版社，2002 年
于青《天才奇女──張愛玲》天津：百花文藝出版社，1992 年
于青《張愛玲傳》台北：世界書局，1993 年
于青《最後一爐香》廣州：花成出版社，2001 年
于青、金宏達《張愛玲研究資料》福建：海峽文藝出版社，1994 年
王一心《驚世才女張愛玲》四川：四川文藝出版社，1992 年
王一心《張愛玲與胡蘭成》哈爾濱：北方文藝出版社，2001 年
王拓《張愛玲與宋江》台北：藍燈文化出版社，1976 年
王德威《落地的麥子不死──張愛玲與「張派」傳人》濟南：山東畫
　　報出版社，2004 年
水晶《張愛玲的小說藝術》臺北：大地出版社，1973 年
水晶《張愛玲未完》臺北：大地出版社，1996 年
水晶《替張愛玲補妝》濟南：山東畫報出版社，2004 年
古蒼梧《今生此時今世此地──張愛玲、蘇青、胡蘭成的上海》香港：
　　牛津大學出版社，2002 年
司馬新《張愛玲與賴雅》台北：大地出版社，1996 年
余斌《張愛玲傳》台中：晨星文學館，1998 年

李岩煒《張愛玲的上海舞台》台北：未來書城，2004 年

金宏達主編《回望張愛玲——華麗影沉》北京：文化藝術出版社，
　　2003 年

金宏達主編《回望張愛玲——昨夜月色》北京：文化藝術出版社，
　　2003 年

金宏達主編《回望張愛玲——鏡像繽紛》北京：文化藝術出版社，
　　2003 年

季季、關鴻《永遠的張愛玲》上海：學林出版社，1996 年

周芬伶《豔異：張愛玲與中國文學》台北：元尊文化，1999 年

周芬伶《孔雀藍調——張愛玲評傳》台北：麥田出版公司，2005 年

林幸謙《張愛玲論述——女性主體與去勢模擬書寫》台北：洪葉文化
　　事業有限公司，2000 年

林幸謙《歷史・女性與性別政治——重讀張愛玲》台北：麥田出版公
　　司，2001 年

邵迎建《傳奇文學與流言人生》北京：三聯書店，1998 年

胡辛《最後的貴族・張愛玲》台北：國際村文庫書店，1995 年

胡蘭成《山河歲月》上下　台北：遠景出版事業公司，1975 年

胡蘭成《今生今世》台北：三三書坊出版，1990 年

胡蘭成《中國文學史話》台北：遠流出版事業股份有限公司，1991 年

唐文標《張愛玲卷》台北：遠景出版事業公司，1983 年

唐文標《張愛玲研究》台北：聯經出版事業公司，1983 年

高全之《從張愛玲到林懷民》台北：三民書局，1998 年

高全之《張愛玲學：批評・考證・鉤沉》台北：一方出版有限公司，
　　2003 年

馮祖貽《百年家族—張愛玲》台北：立緒文化事業有限公司，1999 年

張子靜、季季《我的姊姊張愛玲》上海：文匯出版社，2003 年

張健《張愛玲的小說世界》台北：臺灣學生書局，1984 年

張健《張愛玲新論》台北：書泉出版社，1996 年

莊宜文《張愛玲的文學投影──台、港、滬三地張派小說研究》台北：
　　東吳大學博士論文，2001 年

陳子善《遺落的明珠》台北：業強出版社，1992 年

陳子善《私語張愛玲》杭州：浙江文藝出版社，1995 年

陳子善《作別張愛玲》上海：文匯出版社，1996 年

陳子善《說不盡的張愛玲》台北：遠景出版事業有限公司，2001 年

陳子善《張愛玲的風氣──1949 年前張愛玲評說》濟南：山東畫報出
　　版社，2004 年

陳子善《記憶張愛玲》濟南：山東畫報出版社，2006 年

陳炳良《張愛玲短篇小說論集》台北：遠景出版社，1985 年

黃德偉編《閱讀張愛玲》香港：香港中文大學比較文學系，1998 年

楊澤編《閱讀張愛玲──張愛玲國際研討會論文集》台北：麥田出版
　　股份有限公司，1999 年

費勇《張愛玲傳奇》廣州：廣東人民出版社，1996 年

鄭樹森編選《張愛玲的世界》臺北：允晨文化出版，1988 年

萬燕《海上花開又花落──讀解張愛玲》南昌：百花州文藝出版社，
　　1996 年

劉紹銘、梁秉鈞、許子東《再讀張愛玲》香港：牛津大學出版社，
　　2004 年

劉鋒杰《想像張愛玲──關於張愛玲的閱讀研究》合肥：安徽教育出
　　版社，2004 年

蔡登山《傳奇未完張愛玲》台北：天下遠見文化事業群，2003 年

蔡鳳儀編《華麗與蒼涼──張愛玲紀念文集》台北：皇冠文學出版有
　　限公司，1995 年

盧正珩《張愛玲小說的時代感》台北：麥田出版股份有限公司，1994 年

關洪、季季編《永遠的張愛玲》上海：學林出版社，1996 年

蘇偉貞編選《張愛玲的世界（續編）》台北：允晨文化出版，2003 年

蘇偉貞《孤島張愛玲》台北：三民書局，2002 年

蘇偉貞《描紅》台北：三民書局，2006 年

（三）文學史料、理論、評論類

王文英《上海現代文學史》上海：上海人民出版社，1999 年

王聖貽、徐玉玲、鄒焰《二十世紀中國文學作品選析》合肥：安徽大學出版社，2001 年

王德威《眾聲喧嘩》台北：遠流出版公司，1988 年

王德威《閱讀當代小說》台北：遠流出版公司，1991 年

王德威《如何現代，怎樣文學？》台北：麥田出版有限公司，1998 年

王德威《想像中國的方法：歷史、小說、敘事》北京：三聯書店，1998 年

王國維《王國維先生三種》台北：育民出版社，1973 年

王夢鷗《中國理論與實踐》台北：時報文化出版有限公司，1995 年

孔範今《二十世紀中國文學史》濟南：山東文藝出版社，1997 年

古添洪《記號詩學》台北：東大圖書有限公司，1984 年

司馬長風《中國新文學史》香港（九龍）：昭明出版社，1980。

皮述民、邱燮友、馬森、楊昌年《二十世紀中國新文學史》板橋：駱駝出版社，1997 年

冰心《彩色插圖中國文學史》北京：中國和平出版社，1995 年

吳福輝《都市漩流中的海派小說》長沙：湖南教育出版社，1994 年

佛克馬（Douwe Fokkema）、蟻布思（Elyud Ibsch）合著、袁鶴翔等合
　　譯《二十世紀文學理論》台北：書林出版社，1987 年
呂正惠《小說與社會》台北：聯經出版事業公司，1988 年
李今《海派小說與現代都市文化》合肥：安徽教育出版社，2000 年
李今《海派小說論》台北：秀威資訊科技股份有限公司，2005 年
李輝英《中國現代文學史》香港：東亞書局，1970 年
李歐梵《上海摩登——一種新都市文化在中國 1930-1945》北京：北
　　京大學出版社，2001 年
李歐梵《現代性的追求》台北：麥田出版有限公司，1996 年
周作人《中國新文學的源流》上海：華東師範大學出版社，1995 年
周蕾《婦女與中國現代性》台北：麥田出版有限公司，1995 年
林柏燕《文學探索》台北：書評書目出版，1973 年
林幸謙《生命情結的反思》台北：麥田出版有限公司，1994 年
阿爾維托·曼谷埃爾（Alberto Manguel）著、吳昌杰譯《閱讀地圖：
　　一部人類閱讀的歷史》台北：台灣商務印書館，1999 年
姚一葦《文學評論》第七集　台北：黎明文化事業股份有限公司，1983 年
姚玳玫《想像女性》北京：中國社會科學出版社，2004 年
哈洛·卜倫（Harold Bloom）著、高志仁譯《西方正典》上下　台北：
　　立緒文化事業有限公司，1998 年
柯靈《文苑漫遊錄》香港：三聯書店，1988 年
范伯群《民國通俗小說鴛鴦蝴蝶派》台北：國文天地雜誌社，1990 年
范銘如《眾裡尋她》台北：麥田出版有限公司，2002 年
唐振常《上海史》上海：上海人民出版社，1989 年
唐振常《近代上海探索錄》上海：上海人民出版社，1994 年
高天生《台灣小說與小說家》台北：前衛出版社，1994 年
高全之《王禎和的小說世界》台北：三民書局，1997 年

高辛勇《形名學與敘事理論》台北：聯經出版事業公司，1987 年

夏志清著、劉紹銘等譯《中國現代小說史》台北：傳記文學出版社，
　　1979 年

夏志清《新文學的傳統》台北：時報文化出版事業有限公司，1979 年

夏志清《夏志清文學評論集》台北：聯合文學雜誌社，1987 年

袁良駿《白先勇論》台北：爾雅出版社，1991 年

徐訏《現代中國文學過眼錄》台北：時報文化出版社，1991 年

孫萍萍《繼承與超越──四十年代小說與五四小說》武漢：武漢出
　　版社，2002 年

浦安迪《中國敘事學》北京：北京大學出版社，1986 年

曹聚仁《文壇五十年續集》香港：香港新文化出版社，1971 年

曹聚仁《上海春秋》上海：上海人民出版社，1996 年

張大春《小說稗類》台北：聯合文學出版社，1998 年

張泉《淪陷時期北京文學八年》北京：中國和平出版社，1994 年

張素貞《細讀現代小說》台北：東大圖書股份有限公司，1986 年

張誦聖著、古佳艷譯《性別論述與台灣小說》台北：麥田出版有限公
　　司，2000 年

張漢良《比較文學理論與實踐》台北：東大圖書股份有限公司，1986 年

張雙英《中國文學批評的理論與實踐》台北：萬卷樓圖書公司，1990 年

張雙英、黃景進中譯主編《當代文學理論》台北：合森文化事業有限公
　　司，1991 年

黃人影《當代中國女作家論》上海：光華書局，1933 年

許道明《海派文學論》上海：復旦大學出版社，1999 年

陳平原《中國小說敘事模式的轉變》台北：九大文化股份公司，1990 年

陳青生《抗戰時期的上海文學》上海：人民出版社，1995 年

陳芳明《危樓夜讀》台北：聯合文學 125，1997 年

陳芳明《後殖民台灣——文學史論及其周邊》台北：麥田出版有限公司，2002 年

楊幼生、陳青生《上海「孤島」文學》上海：上海書店，1994 年

楊牧《傳統的與現代的》台北：志文出版社，1974 年

楊昌年《現代小說》台北：三民書局有限股份公司，1997 年

楊義等《二十世紀中國小說與文化》台北：業強出版社，1993 年

楊義、張中良、中井政喜《二十世紀中國文學圖志》台北：業強出版社，1995 年

楊義《中國現代小說史》下　北京：人民出版社，1998 年

楊義《京派海派綜論》北京：新華書店，2003 年

鄭名娳《當代台灣都市文學論》台北：時報文化出版有限公司，1995 年

鄭樹森《從現代到當代》台北：三民書局，1994 年

劉心皇《抗戰時期淪陷區文學史》台北：成文出版社，1980 年

劉森堯《天光雲影共徘徊》台北：爾雅出版社，2001 年

劉紹銘著、黃碧端譯《小說與戲劇》台北：洪範書店有限公司，1977 年

歐陽子《王謝堂前的燕子》台北：爾雅出版社，1976 年

葉石濤《台灣文學史綱》高雄：文學界雜誌社，1993 年

葉嘉瑩《中國詞學的現代觀》台北：大安出版社，1988 年

錢理群《中國淪陷區文學大系》南寧：廣西教育出版社，1998 年

錢理群、溫儒敏、吳福輝《中國現代文學三十年》台北：五南圖書出版股份有限公司，2002 年

廚川白村著、林文瑞譯《苦悶的象徵》台北：志文出版社，1992 年

蔣曉麗《中國近代大眾傳媒與中國近代文學》成都：四川出版集團巴蜀書社，2005 年

謝慶立《中國近現代通俗社會言情小說史》北京：群眾出版社，2002 年

戴叔清編《文學術語辭典》上海：上海文藝書局印行，1931 年

鍾慧玲《女性主義與中國文學》台北：里仁書局，1997 年
魏紹昌《我看鴛鴦蝴蝶派》台北：商務印書館，1992 年
嚴家炎《論中國現代文學及其他》台北：新學識文教出版中心，1989 年
上海通社編《上海研究資料》上海：上海書店，1984 年
上海通社編《上海研究資料續集》上海：上海書店，1984 年
淡江大學中文系《中國女性書寫——國際學術研討會論文集》台北：
　　臺灣學生書局，1999 年。

（四）相關人文研究類

戈公振《中國報學史》香港：太平書局，1964 年。
巴拉茲（Bela Balazs）著、何力譯《電影理論》（Theory of the Film）
　　北京：中國電影出版社，1986 年
朱子家（金雄白）《汪政權的開場與收場第一冊》香港：吳興記書報
　　社，1974 年
李天綱《人文上海——市民的空間》上海：上海教育出版社，2004 年
俞劍華《中國繪畫史》下冊北京：商務出版社，1937 年
徐君、楊海《中國社會民俗史叢書—妓女史》上海：上海文藝出版社，
　　1995 年
徐賁《走向後現代與後殖民》中國社會科學出版社，1996 年
張仲禮主編《近代上海城市研究》上海：上海人民出版社，1990 年
張靜盧《在出版界二十年》上海：上海書店，1984 年
陳儒修《電影帝國》台北：萬象圖書股份有限公司，1995 年
陳輝揚《夢影錄——中國電影印象》香港：三聯書店，1992 年
程季華主編《中國電影發展史》北京：中國電影出版社，1980 年

劉森堯《電影藝術面面觀》台北：志文出版社，1977 年

劉森堯《電影與批評》台北：志文出版社，1994 年

蔡德金、李惠賢《汪精衛偽國民政府紀事》　北京：中國社會科學出版社，1982 年

蔡德金《歷史的怪胎—汪精衛國民政府》桂林：廣西師範大學出版社，1993 年

（五）其他專著

毛姆著、陳蒼多譯《毛姆寫作回憶錄》（Summing up）臺北：志文出版社，1975 年

毛姆著、周行之譯《十二個太太》（The Round Dozen）臺北：志文出版社，1976 年

毛姆著、秭佩譯《剃刀邊緣》（The Razor's Edge）臺北：志文出版社，1995 年

毛姆著、傅惟慈譯《月亮與六便士》（The moon and sixpence）臺北：志文出版社，1995 年

毛姆著、沉櫻譯《毛姆小說選集》臺北：大地出版社，2000 年

毛姆著、宋樹涼譯《人性枷鎖》（Of Human Bondage）臺北：志文出版社，2001 年

毛姆著、陳蒼多譯《非道德小故事》（The Ant and the Grasshopper and other stories）臺北：新雨出版社，2001 年

毛姆著、宋碧雲譯《世界十大小說家及其代表作》（Great Novelists and Their Novels）臺北：志文出版社，2001 年

毛姆著、盧玉譯《佛羅倫斯月光下》（Up at the Villa）台北：皇冠文化出版有限公司，2001 年

王禎和《嫁妝一牛車》台北：遠景出版事業有限公司，1975 年

王禎和《嫁妝一牛車》台北：洪範書店有限公司，1993 年

白先勇《驀然回首》台北：爾雅出版社，1978 年

白先勇《台北人》台北：晨鐘出版社，1980 年

白先勇《第六隻手指》香港：華漢書局，1988 年

包天笑《釧影樓回憶錄》香港：大華出版社，1971 年

朱西寧《微言篇》台北，三三書坊，1981 年

汪辟彊《唐人小說》台北：河洛圖書出版社，1974 年

周作人著、楊牧編《周作人文選》台北：洪範書店，1983 年

周瘦鵑《拈花集》上海：文化出版社，1983 年

柯靈《文苑漫游錄》香港：三聯書店，1998 年

李歐梵《范柳原懺情錄》台北：麥田出版有限公司，1998 年

李歐梵《李歐梵自選集》上海：上海教育出版社，2002 年

康來新、許蓁蓁《劉吶鷗全集・電影集》台南：台南縣文化局，2001 年

鄭振鐸《戰號》上海：生活書店，1938 年

蔣夢麟《西潮》台北：世界書局，1978 年

蕭洪《黃河》哈爾濱：哈爾濱出版社，1998 年

蘇青《結婚十年正續》綏化：黑龍江人民出版社，1999 年

蘇青《結婚十年》台北：時報文化出版有限公司，2001 年

蘇青著、喻麗清編《蘇青散文》台北：五四書店，1989 年

蘇青著、亦清等編《蘇青散文精編》杭州：浙江文藝出版社，1995 年

蘇青著、方銘編《蘇青散文集》合肥：安徽文藝出版社，1997 年

蘇童編《枕邊的輝煌》北京：新世界出版社，1999 年

國家圖書館出版品預行編目

看張・張看：參差對照張愛玲 / 嚴紀華著 . --
一版 . -- 臺北市：秀威資訊科技 , 2007 [民 96]
面 ；　　公分 . -- (語言文學類；AG0057)
參考書目：面
ISBN 978-986-6909-43-6 (平裝)

1. 張愛玲 - 傳記 2. 張愛玲 - 作品評論

782.886   96003560

語言文學類　AG0057

看張・張看——參差對照張愛玲

作　　者 / 嚴紀華
發 行 人 / 宋政坤
執行編輯 / 賴敬暉
圖文排版 / 黃莉珊
封面設計 / 李孟瑾
數位轉譯 / 徐真玉　沈裕閔
圖書銷售 / 林怡君
網路服務 / 徐國晉
出版印製 / 秀威資訊科技股份有限公司
　　　　　台北市內湖區瑞光路 583 巷 25 號 1 樓
　　　　　電話：02-2657-9211　　　傳真：02-2657-9106
　　　　　E-mail：service@showwe.com.tw
經 銷 商 / 紅螞蟻圖書有限公司
　　　　　台北市內湖區舊宗路二段 121 巷 28、32 號 4 樓
　　　　　電話：02-2795-3656　　　傳真：02-2795-4100
　　　　　http://www.e-redant.com

2007 年 3 月 BOD 一版
定價：380 元

讀　者　回　函　卡

感謝您購買本書，為提升服務品質，煩請填寫以下問卷，收到您的寶貴意見後，我們會仔細收藏記錄並回贈紀念品，謝謝！

1. 您購買的書名：_____

2. 您從何得知本書的消息？

　　□網路書店　□部落格　□資料庫搜尋　□書訊　□電子報　□書店

　　□平面媒體　□ 朋友推薦　□網站推薦 □其他_____

3. 您對本書的評價：(請填代號　1.非常滿意 2.滿意 3.尚可 4.再改進)

　　封面設計____　版面編排____　內容____　文/譯筆____　價格____

4. 讀完書後您覺得：

　　□很有收獲　□有收獲　□收獲不多　□沒收獲

5. 您會推薦本書給朋友嗎？

　　□會　□不會，為什麼？_____

6. 其他寶貴的意見：_____

　　_____

　　_____

　　_____

讀者基本資料

姓名：_____　年齡：_____　性別：□女 □男

聯絡電話：_____　E-mail：_____

地址：_____

學歷：□高中(含)以下　　□高中　　□專科學校　　□大學

　　　□研究所(含)以上 □其他_____

職業：□製造業 □金融業 □資訊業 □軍警 □傳播業 □自由業

　　　□服務業 □公務員 □教職　□學生 □其他_____

To：114

　　台北市內湖區瑞光路 583 巷 25 號 1 樓

　　秀威資訊科技股份有限公司　　　　收

寄件人姓名：

寄件人地址：□□□

- -

(請沿線對摺寄回,謝謝!)

秀威與 BOD

BOD（Books On Demand）是數位出版的大趨勢，秀威資訊率先運用 POD 數位印刷設備來生產書籍，並提供作者全程數位出版服務，致使書籍產銷零庫存，知識傳承不絕版，目前已開闢以下書系：

一、BOD 學術著作—專業論述的閱讀延伸
二、BOD 個人著作—分享生命的心路歷程
三、BOD 旅遊著作—個人深度旅遊文學創作
四、BOD 大陸學者—大陸專業學者學術出版
五、POD 獨家經銷—數位產製的代發行書籍

BOD 秀威網路書店：www.showwe.com.tw
政府出版品網路書店：www.govbooks.com.tw

　　永不絕版的故事・自己寫・永不休止的音符・自己唱